Klaus Kreiser
ISTANBUL

Klaus Kreiser

ISTANBUL

Ein historischer Stadtführer

Verlag C. H. Beck

Mit 38 Abbildungen und 14 Plänen

1. Auflage. 2001

2., durchgesehene Auflage. 2009
© Verlag C. H. Beck oHG, München 2001
Satz: ottomedien, Darmstadt
Druck und Bindung: CPI – Ebner & Spiegel, Ulm
Gedruckt auf säurefreiem, alterungsbeständigem Papier
(hergestellt aus chlorfrei gebleichtem Zellstoff)
Printed in Germany
ISBN 978 3 406 59063 4

www.beck.de

Inhalt

Vorwort zur zweiten Auflage   9

Lageplan von Istanbul im 15./16. Jahrhundert   10

Einleitung   12

I. Konstantiniye: Legenden um die Gründung und Eroberung der Stadt   15
Die Sieben Hügel 15 – Die Gründung der Stadt in osmanischer Überlieferung 16 – Konstantinopel, Stambul oder Istanbul und andere Namen mehr 19 – Das Istanbul der Dichter 21 – Der Wechsel der Jahreszeiten 22 – «Glücklich die Armee...» 25 – Mehmed II. erobert die Stadt und betet in der Hagia Sophia 27 – Legenden um die Entstehung der Hagia Sophia 30

II. Die Stadt und ihre Bevölkerung   34
Haushaltszahlen 34 – Straßen und Plätze 36 – Steine und Steinmetzen 38 – Wohnhäuser und Paläste 41 – Das Serail Mehmed Sokullu Paschas: Ein Palast neben dem Palast 43 – Die Plünderung eines reichen *Konaks* 44 – Der Alltag eines Istanbuler Bourgeois im Zeitalter Abdülhamîds II. 45 – Straßenhändler 48 – Les Chiens de Constantinople 51 – Pferd und Wagen 52 – Straßenbahn 54 – Brücken 56

III. «Wir haben alles, was lebendig ist, aus Wasser gemacht»   58
Die Wasserversorgung des Topkapı Sarayı 60 – Bäder 62 – Zur «Sittengeschichte» von einigen etwas anderen Hammams 65 – Brunnen 66 – Wasserträger 68

IV. Die Landmauern und Yedikule   70
Yedikule 71 – Der junge Osmân 73 – Anmerkungen zur osmanischen Gerichtsbarkeit 75

V. Im Herzen der Altstadt   77
Eine Parade auf dem Divanyolu 77 – Die Janitscharenkasernen 79 – Der Scheichülislam und sein Amtsgebäude 81 – Boza: Ein harmloses Vergnügen im Schatten der Süleymaniye 83

VI. Das Neue Serail   86
Mauern und Tore 89 – Der Henkersbrunnen und das Handwerk der Henker 90 – Die Serailküchen 92 – Ein Springbrunnen für den Sultan 95 – Die Schatzkammer: Ein goldener Dolch und ein riesiger Diamant 97 – Mustafâ Âlî über den richtigen Umgang mit Luxusgütern 99 – Die Reliquienkammer und der Prophetenmantel 100 – Abdülhamîds II. letzter Gang 101 – Das Perlenkiosk von Murâd III. 104 – Das Rosenhaus macht Geschichte 107

VII. Hippodrom: Der Große Circus unter den Osmanen   109
Konstantins Grab 110 – Ein starker Talisman 111 – Wer schlug der Schlange den Kopf ab? 112 – Aufstieg und Fall İbrâhîm Paschas 113 – Reiterspiele 116

VIII. Handel und Wandel   117
Der Gewerbetreibende ist der Freund Gottes 119 – Die Musterung der Istanbuler Zünfte im Jahr 1638 120 – Der Markt und die Preise 123 – Der Ägyptische Basar 125

IX. Moscheen: Finanzielles, Anekdotisches, Kultisches   127
Mescids und Câmis: Mehr als ein Größenunterschied? 127 – Beschwerde eines Vorbeters gegen den Stellvertreter eines anderen Vorbeters 128 – Sinâns vergessene Mescids 129 – Die Säulen der Süleymaniye 130 – Die Laus des Glücks 132 – Mahmûd Pascha: Eine Wesirsstiftung des 15. Jahrhunderts 133 – Des Sängers Lohn 138 – Die Moschee Sultan Ahmeds I. 138 – Beten unter offenem Himmel: Ein *Namâzgâh* und seine Stifterin 139 – Die Küchen der Stiftungskomplexe 142

X. Katastrophen   146
Göttliches Walten und herrscherliche Obsorge 148 – Erdbeben 149 – Brände 152

XI. Christen und Juden   156
Die Griechen: Das Patriarchat auf Wanderschaft 158 – Die Armenier und Kumkapı 161 – Die Spaltung der armenischen Gemeinde 162 – Die jüdische Bevölkerung 164 – Aufstieg und Fall der jüdischen Kira 166 – Die Friedhöfe der Juden und Griechen 167 – Kleidervorschriften für Nichtmuslime 171

XII. Der islamische Kalender und die Zeitrechnung   172
Die vier *Kandil* 173 – Der Trauertag der iranischen Kolonie 174 – Im Fastenmonat 175 – Die übersehenen Chronometer 177 – Uhrtürme 181

Inhalt

XIII. Wallfahrtsorte, Nekropolen, Gräberfelder 183
Eyüp 183 – Die Mausoleen der Herrscher 185 – Die Geographie des Todes 187 – Die Mausoleen der osmanischen Herrscher in Istanbul 190 – Süleymân der Gesetzgeber 191 – Selîm II.: Späte Reue 192 – Die Friedhöfe der Muslime 194

XIV. Ausflugsorte für Groß und Klein 196
Saadâbâd, ein osmanisches Trianon 196 – Eine Neuerung: Öffentliche Gärten 201

XV. Derwischerien 205
Die Kostüme der Derwische 207 – Kocamustafapaşa 209 – Das Liebesmahl Nûr Babas 213

XVI. Der Bosporus 215
«Ich brauche eine Burg» 215 – Kahnpartien im Mondschein 223 – Das Drei-Sultane-Jahr 1876 und die Absetzung von Abdülazîz 225 – Der «Vorfall» von Çırağan 228

XVII. Stätten der Bildung 231
Schulen für Mädchen und Knaben 231 – Ömers Kindheit 233 – Falaka 234 – Die Stifter und ihre Schulbauten im Istanbuler Stadtbild 235 – Die Anfänge des staatlichen Schulwesens 237 – Die Medrese als Ort höherer islamischer Bildung 240 – Eine späte Medrese 242 – Ein osmanischer Tycho Brahe 242 – Das Antikenmuseum 246

XVIII. Istanbul als Stadt der Bücher 248
Bibliotheksinventuren 250 – Die Bibliotheken des Serails 252 – Druckereien 253 – Darf man den Koran drucken? 256

XIX. Militärisches 257
Pulvermühlen 257 – Kuleli, eine Militärschule am Bosporus 259 – Neue Polizeiposten 261 – Haft, Folter und Verbannung 262

XX. Istanbul amüsiert sich 264
Genußgifte 264 – Das korrekte Quantum Rakı 265 – Und ganze Stadtteile stanken... 266 – Kaffeehäuser 269 – Karagöz 271 – Kanto 274 – Theater als moralische Anstalt 275 – Musik- und Theateraufführungen im Serail Abdülhamîds II. 276 – Sittengeschichtliche Nachträge: Lotterbuben und Bordelle 280

XXI. Modernisierung und gesellschaftlicher Wandel 283
Die osmanischen Parlamente 285 – Ahmed Rızas Weltanschauung 286 – Turhan Bey dreht durch 287

XXII. Kapitulation und Widerstand 289
Das Elend des Krieges 289 – Beyoğlu im blau-weißen Fahnenschmuck 291 – Hâlide Edîb und das Sultan Ahmed Meeting 292 – Die Besatzungszeit 294

Stammtafel des Hauses Osmân 295

Zeittafel zum osmanischen Istanbul 297

Literaturhinweise 300

Anmerkungen 301

Bildnachweis 311

Glossar 312

Register 314

Vorwort zur zweiten Auflage

Als Joseph von Hammer-Purgstall, der Vater der osmanischen Studien, im Jahr 1822 sein zweibändiges Werk *Constantinopel und der Bosporos, örtlich und geschichtlich beschrieben* vorlegte, konnte man die türkische Hauptstadt von Mitteleuropa aus nur nach wochenlanger Reise über schlechte Landstraßen erreichen. Schon deshalb, so darf man vermuten, war die Zahl der Benutzer dieses großen, auf literarischen und historischen Originalquellen beruhenden «Cicerone» gering. Die ersten für den Massentourismus geschaffenen *Baedeker* – inzwischen war Istanbul an das europäische Eisenbahnnetz angeschlossen – erschienen um die Wende vom 19. zum 20. Jahrhundert. Ihre bildungsbürgerliche Perspektive bestimmt die Reiseführerliteratur bis in die Gegenwart.

Merkwürdigerweise haben auch die Verfasser der aktuellsten Reiseführer und Anthologien die einheimischen Quellen nur zurückhaltend verwendet und statt dessen auf die Berichte abendländischer Besucher zurückgegriffen. Das ist um so erstaunlicher, als in den Archiven und Bibliotheken der Stadt eine Fülle von Material liegt, das die türkische und internationale Forschung erschlossen hat und weiter erschließt.

Mein Wunsch ist es, den alten und neuen Freunden der Stadt Einblicke in die osmanische Kultur zu gewähren. Schon jetzt leiste ich Abbitte, wenn ich sie mit diesem Buch zu Örtlichkeiten führe, deren Vorhandensein selbst Anwohner und Passanten hartnäckig bestreiten werden.

An diesem Buch wirkten viele meiner in die Stadt verliebten Vorgänger mit. Ich nenne stellvertretend unter den Poeten und Chronisten Evliyâ Çelebî, den unvergleichlichen Kenner seiner Heimatstadt in der Mitte des 17. Jahrhunderts. Ich bedanke mich bei Lesern und Rezensenten, die mich auf Unstimmigkeiten der ersten Auflage hingewiesen haben, stellvertretend möchte ich Heinz Klautke, Hannover, namentlich nennen. Das Buch wurde für diese zweite Auflage an zahlreichen Stellen verbessert, der Stadtplan wurde vergrößert, ein Glossar hinzugefügt und das Literaturverzeichnis aktualisiert.

Berlin, im Oktober 2009 *Klaus Kreiser*

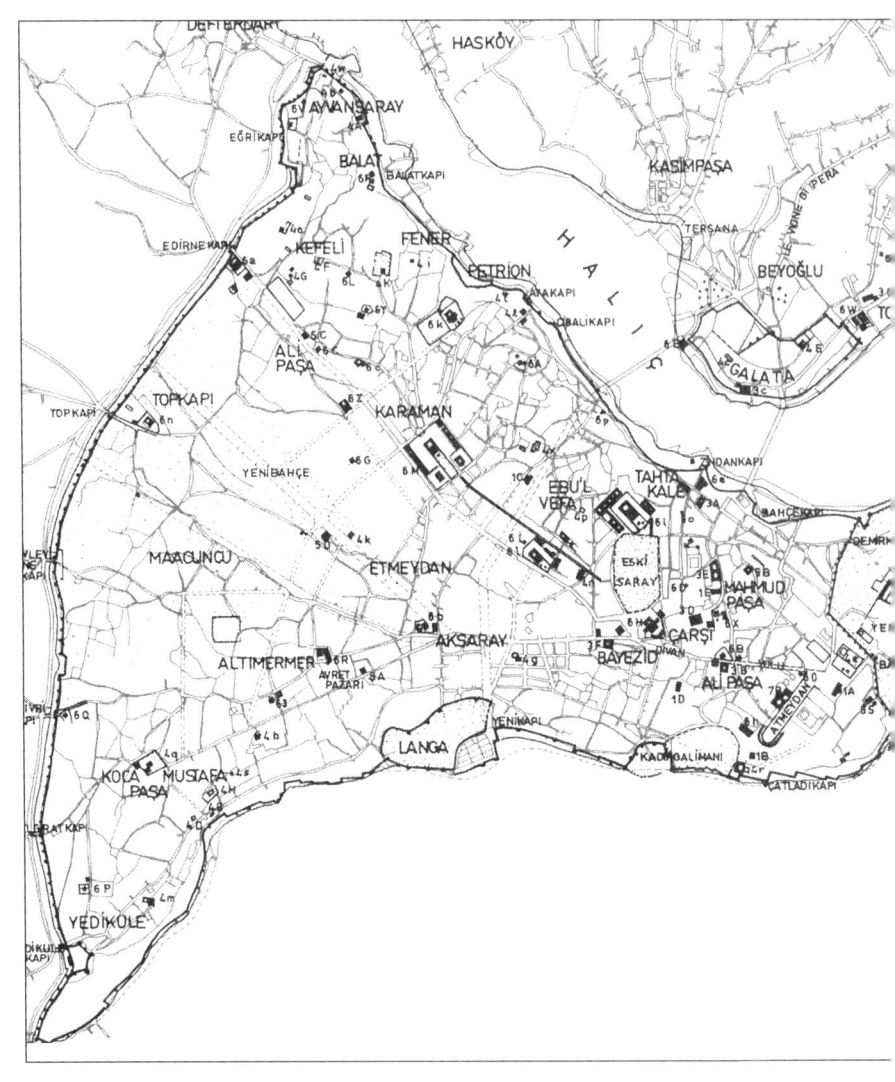

Lageplan von Istanbul im 15./16. Jahrhundert

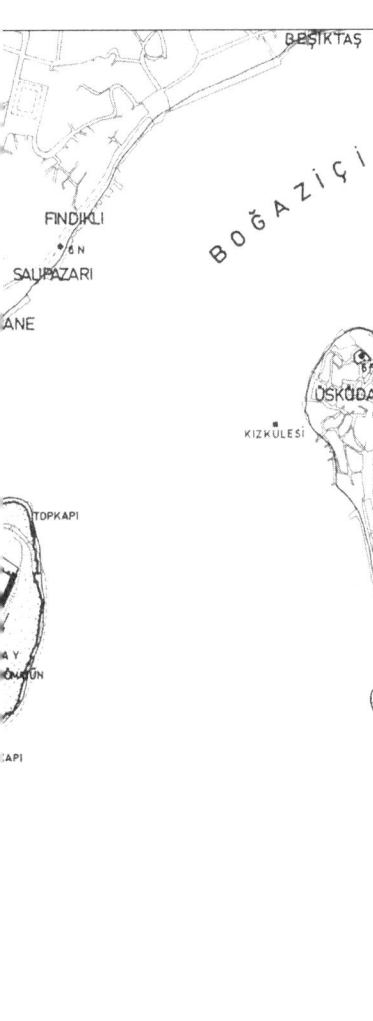

1. *Bäder*
   A Ayasofya Hamamı
   B Çardaklı Hamamı
   C Çinili Hamamı
   D Gedik Paşa Hamamı
   E Mahmut Paşa Hamamı
   F Tahtakale Hamamı

2. *Burgen*
   A Yedikule

3. *Handel und Gewerbe*
   A Balkapan Hanı
   B Elçi Hanı
   C Galata Bedesteni und Rüstem Paşa Hanı
   D Kapalı Çarşı (Gedeckter Basar mit 2 Bedestens)
   E Kürkçüler Hanı
   F Simkeş Hanı
   G Tophane (Geschützgießerei)

4. *Kirchen*
   A Hag. Demetrios Kananu
   B Hag. Georgios Kyparissiu
   C Hag. Johannes en Trullo
   D Hag. Menas
   E Saint Benoît
   F San Nicolò
   G Sainte Marie de Constantinople
   H Sulu Manastir
   I Theotokos Muchliotissa
   K Theotokos Pammakaristos

   Zu Moscheen umgewandelte ehemalige Kirchen
   a Acem Ağa
   b Atik Mustafa Paşa Camii
   c Arap Camii
   d Arslanhane
   e Ayasofya Camii
   f Balaban Ağa Camii
   g Bodrum Camii
   h Esekapı Mescidi
   i Eski İmaret Camii
   k Fenari İsa Camii
   l Gül Camii
   m İmrahor Camii
   n Kalenderhane Camii
   o Kariye Camii
   p Kilise Camii
   q Koca Mustafa Paşa Camii
   r Küçük Ayasofya Camii
   s Sancaktar Mescidi
   t Sinan Paşa Mescidi
   u Şeyh Murat Mescidi
   v Şeyh Süleyman Mescidi
   w Toklu Dede Mescidi
   x Zeyrek Kilise Camii

5. *Medresen*
   A Gevher Sultan Medresesi
   B Rüstem Paşa Medresesi
   C Semiz Ali Paşa Medresesi
   D Sultan Selim Medresesi

6. *Moscheen (sultanische Stiftungen)*
   A Aşık Paşa Camii
   B Atik Ali Paşa Camii (Çemberlitaş)
   C Atik Ali Paşa Camii (Zincirlikuyu)
   D Atik İbrahim Paşa Camii
   E Azapkapı Camii
   F Balat Camii
   G Bali Paşa Camii
   H Bayezid Camii
   I Burmalı Mescidi
   J Davut Paşa Camii
   K Defterdar Camii
   L Dragman Camii
   M Fatih Camii
   N Fındıklı Camii
   O Firuz Ağa Camii
   P Hacı Evhad Camii
   Q Hadım İbrahim Paşa Camii
   R Haseki Camii
   S Ishak Paşa Camii
   T İskele Camii
   U İskender Paşa Camii
   V İvaz Efendi Camii
   W Kılıç Ali Paşa Camii
   X Mahmut Paşa Camii
   Y Mehmet Paşa Camii
   Z Mesih Paşa Camii
   a Mihrimah Camii
   b Murat Paşa Camii
   c Nişancı Mehmet Paşa
   d Piyale Paşa Camii
   e Rüstem Paşa Camii
   f Rum Mehmet Paşa Camii
   g Sinan Paşa Camii
   h Sokollu Mehmet Paşa Camii
   i Süleymaniye Camii
   k Selimiye Camii
   l Şehzade Camii
   m Timurtaş Mescidi
   n Topkapı Camii
   o Yavaşca Şahin Mescidi
   p Yavuz Er-Sinan Mescidi

7. *Paläste*
   A Eski Saray
   B İbrahim Paşa Sarayı
   C Topkapı Sarayı

Einleitung

Dieses Buch erschließt eine größere Auswahl literarischer und historischer Quellen in türkischer Sprache, um Lesern und Reisenden die Stadt Istanbul mit den Augen der Osmanen näherzubringen. Ich habe mich bemüht, die meisten prominenten Punkte der Stadt zu berühren. Genauso wichtig war es mir jedoch, auf weniger bekannte Erscheinungen aufmerksam zu machen, wenn sie für ein Verständnis des osmanischen Alltags erforderlich sind. Die Suche nach geeigneten Texten war weniger schwierig als die Wahl zwischen Dutzenden von Chroniken, Hunderten von Gedichtsammlungen, Tausenden von Inschriften und Zehntausenden von veröffentlichten Urkunden und Registereinträgen (über die hunderttausend unveröffentlichten Dokumente kann man nur schweigen).

Jede meiner Hauptquellen, vor allem die enzyklopädischen Werke eines Evliyâ Çelebî (1611–nach 1685), eines Hüseyin Ayvânsarâyî (st. 1787) oder eines Osmân Nûrî Ergin (1883–1961), hätte genügend Stoff für einen inhaltsreichen und unterhaltsamen Führer geboten. Evliyâ hat mehr als ein Zehntel seines monumentalen «Reisebuchs» Istanbul gewidmet. Der Ayvânsarâyî nahm in seinen 1781 vollendeten «Garten der Moscheen» nicht nur z. T. sehr ausführliche Beschreibungen von 874 Gebetshäusern auf, sondern hat auch zahllose Medresen, Derwischkonvente, Schulen, Öffentliche Küchen, Brunnen und Grabstelen mit ihren Inschriften erfaßt und in einen größeren Zusammenhang gebracht. Osmân Nûrîs große Leistung sind fünf schwere Bände, in denen er die wichtigsten Quellen zur Entwicklung Istanbuls von der orientalischen Residenzstadt zur modernen Kommune zusammengetragen hat.

Ich habe darauf geachtet, herausragende Namen der osmanischen Kulturgeschichte wenigstens ein- oder zweimal zu erwähnen. Ein Istanbul-Buch muß selbstverständlich aus der klassischen osmanischen Literatur zitieren, auch wenn diese sogenannte Diwan-Dichtung wenig zur Rekonstruktion des physischen Habitus und der sozialen Verhältnisse früherer Jahrhunderte beitragen kann. Hier sind unter anderem Bâkî (st. 1600) und Nedîm (st. 1730) vertreten. Abdülbaki Gölpinarlı (1900–1982), der gelehrte Nachlaßverwalter der Mevlevî-Bruderschaft, der selbst ein feiner Kenner der klassischen osmanischen Literatur war, beklagte in einem Abgesang die Lebensferne der Diwan-Dichtung:

Wo bleibt Galata mit seinen Weinschänken und Lasterhöhlen, seinem ganzen Elend, wo die Kaffeehäuser der Fischer? Wo die volkstümlichen Viertel von Aksaray, Haseki und Samatya, die Quartiere an der Innenseite und außerhalb der Stadtmauern? Wo bleiben die eng aneinandergedrängten Häuser, die tagdunklen Gassen..., die zerstörten Straßenpflaster, die rabenschwarze Dunkelheit, das gnädige Licht des Mondes? Wo die Friedhöfe, die Zypressen, die auf den Friedhöfen nächtigenden Lebenden, die quittengelben Gesichter, die blutgeröteten Clochards, die von Naschwerk lebenden und sich mit Zobelpelzen kleidenden Söhne der Großen...Wo ist die Fülle und wo ist der Hunger, wo sind die Aufstände der Janitscharen, Furcht, Hoffnung, List, Bestechung?

Dieser von Gölpinarlı und anderen hervorgehobene Mangel der Diwanliteratur wird von der Geschichtsschreibung als dem kräftigsten Zweig der osmanischen Prosaliteratur ausgeglichen. Sie ist in diesem Band durch altosmanische Chronisten und durch die offizielle Annalistik vertreten. Gerne zitiere ich aber auch aus den Schriften so unabhängiger Geister wie Mustafâ Âlîs im 16. Jahrhundert und Ahmed Cevdets, dem klugen Beobachter des politischen und sozialen Wandels in der Tanzîmât-Zeit (1839–1876). Neuere Memoirenschreiber und Publizisten, deren Erinnerungen bis ins 19. Jahrhundert hineinreichen, wurden häufig benutzt. Die hauptberuflichen Journalisten Mehmed Tevfîk (1843–1892) und Ahmed Râsim (1865–1932) haben das Volksleben in spätosmanischer Zeit noch einmal eingefangen.

Von der nichtmuslimischen Bevölkerung haben die Armenier bis in die Gegenwart den größten Anteil an der imaginären Istanbul-Bibliothek. Ich habe mehrere Texte armenischer und zumindest eines orthodoxen Autors aufgenommen (Evangelinos Misailidis, 1820–1890).

Die mit dem sperrigen Wort «nicht-erzählende Quellen» gemeinten Dokumente wie Urkunden und Registereinträge enthalten stets präzise chronologische, topographische oder finanztechnische Einzelheiten, oft aber darüber hinaus Einblicke ins pralle Menschenleben. In diesem Buch sollen sie Schlaglichter auf das Stiftungswesen, die Wasserbewirtschaftung und das Leben der Händler und Handwerker werfen.

Aus den Anmerkungen zu den einzelnen Kapiteln ergibt sich, daß nicht alle Texte von mir neu übertragen wurden. Dafür hat mir einerseits die von Joseph von Hammer so bezeichnete «Derwischsgeduld» gefehlt, andererseits wäre es unklug und ungerecht gegenüber den früheren Generationen deutschsprachiger Osmanisten und Turkologen gewesen, ihre Arbeiten bei dieser Gelegenheit nicht der Vergessenheit zu entreißen.

Joseph von Hammer-Purgstall hat zwar in seiner «Geschichte der osmanischen Dichtkunst bis auf unsere Zeit» (1836–1838) ungeheure

Textmassen in gebundener Rede übertragen, doch ist seine «Blüthenlese aus zweytausend, zweyhundert Dichtern», bei allem schuldigen Respekt vor dem Patron aller Osmanisten, für uns Heutige eine etwas anstrengende Lektüre. Die Achtung vor dem großen Hammer-Purgstall hat aber die Aufnahme zweier Leseproben erzwungen. Von älteren deutschsprachigen Übersetzern konnten so gut wie unverändert Texte von Friedrich Giese, Johann Heinrich Mordtmann, Theodor Menzel und Hellmut Ritter übernommen werden. Der Tscheche Jan Rypka, der vielen Orientalisten und Freunden der persischen Literatur als Iranist ein Begriff ist, hat sich in seinen ersten Jahren als profunder Kenner der klassischen osmanischen Literatur erwiesen. Richard Kreutel stand mir zu nahe, als daß ich auf einen Auszug aus seinem Aşıkpaşa-Zâde hätte verzichten dürfen. Annemarie Schimmel hat über viele Jahre türkische Literatur aus allen Epochen in schönes Deutsch übertragen. Ich danke der eminenten Kollegin für die Erlaubnis zum Abdruck. In diesem Buch muß ich mich mit Auszügen aus ihren Übersetzungen von Yunus Emre, Süleymân Çelebî, Bâkî, Murâdî und Nedîm begnügen.

Meine eigenen Übersetzungen und Zusammenfassungen sind mehr oder weniger frei. In keinem Fall habe ich Lesbarkeit einer wörtlichen Texttreue geopfert. Zusätze und Weglassungen sind meist durch Klammer und Punkte gekennzeichnet. Die Anmerkungen sind alles andere als erschöpfend. In ihnen will ich nicht mehr als die wichtigsten Stellennachweise liefern.

I.
Konstantiniye: Legenden um die Gründung und Eroberung der Stadt

Die Sieben Hügel

Für die Osmanen war das von Land- und Seemauern eingeschlossene Dreieck selbstverständlich die wichtigste unter den «Vier Städten», nämlich den Kadiamtsbezirken von Istanbul, Eyüp, Galata und Üsküdar. Das etwa 17 km² große Gebiet des vereinfachend «Altstadt» genannten Zentrums erstreckt sich zwischen Goldenem Horn, Bosporus, Marmarameer und thrakischem Vorland. Die «Sieben Hügel» der Reiseführerliteratur sind im Stadtbild nicht sehr auffällig. Der erste Hügel vor der Hagia Sophia (Aya Sofya) erhebt sich nur 44 m über dem Meer. Der höchste Punkt der Altstadt liegt beim Edirne Kapı (77 m) und gilt als sechster Hügel. Zum Vergleich: Der Valens-Aquädukt (Bozdoğan Kemeri) erreicht eine Höhe von ca. 61 m. Istanbul verdankt seine einmalige Silhouette den großen Hauptmoscheen. Das gilt insbesondere für die an Stelle der Apostelkirche errichtete Fatih-Moschee auf dem vierten Hügel. Die im 16. Jahrhundert entstandenen Moscheen der Sultane Bâyezîd II., Selîm I. und Süleymân I. und des Prinzen Mehmed (Şehzâde) befinden sich eher an den Hängen des dritten bzw. fünften (Selîmîye) Hügels und nicht auf ihrem höchsten Punkt. Der zweite Hügel (Nuruosmaniye) wurde erst im 18. bzw. 19. Jahrhundert mit einer Moschee gekrönt. In der Nähe der siebten Erhebung befindet sich die Moschee des Koca Mustafa Pascha (ehemaliges Andreas-Kloster).

Vor der Einrichtung einer modernen Kommunalverwaltung war die Altstadt in dreizehn Unterbezirke (*nâhiyes*) gegliedert, die mit Ausnahme des zwölften (Topkapı = Kanonentor innerhalb der Landmauern) nach Hauptmoscheen benannt wurden. Die *Nâhiye* der Aya Sofya wurde in den Unterlagen der Verwaltung immer an erster Stelle genannt. Die *Nâhiyes* waren im Bewußtsein der Einwohner viel weniger wichtig als ihre Untergliederung in Mahalles genannte Quartiere. Die Altstadt zählte im Jahr 1546, auf dem Höhepunkt von Süleymâns I. Herrschaft, 219 überwiegend muslimische *Mahalle*, zu denen man einige Dutzend nichtmuslimische rechnen muß. Eine muslimische *Mahalle* bestand in der Regel aus einer *Mescid* und einigen Dutzend

Wohnhäusern. Die Wohnhäuser und damit die Familien bildeten die kleinste fiskalische Einheit. *Nâhiyes* und *Mahalles* entsprachen übrigens in ihrer Größenordnung den 14 byzantinischen Regionen bzw. 322 Nachbarschaften. Unter den *Mahalles* gab es Sonderfälle so das zentrale Basarviertel, in dem fast keine Familien lebten. Ende des 19. Jahrhunderts zählte zum Beispiel die Mahalle von Mahmûd Paşa 3812 männliche, aber nur 28 weibliche Bewohner. Die Erklärung liegt in der Konzentration zahlreicher Junggesellenunterkünfte. In den eigentlichen Wohnquartieren wurden unverheiratete Männer (von Frauen ganz zu schweigen) ungern geduldet.

Die Gründung der Stadt in osmanischer Überlieferung

Der unbekannte Verfasser einer Chronik des späten 15. Jahrhunderts hat sich ausführlich mit der Vorgeschichte des osmanischen Istanbul befaßt. Er beginnt seine Erzählung mit dem auch sonst gut verbürgten Interesse Mehmeds II. an der Antike:

Nachdem er Konstantinopel erobert hatte, betrachtete Sultan Mehmed so viele prachtvolle Gebäude, daß er in Staunen verfiel und zu dem Schluß kam, daß sie nicht von Menschenhand errichtet sein konnten. Er ließ christliche Geistliche zusammenrufen, Patriarchen, Kenner der Geschichte der Römer und des Frankenlandes und wollte herausfinden, wer diese Bauten in Istanbul errichtet hatte. Er wollte wissen, wer hier gelebt hatte, wer sich hier zum König hatte ausrufen lassen und wer hier die Herrschaft in Händen hatte. Die Kenner der Geschichte unter den Patriarchen, den Geistlichen und den Mönchen Roms versammelten sich, und er befragte sie nach denen, die diese Bauwerke hinterlassen hatten, und nach denen, die in dieser Stadt geherrscht hatten. Sie unterrichteten Sultan Mehmed entsprechend ihren Kenntnissen und aufgrund ihrer Bücher. Jede Gruppe der Anwesenden erzählte gemäß den Worten ihrer Meister und den Traditionen ihrer Chronisten.

Die große Erzählung beginnt beim Propheten Salomon, der einen hochmütigen fränkischen Herrscher namens Ankur, der ihm nicht huldigen wollte, überwältigte und dem er den Kopf abschlagen ließ, nachdem er ihm das Angebot gemacht hatte, zum wahren Glauben überzutreten. Ankur hatte eine Tochter namens Şemsîye, «voller Anmut und von unvergleichlicher Schönheit». Salomon verliebte sich in sie und machte sie zu seiner Frau.

Weil er diese junge Frau über die Maßen liebte, gestattete er ihr jede Laune. Was immer sie wollte, ließ er ihr durchgehen. Eines Tages sagte die Frau Şemsiye zum Propheten Salomon: «Bau mir einen großen Palast, ein Gebäude, das so groß ist wie es im ganzen Universum nicht existiert, und das von niemandem besser ausgeführt werden kann.» Darauf erteilte Salomon den Riesen und Feen, den Menschen und Geistern seine Befehle: «Findet mir einen Ort mit mildem Klima, das dem Paradies ähnelt. Und errichtet mir dort einen großen Palast!»

Nachdem die Riesen die Welt durchstreift hatten, berichteten sie Salomon, daß nur ein Ort mit mildem Klima namens Aydıncık in der Provinz Rûm am Rande des Mittelmeers in Frage käme. Der Chronist fügt hinzu, daß man diese Stelle heute Temaşalık nenne. Die Riesen, Feen, Geister und Menschen machten sich an den Bau des Palastes, so daß Salomon und seine anspruchsvolle Gattin einziehen konnten.

Lange danach tritt ein gewisser Yanko, der Sohn des Madyan, als römischer Kaiser auf und richtet sich in dem Palast ein. Dieser Yanko soll 2228 Jahre vor der Einnahme Istanbuls durch die Türken gelebt haben und war der Gründer der Stadt Istanbul, deren Bauplatz ihm durch ein Traumgesicht mitgeteilt wurde. Yanko ließ sieben Jahre lang die Baumaterialien zusammentragen, im achten Jahr standen vierzigtausend Soldaten, vierzigtausend Maurer und zweihunderttausend andere Arbeiter bereit, um die Mauern der Stadt zu errichten.

Und weil es nach den Worten der Wahrsager eine bestimmte Glücksstunde gab, die nur alle dreißig Jahre eintrat, achteten sie auf diese Stunde. An der Innenseite der Mauer ließ er (Yanko) Säulen errichten so hoch wie Minarette. Sie ließen an jeder Säule Glocken befestigen, die beim Eintreten der (Glücks)Stunde läuten sollten, woraufhin die Maurer und Soldaten auf einen Schlag mit der Arbeit beginnen sollten. Und von da ab spähten die Wahrsager mit ihren Astrolabien nach der günstigen Stunde. Die Stunde war nicht eingetreten, als an einem Samstag, zur Stunde des Mars, durch die Fügung des Himmels und den Willen Gottes...ein Storch, der eine Schlange trug, durch die Luft flog. Die Schlange rettete sich in Todesangst aus seinem Schnabel und fiel auf eine der Glocken. Die Glocke läutete, und auf der Stelle begannen sie sämtliche (anderen) Glocken zu läuten, weil sie den Ton dieser Glocke vernommen hatten und glaubten, daß die Stunde gekommen war. Die Maurer und Soldaten glaubten ebenfalls, daß die Stunde gekommen war und machten sich an die Arbeit. Die Wahrsager stießen angesichts der Lage laute Schreie aus. Was aber sollte der Herrscher tun, nachdem er einmal so entschieden hatte. Sie konnten sich nicht entschließen, das bereits Gebaute wieder abzureißen und alles zu verschieben. So machten sie weiter. Der Herrscher war sehr betrübt, ihm wurde deutlich, daß das Schicksal der Stadt der Untergang und nicht der Wohlstand sein würde.

Ungeachtet dieser Vorzeichen bauen die Männer in vierzig Tagen 360 Türme, 60 Tore, 100 Kirchen, 60000 Wohnhäuser, 100 Bäder und 5000 Karawanserails. Dabei wurden ganze Familien gewaltsam aus sämtlichen Provinzen deportiert, wodurch viel Leid entstand.

Und die Leute in dieser Epoche verfluchten die Stadt, jeder in seiner Sprache und in den Fluchformeln seiner Religion, weil sie mit Gewalt weggeschleppt worden waren. Sie verströmten Tränen und verursachten den Untergang dieser Stadt, weil sie von diesen Wehklagen erschüttert wurde. Aus diesem Grund war die Stadt zum Untergang verurteilt. Sie beteten, daß sie untergehe, und die Tränen ihrer Klagen trockneten nicht auf dem Boden, auf den sie fielen.

Yanko gibt der Stadt seinen Namen und läßt auf einer Säule sein Reiterstandbild errichten. Gegenüber ließ er eine riesige Kirche mit 1000 Wohnzellen bauen. Nachdem er mit seinen Soldaten und Mönchen 300 Jahre ein sorgloses heidnisches Dasein verbracht hatte, bestieg er die Säule, um von dort die Sonne anzubeten. Jetzt greift Gott mit Naturgewalten ein.

Er sandte einen wütenden Sturm, der Wind blies, Regen fiel nieder, Hagel stürzte herab, und ein Erdbeben trat auf, so stark, daß man seinesgleichen seit den Zeiten Noahs des Propheten und der Propheten Hud, Salih und Loth – die Gnade Gottes sei über ihnen – nicht gekannt hatte. Der Zorn Gottes, des Allmächtigen, ging derart hernieder, daß durch das Erdbeben die Kuppel jener Kirche einstürzte und in tausend Stücke zerbrach. Die Mönche, die Priester, die Patriarchen, die Herren und die Söhne der Herren, Yanko, der Sohn des Madyan, und die Soldaten und die Leute, die sich hier befanden, blieben unter den Ruinen und gingen zugrunde.

Der Verfasser bringt den Bauschutt, der sich zu seiner Zeit unweit der Aya Sofya befand, mit diesem Ereignis zusammen. Yankos Sohn Buzantin machte sich an den Wiederaufbau der Stadt seines Vaters mit steinernen Palästen, Wohnhäusern, Karawanserails, Kirchen und Bädern. Dabei treffen sie Vorkehrungen gegen etwaige Unglücksfälle:

Sie errichteten solche Gebäude für den Fall, daß ein Erdbeben auftritt oder ein Blitzschlag, wie es zur Zeit Yankos, des Sohns des Madyan, geschah. Es liegt an dieser Furcht, daß sie diese Gebäude unterirdisch angelegt haben. Aus diesem Grund ist Konstantinopel heute in zwei Stockwerken errichtet. Aus diesem Grunde findet man noch heute, wo immer man gräbt, mächtige Konstruktionen, die aus dieser Zeit stammen. In der Folge flüchteten die Einwohner dieser Epoche bei jedem Donnerschlag, bei Blitz oder Regen in die unterirdischen Bauwerke und kamen wieder heraus, wenn das Gewitter vorbei war. So verhielten sie sich. Sie glaubten, daß so angelegte Bauten keine Erdstöße zu befürchten hatten.

Auch Buzantin fordert Gott durch heidnisches Treiben heraus. Er zwingt die Leute, ihn anzubeten, während er auf dem Standbild eines Elefanten sitzt. Gott straft die Stadt, indem er die Pest schickt, worauf die Stadt aufgegeben wird.

Konstantinopel, Stambul oder Istanbul und andere Namen mehr

Die klassischen Dichter sprechen von Istanbul, Kostantinîye (der arabisierten Form von Konstantinupolis) und İslâmbol («Von Islam erfüllt»). Alle drei Formen erscheinen auch auf amtlichen Dokumenten wie Urkunden und Münzen, İslâmbol allerdings nur im frühen 18. Jahrhundert. Ob der Name Stambul bzw. Stanbol von dem griechischen *eis tin polin* oder *stin poli* («in der Stadt») abzuleiten oder eine Verstümmelung von Konstantinopolis ist, muß uns hier nicht beschäftigen. Immerhin ist die Form Istanbol bzw. Istanpol schon in armenischen Quellen belegt, welche der Eroberung der Stadt mehrere Jahrhunderte vorausgehen.

Das in fremden Ohren bombastisch klingende «Pforte der Glückseligkeit» (*Dersaâdet*) wird noch im frühen 20. Jahrhundert ganz selbstverständlich und durchaus nicht nur als schmückender Zusatz verwendet. Erst nachdem Ankara zur Hauptstadt erklärt wurde (1923), verschwand Dersaâdet aus dem offiziellen Gebrauch. Namen wie «Pforte der Glückseligkeit» konkurrierten schon deshalb mit allen möglichen Varianten von Istanbul, weil man unter Istanbul sowohl die Gesamtheit der Teilstädte mit Galata, Eyüp und Üsküdar verstehen konnte, als auch die Altstadt auf der keilförmigen Landzunge zwischen Goldenem Horn und Marmarameer.

Zahllose Bauwerke und Örtlichkeiten des alten Istanbul haben nur noch in den Namen von Stadtteilen, Straßen und Plätzen überdauert. Es verwundert nicht, daß sich byzantinisches Namengut gehalten hat. Fener (von *phanar* «Leuchtturm») ist der Stadtteil mit dem gegenwärtigen Patriarchatssitz. Die hier residierenden «phanariotischen» Familien haben in osmanischer Zeit als Vertreter der Sultansregierung in den Donaufürstentümern Geschichte gemacht. Gleichfalls verdankt das asiatische Fenerbahçe (das die meisten Istanbuler mit dem Fußballclub assoziieren) seinen Namen einem noch heute sichtbaren Leuchtturm, dessen Vorgänger am Rande eines Gartenpalastes stand. Vorosmanische Viertelnamen sind u. a. Samatya, İstinye und Tarabya (auch wer er kein Griechisch gelernt hat, erkennt beim zuletzt genannten die Bedeutung von Therapeia «Heilbad»). Nicht alle griechische Namen gehen auf die Epoche vor 1453 zurück. Bis in die Republik hinein war der große Stadtteil Kurtuluş («Befreiung») als Tatavla (von einem griechischen Wort *tavla* «Stall») geläufig. Vergleichbare Umbenennungen sind Makrihorion («Langdorf») in Bakırköy («Kupferdorf») bzw. Aya Stefanos in Yeşilköy («Gründorf»).

Manche Orte wurden gleichzeitig mit dem vorosmanischen und dem türkischen Namen bezeichnet. Ein Wohnviertel hieß aber in aller Regel nach einer Moschee, Kirche oder Synagoge, eben dem Kern der

Mahalle. In Kağıthane erinnert nichts mehr an die ehemalige Manufaktur («Papierhaus»). In Kadırga wissen nur Eingeweihte, daß sie in einem zugeschütteten Galeerenhafen wohnen. Nicht wenige Stadtteil- und Straßennamen halten die Erinnerung an reiche Stadthäuser der Paschas fest. Das belebte Innenstadtviertel Çağaloğlu heißt nach dem Saray eines Cigala-Zâde Sinân Pascha. Der Pascha wurde 1544 unter dem Namen Scipione als Sohn eines Visconte di Cicale in Messina geboren und machte nach seiner Gefangennahme in der Seeschlacht von Dscherba (1560) und dem Übertritt zum Islam im Osmanischen Reich Karriere. Europäische Migranten sind verantwortlich für Ortsnamen wie Arnavutköy («Albanerdorf»), Belgrad (im nördlichen Waldgebiet) und Polonezköy (von Polen gegründeter Ausflugsort in den Wäldern der asiatischen Seite).

Wie in allen Metropolen wartet noch eine Reihe von merkwürdigen Straßennamen auf die Entschlüsselung durch die Lokalforscher. Der große Lokalhistoriker des 18. Jahrhunderts Hüseyin Ayvansarâyî hat an vielen Stellen vorgearbeitet, wenn er zum Beispiel den Namen der Soğanağa Mescidi auf einen Aufseher über den Handel mit Zwiebeln (*soğan*) aus der Zeit Bâyezîds II. zurückführt. Über die Herkunft von Beyoğlu gibt es eine ganze Reihe von sich ausschließenden Hypothesen, auch die Stadtteilnamen Fındıklı («Ort der Haselnüsse»), Beşiktaş («Wiegenstein»), Şişli, Moda und viele andere sind noch nicht befriedigend erklärt.

Viel einfacher läßt sich Taksim deuten. Der erst im 19. Jahrhundert als Vorfeld einer Kaserne ausgebaute Platz heißt nach dem arabischen Wort für einen Wasserverteiler. Typisch für Neugründungen des 19. Jahrhunderts sind auf *-îye* endende Stadtteil- und Dorfnamen wie Teşvikîye und Mecîdîye. Sie entstanden nicht nur wie die letztgenannten als Trabantensiedlungen europäischen Musters, sondern auch in der Altstadt, um abgebrannte Fläche neu zu nutzen (Ahmedîye in Şehzadebaşı, Fevziye in Yenikapı). Die Namen einiger weniger Stadtteile gehen auf nichtmuslimische Persönlichkeiten der Tanzîmât-Zeit zurück (Feriköy, Pangaltı). Erst in der Republik kamen Bezeichnungen auf wie Etiler («Hethiter») oder Ataköy, das nach Atatürk genannte «Hansaviertel» Istanbuls. Damals wurden auch die Namensschilder fast aller wichtigen Straßen ausgetauscht. Aus der Bâb-i Âlî («Hohe Pforte») Caddesi wurde die Ankara Caddesi, die «Große Straße» in Pera/Beyoğlu heißt seither İstiklâl («Unabhängigkeit»).

Das Istanbul der Dichter

Die Autoren übertrafen sich in der Erfindung schmückende Beiwörter für ihre Stadt. Manche dieser *Epitheta Ornantia* sind konventionelle Bezeichnungen, welche die Dichter schon früher den Metropolen und Residenzen der islamischen Welt verliehen haben: «Die wohlbehütete Stadt Kostantinîye, der mächtige Dom des Islam, Sitz und Residenz, in der die Zelte der glorreichen Herrscher aufgeschlagen werden...» oder «Die Stadt Kostantinîye, deren Klima die Freude vermehrt und den Kummer vertreibt und die unter den Städten der Welt den Ruhmestitel Mutter der Erde beansprucht und der Ort des großmächtigen Kalifats und der allerhöchsten Majestät ist...». Ein in die Hauptstadt verliebter Dichter des 16. Jahrhunderts baute das folgende Städtelob:

> Die Stadt Istanbul,
> deren Antlitz schön und lieblich ist wie das Strahlen der zarten Jünglinge
> und deren angenehmes, leicht und köstlich zu genießendes Wasser zuckersüßem Scherbet gleicht,
> deren die Seele erfrischende, moschusduftende Luft an die krausen Schläfenlocken ihrer graziösen Geliebten gemahnt
> deren Gazellenauge neckisch und vollkommen ist wie der dunkle Fleck auf der Wange des Geliebten
> und deren Bewohner Antlitze tragen wie die im höchsten Paradies lebenden Huris.

Der Glanz der Stadt reichte bis in die entfernten Provinzorte. Der Dichter Yûsuf Nâbî (1642–1712) verbrachte den größten Teil seines Lebens im nordsyrischen Aleppo an der «Schnittstelle» zwischen der osmanisch-türkischen und der osmanisch-arabischen Kultur. Noch heute gehört sein Hauptwerk, ein ethisch-didaktischer Traktat in Versen, zum türkischen Bildungsbesitz. Nâbî bereitet darin seinen spätgeborenen Sohn Ebü'l-Hayr auf ein Leben als Muslim und Intellektueller vor. Nach Ebü'l-Hayr heißt das aus 1647 Versen bestehende Gedicht *Hayrîye*. Für Nâbî ist Istanbul, aus dem er wegen einer Pestepidemie geflüchtet sein soll, «Traumstadt» geblieben. Nicht nur als Sitz des Padischahs, sondern auch wegen ihres wissenschaftlichen Rangs, des hohen Stands der Künste (er hebt besonders Musik und Buchmalerei hervor) und des weit aufgefächerten Gewerbebetriebs.

> Für Wissenschaft und Bildung gibt es keinen Ort
> Der Istanbul gleicht als aufnahmebereiter Hort.
> ...
> Wie weit auch die Sonne die Welt durchstreicht,
> Sie trifft auf keine Stadt, die Istanbul gleicht.

...

Buchschmuck, Malerei, Kalligraphie und Vergoldungskunst
Sie alle sind in Istanbul in Glanz und Schönheit vorhanden.

Es gibt noch eine Anzahl weiterer Sorten von Kunsthandwerk,
Von denen man draußen (in der Provinz) nicht einmal den Namen kennt.

Wie sollen auch die Leute außerhalb des Hauses wissen, was sich in seinem Inneren tut,
Wie die Leute am Meeresstrand kennen, was auf seinem Grunde ruht.

Die wirklichen Kenner sind dort anzutreffen,
Von Gesang, Musik und Tanz.

Unvermittelt geht Nâbî von der Betrachtung des entwickelten Kunsthandwerks zu den Freuden eines Bootsausflugs auf dem Bosporus über. Schnell wie ein Vogel oder ein Windroß gleitet man über das Meer, die Ruder des Boots werden zu Flügeln, man gebietet wie Salomon den Wassern und Winden, wenn vierzig oder fünfzig Örtlichkeiten, eine jede so groß wie Mekka, vorbeiziehen. Nâbîs Verse erwähnen keinen von den Sultanen bewohnten Palast, keine von ihnen gestiftete Moschee, allein die Hagia Sophia wird mit zwei Versen gewürdigt:

Die Aya Sofya ist in der Tat ein Wunder der Zeit
Ihre Kuppel der achte unter den Planeten der Sonne.

Dergleichen haben wir in keinem Land erblickt,
Im Paradies mag noch einmal sein solche Wonne.

Am Ende des Kapitels beklagt Nâbî das Bildungsdefizit in den Provinzen der osmanischen Länder: Allein Aleppo (verständlich, er lebt ja dort) könne neben der glanzvollen Hauptstadt bestehen.

Kein Stäubchen Bildung ist heute übrig
In den Provinzen

Gebildete sucht man vergeblich,
Das Buch ist in die Ecke des Vergessens gefallen.

Der Wechsel der Jahreszeiten

Für die osmanischen Dichter war Istanbul im Wechsel der Jahreszeiten eine immer wiederkehrende Herausforderung. Es versteht sich, daß Oden an den Frühling den Gedichten über den Herbst oder Winter den Rang ablaufen. Die Vierzeiler, welche der aus Priştina stammende, wahrscheinlich zur Zeit Selîms I. (1512–1520) verstorbenen Mesîhî auf den Frühling verfaßte, gehören zu den prominentesten Beispielen osmanischer Dichtkunst. Das gilt ausnahmsweise auch für die europäische Leserschaft, weil einige Verse schon im 18. Jahrhundert in europäischen Zeitschriften und Anthologien erschienen. Hier folgt ein Auszug aus der Übertragung von Annemarie Schimmel:

> Höre der Nachtigall Worte «Der Lenz kam so schön!»
> Sieh, wie im Garten Gedränge der Lenz läßt entsteh'n!
> Mandelblüte ihr Silber im Lenz läßt verwehn –
> *Trinke, sei fröhlich! Vergeh'n wird der Lenz, nicht besteh'n!*
>
> Schmückt sich mit Blüten, mit frischen, der Garten nun bunt,
> Bauen die Blüten zum Feste rings Zelte im Rund.
> Weiß man, wer tot ist im künftigen Lenz, wer gesund?
> *Trinke, sei fröhlich! Vergeh'n wird der Lenz, nicht besteh'n!*
> …
> Früh auf die Gärten aus Wolken die Perlenlast rinnt,
> Duft von tatarischem Moschus bringt morgens der Wind –
> Du sei nicht lässig: der Welt Liebestage jetzt sind:
> *Trinke, sei fröhlich! Vergeh'n wird der Lenz, nicht besteh'n!*

In einem Herbstgedicht von Bâkî (1526–1600), einem Hauptvertreter der osmanischen klassischen Dichtung, ist die Naturschilderung mit einer weniger düsteren *Vanitas*-Stimmung unterlegt als bei Mesîhî:

> Kein Zeichen man vom Frühlingsglanz mehr fand;
> Die Blätter fallen achtlos hin im Land.
>
> Die Bäume zogen Klausner-Kutten an,
> Der Herbstwind raubt Platanen ihre Hand.
>
> Zum Strom hinunter fließt der Bäume Gold,
> Denn Gunst von ihm erhofften sie am Strand.
>
> Bleib' nicht im Garten! Wie im Wind er schwankt!
> Leer jeder Ast von Blatt und Früchten stand.
>
> Im Garten liegen Blätter wild verwirrt,
> Als klagten sie um Schicksalsturmes Brand.

Viel seltener sind Gedichte, die den Winter zum Thema haben. Die von Necâtî Bey (starb 1509) verwendeten Metaphern für Schneeflocken und Wolken sind für moderne Leser sicher ungewohnt. Ob die deutschen Reime Joseph von Hammer-Purgstalls (1774–1856) alle gelungen sind, mag er beurteilen.

> Da Schneeheuschrecken aus der Luft geschneit,
> Hofft Ernte nicht vom grünen Feld der Freud'!
> Die Wolken gleich Kamelen erdwärts schäumen,
> Des Frohsinns Karawane packt ohn' Säumen.

Wo ist die Kerze Sonn' mit Strahlen, lichten?
Wer brennt sie an, Schneefalter zu vernichten?
Wind zieht ein Eiskastell um Flüsse her
Der Sonne Kugeln fällt Erob'rung schwer!
Die Sonne sucht am Mittag man mit Kerzen;
Aus Gram, sie nicht zu sehn, entbrennen Herzen.

Die Dichter der osmanischen Moderne überwanden die Diwanpoesie, ohne das große Thema «Istanbul im Wandel der Jahreszeiten» aufzugeben. Orientierungsinstanz war jetzt der französische Parnaß. So hat der unbestritten wichtigste türkische Poet an der Wende zum 20. Jahrhundert, Tevfik Fikret (1869–1915), die «Monatsgedichte» seines französischen Kollegen, François Coppée, nachempfunden. Hier wird der März mit einer «ständig launischen, nervösen Frau» verglichen, der April ist ein «Traum mit Flügeln, der sich auf einem Blütenzweig niedergelassen hat», der Mai hingegen ein «Mädchen aus dem Dorf», «einfach und herzig, kokett und melancholisch».

Obwohl strenge Winter die Stadt selten heimsuchen – das Überfrieren des oberen Goldenen Horns im Jahr 1751 war eine große Ausnahme und Schnee bleibt nur wenige Tage liegen – wurde (und wird!) die Jahreszeit von der Mehrheit der Bevölkerung wenig geschätzt. Die schlecht beheizbaren Holzhäuser und das teure Brennmaterial zwangen die Menschen, sich um die Kohlenbecken (*tandır başı*) zu versammeln. Der volkstümliche Schriftsteller Mehmed Tevfik (1843–1893) schilderte eine Dezembernacht im Istanbul des 19. Jahrhunderts:

Die Jahreszeit brachte es mit sich, daß die Unterhaltungen am Wärmekasten in den Frauengemächern eben erst in Schwung gekommen waren. Bekanntlich drängen sich die Frauen an den kalten Winterabenden, wenn es draußen schneit, rings um die Kohlenbecken. Wenn die Wärme sich wohlig über ihren ganzen Körper ausgebreitet hat, da scheint sich auf einmal ihre Zunge zu lösen. Tausend nichtige Worte kann man dann um einen *Para* haben. Es gibt eine Unmenge Geschichten, die beim *Tandır* von Mund zu Mund gehen... wie die Erzählungen von der Mittwochfrau, die Geschichten von dem Badegespenst und dem Wüstengeist, dann alle möglichen Vorkommnisse, denen man Wichtigkeit beimißt, z. B. daß, wenn die Schranktüre offen bliebe, dies ein Zeichen dafür sei, daß der Mund des Feindes sich öffnen (und er also Böses von einem spreche) werde; daß man, wenn die Pantoffeln übereinander zu liegen kämen, in die weite Welt müsse, daß Gäste kommen würden, wenn die Katze mit den Augen blinzle oder wenn sie beim Putzen ihren Fuß um den Hals legte und dergleichen mehr. Es gäbe ein dickes Buch, wenn man sie alle zusammenschriebe. Bei derartigen ganz absonderlichen Geschichten sitzt die ganze Familie, Groß und Klein, um den *Tandırbaşı* herum am bestimmten Platz. Oben auf dem *Tandır* tischt man zierlich allerlei Obst, Krüge mit Hirsebier (*boza*) und eine Schale voll *Leblebi* (geröstete Kichererbsen) auf. Die Jugend veranstaltet nun Spiele und Unterhaltungen wie: «Gerade oder ungerade» und dergleichen. Auf der anderen Seite erzählen die alten Frauen Märchen und Geschichten.

«Glücklich die Armee...»

Die türkischen Eroberer wußten, daß vor ihnen die Araber in regelmäßigen Abständen (vor allem 674, 717 und 782) unter den Mauern Konstantinopels gestanden hatten. Das erst im 9. Jahrhundert sicher belegte Prophetenwort (*hadîs*) «Glücklich die Armee, die sie (die Stadt Konstantinopel) erobert, glücklich der Führer, der sie nimmt» gehörte bei den Türken zu den bekanntesten Hadisen überhaupt. Manche errechneten aus dem Zahlenwert bestimmter Buchstaben das Datum von Mehmeds Belagerung und Sieg (857 der Hidschra = 1453 A. D.). In Istanbul schmückt diese arabische Formel noch heute Bauten wie das Portal des alten Kriegsministeriums (jetzt Eingang zum Park der Universität) und die Aya Sofya.

Die Chronisten haben sich vor allem mit einer Belagerung beschäftigt, die unter dem Oberbefehl eines Prophetengefährten (*ansârî*) namens Ayûb (türk. Eyüb/Eyüp) gestanden haben soll. Eine anonyme Chronik widmet diesen vorosmanischen Kriegszügen viel Raum. Im Jahre 52 der Hidschra (672 A.D.) kamen Ebu Eyüb-i-Ansârî mit 50000 Leuten sowie Abdullâh bin Abbâs und Abdullâh bin Zeyd mit 500 Schiffen, sie belagerten Konstantinopel, schlossen es sechs Monate ein und bekriegten es. Schließlich machten sie sich an einem Freitag zum Angriff bereit. Es war ein großer Kampf. Plötzlich wurde Ebu Eyüb-i-Ansârî an der Stirn tödlich getroffen. In dieser Situation konnten sie die Stadt nicht einnehmen und kehrten wieder in ihre Heimat zurück.

Da Ebu Eyüb-i-Ansârî wußte, daß er sterben würde, traf er die Verfügung: «Entblößt eure Schwerter und greift die Festung an. Wo ihr auch hingehen könnt, da begrabt mich während des Kampfes und macht mein Grab unkenntlich.» So taten sie auch. Damals war Yorgi Kaiser von Konstantinopel (tatsächlich regierte Konstans II.). Der Kaiser wußte auch, daß ein Großer von den Muslimen gestorben war. Sieh ihre Verschlagenheit! Yorgi schickte zu den Muslimen einen Mann, der da sagte: «Von euch ist einer von euren Großen gegangen. Wir wissen recht gut, daß ihr ihn vor uns verheimlicht. Die Muslime sahen, daß die Ungläubigen wußten, wie sich der Fall verhalte. Schließlich machten sie Frieden.

Der heimtückische Kaiser verfolgte die Muslime zu Wasser und zu Lande, die sich wehrenden Muslime machten unterwegs Gefangene und verwüsteten 110 Kirchen und vierzehn Festungen. Zwei der Söhne des Kaisers wurden festgenommen und aufgehängt.

Als Yorgi hörte, daß seine zwei Söhne erhängt worden seien und das übrige Heer erschlagen sei, stürzte er sich aus Zorn und Kummer in sein Schwert und tötete sich selbst. Yorgi hatte noch einen Sohn, der hieß Konstantin. Der wurde an seiner Stelle Fürst. Auf dem Grabe des Ebu Eyüb-i-Ansârî leuchtete ein Licht. Dies sah Konstantin. Er wußte, daß es damit seine Bewandtnis habe, und ließ darauf sofort eine hohe Kuppel bauen und machte es zum Wallfahrtsort. Durch Gottes Allmacht entsprang dort auch eine liebliche Quelle, deren mit wohltätigen Eigenschaften versehenes Wasser man in Flaschen füllte und im Frankenland an allen Orten kaufte. Es half gegen alle Schmerzen und sühnte auch. Wegen der Eigenschaften des Wassers wurde jene Türbe in Ehrfurcht und Verehrung gehalten.

Der Verfasser der anonymen Chronik hat noch eine weitere, abweichende und ausführlichere Version vom Märtyrertum Eyüps aufgezeichnet.

Als Ebu Eyüb-i-Ansârî nach Konstantinopel kam und es belagerte, schlossen sie es so lange ein, daß die Muslime in Not kamen. Auch die Ungläubigen kamen seit ihrer Ankunft infolge des Hungers in Not. Da versammelten sich die in Konstantinopel befindlichen Ungläubigen, und die Ungläubigen berieten sich, schickten an die Muslime einen Gesandten und sagten: «Was ist eure Absicht, daß ihr zu uns gekommen seid? Wenn ihr nicht uns alle tötet, werden wir euch nicht die Festung übergeben.»

Die Muslime berieten sich und beschlossen angesichts dieser Pattsituation, die Ungläubigen aufzufordern, in der Hagia Sophia beten zu dürfen, bevor sie abzogen.

Wir haben die Stadt bis jetzt nicht eingenommen und werden sie auch danach nicht einnehmen, denn unser Heer leidet Hunger und die Leute sind niedergeschlagen. Aber auch die Ungläubigen sind niedergeschlagen. Wohlan, wir wollen sagen: «Unsere Absicht ist, daß wir zu denen gehören wollen, die in der Aya Sofya zwei Gebetsübungen (*rek'at*) vollzogen haben. So wollen wir sagen.» Ihre Absicht war bei diesen Worten folgende: Es wird vom Propheten berichtet, daß er gesagt habe: «Ein jeder, der in Konstantinopel in der Aya Sofya zwei *Rek'at* gebetet hat, kommt ins Paradies.» Gemäß diesem Wunsche war ihr Begehr, und sie gaben auch den Ungläubigen diese Antwort. Als die Ungläubigen diese Antwort hörten, versammelten sich alle ihre Großen, beratschlagten mit dem Kaiser und sagten: «Was sollen wir tun? Wenn ihr diese nicht mit einer List von uns wegbringt, so gehen wir zu Grunde.» Sie schickten also Nachricht an Ebu Eyüb-i-Ansârî:

«Ihr seid viele Leute. Wie wäre es möglich, daß soviel Leute in die Festung kämen und ihr Gebet verrichteten, aber wir wollen einige von euren Großen in die Festung lassen, kommt und verrichtet das Gebet.» Danach gab der Kaiser seine Einwilligung und sagte: «Zuerst sollen von 1000 Leuten 500 auf einmal hereinkommen. Wenn die hinausgehen, sollen wieder

500 kommen. Außerdem sollen sie von der Seeseite kommen.» Darauf nahm Ebu Eyüb-i-Ansârî die gewählten fünfhundert Mann, bestieg ein Schiff, kam von der Seeseite und betrat die Stadt. Aber alle ihre Waffen nahm man ihnen ab und ließ sie dann in die Stadt und sagte: «Wenn ihr hinausgeht, könnt ihr eure Waffen wieder nehmen.» Die Muslime waren auch damit einverstanden, gaben ihre Waffen ab und betraten die Festung.

Auf Betreiben eines listigen Mönchs werden die unbewaffneten Muslime vor der Kirche überfallen, so daß sie sich mit bloßen Händen verteidigend zu den Stadtmauern zurückziehen müssen. Beim durch Gottes Gnade offenstehenden Eğri Kapı versuchen sie sich zu retten.

Als die Muslime sich nach jenem Tor drängten, daß sie hinaus kämen, warf man dem Ebu Eyüb-i Ansârî, als er in das Tor kam, oben vom Tore einen Stein an eine seiner Mandeln, so daß sie ihn auf das Gesicht fallen ließen. Die neben ihm Befindlichen griffen ihm schnell unter die Achseln (um ihn wegzuführen). Während man ihn aufhob, schossen sie von dem gegenüberliegenden Turm mit der Armbrust – und töteten ihn dort.

Nach heftigen Kämpfen begriffen die Muslime, daß sie den Leichnam ihres Führers nicht mit sich nehmen konnten, und sagten zueinander: «Kommt, die Ungläubigen sollen wenigstens nicht wissen, wer er gewesen ist, und nicht seinen Leichnam mit sich nehmen.» Sie hoben in dem Wassergraben zwischen Landmauer und einem Vorwerk ein Loch aus und machten das Grab Eyüps unkenntlich und zogen mit ihren Schiffen ab. Nach dem Rückzug der Muslime blieb das Grab bei Eğri Kapı nicht lange unkenntlich, zu seinen Häuptern wuchs eine Zypresse, und eine wundertätige Quelle entsprang. Die Behandlung des Wallfahrtsortes von Eyüp kann als Fortsetzung der Geschichte über die Wiederauffindung des Grabes im Jahr 1453 nachgelesen werden.

Mehmed II. erobert die Stadt und betet in der Hagia Sophia

Angesichts der unbestrittenen «Sternstunde der Menschheit» (Stefan Zweig) im Jahre 1453 und im Vergleich zur Fülle griechischer und abendländischer Berichte über die Einnahme Konstantinopels durch Sultan Mehmed II. behandeln die zeitnahen osmanischen Autoren die Vorgänge auf nur wenigen Seiten. Das gilt auch für den in volkstümlicher Sprache schreibenden Âşıkpaşa-Zâde (st. nach 1484). Mit knappen Worten geht der Chronist auf das berühmte Übertragen von Schiffen vom Bosporus durch das Maçka-Tal (also beim heutigen İnönü-Stadion) ins Goldene Horn ein. Wer sich an einem 27. Mai, dem Gedenktag der Eroberung, in Istanbul aufhält, kann den mit einigen Schiffen nachgestellten Zug der Galeeren beobachten.

28　　　I. Legenden um die Gründung und Eroberung der Stadt

Abb. 1: Hagia Sophia:
Die Hagia Sophia behielt auch in osmanischer Zeit als Moschee Rang und
Würde als wichtigstes Gotteshaus der Stadt.

Man war seit langem schon dabei, die Rüstungen für die Eroberung der Stadt selbst zu treffen. Sowie alles bereit war, kam auch der Sommer, und Sultan Mehmed sagte: «Heuer verbringe ich den Sommer zu Istanbul!» Sie rückten hin und legten sich vor die Mauern von Istanbul. Vom Lande her und mit Schiffen vom Meere her schlossen sie es ringsum ein. Vierhundert Schiffe rückten auf dem Meere vor und siebzig Schiffe segelten oberhalb von Galata über das feste Land.

Die Streitscharen standen bereit zum Kampf; sie ließen ihre Banner fliegen und rückten heran. Am Fuße der Mauern stiegen sie ins Meer und schlugen eine Brücke über das Wasser. Fünfzig Tage lang wurde tags und nachts gekämpft, und am einundfünfzigsten Tag gab dann der Herrscher die Stadt zur Plünderung frei. Die Gazi («Glaubenskämpfer») stürmten, und am Dienstag wurde die Festung genommen. Da gab es gute Beute. Gold und Silber und Juwelen und kostbare Stoffe wurden auf den Markt im Heerlager gebracht und in Haufen aufgestapelt; all dieses wurde nun feilgeboten. Die Giauren («Gottesleugner») von Istanbul wurden zu Sklaven gemacht, und die schönen Mädchen wurden von den Gazi in die Arme genommen. Am Mittwoch wurde (der Großwesir) Halîl Pascha mit seinen Söhnen und seinen Verwaltern zur Aufsicht über die Festung eingesetzt ...

Âşıkpaşa-Zâde benutzt den Siegesbericht, um noch einmal den beim mittelasiatischen Urvater Oğuz wurzelnden Stammbaum der osmanischen Dynastie in verkürzter Form einzufügen:

Kurz, am ersten Freitag nach der Eroberung wurde in der Aya Sofya das Gemeinschaftsgebet verrichtet und die islamische Freitagspredigt im Namen des Sultan Mehmed Gazi Hân gehalten, Sohnes des Sultan Murâd Hân Gazi, der selbst wieder der Sohn war des Sultan Mehmed Gazi Hân, und dieser der Sohn des Sultan Bâyezîd, und dieser der Sohn des Murâd Hünkâr Hân, und dieser der Sohn des Orhan Gazi Hân, und dieser der Sohn des Osman Gazi Hân, und dieser der Sohn des Ertoğrul Gazi Hân, und dieser wieder der Sohn des Sultan Süleymân Şah Gazi Hân, also aus dem Geschlecht des Gök Alp, des Sohnes des Oğuz Hân.

Viel ausführlicher behandelt dieser Autor, die Schwierigkeiten bei dem Wiederaufbau der Stadt. Nach anfänglichen Erfolgen setzt eine unkluge Besteuerung der Immobilien dem Aufschwung ein Ende.

Nachdem Sultan Mehmed Hân Gazi Istanbul eingenommen hatte, übertrug er das Amt des *Subaşı* (hier etwa: Stadtkommandant) dortselbst seinem Knechte Süleymân Beg. Und in alle seine Länder sandte er Boten mit dem Aufruf: «Wer Lust hat, soll kommen und zu Istanbul Häuser, Weinberge und Gärten in Besitz nehmen!» Und er beteiligte jeden, der da kam. Die Stadt war aber damit noch nicht wieder bevölkert. Nunmehr erließ der Großherr den Befehl, aus jedem Lande Familien herbeizuschaffen, arme wie reiche. Zu den Kadi und *Subaşı* jedes Gebietes wurden Knechte mit diesem Befehl entsandt, und diese hoben der Weisung entsprechend zahllose Familien aus und brachten sie herbei. Auch diesen wurden Häuser gegeben, und nunmehr begann sich die Stadt zu bevölkern.

Auf die Häuser, die man diesen Leuten gegeben hatte, legte man dann einen Pachtzins, und das kam die zugewanderten Bewohner hart an. Sie sagten: «Habt ihr uns aus unserem Besitz ausgehoben und hierher gebracht, nur damit wir für diese Giaurenhäuser hier Miete bezahlen sollen?» Und viele ließen Weib und Kind im Stich und machten sich wieder davon. Sultan Mehmed hatte einen Knecht, der war Kula Şahin geheißen und hatte schon seinem Vater und seinem Ahn gedient. Dieser sagte zum Großherrn: «Ei, mein glorreicher Sultan, dein Vater und dein Ahn haben so viele Länder erobert, aber in keinem haben sie einen Pachtzins eingeführt! Das ist auch deiner nicht würdig, mein Sultan.»

Der Großherr gab ihm Gehör und hob den Pachtzins auf. Er ließ den Befehl ergehen: «Jedes Haus, das ihr vergebt, soll als freier Besitz gelten.» Fortan verlieh man zu jedem Haus, das vergeben wurde, eine Besitzurkunde, und die Bewohner verfügten darüber als ihr Eigentum. Als dies so gehandhabt wurde, begann die Stadt wieder aufzublühen. Man ging daran, Moscheen zu errichten, die einen bauten Derwischklöster und die anderen Eigenhäuser, und die Stadt erlangte wieder ihren früheren Zustand.

Mehmed II. hatte zunächst den griechischstämmigen «Rum» Mehmed Pascha, der 1468/9 seinen Rivalen Mahmûd Pascha ablöste, mit der Besteuerung der Immobilien der Neusiedler beauftragt. Der Chronist sieht darin eine Finte, mit welcher der Großwesir seine griechischen Landsleute für die Einnahme der Stadt rächen will:

Dann kam zum Großherrn ein neuer Wesir, der der Sohn eines Giauren war, und gewann des Großherrn höchstes Vertrauen. Der Vater und die Freunde dieses Wesirs waren lauter Giauren, die seit altersher in Istanbul ansässig waren. Sie kamen nun zu ihm und sagten:«He, was tut ihr? Diese Türken haben die Stadt wieder zur Blüte gebracht! Hast du denn gar keine Ehre? Die Heimat deines Vaters und unsere Heimat haben sie uns da weggenommen und schalten und walten darin vor unseren Augen. Du bist doch der Vertraute des Großherrn; setze also alles daran, daß die Leute davon ablassen, diese Stadt wieder zu bevölkern – dann bleibt sie wie früher in unserer Hand!»

Befriedigt schließt Aşıkpaşa-Zâde mit dem Hinweis, daß Mehmed II. seinen Wesir später «wie einen Hund» erwürgen ließ. Von Rum Mehmed Pascha stammt die weithin sichtbare Moschee oberhalb von Üsküdar. In ihrer Verbindung von byzantinischen und altosmanischen Motiven ist sie ein sprechendes Denkmal ihres Stifters (1471/2).

Legenden um die Entstehung der Hagia Sophia

Nachdem die Osmanen im Besitz der Hagia Sophia waren, erzählte man sich Berichte über ihren Ursprung, die z.T. schon in byzantinischer Zeit bekannt waren. Am Anfang der anonymen Chronik steht eine typische Baumeistersage, nach der Konstantin einen genialen Architekten aus dem Frankenland berufen hatte, der den Bau bis auf die große Kuppel ausführte, dann aber auf Nimmerwiedersehen verschwand. Als er nach achtzehn Jahren zurückkehrte, ist der Kaiser erwartungsgemäß sehr zornig:

«He, du Mensch, wenn du nicht einen derartigen Bau zu Ende führen konntest, warum hast du mich so viel Geld ausgeben und so viel Mühe darauf verwenden lassen?» Der Meister sagte: «Padischah, ich bin nicht deswegen gegangen, weil ich diesen Bau nicht ausführen konnte, sondern der Grund meines Weggehens war der, daß du, wenn ich damals nicht gegangen wäre, ohne Aufschub' mich die Kuppel hättest bauen lassen, bevor sich der Bau gesenkt hätte, und weil dann der Bau, bevor er sich gesenkt hätte, eingestürzt und zerstört wäre, und meine Kunst und dein Geld vergeblich gewesen wären. Ich bin deswegen gegangen, daß der Bau sich erst ordentlich senke und daß ich dann die Kuppel vollende. Wenn du mir nicht glaubst, komm, daß ich es dir zeige.» Sie gingen sofort hin und sa-

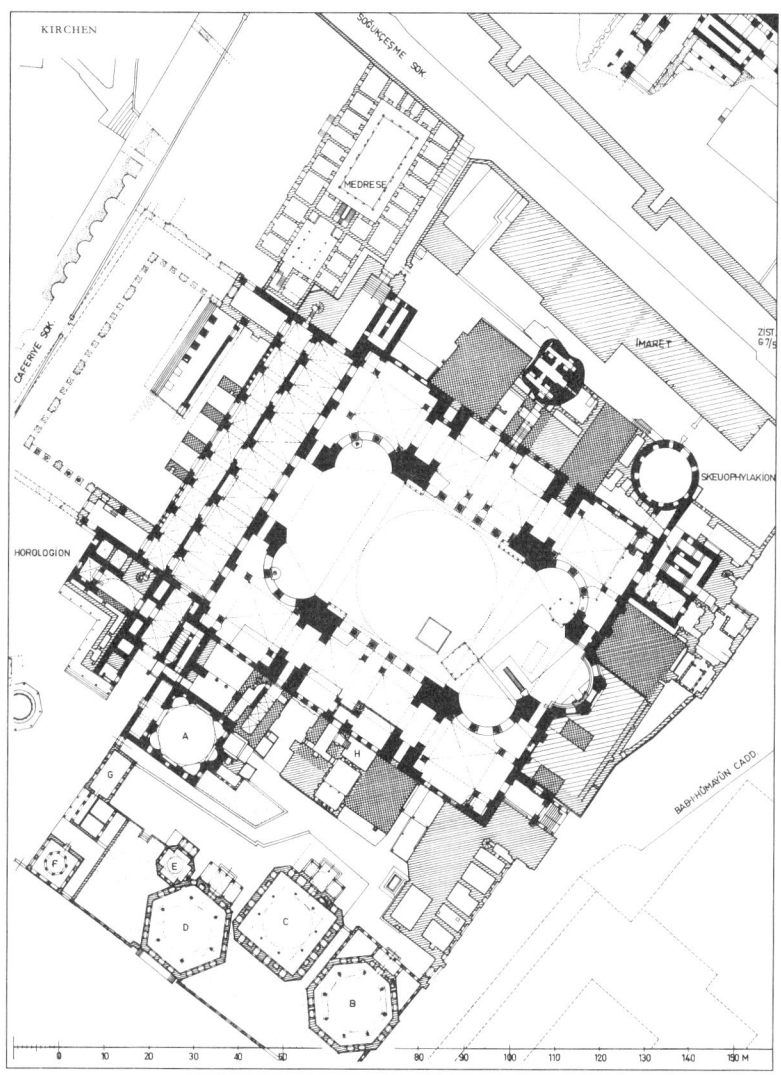

Plan 1:
Lageplan der Hagia Sophia. A=Baptisterium mit Grablegen von Mustafâ I. und İbrâhîm; B=Türbe Mehmed III.; C=Türbe Selîm II.; D=Türbe Murâd III.; E=Prinzen-Türbe; F=Muvakkithane; H=Bibliothek Mahmûd I.

hen, daß er (der Bau) sich, wie der Baumeister gesagt hatte, vier bis fünf Ellen gesenkt hatte. Da gab man dem Meister Ehrenkleider und lobte ihn.

Dem Verfasser der Chronik war daran gelegen zu zeigen, daß die damaligen Padischahs bei ihren Bauwerken der Bevölkerung keine ungerechten Lasten aufbürdeten. Hier erkennen wir eine offene Kritik an den erzwungenen Bauleistungen für Mehmed II.

Damals ließ man nicht mit Bedrückung bauen, alles wurde mit Bezahlung gearbeitet. Wenn man jetzt einen Bau machen wollte, würde man aus den Ländern und Städten Geld ansammeln und ebenso Baumeister und Arbeiter aus den Ländern mit Gewalt verpflanzen, und keiner von den Hingehenden, sei es ein Baumeister oder Schüler, geht wieder weg (kommt in seine Heimat zurück). Dem Baumeister und dem Arbeiter gibt man Material und Geld angeblich für drei Monate und läßt sie fünf bis sechs Monate arbeiten, damit man dann aus den Untertanen mit Zwang das Geld heraushole und damit Baumeister und Arbeiter mit Gewalt exiliert werden.

Die Legende von der Hagia Sophia enthält auch den Topos vom Stocken des Baufortschritts aus Geldmangel. Ein Heiliger weist dem Baumeister einen verborgenen Schatz und verschwindet dann am Fuß einer Marmorsäule.

Jetzt reiben sich die Besucher entweder an der Säule oder kratzen mit einem Messer etwas davon ab, da sie glauben, daß jene Säule Wunderkraft hat. Da man sah, daß sie jene Säule zerstören würden, bedeckte man die Säule mit Bronze. Noch jetzt ist die Säule mit Bronze bedeckt. Einige sagen, jener Heilige sei der Prophet Circis (Georg) gewesen. Wenn jemand irgendwo einen Schmerz hat, so reibt er noch jetzt die schmerzende Stelle an jener Säule und findet Heilung.

Die wichtigsten Bauteile der Hagia Sophia stammen nach unserem Bericht aus den Palästen, die der Prophet Salomon in Jerusalem und Aydıncık durch die ihm dienenden Riesen hatte bauen lassen. «Denn wenn man sagt, daß außer den Riesen niemand die Marmorsteinbrüche kennt, so ist das richtig.» Der Chronist setzt sich an dieser Stelle mit einer Behauptung seiner Zeitgenossen auseinander, die Porphyrsäulen der Kirche seien künstlich gemacht.

Sie berichten folgendermaßen: In früherer Zeit machte man für jede Säule, wie man sie haben wollte, eine Form und goß Wasser hinein und gab von der Farbe, die man haben wollte, dem Wasser zu. Es gab auch ein Kraut, das legte man ins Wasser. Das Wasser gefror und so entstand Marmor. Wenn dies eine Erklärung wäre, dann müßte auch jetzt ein Mensch vorhanden sein, der diese Kunst verstände. Denn was für Künste auch in den früheren Zeiten ausgeübt wurden, so gibt es heute Leute, die sie verstehen, aber einen Menschen, der die Kunst verstünde, Marmor zu gießen, gibt es nicht. Daraus ist klar, daß diese Rede Unsinn ist... Aber es ist verständlich und tatsächlich, daß der Prophet Salomon sie durch die Riesen hat bringen lassen. Wenn man sagt, die Riesen können alles, so ist das richtig und der Verstand läßt das auch gelten. Danach zerbrach man die *Köşks* und Gebäude, die der Prophet Salomon durch die Riesen hatte bauen lassen, und holte die darin befindlichen wunderbaren Marmorstücke und Säulen bis auf die beschädigten und erbaute (damit) die Aya Sofya.

II.
Die Stadt und ihre Bevölkerung

Wenn die Bevölkerung der heutigen Zehnmillionen-Stadt Istanbul zwischen den Volkszählungen nicht genauer als mit Plus-Minus-Hunderttausend erfaßt werden kann, erwartet niemand exakte Angaben für die osmanischen Jahrhunderte. Tatsächlich hat in der Vergangenheit niemand das Bedürfnis empfunden, Einwohner zu zählen. Dagegen waren die Behörden an der Erfassung aller steuerpflichtigen Haushalte und Personen interessiert. So sind die kopfsteuerpflichtigen Juden und Christen oft besser dokumentiert als die muslimische Mehrheit. Brauchbare Zahlen für die Bevölkerung Istanbuls gibt es für das späte 15. und frühe 16. Jahrhundert. Für die Zeit zwischen 1550 und 1850 sind nur Schätzungen möglich. Danach haben wir wieder sehr genaue Werte, die es sogar erlauben, die einzelnen Altersgruppen zu unterscheiden.

Haushaltszahlen

Ein Zensus, der 25 Jahre nach der Eroberung veranstaltet wurde (1478), erfaßte die Haushalte von Istanbul und Galata. Wenn man bei einer Familiengröße von geschätzten fünf Personen die Einwohner von Istanbul und Galata zusammenzählt, kommt man auf gut 80 000 Personen, wobei die steuerlich befreite Oberschicht und das Militär nicht berücksichtigt wurden.

Gruppen/Haushalte 1478	Istanbul (Altstadt)	Galata
Muslime	8 951	535
Griechische Christen	3 151	592
Juden	1 647	
Umsiedler aus Kaffa (Krim)	267	
Armenier	372	62
Armenier aus Karaman (Mittelanatolien)	384	
Zigeuner	31	
Franken		32
Haushalte insgesamt	14 803	1 221
Personen (Multiplikator 5)	74 015	6 105

Demnach standen 9486 muslimischen Haushalten 6338 nichtmuslimische gegenüber. Die Aufstellung zeigt auch, daß sich Istanbul schon in den letzten Lebensjahren des Eroberers vom Dasein einer menschenleeren «Geisterstadt» entfernt hatte. Am Vorabend der Eroberung von 1453 hatten sich nicht mehr als 40000 oder 50000 Bewohner in Konstantinopel aufgehalten. Es sollte allerdings noch einige Jahrzehnte dauern, bis sich das schon unter Theodosius II. erweiterte Stadtgebiet auffüllte.

Ein Register aus der Zeit zwischen 1520 und 1535 belegt das bis dahin eingetretene Bevölkerungswachstum auf 79997 Haushalte, das sind wohl 400000 Menschen. Die Muslime waren also zu Beginn des süleymanischen Zeitalters schon in der Mehrheit (58%), obwohl Christen (32%) und Juden (10%) einen unübersehbaren Anteil bildeten.

Im 17. Jahrhundert war Istanbul mit angenommenen 700000 bis 800000 Einwohnern die führende Stadt Europas und des Orients. Schon damals wurden erste Repatriierungen von Landflüchtigen bekannt. Murâd IV. (1623–1640) behauptete nach seiner Bekämpfung von Rebellen, Anatolien wieder sicherer gemacht zu haben. Die landflüchtigen Bauern verringerten die Steuereinnahmen der Zentrale. Entsprechend kam es verstärkt zur Rückführung von Immigranten. Im 18. Jahrhundert sind periodische Razzien auf Menschen ohne Lebensunterhalt bekannt.

1885 und 1907 fanden die ersten Bevölkerungszählungen statt, die nicht ausschließlich der Erfassung von Wehrpflichtigen oder steuerlichen Zwecken dienten. Die Entwicklung in den letzten Jahrzehnten des Reiches machen die folgenden Zahlen deutlich:

Jahre/Einwohner	Gesamtbevölkerung	davon Altstadt	Muslime	Nichtmuslime
späte 1850er Jahre	500 000?			
1885	874 000		385 000	489 000
ca. 1900	1 000 000			
1907		240 258		
1914			560 000	350 000

Der Anstieg auf eine Million Menschen ist nicht mehr das Ergebnis der traditionellen Binnenmigration, sondern vor allem auf die Vertreibung und Flucht von geschätzten 1,5 Millionen Muslimen aus Südosteuropa und den Kaukasusländern infolge des russisch-türkischen Kriegs (1877/8) und der Balkankriege (1912/3) zurückzuführen. Ihre provisorische Unterbringung hat die Möglichkeiten der Stadt auf das Äußerste strapaziert.

Straßen und Plätze

So entschieden die Osmanen die Stadtsilhouette durch ihre Moscheen veränderten, sowenig griffen sie in den Grundriß ein. Lediglich eine der alten Ausfallstraßen von Byzanz, die *Mese*, wurde teilweise ausgebaut. Sie führte vom Topkapı Sarayı über die Aya Sofya zum Edirne Kapı. Ihre Fortsetzung bildete die seit römischer Zeit benutzte Via Egnatia bis Italien. Jedoch hatte die großzügige Hallenstraße schon zur Zeit des Vierten Kreuzzugs (1204) ihren Charakter verloren. Ihr repräsentativster Abschnitt war in osmanischer Zeit der Divanyolu zwischen Aya Sofya und Bâyezîd-Platz (den man heute abweichend vom Sultansnamen aus unerfindlichen Gründen «Beyazit» nennt). Seinen Namen verdankt der «Diwan-Weg» der Tatsache, daß er für die Mitglieder des «Staatsrats» *(Divan-i hümâyûn)*, der sich im Serail regelmäßig versammelte, als Zeremonialstraße diente.

Ab Ende des 16. Jahrhunderts entstanden am Divanyolu wichtige Stiftungskomplexe aus Moscheen, Medresen, Bibliotheken und Bädern. Anders als in der Antike, als man die Grabmäler der Vornehmen an Ausfallstraßen anlegte, war der Divanyolu als innerstädtische Verbindung links und rechts mit Mausoleen und Grabbezirken umgeben. Am Beyazit-Platz zweigt eine zweite, schon in byzantinischer Zeit benutzte Straße nach Yedikule ab. Bis ins 20 Jahrhundert genügten diese beiden großen Ausfallstraßen für die europäische Stadt. Auf der asiatischen Seite begann der alte Karawanenweg nach Mesopotamien in Üsküdar. Daran erinnert heute noch der Name einer der teuren Wohnlagen (Bağdat Caddesi).

In den Grundstücksbeschreibungen der Stiftungsurkunden, die damals einen Katasterplan ersetzen mußten, begegnen wir oft den Bezeichnungen «Öffentliche Straße» und «Privatstraße». Das heißt nicht, daß letztere im Eigentum von Privatleuten war. Vielmehr waren es Wege ohne Durchgangsverkehr, wo man sich untereinander kannte, und Fremden mit Vorsicht, Neugier oder gar Mißtrauen begegnete. Ein typischer Eintrag in einer Stiftungsurkunde aus dem 16. Jahrhundert lautet:

Das Haus besteht aus einem ebenerdigen Gebäude mit zwei Räumen und einem Schlafraum und einem Stallraum, einem weiteren ebenerdigen Bau, einem Brunnen, einem Abort und einem eingefriedeten Gärtchen. Es liegt im Quartier X und grenzt an die Grundstücke des Y und des Z sowie an den öffentlichen Weg *(tarîk-i âmm)* und den Privatweg *(tarîk-i hâss)*.

Wegen der Kleinteiligkeit des Straßenrasters und des Fehlens von amtlichen Straßennamen spielten andere Örtlichkeiten für die Orientierung eine wichtigere Rolle als Wege. An erster Stelle sind es die großen Freitagsmoscheen, aber auch Wirtschaftsbauten und Bäder. Schon im 16. Jahrhundert gehörten die heute wichtigen Verkehrsknotenpunkte Aksaray und Unkapanı zu den bekanntesten städtischen Fixpunkten. Planmäßig angelegte Plätze fehlten im Stadtbild, wenn man vom römischen Hippodrom (dem heutigen Sultan Ahmed-Platz) absieht. Aus der römisch-byzantinischen Erbmasse stammten auch Freiflächen wie der Kadırga Limanı, der als Gebetsplatz genutzt wurde, und die großen Zisternen.

Einen gewissen Ersatz für die weithin fehlenden Plätze bildeten die äußeren und inneren Höfe der Hauptmoscheen. Sie stellen große Freiflächen dar, deren geometrische (aber mit Ausnahme der Fâtih Stiftung) nicht axiale Anlage sich deutlich von dem gewachsenen Straßennetz abhob. Städtebauliche Konzepte des 19. Jahrhunderts, insbesondere von französischen Architekten, blieben «eher akademische Idealentwürfe als tatsächlich realisierbare Konzepte». Erst in nachosmanischer Zeit wurden übergreifende städtebauliche Vorhaben (Atatürk Bulvarı, Sahil Yolu, Tarlabaşı Bulvarı) verwirklicht.

Der Straßenbelag bestand an vielen Stellen aus solidem Pflaster, für das die Zunft der *Kaldırımcıs* zuständig war. Viele von ihnen waren im thrakischen Silivri zu Hause. Im 19. Jahrhundert waren Albaner die typischen Pflasterer, so daß man z. T. bis heute von einem «albanischen Pflaster» spricht, wenn man die grob behauenen Steine meint, die namentlich an den abschüssigen Straßen der Stadt verlegt sind. Die *Kaldırımcıs* ließen sich nach Quadratfuß bezahlen. Evliyâ setzte ihre Zahl mit 800 Mann an. Bei der Beschreibung des Zunftaufzuges von 1638 mokiert er sich über ihren Dialekt: «Die albanischen Pflasterer ziehen vorbei mit Schaufeln in der Hand und eisernen Hebestangen, sie bringen die Pflaster in Ordnung. In ihrem Elbasan-Albanisch singen sie einen Vierzeiler.»

Ein eindeutiger Beleg für die Versuche der Behörde, die «boomtown» in Ordnung zu halten, ist ein Befehlsschreiben an den Kadi von Istanbul und den Obersten Baumeister aus dem Jahr 1576:

Als der Pflasterbelag der Hauptstraßen Istanbuls ausgebessert wurde, hat man nicht benötigten Abfall, Steine und Erde, auf den Straßen liegen lassen, was zu einem großen Ärgernis für die Passanten wurde. Auch haben einige Personen am Fuß der Mauern der Istanbuler Befestigungen (also der Seemauern, wahrscheinlich entlang des Goldenen Horns) das Meer aufgefüllt und (Wasser)Leitungen zugeschüttet, so daß die Rohre, durch die das Wasser seit jeher fließt, nicht mehr funktionieren bzw. die Wasserleitungen verstopfen und ihre Richtung verändern. (Andere) haben Zäune aufgestellt und die Straßen (auf diese Weise) enger gemacht. Und einige haben Bauwerke, die auf den Pflasterbelag reichen, errichtet. Einige haben auf der Straße Verkaufsstände aufgeschlagen und damit den Weg eingeengt. Die Moscheediener vernachlässigen die Sauberkeit der Moscheehöfe und ihrer Umgebung. Sie errichten in der Nähe Verkaufsläden und halten sie nicht durch das Ausstreuen von Sand reinlich. Während die Beauftragten (früher) regelmäßig den Etmeydanı (beim Hauptquartier der Janitscharen) und den Hof der Moschee Sultan Bâyezîds fegten, gebrauchen sie jetzt (faule) Ausreden.

Nach Darlegung dieser langen Liste von Mißständen wird der Kadi aufgefordert, zusammen mit dem Obersten Baumeister (*mimârbaşı*) unverzüglich dagegen einzuschreiten. Man kann dieses Befehlsschreiben nicht nur als ein Dokument für die Anstrengung der Obrigkeit nehmen, «die Stadt nach altem Brauch und Gesetz sauberzuhalten» (wie es weiter unten im selben Text heißt), es ist zugleich ein Beleg für das kräftige Bevölkerungswachstum im späten 16. Jahrhundert. Zumindest in einigen Stadtteilen war Grund und Boden kostbar geworden.

Anders als im Alten Rom bedurfte es in Istanbul keiner Verbote und Ausnahmeregelungen für die Benutzung von Wagen. Die Stadt wurde bis ins 19. Jahrhundert hinein von Fußgängern, Reit- und Tragtieren beherrscht. Mitte des Jahrhunderts folgten erhebliche Veränderungen. Vorhandene Wege wurden verbreitert, die großen Flächenbrände ermöglichten die Neuordnung ganzer Quartiere. Als man 1872 den stellenweise nur 6 m breiten Divanyolu erweiterte, wurden Teile des Köprülü-Komplexes abgerissen und wenig entfernt neu aufgebaut. Selbst die *Türbe* des bedeutenden Staatsmanns aus dem 17. Jahrhundert wurde abgebaut und stilistisch modernisiert wieder errichtet. Die Bibliothek steht dagegen an ihrem ursprünglichen Platz. Damals fiel auch der Elçi Hân gegenüber der Konstantinssäule, ein Gebäude, das den kaiserlichen Gesandtschaften als Aufenthalt gedient hatte, der Spitzhacke zum Opfer.

Steine und Steinmetzen

Gute Steine waren in Istanbul knapp, schlechte gab es im Überfluß. Nach der Eroberung Ägyptens durch Selîm I. (1517) kam farbiger Marmor von den Palästen der Mamluken nach Istanbul. Viele andere Spolien aus dem nahen Anatolien und Rumelien wurden verbaut. Die Geschichte der Großbauten von der Süleymânîye bis zur Nûruosmânîye ist mit dem Beschaffen wertvoller Säulen verbunden.

Wie alle anderen ehrbaren Berufsgruppen waren die Steinmetzen in Zünften zusammengeschlossen. Sie gehörten zur Gruppe der Bauhandwerker, die sich auf Habîb, den Zimmermann aus Antiochien (heute Antakya), als Patron (*pîr*) zurückführten. Im Zunftaufzug von

1582, anläßlich der Beschneidung der Söhne Murâd III., paradierten auch Steinmetzen mit ihren Werkzeugen. Das opulent illustrierte *Sûrnâme* zeigt zwei vorausgehende Männer, die zwischen Stangen einen Behälter aus vielfarbigem Marmor tragen.

Als Evliya Çelebî ein Menschenalter später einen Zunftaufzug beobachtet, unterscheidet er hauptsächlich drei Gruppen von Steinberufen:
1. Die Marmorschleifer mit 121 Werkstätten und 300 Mitgliedern.
2. Die Steinmetzen, welche 1000 Mann zählen und in Dâvûdpaşa 10 Werkstätten haben.
3. Weitere 1000 Steinmetzen, die mit 1005 Eseln oder Maultieren als Transportmittel arbeiten.

Bei den Marmorschleifern hebt Evliyâ hervor, daß sie während der Parade Marmor mit Chronogrammen beschrifteten und große Turbane und Grabsteine fertigten. Evliyâ erweist sich auch als Kenner der Steinbrüche in der Umgebung der Stadt. Er nennt unter den dreizehn Mineralien, die sich im Boden Istanbuls verbergen, einen besonders wertvollen Stein: «In den Bergen über der Stadt Üsküdar kommt eine Art glatter *Küfegi*-Stein zu Tage. Er wird in großen, schweren Brocken gebrochen und ist ein sehr fester, merkwürdiger Stein. Man verwendet ihn größtenteils für die Friedhöfe.»

Einem umfangreichen Register für Maximalpreise aus dem Jahr 1640 entnehmen wir, was die einzelnen Werkstücke kosteten. Man unterschied vor allem den berühmten «Feuerstein» (türk. *od taşı*, in den Quellen auch als *Seng-i ateş*) und den *Küfegi*. Der *Od taşı* ist ein grünliches oder beigefarbenes Ergußgestein. Man findet ihn in Brüchen rund um das Marmarameer. Der weniger wertvolle *Küfegi*, ein Schwammkalkstein, wurde im 16. Jahrhundert vor allem im oben schon genanntnen Dâvûdpaşa, vor den Toren der Stadt, gewonnen. Der glatte, schieferartige *Kaygan* bildete die dritte Kategorie.

Das Preisregister gibt genaue Maße für die einzelnen Werksteine. Man unterschied neben den einfachen Blöcken vor allem Bodenplatten, Schwellen und Stürze bzw. Rahmen für Fenster und Türen. Hinzu kamen Säulenfüße und Keilsteine. Der *Od taşı* wurde nicht nur als Baumaterial eingesetzt. Er diente für große und kleine Öfen, insbesondere für die Heizungen der Hammams und Backstuben. Eine weitere Anwendung waren die Schmelzöfen der Kanonengießerei (*Tophâne*). Der Tageslohn der Steinmetzen auf Baustellen lag damals zwischen 20 und 25 *Akçe*, ungelernte Arbeiter erhielten 10–15 *Akçe*. Für einen *Akçe* bekam man damals einen Sesamkringel im Gewicht von 90 *Dirhem* (289 g), für 1 *Okka* Schaffleisch mußte man 9 *Akçe* hinlegen.

Ein Dokument aus den Istanbuler Archiven soll hier zeigen, welche Arbeitsbedingungen für Steinmetzen im 18. Jahrhundert bestanden. Im Frühjahr 1760 erhielt der Kadi ein großherrliches Befehlsschreiben, in dem über das berufliche Schicksal eines gewissen Hasan aus der Zunft der Istanbuler Steinmetzen entschieden wurde.

Er habe ein Ersuchen an die Pforte der Glückseligkeit gerichtet. Er arbeitete an der zur Zeit in Üsküdar auf kaiserlichen Befehl entstehenden Moschee. Er sei ein treu ergebener, rechtschaffener, emsiger und sorgfältiger Steinmetzgeselle und in seinem Gewerbe sehr geschickt. Allerdings verfüge er über keine eigene und selbständige Werkstatt, um seinen Lebensunterhalt zu verdienen. Aufgrund seines Erflehens um Gnade wurde in einem *Fermân* bekanntgegeben, daß er Mitleid verdiene und an einem Ort seiner Wahl eine Werkstatt eröffnen dürfe und niemand intervenieren und opponieren solle. Der Vorstand (*kethüdâ*) der Steinmetzzunft el-Hâcc Ali und der Steinmetzmeister İsmâîl sowie el-Hâcc Abdullâh und Molla Halîl und Osmân Çelebî und Meister Mehemmed und Molla Mehemmed und Seyyid İbrâhîm und Meister Hasan und el-Hâcc Osmân und Osmân bekundeten sämtlich bei Gericht, daß der genannte Hasan aus der Steinmetzzunft ein geschickter und seinen Zunftpatron achtender Meister sei, der das Recht auf eine eigene Werkstadt erworben habe. Alle stimmten darin überein, daß er in Istanbul an einem Ort seiner Wahl eine Werkstatt aufmachen könne – unter der Bedingung, anderen nicht zu schaden.

Tatsächlich wurde zum Zeitpunkt der Eingabe noch an der später Ayazma Câmii genannten Moschee in Üsküdar gearbeitet. Sie wurde 1757 unter Mustafâ III. in Angriff genommen und 1760 vollendet. Hasan hat wahrscheinlich an der Marmorausstattung der Ayzama-Moschee mitgewirkt. Interessant ist, daß Marmor von der fernen ägäischen Insel İstendil (Tinos) verwendet wurde. Tinos war nicht nur wegen seiner Steinbrüche bekannt, hier entwickelte sich im 19. Jahrhundert eine griechische Bildhauerschule, die für Auftraggeber in Istanbul und Athen Grabmäler schuf. Vielleicht ist der feine Minber der Ayazma-Moschee aus Marmor von Tinos und dieser Hasan sein Meister? Aus den Bauabrechnungen wissen wir, daß an Steinmetzen und Zimmerleute zusammen 68 782 *Kuruş* und 26 *Akçe* ausgezahlt wurden.

Der junge Handwerker Hasan hatte sich auf der Großbaustelle bewährt und konnte nun selbständig arbeiten. Ob er weitere Aufträge des Hofes erhielt, läßt sich nicht sagen. Arbeit gab es auch im Wohnungsbau und auf den Friedhöfen. Auch wegen der großen Flächenbrände in Istanbul ging die Arbeit für die Steinmetzen nicht aus. Schließlich hatten auch Holzhäuser steinerne Schwellen, Pflasterungen und Feuerstellen.

Das alte Istanbul kannte keine Gewerbefreiheit. Über die Zulassung von Werkstätten wachte, wie wir gesehen haben, die oberste Behörde.

Aus einer Urkunde aus dem Jahr 1746 erfahren wir, daß elf «Schutzbefohlene», also Nichtmuslime, mit Zustimmung des Obermeisters und in Übereinstimmung mit anderen Ältesten und Meistern sowie der Erlaubnis des Hofbaumeisters Werkstätten, vor allem in den Stadtteilen Kumkapı und Yenikapı, betrieben. Die Behörde hatte wegen eines Stadtbrandes deren Tätigkeit nicht eingeschränkt, obwohl sie in bestehende Vorrechte der muslimischen Steinmetzen eingriff. Ihre muslimischen Konkurrenten trugen vor, daß sie mit Marmor, Schwammkalkstein und Feuerstein handelten, keine Ablöse für ihre Werkstätten (*gedik*) zahlten und sogar auf islamischen Friedhöfen tätig waren. Auch transportierten sie Steine von der Marmara-Insel mit ihren Schiffen. Die Ungläubigen verwahrten sich gegen die Anschuldigung. Der Streit wurde beigelegt, nachdem die christlichen Steinmetzen die *Gedik* genannte Abgabe zahlten und versicherten, über die 11 Läden hinaus keine weiteren Werkstätten zu eröffnen.

Wohnhäuser und Paläste

Die meisten Einwohner des osmanischen Istanbul lebten bis in das 20. Jahrhundert hinein in Holzhäusern. «Das traditionelle türkische Wohnhaus ist durch seine Holzkonstruktion und starke Plastizität des Baukörpers geprägt. Von Mittelanatolien bis weit in den Balkan hat sich bis in das späte 19. Jh. hinein ein fast einheitlicher Haustyp herausgebildet und erhalten. Wesentliche Elemente der Innenraumausstattung in den Wohnhäusern sind in ihrer Nutzung nicht festgelegte Räume, deren Boden mit Teppichen belegt ist. Die Decken sind mit mannigfaltigen, geometrisch aufgebauten und aus Leisten hergestellten Mustern versehen. Die Raummitte ist häufig duch eine Rosette oder andere Elemente betont» (Johannes Cramer).

Die wichtigsten erhaltenen Beispiele von Holzhäusern konzentrieren sich in den unter Denkmalschutz stehenden Bezirken von Süleymaniye und Zeyrek. Die Holzhäuser der zwischen den Serailmauern und der Aya Sofya liegenden Soğukçeşme-Staße wurden in den 1980er Jahren restauriert. Trotz der Überarbeitungen vermitteln sie einen Begriff vom durchschnittlichen Holzbau der letzten Jahrhunderte.

Westliche Dekorationsformen bestimmten die *Konaks* der Oberschicht im 19. Jahrhundert. Gut erhaltene bzw. restaurierte Beispiele sind die Stadthäuser des Kayserili Ahmed Pascha (ca. 1873, in der gleichnamigen Straße in Süleymaniye) bzw. des Großwesirs Hüseyin Hilmî Pascha (st. 1922) in Şişli. Neben dem Redaktionsgebäude des republikanischen Traditionsblattes *Cumhuriyet* steht das einstige Clubgebäude des jungtürkischen Komitees für Einheit und Fortschritt. Be-

Abb. 2: Sommerhaus auf den Prinzeninseln

sonders viele unversehrte Konaks des *Fin de Siècle* kann man auf den Prinzeninseln bewundern.

Von den ausgedehnten Palästen der Wesire und anderer Würdenträger hat sich so gut wie keiner erhalten. Die Überreste des İbrâhîm Paşa Sarayı am Hippodrom bilden eine bemerkenswerte Ausnahme. Nur noch die Namen von Stadtteilen und Straßen erinnern an Paläste wie Çağaloğlu (in der Gegend des Istanbul Lisesi), Kadırga Sarayı (südlich des Gedik Paşa Hammamı) oder Alemdar Paşa (zwischen den Serail-Mauern und der Provinzverwaltung). Selbstverständlich erklärt sich die Häufung von großen Stadtpalästen mit der Nähe zum Serail des Sultans.

Das Thema Wohnraum als Statussymbol beschäftigte Mustafâ Âlî in seinem «Handbuch für den guten Ton» aus dem Jahr 1587. Er teilte hier die osmanische besoldete Elite in fünf Gruppen auf: Hofchargen, Soldaten, Bürokaten, Richter und Stiftungsbeamte. Außerdem unterschied er vier Ränge, wobei nicht nur das Einkommen, sondern der angemessene Wohnraum von Bedeutung war: Âlî gestand den Sultansdienern ein bis fünf Räume zu, wobei der private Bereich (Harem mit Räumen für das dazugehörige Personal) nicht gezählt wurde.

Bei der höchsten Klasse, zu der sich der Autor als *Defterdâr* (Finanzdirektor in der Provinzverwaltung) selbst rechnete, sah die angemessene Nutzung der fünf Räume so aus: 1. Empfangshalle (*dîvânhâne*),

2. Gästezimmer, 3. Privatkabinett, 4. Raum für die Leibdiener, 5. Raum für die Leibwache und die Anwärter für den Hof- oder Militärdienst (*acemî oğlanlar*). Selbstverständlich sind die Haremsräume und der gesamte «Servicebereich» in dieser Aufzählung nicht enthalten. Zur Spitzengruppe zählt Mustafâ Âlî die Inhaber einer Großprovinz (*beylerbeyi*) und die obersten Ulema (Scheichülislâm, Kadiasker, Richter von Istanbul); Befehlshabern und Medrese-Professoren der oberen Gehaltsgruppe gesteht Âlî drei Räume zu. Am Boden der Pyramide mit einem Raum sind einfache Krieger, Janitscharen und Studenten.

Der Autor versäumte nicht, darauf hinzuweisen, daß entsprechende Abstufungen auch für das Gezelt auf Kriegszügen anzuwenden seien. Worauf es ankomme, sei das rechte Maß, weder unangemessener Prunk noch falsche Bescheidenheit seien erwünscht oder gefordert. Allein die Großwesire seien als höchstrangige Sultansdiener (eigentlich *kul*, was «Sklave» bedeutet) keiner Einschränkung unterworfen, schließlich beanspruche allein ihr Gefolge den Platz mehrerer Stadtviertel.

Das Serail Mehmed Sokullu Paschas: Ein Palast neben dem Palast

Mustafâ Âlîs Bemerkungen über den schier grenzenlosen Prunk der Großwesire lassen sich in sehr erwünschter Form belegen. Das vom «Reichsbaumeister» Sinan geplante Serail des mächtigen Sokullu Mehmed Pascha (Großwesir 1565–1579) nahm den Raum unterhalb des Markts (*ârasta*) der späteren Sultan Ahmed-Moschee ein. Heute ist hier ein Touristenbasar und der Eingang zum sogenannten Mosaikenmuseum. Da Sokullus Sohn sein Erbe vor dem Verkauf an Sultan Ahmed I. im Jahr 1608 gerichtlich registrieren ließ, kennen wir die Räumlichkeiten. Die Liste soll hier folgen, weil sie ein einmaliges Zeugnis dafür ist, daß die Paläste der mächtigen Wesire der sultanischen Hofhaltung recht nahe kamen. Ein Jahr nach dem Verkauf, am 9. November 1609, wurde der erste Spatenstich zur viel später so genannten «Blauen Moschee» gelegt.

Der Leser muß sich mit der Beschreibung der «inneren Einfriedung» genannten Privaträume, also des Haremteils, begnügen. Von den Appartements der Frauen ist zwar erwartungsgemäß nicht die Rede, doch schließt der Hinweis auf die Eunuchen alle Zweifel über die Nutzung des inneren Hofs aus. Während das Verzeichnis alle mit dem Bau verbundenen Kostbarkeiten erwähnt, wird von der Inneneinrichtung, die wohl im Besitz des Sohnes geblieben war, nicht gesprochen. Auffällig sind die Hinweise auf Zierbrunnen, Bäder und Wasserleitungen aller Art.

Im Inneren neben dem Sultan Kapusu ein Raum für die Hellebardiere – ein Raum für die Torwächter – darüber eine zweistöckige Wohnung für den Obersten der Torwächter – ein Raum für die unteren und oberen Eunuchen (*ağa*) – Abtritte – davor ein Raum für den Hoca mit Brunnen – ein Vorratsraum – ein Versammlungsraum (*dîvânhâne*) – zwei gegenüberliegende mit Fayence verkleidete große Räume – ein mittlerer Sofa-Raum, mit Springbrunnen und einem großem Wasserbecken davor – ein Kiosk – eine mit Fayencen ausgeschmückte Kleiderkammer (*kaftan odası*) mit Perlmutt- und *Halkârî*-Arbeiten (Vergoldungen) verzierten Wandschränken – ein mit Fayencen geschmückter Kuppelraum mit zwei großen Loggien (*şehnişîn*), mit Wandbrunnen und Wasserbecken, 14 Fenstern in arabischer Art, einem zweiflügligen Wandschrank in Perlmutarbeit und acht Borden – darüber ein fayencegeschmückter, überkuppelter Kiosk – und ein fayencegeschmücktes, vorzügliches Privatbad – ein Raum für den Aufenthalt im Winter mit Wandschränken und einer Tür in *Halkârî*-Arbeit – daneben ein reichgeschmückter persönlicher Ruheraum (*cilehâne*) – ein reichgeschmückter Raum für die Ammen – ein weiterer großer Versammlungsraum – ein Raum für den Haushofmeister (*kethüda*) – darüber ein Kiosk – und fünf exquisite Zimmer – ein Vorratskeller mit einer Vorhalle und zwei Sofas – eine Schatzkammer mit Kellerräumen – ein großes Bad mit drei abgetrennten Kammern und einem Bassin mit sechs (kleinen) Marmorbecken – im anderen Hof befinden sich vier Krankenstuben – und eine Küche mit Brunnen und zwei Backöfen und einem großen Schuppen für Brennholz – vier Gärten mit einem Bassin und einem bleigedeckten Kiosk.

Die «äußere Einfriedung» war wesentlich größer. Sie enthielt neben einem großen Versammlungsraum auch einen Empfangsraum, der wie der des Sultans im benachbarten Topkapı Sarayı *Arz odası* genannt wurde. Es gab zwei Bäder. Besonders viel Platz beanspruchten die *İçoğlan* genannten jungen Rekruten im Palastdienst. Sie hatten auch einen eigenen Unterrichtsraum. Bei den Stallungen unterscheidet das Verzeichnis zwischen den zwei des Paschas und den übrigen. Eine Scheune konnte 1500 Wagenladungen Heu bergen. Wie im Topkapı Sarayı fehlten auch hier Werkstätten nicht. Es gab ein Atelier für Goldschmiede und für Schneider. Der Küchentrakt war größer als in den privaten Appartements, er schloß, wie im Serail des Sultans, eine «Süßküche» mit dem Kessel zur Helvabereitung (*helvahâne*) und Vorratsräume (alleine vier für Mehl) ein.

Die Plünderung eines reichen Konaks

Die Chronisten beschreiben diese reichen Wohnhäuser nur selten und immer undeutlich. Ein Anlaß war zum Beispiel die Plünderung des Konaks des dreimaligen Scheichülislam Ebu Sa'îd Mehmed Efendi (1553–1662) während einer Meuterei gegen den Großwesir İbşir

Pascha im Mai 1655. Der Bericht des entsetzten Na'îmâ bezieht sich auf ein Palais im Stadtteil Fındıklı, das mindestens seit Süleymân I., wenn nicht schon unter Sultan Selîm I. im Besitz einer großen Familie war, die sich auf den am Anfang des Zitats genannten Hasan Cân (st. 1567) zurückführte. Hasan Cân war ein aus dem persischen Isfahan stammender, herausragender Musiker. Sein Sohn, «Hoca» Sadeddîn, wurde Scheichülislam und gilt als einer der größten Historiographen der osmanischen Glanzzeit. Der Enkel, Ebu Sa'îd Mehmed, überlebte Aufstand und Plünderung, wurde aber einige Jahre auf Richterstellen in die Provinz verbannt. Die «Söhne des Hasan Cân» sind eine Familie, aus der insgesamt sieben Scheichülislame hervorgegangen sind.

Eine Gruppe kam zum Haus des Müftis, um es auszurauben. Innerhalb weniger Augenblicke wurde alles, was die Familie des Hasan Cân in 150 Jahren zusammengetragen hat, von den schamlosen Plünderern geraubt: Kostbarkeiten, wertvolle Stoffe, Teppiche, schöne Bücher, extravagante Objekte und andere exquisite Gegenstände. Man erzählt sich, daß sie, als keine transportablen Gegenstände mehr übrigblieben, die Sitzbänke aufrissen und die Einzelteile mitten auf der Straße liegen ließen. Sie rissen die eisernen Türen und Fenster der Vorratsräume heraus, bemächtigten sich des Bleis der Wasserleitungen, der Bäder und einiger Dächer. Selbst die mit Perlmutteinlagen und Goldschmuck verzierten Wandschränke der Bibliothek des Müftis und seines privaten Kabinetts wurden herausgerissen und weggeschafft. Sie verschonten weder die Ausstattungen der Damen im Harem noch die Teppiche und Deckenhänge. Die betrunkenen Schufte suchten unterwegs Leute, denen sie die geplünderte Ware zu einem ganz geringen Preis verkaufen konnten.

Der Alltag eines Istanbuler Bourgeois im Zeitalter Abdülhamîds II.

Am Beginn des 20. Jahrhunderts hatte sich der Habitus der Stadt vielfach gewandelt und mit ihm der Lebensstil der Elite. Die Großwesire hatten ihre Wohnsitze hinüber in die modernen Stadtteile von Şişli oder Ayaspaşa/Cihangir verlegt. Aber immer noch bot die alte Innenstadt bequeme Wohnmöglichkeiten. Im Nachlaß eines hohen Beamten namens Sa'îd Bey, der um die Jahrhundertwende im Stadtteil Aksaray lebte, fanden sich sorgfältige Aufzeichnungen über seinen Alltag und die damit verbundenen Einnahmen und Ausgaben. Sie erlauben einen ungewöhnlichen scharfen Einblick in die Verhältnisse der wohlhabenden Istanbuler Bourgeoisie der Epoche.

Sa'îd hatte einen Schatzminister von Sultan Abdülhamîd II. zum Vater und war damit der Sohn eines Paschas. Wir kennen weder das Geburts- noch das Sterbejahr von Sa'îd Bey. Auch hat sich seine genaue Wohnadresse nicht ermitteln lassen. Es steht lediglich fest, daß er das

Galatasarail absolviert hatte, dank seiner Französischkenntnisse dem Palast als Übersetzer zur Verfügung stand, Mitglied des Obersten Sanitätsrats war und an zwei höheren Lehranstalten Französisch unterrichtete. Die Kumulation mehrerer Beamtenstellen war in der alten Türkei durchaus nicht ungewöhnlich. Für Sa'îd Bey waren die Einkünfte Voraussetzung für einen Lebensstil *comme il faut*, auch wenn er keine besonderen Vermögenswerte sein Eigen nannte. Im Gegensatz zu den aus der türkischen Erzählliteratur der Epoche bekannten Dandyfiguren, war Sa'îd Bey ein guter Haushälter – ohne diese Eigenschaft hätte er sicher nicht die sorgfältigen Eintragungen in die vorgedruckten Almanache der Marke *Hachette* durchgehalten.

Die Hefte aus den Jahren 1901, 1904, 1906, 1909 und 1909 bilden nicht nur aufschlußreiche Rechenwerke, sie zeigen auch, wie Sa'îd Bey sein Leben gestaltete. Er lebte mit Frau und Kindern im Zentrum des alten Istanbul. Sein Haus war an die städtische Wasser- und Gasversorgung angeschlossen, seit 1906 scheint er Elektrizität bezogen zu haben. Das Paar hatte vier Kinder, von denen ein Mädchen im August dieses Jahres starb, kurz danach kam ein Junge zur Welt, den man nach dem Pascha-Großvater Hakkı nannte. Als die ältere Tochter mit dem prätentiösen Namen Semiramis 1908 heiratete, wurde der Schwiegersohn in den Haushalt aufgenommen. Interessanterweise lebte die Schwiegermutter Sa'îd Beys getrennt von der Familie, auch wenn dieser für ihre Miete aufkam. Selbstverständlich war das Haus in einen öffentlichen und privaten Bereich aufgeteilt. Im *Haremlik* hat sich Sa'îd Bey tagsüber kaum, abends nur selten aufgehalten.

Die Ausgaben für Personal waren deutlich höher als in vergleichbaren gutgestellten europäischen Verhältnissen. Sa'îd Bey und seine Frau kommandierten über einen Kutscher, einen Koch und seinen Lehrling und einen Gärtner. Genannt werden darüber hinaus eine Gouvernante (*matmazel*) und ein oder mehrere Dienstmädchen. Die Kosten für Pferd und Wagen waren einer der größeren Posten des Familienbudgets, auch wenn der Kutscher im Jahr nur 2400 *Kuruş* ausgezahlt bekam.

Wie alle Angehörigen der Istanbuler Oberschicht, verbrachte Sa'îds Familie die Sommermonate am Bosporus oder auf einer der Prinzeninsel. Man mietete Villen für die ganze, von April bis Anfang Oktober reichende Saison. Sa'îd Bey hatte keinen festen Sommersitz. Wir sehen ihn 1901 in Çiftehavuzlar, einem Viertel, das man heute auf beiden Seiten der belebten Bağdat Caddesi in Kadiköy kaum wiedererkennt, in Fenerbahçe und in mindestens drei Jahren auf einer der Inseln. Die Miete kostete fast ein Monatsgehalt. 1908 im Jahr der Juni-Revolution, bei der sein oberster Dienstherr Abdülhamîd II. entmachtet wurde, scheint die Sommerfrische ausgefallen zu sein!

Man darf sich Sa'îd Bey nicht als Pfennigfuchser vorstellen, der jeden *Kuruş* umdrehte, bevor er sich ein Vergnügen gönnte. Eine typische Woche im Februar des Jahres 1902 enthielt folgende Unterhaltungselemente:

Montag, 11.	Mittagessen im Basar – Einnehmen einer Süßspeise (*muhallebi*); Wasserpfeife in Direklerarası; abends Besuch von Nachbarn; Aufführung eines Märchenerzählers (*meddâh*)
Dienstag, 12.	Mittagessen bei Yani (eine *Brasserie Viennoise* in der Grande Rue de Péra); Rakı in Sirkeci (Bahnhofsviertel)
Mittwoch, 13.	Mittagessen im Tokatlıyan (Grande Rue de Péra 180); abends Besuch bei Nachbarn
Donnerstag, 14.	Mittagessen bei Yani; abends Karagöz
Freitag, 15.	Im Çalgılı Gazino (*café-concert*)
Samstag, 16.	Konditorei in Pera; Rakı im Tokatlıyan; Besuch bei Seyfeddin Bey; Griechischer Karneval in Beyoğlu
Sonntag, 17.	Im *Kıraathâne* (Zeitungscafé) von Arifi (am Divanyolu); Arabische Musik, abends Karagöz

Bei diesem Mix aus traditioneller und moderner Unterhaltung läge der Schluß nahe, daß es sich um eine in den Fastenmonat fallende Woche handelt, in der man sich abends beim Karagöz entspannte. Das trifft aber nicht zu. In der überwiegend muslimischen Altstadt gehörte der Besuch von traditionellen Theaterformen noch zum Alltag, vielleicht hat Sa'îd Bey die Erzähler und Schattenspieler in Begleitung seiner Kinder aufgesucht.

Als Mitglied des Obersten Sanitätsrats war Sa'îd Bey Beamter des Außenministeriums, von dem er ein Grundgehalt bezog. Das war nicht schlecht, denn es entsprach etwa dem Einkommen eines Ministerialdirektors bzw. Regierungspräsidenten in einer kleineren Provinz. Hinzu kamen die schon angedeuteten Nebentätigkeiten. Insgesamt ergibt sich folgendes Bild:

Grundgehalt	5000
Übersetzungstätigkeit für den Palast	800
Lehrer für Wirtschaftsfranzösisch an der Handelsschule	880
Lehrer am Galataserail für türkischen Aufsatz, Literatur und Übersetzung	750
Wöchentliche «Zuwendungen» (aus dem Palast?)	1360
Einnahme aus Vermietung eines Ladens im großen Basar	400
Maximales Monatseinkommen vor 1908 in Kuruş/Piaster	9190

Was die Ausgabenseite anlangt, wurden für die Jahre 1901–1906 folgende Prozentsätze errechnet: Lebensmittel 21,9, Personal 13,5, Kleidung 12,6, Haus, Mieten, 17,6, Gesundheit 2,1, Verschiedenes 32,3. Die

Ausgaben für Kleidung verraten, daß Saʿîd Bey auf *bella figura* achtete. U. a. kaufte er einen Übermantel, einen Wintermantel, 3 Anzüge, 11 Krawatten, 3 Fese, 14 abknüpfbare Kragen und 6 Hemden. Zu seiner Ehre sei gesagt, daß der Etatposten Kleidung für seine Gattin nicht geringer war. Für die kleinen Kinder wurde Spielzeug gekauft, die Töchter Semiramis und Seniye besuchten die Lehrerinnenbildungsanstalt (*Darülmuallimat*). Für Semiramis wurde ein Klavier angeschafft. Kosten für die Musiklehrerin fielen nun regelmäßig an.

Zwei willkürlich ausgewählte Tage im Leben des Saʿîd Bey sollen nun unmittelbar seinen Aufzeichnungen entnommen werden:

17. *Kanun-u sânî* – Donnerstag [17. Januar]: Um halb Drei [8.30] im Kaiserlichen Lyzeum [Galataserail]. Gutes Wetter. Mittagessen bei Yani. Abfahrt vom Gesundheitsministerium nach Beyoğlu um 11 Uhr [16:00]. In der Konditorei Rakı mit Hâmi und Doktor Rifat Bey. Gegen 12 [17:00] in Hâlid Beys Wohnung in Gümüşsuyu. Dort Abendessen. Wir haben uns bei Rakı gut amüsiert. Um 7 [gegen Mitternacht] kehrte ich nach Hause zurück. Die Frau war [tagsüber] in Fatih bei einer Hochzeit. Sie machte Besuche in den Häusern von Nûrî Bey und Muhib Bey. Abends statteten uns [das heißt Saʿîd Beys Frau] die Damen von Esad Bey, dem Saloniker, einen Besuch ab. Für Semiramis und Seniye begann das Schuljahr in der Lehrinnenbildungsanstalt.

Während der Donnerstag eher typisch für die «parallele» Freizeitgestaltung des Ehepaars ist, bietet der folgende Freitag ein Beispiel von gemeinsamen Aktivitäten. Ein Moscheebesuch stand allerdings nicht auf dem «Programm»:

Das Wetter ist sehr schön. Wir sind spät aufgestanden. Um 9 [14:00] Uhr fahren wir mit unserem Wagen mit Seniye und Ferdan nach Beyoğlu. Bis zum Kasino von Osman Bey. Bei den Gebrüdern Abdullah lassen wir die Kinder fotografieren. Zum (Kaufhaus) *Bon Marché*. Ziemliches Gedränge. Um eins [18:00] sind wir wieder zu Hause. Die Frau fährt mit einer Mietkutsche nach Beyoğlu. Semiramis, die Dienstmädchen und die Nachbarin Emîne Hanım gehen zu Fuß nach Sultan Ahmed. Abends haben wir Besuch: Lemʾi Bey, Muzaffer Bey, Cemâl Pascha, Fuʾad Pascha und Reşâd Bey. Der Nachbar, Kâzım Bey. Hoca Raif, Doktor Vamik und Esad Bey.

Straßenhändler

Nach diesen Exkursen über die Wohnweise der Oberschichten soll hier der Alltag auf den Straßen im Mittelpunkt stehen. Auf dieselben Jahre wie Saʿîd Beys Aufzeichnungen beziehen sich die Erinnerungen des aus Erzincan stammenden armenischen Autors Hagop «Denizciyan» (Mıntzuri, 1886–1978). Er ist in einer Bäckerei aufgewachsen.

Ich berichte vom Beşiktaş jener Tage (an der Wende des 19. zum 20. Jahrhundert), vom Markt und unserem Backofen. Die Gesellen, die in unserer Backstube schafften, waren Leute aus Şebinkarahisar und Skutari. Sie waren (also) Albaner und Armenier. Sie vermischten das Mehl mit Wasser, kneteten den Teig, wogen ihn ab, reihten ihn auf Backbretter, schoben ihn in den Ofen, dann holten sie die Brote heraus auf den Ladentisch. Ihre Tracht war die der Leute von Skutari: eine weite Hose (şalvar) aus blauem Drillich und der *salta*, einer offen getragenen Jacke. Der Schalwar war mal kurz, mal länger. Die langen reichten bis zu den Knöcheln, die kurzen bis zum Knie. Um den Fes auf ihren Köpfen pflegten sie ein farbiges Tuch (*yemeni*) zu winden.

An der Backstube wurde kein Brot verkauft. Man ging nicht wie heutzutage zur Backstube, um Brot zu holen. Auch die Krämer verkauften kein Brot. Die Brote wurden in die Wohnviertel, bis in die Vorstädte, zu den Häusern der Kunden gebracht. Und das auf Kredit! Die Brote wurden in kleine Säcke gepackt. Man zeichnete auf Stäbchen, die man Kerbholz nannte, die Zahl der ausgelieferten Brote an. Zu Wochenbeginn, alle zwei Wochen oder nur einmal im Monat, zahlte man das Brotgeld. Die Verteiler der Brote waren die *Tablakâr*. Zur Backstube gehörten ein Stall und Pferde. Wir hielten sechs Pferde, auf die man die Brote in Doppelkörben lud. Jedes Pferd trug 200 oder 250 Brote. Wir beauftragten damit eigene Leute aus Armudan (Erzincan) und Albaner. Sefer Ağa hatte einen Lehrling, täglich trug er mit seinen zwei Pferden 500 Brote aus. Sefer hatte in Skutari die Mittelschule besucht. Er hatte eine wunderbare Handschrift und konnte hervorragend zeichnen. Seine Beamtenstelle bei der Finanzverwaltung hatte er aufgegeben und machte jetzt den Brotausträger. Sein Revier waren die Viertel von Maçka und Nişantaş. Meister Yuvan und Meister Vangel waren Christen, miteinander verwandt und stammten aus dem Kosovo. Sie hatten zusammen ein Pferd. Ihre Kundschaft waren die Einwohner der Viertel Ihlamur und Yenimahalle... Sefer Ağa besaß europäische Kleidung, trug sie aber nicht. Auch er bevorzugte seine regionale Tracht. Auf dem Kopf trug er ein Filzkäppchen (*takke*), so groß wie eine Faust. (...)

Im Sommer [des Jahres 1901], im Monat August, sperrten wir die Backstube in Beşiktaş zu und übernahmen die in (Rumeli) Hisar. (...) Der Preis des Brotes wurde wie heutzutage von der Stadtverwaltung festgelegt. Wir pflegten ein Kilo Brot um einen *Kuruş* zu verkaufen. Damals war das Brot ein Kilo schwer, obwohl alles im Lande mit *Okka* abgerechnet wurde. Die Stadt rechnete den Brotpreis mit 35 *Para* und legte den *Tabhiye* genannten Arbeitsanteil auf fünf *Para* fest. Die Backstuben mußten mit den fünf *Para* nicht nur alle Kosten (Salz, Mehl, Arbeitskraft, Miete der Backstube usw.) bestreiten, sondern auch noch einen Gewinn erzielen: Konnte man damit auskommen? Nur wenn man mehrere tausend Brote buck, konnte die *Tabhiye* angehoben werden. Alles war theoretisch und auf dem Papier vorbereitet. Aber in der Praxis funktionierte das nicht...

Wir gaben, wie die übrigen Backstuben, den Austrägern zwei *Para* Verdienst und stellten ihnen ihr Pferd. Wieviel sie den Kunden abnahmen, war dann ihre Sache. Ihnen drei *Para* zuzugestehen, war ausgeschlossen, dabei wären uns nur zwei *Para* geblieben. Als aber die Backstube des Hasan Paşa bei der griechischen Kirche drei *Para* gab, verließ uns Sefer Ağa und wechselte zu ihr über. Deshalb verloren wir Nişantaş und Maçka und produzierten 500 Brote weniger. Mit einer höheren *Tabhiye* wäre die Backstube im Gleichgewicht geblieben und hätte uns einen Gewinn abgeworfen. Dieser Hasan Paşa (...) war ein reicher und bekannter Mensch. Seine *Yağlı Simit* (fetthaltige Brotkringel mit Sesam) kosteten einen *Kuruş*. Das heißt so viel wie ein Brot! Die Ausrufe «Kandil-Rosen von Hasan Paşa» oder «Ramazân-Rosen» (für bestimmte in den Kandilnächten verkaufte Süßigkeiten) konnte man in den einsamste Straßen der Stadt hören. In den heiligen Nächten, in den Stunden des Ramazân vor dem Fastenbrechen kauften die Leute fünf bis zehn Stück. Sie wurden sofort gegessen. Die Stadtverwaltung belegte sie (diese Süßigkeiten) auch nicht mit einem Maximalpreis. Sie (die Hasan Paşa-Leute) konnten den Verkäufern ein *Para* mehr zugestehen, wir vermochten das nicht.

Die Miete des Backofens war auch eine Last für uns. Der Eigentümer unseres *fırın* war ein hoher Palastbeamter im Yıldız, der Chef der Kaffeezubereiter Süleymân Efendi. Wir zahlten monatlich zehn Goldstücke (*altın*). Beim damaligen Kurs war ein *Altın* 108 *Kuruş*. Es gab keinen Pferdestall. Deshalb mußten wir für den Stall ein weiteres Goldstück aufbringen.

Nach diesem Einblick in die betriebswirtschaftliche Seite eines mittelgroßen *Fırın* erklärt Hagop, warum die Familie die Backstube in Beşiktaş aufgab, um im Jahr 1901 nach Rumelihisar zu ziehen. Obwohl der begabte Junge jetzt die Schule besucht, steht er ab fünf Uhr morgens in der Backstube.

Auch wenn dieser Text nicht mitteilt, ob und wie die Brote in den Stadtvierteln angepriesen wurden, soll hier eine Auswahl aus dem breiten Repertoire an Rufen von Straßenhändlern eingefügt werden. Viele Erinnerungen enthalten Beispiele von Straßenrufen, unübertroffen ist aber der Volksschriftsteller Ahmed Râsim, der seine Auswahl mit Angaben zur Intonisierung versehen hat:

Produkt, Dienstleistung usw.	Art der Intonierung	Übersetzung und Erläuterung
Gadá.....yif		kadayıf = Fadennudel
Kuş lokumu ...Revânî		Gebäck aus Eigelb, Mehl, Zucker
Yafalarr	scharf und spitz	Orangen (aus Jaffa)
Bici bici muhallebici	ziemlich schmeichlerisch	Der hübsche kleine Muhallebi-Verkäufer
Kalaycı	kreischend	Kesselflicker!
Venedik sepetleri var, çamaşır sepetleri var	Bariton	Venezianischer Korb, Waschkörbe

Produkt, Dienstleistung usw.	Art der Intonierung	Übersetzung und Erläuterung
Billûr bar...dakları var, hoşaf kâseleri var	Primadonna	Kristallgläser, Schalen für *hoşaf*
Ma...cû...n.	unter Klappern	Salben
Alma, alma	weinerlich	Äpfel (in anatolischer Aussprache von *elma*)
Sıcak börek...teze börek!	zudringlich	Heiße *Börek*, frische *Börek*
Sulu limon	hart	Saftige Zitronen
Havâdisi Tûrân!	nach Kräften schreiend	Zeitungs verkäufer: «Die Ereignisse in Turan»
Südlü	unvermittelt	Voller Milch (hier Maiskolben)

Les Chiens de Constantinople

Die Straßenhunde von Istanbul waren in vorrepublikanischer Zeit so bekannt und berüchtigt, daß kein Reiseführer und kein Reisebericht sie zu erwähnen vergaß. Die Touristen der Jahrhundertwende konnten Postkarten mit den bemerkenswerten, meist in Rudeln auftretenden Tieren erwerben. Nähere Beobachter wußten, daß die Hunde in den einzelnen Vierteln ungleich behandelt wurden. Angeblich profitierten sie von der herkömmlichen Tierliebe der Muslime. Die eher grausame Zwangsverschickung im Jahr 1908 auf die unbewohnte Insel Hayırsız im Marmarameer wurde von vielen Beobachtern kommentiert. Auch Hagop Denizciyan befaßte sich mit diesen vierbeinigen Bewohnern der Stadt:

Es wäre eine Unterlassung, wenn man beim Erzählen von diesen Jahren nicht auf die Hunde zu sprechen käme. Die Straßen der Geschäfts- und Wohnviertel der Hauptstadt waren mit ungezählten Hunden überfüllt: auf ihrer europäischen und asiatischen Seite bis zu den Kavaklar (am äußeren Ende des Bosporus). Die meisten Straßen hatten keinen Gehsteig. All diese Straßen waren von einem Ende zum anderen von Hunden belagert. Sie hatten bestimmte Orte in Beschlag genommen, nebeneinander, mit ihren Jungen oder auch ohne. Sie rotteten sich zusammen und lagen vor den Läden der Geschäftsviertel, auf den Schwellen der Wohnhäuser, mit offenen oder halb geschlossenen Augen.

Sie verstanden sich nicht auf das Beißen. Selbst wenn man beim Betreten oder Verlassen eines Hauses oder Ladens über sie schritt und auf den Schwanz oder ein anderes Körperteil trat, erhoben sie sich bloß, heulten auf und legten sich wieder hin. Sie hatten abgegrenzte Gebiete. Ein Hund drang nicht in das Revier eines anderen Hundes ein oder passierte es. Wenn ein Hund aus dem Viertel Kılıçali im Paşa Mahallesi auftauchte, erhoben sich sämtliche Hunde des Viertels gleichzeitig und begannen zu heulen. Ihre Jungen, selbst die winzigen Welpen, schlossen sich mit ihren feinen Stimmchen dem Höllenchor an. Allerdings fielen sie nicht über den fremden Hund her und griffen ihn an. Der fremde Hund pflegte schon wegen des Geheuls davonzulaufen. Wenn er zum Platz der Polizeiwache von Hasan Paşa ging, heulten die Hunde an dieser Reviergrenze, ging er Richtung Köybaşı taten es die dortigen... Die Ohren der Leute dröhnten von diesen Geräuschen, vom Geheul der Hunde zwischen den Wohnvierteln. Sie wurden wütend. «Schweig, halt's Maul!», pflegten sie ärgerlich zu rufen...

Sie waren ständig im Freien, im Sommer unter der Sonne, im Winter im Schnee, Regen und Schlamm. Sie erhielten von den Läden und Häusern Brot, Knochen, Essensreste. Ältere Damen pflegten bei den Bäckern fünf oder zehn Brote zu kaufen und sie in großen Stücken an sämtliche Hunde des Geschäfts- oder Wohnviertels zu verteilen. Das galt (bei ihnen) als frommes Werk. Die Leute hatten Mitleid mit den Hunden. Erkrankte ein Hund oder hatte er einen Unfall oder bekam Junge, kam es vor, daß man ihm Milch, Futter oder fetten Joghurt brachte. (...) Wenn jemand, aus irgendeinem Grund einen Hund tötete, begannen die Leute zu weinen, im wahrsten Sinne des Wortes zu schluchzen, als wüßten sie, daß die Hunde geschont werden mußten. Die Passanten stimmten mit den Leuten der Gegend überein, schalten den Mann aus, schlugen ihn manchmal, insbesondere wenn er kein Muslim war...Bei der Konstitution im Jahr 1908 wurden die Hunde eingesammelt und auf die Insel İnsiz im Marmarameer gebracht und dort getötet!

Pferd und Wagen

Bis zur Einrichtung der pferdegezogenen Straßenbahn gab es im Großraum Istanbul nur ein Verkehrsmittel, das eine größere Gruppe von Menschen befördern konnte: die sogenannten Marktboote (*pazar kayıkları*), die zwischen den ufernahen Stadtteilen, den Bosporusdörfern und den nahe gelegenen Inseln pendelten. Einige von ihnen, wie das Boot aus Beykoz, wurden als fromme Stiftungen betrieben, d.h., die Bootsunternehmer mußten einen Teil ihrer Einnahmen an eine Moschee oder Schule abführen.

Nur die Oberschicht verfügte über Pferd und Wagen. Der reitende Sultan entsprach natürlich den Erwartungen seiner Untertanen mehr als ein im Wagen sitzender, kranker oder altersmüder Herrscher. Als sich Süleymân 1566 auf seinen letzten Feldzug begab, ritt er bis Dâvûdpaşa, der ersten Wegstation *extra muros* an der thrakischen Heerstraße, um erst dort auf den Wagen umzusteigen. Nach seinem Tod im Feldlager sollte sein Leichnam per Wagen in die Hauptstadt zurückbefördert werden. Der mit 31 Jahren recht junge Mehmed III. kehrte von seiner siegreichen Kampagne nach Eğri/Erlau (1596) mit einem Wagen zurück. Nach der Absetzung Abdülhamîd II. im Jahr 1909 wählte sein Nachfolger Mehmed V. Reşâd für die Schwertumgürtungszeremonie in Eyüp auf den Hinweg ein Dampfschiff, auf den Rückweg einen Galawagen, weil sein körperlicher Zustand das Reiten nicht mehr erlaubte.

Mit von Ochsen gezogenen Wagen begab man sich zu den Ausflugsorten (*mesire*) im Umland. Als um 1622 auch die Gattinnen ausländischer Gesandter den Wagen benutzten, erhob der Großwesir Einspruch. Die Tatsache, daß viele muslimische Frauen bei solchen Gelegenheiten, die Verschleierungsgebote auf die leichte Schulter nahmen, veranlaßte die Behörden zu Befehlsschreiben wie dem folgenden aus dem Jahr 1751:

Es wurde beobachtet, daß Frauen unter dem Vorwand der Erholung und Unterhaltung von Orten wie Üsküdar, Kısıklı, Bulgurlu, Çamlıca, Merdivenli, manche auch von Beykoz, Tokat, Akbaba und Yuşa aus nicht anständig bekleidet mit dem Wagen herumfahren. (Aus diesem Grund) wurde strengstens untersagt, an diesen Orten Wagen zu vermieten.

Mitte des 18. Jahrhunderts waren in Istanbul 665 Kutschwagen zugelassen, wegen der oben angedeuteten Freizügigkeiten des weiblichen Geschlechts wurde die Erhöhung der Wagenzahl untersagt. Die Behörden bemühten sich aber auch um die Kleiderordnung und die Moral der Kutscher, wie eine Verordnung aus dem Jahr 1826 belegt. Die Kutscher trugen, wie aus dem Text hervorgeht, weite Hosen mit aufwendigen Gürteln und breiten Umhängen.

Die Zunft der Kutscher (*koçaş*) soll nicht mehr Leute unter der Bezeichnung «Lehrling» beschäftigen als erforderlich ist. (...) Die Kutscher müssen in Zukunft auf ihre jetzige Kleidung verzichten. Sie sollen engärmelige Filzmäntel und Filzumhänge tragen, als Kopfbedeckung einen grünen *Kalpak* (eine Mütze aus Schafspelz), dessen Rand vier Finger, bei den Lehrlingen zwei Finger mißt.

Zu junge Burschen («mit Flaum, aber ohne Kinnbart») sollten nicht auf den Kutschen dienen. Die Wagenlenker wurden angewiesen, sich an der Vorder- oder Rückseite der Fahrzeuge aufzuhalten, wenn eine Dame den Wagen bestieg.

Allgemein war Nichtmuslimen das Benutzen von Pferden innerhalb der Mauern einer Stadt untersagt. Ausländische Reisende bestätigen, daß zumindest im 16. und 17. Jahrhundert diese islamisch begründete, gegen religiöse Minderheiten gerichtete Norm der Praxis entsprach. Anfang des 19. Jahrhunderts waren diese Verbote für Nichtmuslime schon vielfach durchlöchert. Wir wissen von einer Ausnahmeregelung, die ab 1815 gebrechlichen und alten Menschen erlaubte, ein Pferd innerhalb der Stadt zu besteigen.

Das Bedürfnis, die an sich «klassenlose» osmanische Gesellschaft in Rangstufen zu gliedern, wurde auch bei den Kutschfahrzeugen sichtbar. Vierspännig zu fahren, war den allerhöchsten Würdenträgern vorbehalten. Für niedrigere, aber immer noch bedeutende Glieder der osmanischen Elite galt der Phaéton (*fayton*) als ausreichend, eine hochrädige, offene Kutsche mit zwei bzw. vier Sitzen.

In der Zeit von Sultan Abdülazîz (1861–1876) nahm der Import von Luxuswagen aus Europa zu. 1869 machte der italienische König dem Sultan einen solchen zum Geschenk. Daß sich höhere Beamte zu Beginn des 20. Jahrhunderts einen Wagen leisteten, ohne auf die Dienste der Lohnkutscher zu verzichten, wurde am Beispiel des Sa'îd Bey in diesem Kapitel vorgeführt. Die heute das Straßenbild beherrschenden Taxis kennen wir erst aus den Jahren um 1908. In der Gegenwart sind nur noch die Prinzeninseln ein Rückzugsgebiet der einstigen Ausflugskutschen. Das Topkapı Sarayı hat eine sehenswerte Abteilung, in der man die Equipagen, die der Hof benutzte, betrachten kann. Sie befindet sich auf der westlichen (linken) Seite des Zweiten Hofs.

Straßenbahn

In Istanbul waren Pferdebahnen (*atlı tramvay*) wie in den meisten europäischen Metropolen die Vorgänger der «Elektrischen». 1869 erhielt die Gesellschaft eines gewissen Konstantin Krepano Efendi ein Privileg für den Betrieb von vier Linien. Ab 1872 wurden die Strecken zwischen Azapkapı (auf der Galataseite der heutigen Atatürk-Brücke) und Beşiktaş bzw. zwischen Eminönü und Aksaray befahren. Neben Eminönü entwickelten sich Karaköy und Aksaray rasch zu den Verkehrsknotenpunkten, die sie noch heute bilden.

Auf flachen Strecken wurden auch zweistöckigen Wagen (oben durfte geraucht werden) eingesetzt. Alle Wagen wurden von einem Paar Pferden gezogen, denen zwei weitere an den zahlreichen Steigungen (wie von Karaköy nach Tepebaşı oder Sirkeci nach Sultanahmet) vorgespannt wurden. Entsprechend gab es am Beginn der Steigungen provisorische Stallungen.

Sadri Sema hat ihnen in seinen Erinnerungen an die Jahre zwischen 1900 und 1910 ein eigenes Kapitel gewidmet. Sein ganzes Mitleid galt den Tieren, die er als «lebende Leichname» bezeichnet. Oft genug halfen Passanten «mit weichen Herzen und starken Armen», die Wagen anzuschieben.

Vor den Wagen lief ein Mann mit Filzmütze, in der Hand ein Signalhorn aus Messing, in das er ununterbrochen blies. Innerhalb der Menschenmenge schuf er der Tramway eine Bahn und versuchte, die über den

Weg laufenden Menschen zu warnen, damit niemand zu Schaden kam und zerquetscht wurde. (...) Die Straßen waren gewunden, eng, die Pflasterung vorsintflutlich...Der Wagenlenker, d. h. der Tramway-Fahrer, hatte eine lange Peitsche, mit wirren Fäden und ledernen Troddeln. Der Kerl brachte sie laut zum Knallen, während die Tiere ein, zwei Schritte vorangingen und dann wieder innehielten und sich betrübt ins Auge schauten.

In diesen Momenten belagerten sämtliche Straßenverkäufer die Passagiere der Tramway, um ihre Waren anzubieten. Eine der skurrilen, wenn auch für die Zeitgenossen wenig erfreulichen Besonderheiten der hamdischen Epoche, war das Verbot, vom Oberdeck der Straßenbahn hinüber zu den sultanischen Residenzen von Çırağan und Dolmabahçe zu blicken. Man hatte die Augen zu schließen oder den Kopf in eine andere Richtung zu wenden.

Ähnlich wie auf den Bosporusdampfern wurden für die Tramway Sonderbestimmungen für weibliche Passagiere getroffen. Die Submissionsbedingungen von 1869 hielten fest: «Für Frauen werden eigene Wagen zur Verfügung gestellt. Wenn die Stadtverwaltung es für opportun hält, werden in Wagen, die von Männer bestiegen werden, eigene Frauenabteile abgetrennt.»

Es gibt keine klaren Hinweise, ob die Geschlechtersortierung in den Waggons zeitweise schon in den Jahren des Weltkriegs aufgehoben wurde. Im Republikgründungsjahr 1923 verschwand die Trennung zwischen *Haremlik* und *Selamlik*, was aber nicht bedeutete, daß Männer und Frauen ab sofort vermischt saßen oder standen.

Ein Bericht aus der Zeit der Pferdebahnen enthält wertvolle Angaben zum Fahrpreis: Sein Autor ist der Journalist und Satiriker Ercümend Ekrem (Talu, 1888–1956).

So weit ich mich entsinne, kostete das teuerste Billet 60 *Para*. Der Gegenwert von 60 Para war damals eineinhalb *Okka* Brot bzw. ein *Okka* Olivenöl, drei *Okka* Zwiebel, sechs *Okka* Holzkohle für ein *Mangal*, sechs Stück Bleistifte Marke «Krokodil», sechs Zeitungen, zwölf Glas Wasser, ein Paket Zigaretten von der halbmilden Sorte (das ist die 4. Wahl), ein kleines Paket *Bafra*-Zigaretten mit zehn Stück plus einer Schachtel Streichhölzer. Oder man konnte seinen Fes drei Mal dafür aufbügeln lassen bzw. seine Schuhe sechs Mal putzen. Deshalb zogen es die betuchtesten Kaufleute des Basars unter dem Vorwand der Körperertüchtigung vor, zu Fuß zu gehen, zum Beispiel von Pangaltı (Stadtviertel zwischen Harbiye und Osmanbey) bis zum Überdachten Basar. Sie strömten in Gruppen zu zweit oder zu dritt auf die Straßen, ihre «Hebammentaschen» in der Hand, während die Straßenbahnen fast leer vorbeifuhren.

Nach den U-Bahnen von London und New York gilt der 1874 eröffnete *Tünel* als ältestes unterirdisches Massenverkehrsmittel. Die 573 m lange Strecke wurde mit zwei Wagen bedient, von denen einer auch für Tiere und Lasten genutzt werde durfte. Der *Tünel* wurde privat betrieben und war das Werk eines französischen Ingenieurs namens Gavand, der britisches Kapital für sein Unternehmen gewonnen hatte. Da der *Tünel* mit der städtischen Pferdestraßenbahn (die den serpentinenartigen Weg über Şişhane unterhalb des noch bestehenden Rathauses von Beyoğlu nahm) konkurrierte, mußte der Erwerb der notwendigen Grundstücke in aller Heimlichkeit vor sich gehen, um die Preise nicht in die Höhe zu treiben.

1911 erteilte die Regierung die Genehmigung zum Betrieb elektrischer Bahnen, was die Gründung von Elektrizitätswerken auf beiden Seiten des Bosporus nach sich zog. Die neuen Wagen nahmen mehr Passagiere auf als die der Pferdebahnen. Im Gegensatz zu ihren Vorgängerinnen mußten sie nicht an jeder Stelle Passagiere ein- und aussteigen lassen, sondern hatten feste Haltepunkte.

1966 traten die letzten Straßenbahnen ihre Fahrt ins Museumsdepot an. Nach einigen Jahrzehnten ohne Straßenbahnen kehrte man 1989 reuig zu diesem effektiven und kostenarmen Verkehrsmittel zurück. Von den alten Schienenfahrzeugen Istanbuls vermittelt die wieder eingerichtete «Nostalgie-Strecke» zwischen dem oberen *Tünel*-Ausgang und dem Taksim-Platz eine gute Vorstellung. Das in einem Depot am Rande Kadıköys eingerichtete Tramway-Museum dient heute nur noch als Feuerwehrhalle. Immerhin kann man die letzten Gleise noch erkennen.

Brücken

Die anatolischen und rumelischen Heerstraßen, die auf Istanbul zuführten, benutzen z. T. beachtliche, in osmanischer Zeit entstandene Brücken wie die «Lange Brücke» von Uzunköprü über die Meriç (Marica, unweit der heutigen Grenze zu Griechenland). Die von Sinân konstruierten Brücken über die beiden Buchten von Çekmece gehören heute zum Großraum Istanbul. Einen Abstecher wert ist die ca. 36 km westlich von der Altstadt entfernte Brücke von Büyük Çekmece, beiläufig: der einzige von Sinân «signierte» Bau (1567).

Die Aufgabe, das Goldene Horn zu überspannen, wollten schon unter Bâyezîd II. (1481–1512) Italiens berühmteste Architekten lösen, realisiert wurde sie erst im 19. Jahrhundert. 1836 wurde unter Mahmûd II. eine Pontonbrücke zwischen Unkapanı und Azapkapı eingeweiht. Sie war somit eine (von mehreren) Vorgängerinnen der Atatürk-Brücke (1940). 1872 hat man sie abgerissen und das Holzmaterial versteigert. Die erste «Galata-Brücke» zwischen Eminönü und Karaköy war eine

Stiftung der Mutter von Sultan Abdülmecîd aus dem Jahr 1845. Man nannte sie im Unterschied zur oberhalb liegenden Brücke *Cisr-i Cedîd* («Neue Brücke»). Die auf Pontons ruhende Holzbrücke hatte zwei bogenförmige Durchlässe für kleinere Schiffe.

Die Istanbuler durften sie an den ersten drei Tagen nach der Einweihung kostenlos benutzen, dann wurde ein Brückenzoll erhoben. Die Einrichtung dieser «Passagegebühr» (*mürûrîye*) bestand bis 1930. Anfangs nahm man von Fußgängern 5 Para, von Lastträgern 10, ein Pferd ohne Traglast kostete 20 Para. Am teuersten war ein beladener Wagen mit 200 Para. Eine Verordnung aus dem 19. Jahrhundert enthält eine Aufstellung von Personen, die von der *Mürûrîye* befreit waren. Hier werden alle möglichen militärischen Grade aufgezählt und auch die Feuerwehrleute samt Spritze (*tulumba*) nicht vergessen – falls sie zum Brandort eilten! Viele Passanten versuchten, den Kassierern zu entkommen, die ihnen dann regelrechte Verfolgungsjagden lieferten. Um den Verkehr zu beschleunigen, wurden ab 1912 Jetons geprägt, die man an eigenen Buden erwarb.

Als zum ersten Mal Straßenbahnen über die von der deutschen Firma MAN konstruierte vierte und vorläufig vorletzte Galata-Brücke fuhren (1912), war der Zusammenschluß der neuen Stadtteile mit dem alten Stambul vollzogen. Diese Brücke wurde mittlerweile im mittleren Abschnitt des Goldenen Horns auf der Höhe des Anlegers von Hasköy «geparkt».

III.
«Wir haben alles, was lebendig ist, aus Wasser gemacht»

Als die Osmanen die Stadt in Besitz nahmen, fanden sie neben einer sehr großen Zahl unterirdischer Zisternen (von denen heute noch die Yerebatan und Binbirdirek touristische Attraktionen sind) auch drei riesige offene Wasserbecken vor, die insgesamt 900 000 m³ fassen konnten, aber wohl schon damals nicht mehr in Gebrauch waren. Heutige Besucher der Gegend von Edirnekapı/Karagümrük wundern sich über das Fußballstadion des Traditionsvereins Vefa auf dem Grund der Aetios-Zisterne. Die sogenannte Aspar-Zisterne bei Sultan Selim wurde in jüngster Zeit in eine gepflegte Freizeitanlage für die Bewohner des Viertels verwandelt. In den vorausgehenden Jahrhunderten hatten sie als Gemüsegärten (*çukurbostan*) gedient, in denen Moscheen und ganze Wohnviertel entstanden. Abseits von den Verkehrsströmen ist die Altımermer-Zisterne unweit von Kocamustafapaşa gelegen.

Da die neuen Herrscher bald keine Belagerung durch fremde Heere oder Flotten mehr zu befürchten hatten, waren sie nicht auf Zisternen angewiesen, sondern konnten sich unverzüglich an den Ausbau des alten Wasserleitungsnetzes machen, das aus den Quellen des thrakischen Vorlands gespeist wurde und zu dem aus dem 4. Jahrhundert stammenden Valens-Aquädukt führte. Das rasante Bevölkerungswachstum des 16. Jahrhundert wäre ohne Süleymân I. Verbesserungen der Wasserversorgung schwer vorstellbar. Das Wasser der von dem Baumeister Sinân geplanten Leitungen kam aus dem Einzugsgebiet der Kırkçeşme («Vierzig-Quellen»). Das System versorgte Istanbul mit maximal 17 413 m³ Wasser am Tag, durch unzureichende Wartung ist seine Leistung auf etwa 12 000 m³ abgesunken.

Nach den süleymanischen Baumaßnahmen wurden im 18. Jahrhundert mehrere, sehenswerte Staubecken (*bent*) wie der Vâlide Bendi von 1797 im Norden der Stadt angelegt, die in dem Wasserverteiler (*taksîm*) oberhalb von Beyoğlu einmündeten. Die Moderne begann mit dem Bau der Druckwasserleitung, die den etwa 40 km von Istanbul entfernt liegenden Terkos-See anzapfte (1883). Bald wurde «Terkos» in der ganzen Türkei die Bezeichnung für «Fließendes Wasser, das aus der Wand kommt».

Schematisch läßt sich das Wasserversorgungssystem der osmanischen Epoche in den folgenden fünf Abschnitten darstellen:

«Wir haben alles, was lebendig ist, aus Wasser gemacht»

Name, Ursprung	Auftraggeber	Bauzeit	Anmerkungen
Kırkçeşme, ausgehend vom Belgrader Wald im Norden	Süleymân I.	1554–563	55 km, 5 große Aquädukte, vor allem Uzunkemer (711 m, zweistöckig)
Halkalı und Cebeciköy, 16 voneinander unabhängige Versorgungssysteme	Zahlreiche Sultane und Würdenträger	1453–1775	Versorgt wurden 435 Brunnen
Üsküdar 18 Versorgungslinien	ab Mihrimâh Sultan	1547	144 Endpunkte
Taksim (aus Bahçeköy)	Ahmed III., Mahmûd I.	abgeschlossen 1731/2	
Hamidiye	Abdülhamîd II.	1902	Pumpstation in Cendere

Die Verteilung des Wassers erfolgte nach einem ausgeklügelten System, das auf die Bedürfnisse der Anwohner und der frommen Stiftungen Rücksicht nehmen mußte. Nur große Paläste, wie der des Sokullu Mehmed Pascha, hatten fließendes Wasser in vielen Räumen bzw. den privaten Bädern.

Die folgende Zusammenstellung zeigt, wie im Jahr 1584 ein Wasserstrang in unmittelbarer Nähe zum «Alten Serail», d. h. in der Gegend des heutigen Beyazit-Platzes, auf vier Abnehmer verteilt wurde. Die Wörter *masure* und *lüle* sind Maße für die Durchflußmenge. 1 *masure* entsprach 4,5 l, 1 *lüle* 36 l in der Minute. Weiter unten kommt noch die Einheit *kamış* dazu (9 l/min). Von den genannten Gebäuden existiert das Bad Sultan Bâyezîd II. noch als eindrucksvolle Ruine neben dem Neubau der Universitätsbibliothek.

[1] Regelmäßige Abgabe 1 *masure* Wasser für das Palais des Ferhâd Pascha.
[2] Gnädige Abgabe von 1 *masure* an die Derwischerie des Hekîm Çelebi.
[3] Zu den Bädern des seligen Sultan Bâyezîd – Gott möge das Grab seiner Majestät angenehm machen – wird im Winter, solange ausreichend Wasser vorhanden ist, eine *lüle* Wasser abgeführt. Im Sommer, wenn Wasser knapp ist, fließt nur eine $^1/_2$ *lüle*.
[4] Für ihre Hoheit Gevher Sultan (die Tochter Selîms II.) gibt es $1^1/_2$ *masures*.

Die Wasserversorgung des Topkapı Sarayı

Die Wasserversorgung für die menschlichen, tierischen und pflanzlichen Bewohner des Topkapı Sarayı war seit Fâtihs Zeiten problematisch. Mit dem Umzug der Frauengemächer vom Alten zum Neuen Serail wurde die Frage immer dringender. Mustafâ Sâ'î, der «Ghostwriter» von Mimâr Sinâns Tatenbericht, erzählt unter der Überschrift «Darlegung des Baus eines Brunnens mit Wasserrad für den Garten des Padischahs» zunächst von einem innerstädtischen Ausflug Sultan Süleymân I.:

Der verstorbene Sultan Süleymân Hân, Sohn des Selîm Hân, dem Gott gnädig sein und dem er verzeihen möge, besuchte eines Tages den paradiesgleichen Garten (seines Schatzmeisters) İskender Çelebî, welcher im Westen der Stadt Istanbul liegt. Gemeinsam kamen sie auch am Garten von (Süleymâns Tochter) Mihrimâh Sultan, der Gattin Rüstem Paschas, vorbei und betrachteten die Obst- und Blumenbeete.

 Der Sultan verglich diese Gärten mit denen in seinem eigenen Serail und wandte sich an den Obergartenmeister: «Warum kann mein Garten nicht wie jene Gärten blühend und herzerfreuend aussehen? Insbesondere (fügte er mokant hinzu) nachdem die (Gärten der) Diener (dieser meiner Hohen) Pforte nobler sind und das Ganze vergnüglicher und schöner wirkt!»

Man erklärte dem Sultan, daß es seinem Serail an fließendem Wasser fehle, worauf der Süleymân nach der Rückkehr ins Serail auf eine hübsche Ecke des Gartens wies und das Gefolge instruierte:

«Sie sollen mit dem Bau eines Wasserrads beginnen. Man möge den Architekten an diesen Ort bringen. Er soll sich das ansehen und entscheiden, ob es durchführbar ist.»

Der herbeigerufene Sinân antwortete respektvoll:

Mein glückseliger Padischah, Eurer Einfall ist sehr schön. An dieser Stelle ist ein Wasserrad (durchaus) möglich. Freilich muß sich der höchste Ort des Wasserrades über der höchsten Stelle des Gartens befinden, so daß überallhin Wasser fließt. Wenn man aber dem Befehl meines Padischahs folgte, würde das Wasser nicht an alle höheren Stellen kommen. Seine Majestät, der weltbeherrschende Padischah sagte (daraufhin): «Kann denn an den höheren Stellen Wasser sein?». «Sehr wohl, mein Padischah, die Quellen finden sich meistens auf den Höhen der Berge. Das Wasser beachtet nicht Hoch und Niedrig.»

Der konsternierte Sultan soll gesagt haben: «Daß Wasser nach oben fließt, hat noch niemand gesehen!», stimmte aber zu widerstrebend zu: «Wenn an dieser Stelle kein Wasser heraustritt, werden wir uns mit

Die Wasserversorgung des Topkapı Sarayı 61

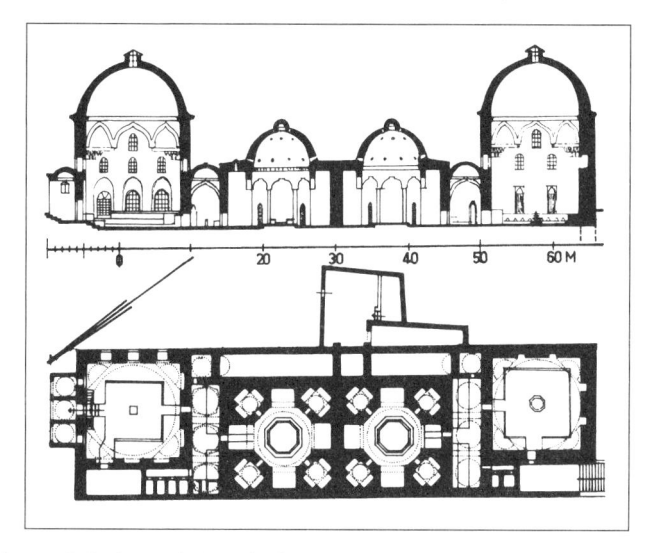

Plan 2: Schnitt und Grundriß des Haseki Hürrem Bades von 1555/6

	lüle (26 mm Durchmesser, 36 Liter/Minute)	*kamış* (13 mm Durchmesser, 9 Liter/Minute)
Der alte Brunnen bei der Großen Aya Sofya	2	
Die alte Wasserleitung bei der Medrese der Aya Sofya		1
Das neue Bad der seligen Sultanin bei der Großen Aya Sofya	1	
Neuer Brunnen beim Haus des kaiserlichen Vorbeters		1
Neuer Brunnen beim *Fodula* und *Simid*-Backofen		1
Großer Brunnen der kaiserlichen Stallungen in der Nähe des Stalltors	1	
Alter Brunnen beim Bad des İshâk Pascha	1	2
Neues Wasserrad im großherrlichen Serail	3	
Kuşhâne des großherrlichen Serails		2
Palais des Ali Pascha		2
	8 *lüle*, 288 Liter/Minute	9 *kamış*, 117 Liter/Minute

dem Architekten noch unterhalten.» Die Arbeiten begannen mit dem Ausheben der Erde durch Rekruten des Janitscharenkorps (*acemî oğlanlar*). Zum Glück stieß man auf einen runden, gemauerten Schacht für ein Wasserrad, der aus der Zeit der Ungläubigen übriggeblieben war. Der herbeigerufene Sultan belohnte Sinân mit einem Ehrenkleid.

Der dabeistehende Kämmerer des Verstorbenen (Sultans) sagte ehrfürchtig: «Mein Glücklicher Padischah, dieser euer Diener, der Mimâr Ağa, hat keine menschlichen Züge, er hat etwas Heiligenmäßiges an sich!»

Sinân richtete neben dem antiken Schacht eines von vier Wasserrädern für das Serail ein. Pferde pumpten aus dem Schacht, zu dem eine spiralförmigen Treppe hinunterführte, das Wasser nach oben. Daneben war ein Schlafraum für die Männer, die das Rad bedienten, ein Bad, Latrinen, Küche, eine *Mescid* und ein Stall für die Pferde und eine Scheune für ihr Heu. Der Schacht hat einen Durchmesser von 5 m und ist 22 m tief. Er liegt unter dem ersten Serail-Hof, war aber nur vom zweiten Hof aus zugänglich.

Ein Dokument von 1568–69 hält die Verteilung des Wassers auf seinem Weg zwischen Aya Sofya und Topkapı Sarayı fest. Man kann auf einen Blick erkennen, daß der Löwenanteil des Wassers auf das «Neue Wasserrad», von dem soeben die Rede war, geleitet wurde, um es dann für die Gärten und den gesamten inneren Bereich (*Enderûn*) zu nutzen.

Das an dritter Stelle genannte «neue Bad der seligen Sultanin» ist das berühmte Doppelbad der Hasekî Sultan (fertiggestellt 1556/7).

Das wegen eines benachbarten Brunnens angeführte Bad des İshâk Pascha (um 1500) existiert noch als Ruine neben der gleichnamigen Moschee unweit der Serail-Mauern im Viertel Cankurtaran. Das merkwürdige Wort *Kuşhâne* am Ende der Liste bedeutet wörtlich «Vogelhaus». Im Serail der Sultans bezeichnete es die Küche, in der die Speisen für den Sultan zubereitet wurden.

Bäder

Bäder (*hammâm*) waren und sind nicht nur ein unverzichtbarer Teil der islamischen Lebensführung, für fromme Stiftungen bildeten sie zugleich eine der wichtigsten Einnahmequellen. Die Pächter der Bäder führten jährlich hohe Summen an den Verwalter der Stiftungen ab. Im 16. Jahrhundert lagen die Beträge zwischen 20 000 und 63 000 *Akçe*. Ein *Hammâm* konnte im Rahmen einer Wesirsstiftung den Wert von ein oder zwei Dörfern übersteigen. So attraktiv der Neubau eines Bads deshalb auch gewesen sein mag, bildete jedoch der Mangel an Wasser und Brennholz eine wesentliche Einschränkung. Ein erstes Bauverbot wurde im frühen 16. Jahrhundert erlassen, 1768 untersagte Mustafâ III. alle weiteren Badeanlagen. Insgesamt gab es wohl an die 400 große und kleine öffentliche Bäder, die sich recht gleichmäßig über das Stadtgebiet verteilten. Im Altstadtbereich lassen sich heute nur noch etwa hundert Bäder lokalisieren, in Betrieb sind nur noch wenige Dutzend. Nicht übersehen sollte man das monumentale Mahmûd Paşa Hammamı mit seiner 17 m hohen Kuppel (1466/7) neben der gleichnamigen Moschee im Basarviertel. Das Hammam des Süleymânîye-Komplexes ist nach jahrzehntelanger Zweckentfremdung (als Werkstatt) seit 2002 wieder zugänglich. Einige historische Bäder, wie das von Çemberlitaş (1583/1584) und Çağaloğlu (1741) sind noch in Betrieb und werden auch von Touristen gerne besucht. Das Çağaloğlu-Bad als jüngstes großes Doppelbad wurde von Mahmûd I. errichtet, um eine Einnah-

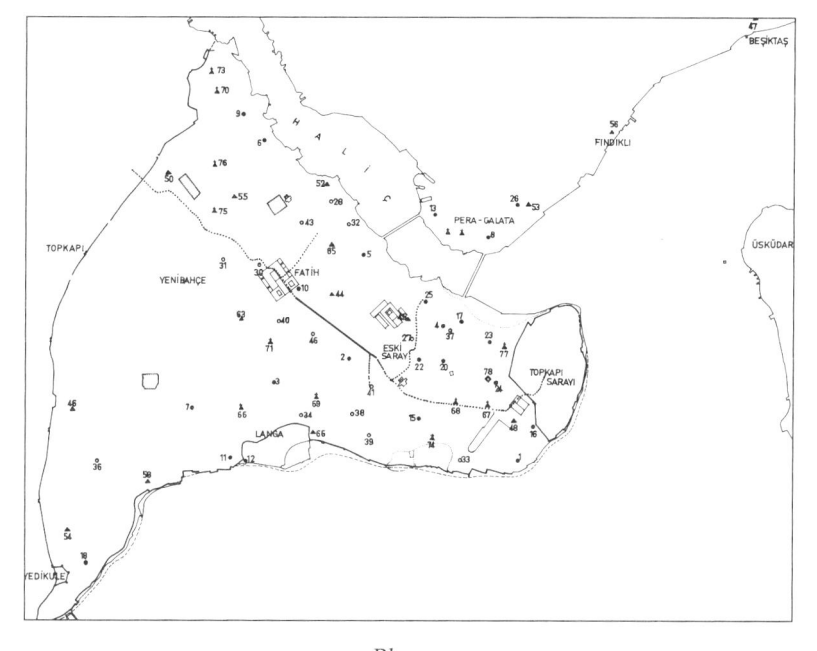

Plan 3:
Verteilung der Bäder im Stadtgebiet. ● *= Bäder der Zeit Mehmeds II. (1453–1481);* ○ *= Bäder aus dem Ende des 15./Anfang des 16. Jh.;* ▲ *= Bäder aus der 2. Hälfte des 16. Jh.;* ⵯ *= Bäder aus dem Ende des 16. Jh.*

mequelle für seine Medrese im Rahmen der Aya-Sofya-Stiftung zu erschließen.

Ein Preisregister von 1640 enthält eine komplette Gebühren- und Benutzungsordnung für die Istanbuler Bäder: Der einfache Badebesuch kostete 1 *Akçe*, eine Abreibung mit dem *Kese* genannten Handschuh (von dem vier verschiedene Sorten auf dem Markt waren) mit einer Rasur das Doppelte. Wer dem Chef der Badediener und seinen Gehilfen ein Trinkgeld gab, war von diesem Eintrittsgeld nicht befreit. Dem Personal war aber nicht erlaubt, von «Gästen» und «Armen» ein Trinkgeld zu fordern. Am teuersten war das Kämmen und Flechten von Frauenhaar. Die Badedienerinnen nahmen 5 *Akçe*, «wenn der Zopf bis zu den Fersen reichte». Die Badediener hatten die Kunden bei der Rasur mit einem reinlichen und trockenen Badetuch einzuhüllen. Man durfte sich für einen Badediener seiner Wahl entscheiden. Für Nichtmuslime galten besondere Vorschriften:

Ungläubige müssen sich neben dem Gitterverschlag ausziehen, sie haben keinen Anspruch auf die (üblichen) Stelzenschuhe (*nalın*). Ihre Handtücher sind mit Ringen zu kennzeichnen. Für die Ungläubigen stehen außerhalb der Einzelwaschräume (*halvet*) besondere Becken zur Verfügung. Unter keinen Umständen dürfen sie bei den Muslimen Anstoß erregen und die *Halvets* betreten.

Das Dampfbad ist ein von den osmanischen Dichtern gern und oft besungener Ort. Es gibt sogar das literarische Genre des «Bäderlobs» (*Hammâmîye* oder *Hammâm-nâme*) in verschiedenen klassischen Gedichtformen wie Kasiden und Gasels. In die Istanbuler Lokalgeschichte ist das Bad in Beşiktaş eingegangen, welches der Dichter Gazâlî betrieb. Der als Deli Birader («Verrückter Bruder») bekannt gewordene Gazâlî hatte einen Memî Şâh genannten Jüngling von hinreißender Schönheit als Badediener gewonnen. Sein Bad zeichnete sich weiters durch ein Becken mit Springbrunnen aus, das aus einem einzigen Marmorblock gesägt war. Als ein anderer Badebesitzer ebenfalls ein Becken von dem für Istanbul neuen «Bursa-Typus» installierte, schickte ihm Deli Birader ein obszönes Gedicht. Am Ende wurde Deli Birader ein Opfer übler Nachrede. Sein Gönner İbrâhîm Pascha, der berühmte Großwesir Süleymâns, riß ihm das Bad über dem Kopf ab. Deli Birader zog sich nach Mekka zurück, wo er um 1535 verstarb.

Zur «Sittengeschichte» von einigen etwas anderen Hammams

Ein «Buch der herzöffnenden Badediener» genannter Text aus dem späten 17. Jahrhundert bildet ein drastisches Panorama der Päderastenszene der Stadt. Der Verfasser, ein gewisser Dervîş İsmâ'îl, seines Zeichens Zunftvorstand der Badepächter und Connaisseur, bewegte sich im Milieu der Janitscharen des 59. Regiments und der Schiffsleute vom Goldenen Horn. Seine kleine Schrift stellt die körperlichen Vorzüge und professionellen Gewohnheiten von elf Jünglingen vor, die als Badediener (*tellâk*) in verschiedenen Hammams der Stadt beschäftigt waren, dort aber nicht allein mit Seife und Badehandschuh arbeiteten, sondern auch die sexuellen Wünsche bestimmter Besucher erfüllten. Allerdings prostituierte sich nur ein kleiner Teil der vom Verfasser auf insgesamt 2321 bezifferten Badediener in den 408 Hammams.

Die Knaben nahmen für einen Verkehr mindesten 70 *Akçe*. Ein besonders gefragter Yemenici Balcı verlangte für eine ganze Nacht auf der gemeinsamen Matratze 300. Selbstverständlich waren die Betreiber dieser Bäder eingeweiht und wußten, in welchen Seitenräumen «ein hennafarbenes Lämmlein» auf eine Kundschaft wartete, die sich «wie Eselsbienen auf eine Schale Honig» stürzte. Offensichtlich waren bestimmte Bäder nachts ausschließlich dem Vergnügen mit jenen «Hyazinthenlockigen» reserviert. Jedenfalls stand dann auch der große Aufenthaltsraum (*câmekân*) des Bades zur Verfügung. Der besondere Ruf des hier genannten Çardaklı Hammam (das einst zur Stiftung der Kleinen Hagia Sophia/Küçük Aya Sofya gehörte und noch heute als Ruine besteht) wird übrigens auch in der Bäderliste von Evliyâ Çelebî bestätigt, wenn er schreibt, es sei das Bad der «Zuhälter». Tagsüber machten die *Tokmakçı* (von *tokmak* «Keule, Schwengel») genannten Lustknaben in den Kaffeehäusern auf sich aufmerksam. Derviş İsmâ'îl beschreibt einen sogenannten Sipâhî Mustafâ Bey, der so attraktiv war, daß sich ein steinreicher Zollpächter für ihn interessierte und ein hochrangiger Kadi (immerhin der Molla von Galata) ihn vom Bad nach Haus holte, «mit den edelsten Gewändern bekleidete, sich in seine Schmucksachen vergrub und den Liebling zum Pfeifenwärter (*çubukdâr*, was man auch mit «Halter der Stange» übersetzen könnte) ernannte.»

Brunnen

Die für Besucher auffälligsten Brunnen sind die großen, freistehenden «Fontänen» (um Hammer-Purgstalls Lieblingswort zu gebrauchen), ausnahmslos Stiftungsbauten des 18. Jahrhunderts. Die Bauten von Sultan Ahmed III. vor dem Eingang zum ersten Serail-Hof, von Mahmûd I. in Tophane neben der Moschee von Kılıç Alî und einige Beispiele am Bosporus (Küçüksu) gehören zu den berühmtesten Vertretern osmanischer Platzbrunnen. Der Brunnen Ahmed III. besteht, genau betrachtet, aus einem Gebäude mit Sebils an allen vier Ecken. Er unterscheidet sich von anderen Brunnenhäusern durch das geschweifte Dach mit fünf Kuppellaternen und seine in Monumentalschrift ausgeführte, weithin lesbare Aufforderung:

> Öffne (den Wasserhahn), trinke das Wasser unter (Aussprechen der) *Basmala* (d. h. «Im Namen Gottes...»)
> (Und) Sprich ein Gebet für Sultan Ahmed Hân!

Die große Kartusche mit diesen Worten ist eine kalligraphische Arbeit des Sultans selbst. Die übrigen Verse wurden, wie häufig bei osmanischen Bauvorhaben, unter den Dichtern der Zeit «ausgeschrieben», d. h., die Autoren wurden aufgefordert, Texte einzureichen. Den oder die Gewinner erwartete eine hohe Belohnung. Während beim Brunnen Sultan Ahmed III. der berühmte Seyyid Vehbî (1674?–1736) den Zuschlag erhielt (angeblich hat er den Vers des Sultans geringfügig verbessert), schmücken die Wände des Tophane-Brunnens die Erzeugnisse von drei Autoren.

Für die Wasserversorgung der Wohnquartiere spielten freilich diese prachtvollen Sebils eine geringere Rolle als die schlichten Wandbrunnen. Die Mehrheit der Brunnen, und das macht ihre Besonderheit aus, trägt Inschriften, die für die Heimatkunde einer Weltstadt von größtem Wert sind. Als sich in den 1930er Jahren ein kleiner Beamter namens İbrahim Hilmî Bey (Tanışık, 1862–1937) entschloß, die verbliebenen Brunnen Istanbuls zu inventarisieren, war schon ein großer Teil von ihnen trocken gefallen. Am Ende erfaßte er 727 Stück, von denen noch 376 funktionierten. Man kann sich denken, daß Hunderte, wenn nicht Tausende von Brunnen nicht mehr auffindbar sind. Der größte Anteil der bestehenden Brunnen stammt aus den letzten drei Jahrhunderten. Aus den Jahrzehnten zwischen der Eroberung der Stadt (1453) und der Thronbesteigung Süleymâns (1520) hat sich nur eine Handvoll erhalten. Selbst aus der baufreudigen Zeit Ahmeds III. sind längst nicht alle der über 200 gestifteten Brunnen lokalisierbar, 76 kennt man nur aus den Gedichtsammlungen.

Abb. 3: Wandbrunnen im Stadtteil Cankurtaran

Um eine Vorstellung vom Inhalt einer Inschrift zu geben, sei der Text auf dem Brunnen des Ahmed Ağa übersetzt, der sich in Üsküdar vor der İnadiye-Moschee befindet. Zur Ehre der Istanbuler Stadtverwaltungen sei gesagt, daß seit Mitte der 1980er Jahre viele verfallene Brunnen restauriert wurden. Das gilt auch für das hier eher willkürlich gewählte Beispiel. Der Stifter war ein hoher Amtsträger, der seine

Karriere als Zolleinnehmer begann, es zum Generalgouverneur von Erzurum brachte und am Ende Intendant des Istanbuler Arsenals war. Die Inschrift aus fünf Doppelzeilen in Kartuschen stammt von einem nicht genannten Dichter und lautet:

> Ahmed Ağa, Sohn des Emin, die Quelle der Freigebigkeit und der Großzügigkeit
> Errichtete diesen neuen Brunnen, gleichsam einen leuchtenden Quell.
>
> Es wurde ein Werk, das in dem Wohnquartier seinen Zweck erfüllt,
> Dessen Bevölkerung der wasserlose Zustand viel Ungemach bereitete.
>
> Als sie aus diesem bekömmlichen Wasser Nutzen zogen,
> Gedachten alle Männer und Frauen mit Segenswünschen (des Stifters).
>
> Ich trank das Geschenk des angenehmen Wassers, das sich auf meine Gesundheit auswirkte.
> So daß ich (der Dichter!) die Nennung des Jahres (d. h. ein Chronogramm) in diesen schmückenden Zeilen verfassen konnte:
>
> Ich habe das Wasserrohr gesehen, mit einem Ausruf nannte er das Chronogramm:
> «Nimm um der Liebe Hüseyin und Hasans willen das reine Naß.»
> 1134 H. (1722/3 D.)

Immer wieder stellen die Inschriften der Brunnen die Verbindung zum Leiden Hüseyins in der Schlacht von Kerbela (680) her, in der der Enkel des Propheten Muhammad getötet wurde und seine Anhänger fast verdursteten. Der Stifter eines Brunnens versichert sich der Fürbitten aller Anwohner und Passanten.

Wasserträger

Trotz der vielen Brunnen mußten zu allen Zeiten Wasserträger die Versorgung ergänzen. Die *Sakâ* genannten Männer transportierten Brunnenwasser mit Tragtieren oder auf dem Rücken. Die Wassersäcke waren Schläuche aus Ziegen- oder Ochsenleder. Sie faßten 40 bis 50 Liter. Das Janitscharenkorps hatte eigene Wasserträger, die nicht nur das Heer, sondern auch die Pilgerkarawane nach Mekka begleiteten. Die «zivilen» Wasserträger versorgten die städtische Bevölkerung in ihren Wohnungen oder auf der Straße. Evliyâ gibt ihre Zahl mit 9400 an, von denen 1400 Pferde hatten. Der Patron der Träger war Abu'l-Kavsar Şâd al-Kurdî, der bei Ausübung seines Berufs in der Schlacht von Kerbela den Tod fand. Die Kleidung der Zunft war an die Uniform ihrer militärischen Kollegen angelehnt.

Diese Zunft geht zu Fuß. Auf dem Rücken tragen sie Wassersäcke aus feinem Leder, ihre Kleidung besteht aus einem schwarzen, rohledernen *Dolman* (Kurzmantel), auf dem Kopf haben sie einen Federschmuck und vielfarbige Blüten.

Sie bieten ihre mit Edelsteinen besetzten Wasserschalen den Passanten an, wobei sie ausrufen: «Wasserträger, Wasserspende, Gnade über den, der die Wasserspende trinkt.» Einige rufen «Wasser zu Liebe des Wasser von Hasan und Hüseyin». Andere rezitieren bekannte Stellen des Korans: «Und ihr Herr gibt ihnen reines Getränk zu trinken» (LXXVI, 21); «Wir haben dir (Muhammad) die Fülle gegeben!» (CVIII); «Wir haben alles, was lebendig ist, aus Wasser gemacht» (XXI, 30).

Die letzte koranische Wortgruppe findet sich, erwartungsgemäß, auch auf vielen Brunnen als Inschrift.

IV.
Die Landmauern und Yedikule

Mehmed II. beeilte sich nach Einnahme der Stadt, die Wiederherstellung der Mauern anzuordnen, in welche die türkischen Belagerer große Breschen geschossen hatten. Danach kehrte er vorübergehend nach Edirne zurück, wo ihm ein eben vollendeter bequemer Palast zur Verfügung stand. Nach seiner Rückkehr im Jahr 1454 richtete er sich bis zur Fertigstellung seines Serails beim Goldenen Tor ein, das er unverzüglich zur «Siebentürmigen Festung» Yedikule ausbauen ließ.

Die Verteidigung des neuen Machtzentrums muß im Zusammenhang mit den unter Mehmed II. im Marmara-Raum angelegten Festungen gesehen werden. Am südlichen Eingang zu den Dardanellen hatte er die gegenüberliegenden Burgen Kal'e-i Sultânîye («Sultanische Festung», ab dem 18. Jahrhundert Çanakkale genannt) und Kilidülbahir («Schlüssel des Meeres», auf der europäischen Seite) bauen lassen. Wie wichtig dieser strategische Punkt für Fâtih war, kommt im 1464 erfolgten Guß einer 18,6 Tonnen-Kanone zum Ausdruck. Das

Abb. 4: Abschnitt der Landmauern mit Yedikule vor jüngeren Wiederherstellungen

Plan 4: Die Festung Yedikule

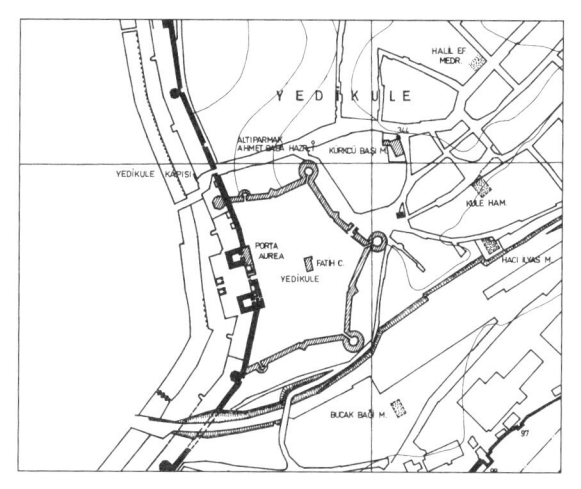

Riesengeschütz war ein Geschenk von Sultan Abdülazîz an England. Nach langen Jahren vor dem Londoner Tower steht es heute im Militärmuseum von Leeds. Den nördlichen Ausgang des Bosporus bewachte ein älteres Festungspaar. Die von den Türken Kavaklar («Pappeln») genannten Anlagen auf europäischer (Rumeli Kavağı) und anatolischer (Anadolu Kavağı) Seite stammen aus byzantinischer bzw. genuesischer Zeit und spielten erst ab dem 17. Jahrhundert eine Rolle, als die Bedrohung durch Rußland (erste Vorstöße von Kosaken wurden 1624 gemeldet) offensichtlich wurde.

Zum Zeitpunkt der Einnahme Istanbuls waren jedenfalls die Gegner der Osmanen, mit Ausnahme der christlichen Seemächte des Mittelmeers, in weite Ferne gerückt. Der Ausbau bzw. die Verstärkung von Festungen im fernen Anatolien (zum Beispiel in Kayseri 1465/6) oder Albanien (Elbasan ebenfalls 1466) spricht dafür.

Yedikule

Die Istanbuler Land- und Seemauern wurden in osmanischer Zeit auch nach Mehmed II. häufig renoviert, auch wenn sie nie wieder verteidigt werden mußten. Als stärkste Bedrohung wurde im Jahr 1656 die Annäherung der venezianischen Flotte bis zum äußeren Dardanelleneingang gesehen. Damals wurde der Abriß der Häuser angeordnet, die auf den Seemauern der Marmara-Seite entstanden waren. Erdbeben (1509, 1690, 1709, 1766, 1855 und 1894) beschädigten die Mauer schwer. Hinzu kamen Beeinträchtigungen durch Steinraub und den Bahnbau im 19. Jahrhundert (1870–1873). In den 1980er Jahren wurde einer der am stärksten beschädigten Abschnitte links und rechts des Belgrad-Tors ausgebessert, leider nicht sehr sachgerecht. Heute wird an zahlreichen Abschnitten, z. T. mit größerer Sorgfalt, restauriert.

Nach Yedikule finden, trotz seiner leichten Erreichbarkeit mit Vorortbahn oder Bus, nur wenige Besucher. Tatsächlich gibt es innerhalb der Mauern und Türme nicht allzuviel zu «besichtigten». Von der Moschee aus der Zeit des Eroberers ist nur ein Minaret übriggeblieben. Die schwer lesbaren Inschriften (mit Ausnahme der eines venezianischen Adeligen von 1600 an der Treppe, die links nach dem Eingang auf die Mauern führt) früherer Gefangener bilden keine große Attraktion. Allerdings lohnt der Blick von dem sogenannten Turm Ahmed III., der unter Osmân III. in den 1750er Jahren fertiggestellt wurde. Man kann einen Teil der Landmauern verfolgen, sieht die Freifläche bei der Moschee von Kazlıçeşme (heute ein vor dem Opferfest als Viehmarkt genutzter Platz), die beiden großen Krankenhausanlagen der Armenier (Surp Pırgıç beim Bahnhaltepunkt Kazlıçeşme) und Griechen (diese mit zahlreichen Pavillons). Die Gärtnereien *intra muros* erinnern daran, daß in den vergangenen Jahrhunderten große Teile der Stadt von Gemüse- und Obstanbau bestimmt waren.

Land- und Seemauern nahmen bei den Erdbeben der Jahre 1690 und 1719 beträchtlichen Schaden. Als sich Sultan Ahmed III. an die Wiederherstellung machte, ließ er über den Stadttoren Gedenkinschriften anbringen. Die Inschrift über dem Tor von Yedikule stammt von dem prominenten Dichter Seyyid Vehbî (st. 1737), der auch den «Preis» für den Brunnen Ahmed III. gewonnen hatte. Man erfährt, daß der Sultan seinen Wesir und Schwiegersohn mit dieser Aufgabe betraute, das Erdbeben selbst wird nicht erwähnt.

Die mächtige unter Mehmed II. ausgebaute Festung der Sieben Türme «verrät bereits Bekanntschaft mit regelmäßig-geometrisch geplanten westlichen Befestigungen der Renaissance». In einer ihrer Türme wurde zeitweise der Staatsschatz gelagert, wenn die Tresore im Bâb-ı Hümâyûn, dem ersten Tor des Topkapı Sarayı, überquollen. Auch die von Selîm I. bei der Eroberung des iranischen Täbris (1514) gemachte Beute wurde hier deponiert. Bekannt wurde Yedikule vor allem aber als Kerker für osmanische Würdenträger und ausländische Gesandte. Daneben dienten auch die Bosporusfestung Rumeli Hisar und der Galataturm vorübergehend als Gefängnis für prominente Insassen.

Daß sich darunter auch Gesandte kriegführender Mächte befanden, mag moderne Besucher verwundern. Da die osmanische Seite bis in das späte 18. Jahrhundert nur unilaterale diplomatische Beziehungen pflegte (das heißt keine ständigen Gesandtschaften in Wien, Paris und anderswo unterhielt), riskierte sie keine Vergeltung, wenn die Vertreter Venedigs oder des Kaisers hinter Gitter kamen. Berühmte osmanische Hinrichtungsopfer in Yedikule waren der Großwesir von Mehmed II., Mahmûd Pascha (1474), und Ferhâd Pascha, der kurz nach dem Thronantritt Mehmeds III. erdrosselt wurde (1595).

Der junge Osmân

Der bekannteste, in alle türkischen Schulbücher eingegangene Vorfall in Yedikule ist allerdings die Absetzung und Ermordung des neunzehnjährigen Sultans Osmân II. Sie gehört zu den scheußlichsten Szenen des unruhigen 17. Jahrhunderts. In das kollektive Gedächtnis haben sich die Ereignisse zwischen dem 20. und 22. Mai 1623 als *die* osmanische Tragödie (*Hâile-i osmanîye*), ja als das osmanische Kerbelâ eingeprägt. Unter Führung des Großwesirs Kara Dâvûd Pascha und unter Mitwirkung von Mâh-Peyker, der Mutter des abgesetzten Sultans Mustafâ I., wurde der junge (*Genç*) Osmân gestürzt. Osmân hatte sich nicht nur bei vielen Ulemâ und Höflingen unbeliebt gemacht, auch große Teile des Heers hatten ihm ihr Vertrauen entzogen. Die Aufständischen brachten Osmân zunächst durch die johlende Menge in die Orta Camii. Bei der Moschee wurde Osmâns Onkel, der geistesschwache neue und alte Sultan Mustafâ I., der Menge gezeigt. Nachdem man Mustafâ anschließend im Serail in aller Form wieder auf den Thron gesetzt hatte, kehrte Dâvûd Pascha mit seinen Leuten in die Orta Camii zurück, um Genç Osmân nach Yedikule zu bringen. Der Historiker Naîmâ faßte die Ereignisse zusammen, die in der Ermordung im südlichen Marmorpylon von Yedikule gipfelten (der Wärter zeigt noch heute die angebliche Stelle des Martyriums).

Nachdem sie den (neuen und alten) Padischah (Mustafâ I.) ins Serail gebracht hatten, kamen (der Großwesir) Dâvûd Pascha und der Janitscharenaga Derviş Ağa zur Orta Camii. Sie luden Sultan Osmân Hân auf einen Lastkarren (*pazar arabası*) ... und fuhren ihn unter Teilnahme einer großen Menschenmenge nach Yedikule ... Nachdem sich die Soldaten zerstreut hatten, blieben Dâvûd Pascha und der Kethüdâ Ömer Ağa und der Cebecibaşı und Teile des Pöbels im Turm (des Schlosses). Man sperrte das Tor zu. Als sie sich daran machten, Osmân zu ermorden, verteidigte sich dieser heldenhaft und ermüdete (seine Gegner).

Osmân entkam mehrfach der Schlinge, die man ihm um den Hals legen wollte. Am Ende wurde er doch erdrosselt. Dâvûd Pascha sandte der Sultansmutter Mâh-Peyker (wohlgemerkt der Mutter Mustafâs!) ein abgeschnittenes Ohr als Beweisstück in den Harem. Der Polyhistor Kâtib Çelebî hat in seinem kurzen «Abriß der Geschichte» (*Fezleke*) ein von den Dichtern Istanbuls gesungenes Lied auf den Tod Osmâns festgehalten. Naîmâ war so beeindruckt, daß auch er den Text dieser bald volkstümlich gewordenen Weise wiedergibt:

> Er war einst ein großmächtiger Schah,
> *Sie haben den Herrscher der Welt ermordet!*
> Er war ein junger Löwe voller Mut,
> *Sie haben den Herrscher der Welt ermordet!*
>
> Er war ein heldenhafter Glaubenskämpfer,
> Ein Sultan von edelster Abstammung,
> Osmân Hân war er genannt mit Namen,
> *Sie haben den Herrscher der Welt ermordet!*
>
> Während er berufen war, zu regieren,
> Während er den Befehl Gottes befolgte,
> Während er sich auf die Wallfahrt vorbereitete,
> *Sie haben den Herrscher der Welt ermordet!*
>
> O Herz! Mein Inneres wurde zu Blut,
> Mein Schmerz vervielfachte sich,
> Alle Verständigen weinen,
> *Sie haben den Herrscher der Welt ermordet!*
>
> Es ist die Stunde des Weltuntergangs nahe nun
> Es ist der Tag des Jüngsten Gerichts nun
> Die Janitscharen überkommt die Reue nun
> *Sie haben den Herrscher der Welt ermordet!*

Das Genre der Trauerode (*mersîye*) ist eine wichtige Gattung der osmanischen Literatur. Viele stammen aus der Feder großer Dichter. Auf den jungen Osmân hat zum Beispiel auch der bekannte Literat Atâ'î eine *Mersîye* verfaßt. Die meisten Oden scheinen verstorbenen Prinzen gewidmet zu sein. Es fehlen aber auch nicht *Mersîyes* auf geliebte Tiere wie Katzen oder Pferde. Hier haben wir es mit einem schlichten und anonymen Vertreter des Genres zu tun. Die bald einsetzende Idealisierung des Herrschers ist erstaunlich, denn gerade sein im Lied vorkommender Plan, sich auf die Pilgerfahrt nach Mekka zu begeben, war höchst unpopulär. Sie sollte, gleichsam eine bewaffnete Wallfahrt, in Verbindung mit einem Feldzug gegen den aufständischen Drusenemir Fahreddîn im Libanon stehen!

Der Sultansmörder Dâvûd entging seiner Strafe nicht. Das Ende des aus Kroatien oder Bosnien stammenden Wesirs war mehr als ungewöhnlich. Dâvûd hielt das Reichssiegel nur 23 Tage in Händen. Aufständische *Sipâhîs* forderten, das Blut Osmâns zu rächen. Sie erwirkten einen Ferman, der zur Inhaftierung Dâvûds und seiner Helfershelfer in Yedikule führte. Zwei Tage später wurde er von dort zum Henkersbrunnen (der Cellâd Çeşmesi im ersten Serailhof) gebracht, um durch das Schwert gerichtet zu werden.

Wie in einem klassischen Geschichtsdrama wurde sein Schicksal durch ein unerwartetes, retardierendes Moment beeinflußt. Der Pascha zog, schon vor dem Henker kniend, das sultanische Handschreiben heraus, das die Ermordung Osmâns angeordnet hatte und dem auch die beiden Heeresrichter «gutachterlich» (also durch eine *fetvâ*) zugestimmt hatten. Die Gattin des Verurteilten, eine Nebenschwester von Sultan Mustafâ I., begann gleichzeitig Geld an den Henker und unter die Leute zu verteilen, was zum Abbruch der Hinrichtung und der Flucht des Paschas in die Orta Camii führte, die schon zuvor Schauplatz der Ereignisse war. Dort führte sich Dâvûd wieder wie ein amtierender Großwesir auf, bis ihn wenig später das Schicksal Osmâns ereilte. Er wurde mit demselben Marktkarren erneut nach Yedikule gebracht und zusammen mit seinen Genossen getötet. Sein Leichnam liegt unter einem undatierten, großen prismenförmigen Grabstein im Vorhof der Murâd Pascha-Moschee (der Millet Caddesi zugewandt).

Anmerkungen zur osmanischen Gerichtsbarkeit

Es gibt viele Berichte über das Einsenden von Köpfen unbotmäßiger Statthalter nach Istanbul. Die Schädel wurden zuvor gesalzen und in Strohkisten verpackt. Häufig ging der Enthauptung das Erdrosseln voraus. In der Hauptstadt wurden die Schädel im ersten Serailhof zur Schau gestellt. Das Sündenregister der Hingerichteten konnte man auf einem, oft sehr wortreichen Blatt (*yafta*) lesen, das an die Füße des Toten oder seinen Kopf angeheftet wurde. Noch aus dem 19. Jahrhundert wurden solche Texte für prominente Opfer wie den griechischen Patriarchen Gregor V. (gehängt am 10. April 1821) oder den Alî Pascha von Janina (geköpft Februar 1822) verfaßt.

Die Aufgaben der osmanische Kriminaljustiz beschränkten sich freilich nicht auf das Erdrosseln oder Köpfen von Würdenträgern. Räubern drohte der Galgen. Für Mörder war eher der Pfahl oder Haken bestimmt. Bis in die Reformjahrzehnte des 19. Jahrhunderts steckte man die gewöhnlichen Gefangenen in den Turm des Baba Cafer am Goldenen Horn. Er ist heute noch ein auffälliger Blickpunkt am ehemaligen Fischmarkt (Balıkpazarı), etwa gegenüber der bekannten Moschee des Rüstem Pascha. Man kann den Turm wegen eines sehr populären Heiligengrabs im Untergeschoß auch ohne weiteres besichtigen. Der moderne Strafvollzug begann mit dem Bau des Sultan Ahmed-Gefängnisses im Jahr 1916 unterhalb der Aya Sofya. In den 1990er Jahren wurde es in ein erstklassiges Hotel umgewandelt. Das Gefängnis ist ein herausragendes Beispiel für öffentliche Gebäude im neo-osmanischen Stil. Die ausladenden Pultdächer, blaue Kütahya-Fliesen und ein an die Ecke versetzter Brunnen aus dem späten 18. Jahrhundert lenken die Vorübergehenden von der Zweckbestimmung ab.

V.
Im Herzen der Altstadt

Alle wichtigen politischen, militärischen und religiösen Institutionen des Reichs konzentrierten sich im Bereich zwischen den Stadtteilen Aksaray und Sirkeci. Das erste («Alte») Serail entstand auf dem Gelände des späteren Oberkommandos (Seraskerat) bzw. der heutigen Universität. Die zentrale Bürokratie dehnte sich um die Amtsgebäude des Großwesirs (Bâb-ı Âlî) aus. Der Stadtteil Bâb-ı Âlî ist später zum Presseviertel mit zahlreichen Redaktionen, Druckereien, Verlagen und Buchhandlungen geworden. Die Provinzialverwaltung der Republik (İstanbul Valiliği) nutzt heute die verbliebenen Gebäude des alten Bâb-ı Âlî. Die Janitscharen hatten bis 1826 ihre beiden wichtigsten Standorte in der Innenstadt. Ihr Kommandeur, der Yeniçeri Ağası, bewohnte ein opulentes Serail, dessen Gelände später an die oberste Religionsbehörde übergeben wurde. Die Prachtstraße des Divanyolu tangierte diese wichtigen Verwaltungs- und Geschäftsbezirke. Sie soll am Beispiel einer Militärparade aus der Mitte des 17. Jahrhundert wieder lebendig werden.

Eine Parade auf dem Divanyolu

Die vielleicht größte Militärparade, die der Divanyolu gesehen hat, wurde für İbşir Pascha veranstaltet. Der gebürtige Abchase war ein fähiger Provinzstatthalter, der Mitte des 17. Jahrhunderts mit der Niederschlagung von anatolischen Aufständen betraut wurde. 1654 wurde İbşir zum Großwesir berufen, um ihn und seine beträchtliche Hausmacht in das politische System einzubinden. Zu diesem Zeitpunkt hatte der Pascha die Statthalterschaft von Aleppo inne. Mit der Übernahme des Amtes beeilte er sich nicht sonderlich, sondern bemühte sich um die Konsolidierung seiner anatolischen Anhängerschaft. Endlich bezog er am 28. Februar 1655 das Nasûh Paşa Sarayı, den Palast seiner kindlichen Verlobten Ayşe, einer Tochter des 1648 ermordeten Sultan İbrâhîm. Am folgenden Tag inszenierte Melek Ahmed Pascha die Militärparade, seine Worte an İbşir sind im folgenden nach Evliyâs Bericht wiedergegeben:

«So Gott will, mein Herzensbruder, werde ich Euch am Morgen als Prozessionsmarschall von Eyüp Sultan aus dienen... Ihr werdet bereitstehende Pferde besteigen und dann am Mausoleum von Ebâ Eyüb Ansârî demütig für einen glücklichen Ausgang der Dinge flehen und um geistliche Führung bitten. Auch werden sie (die Truppen) viele Tausend Tiere opfern und Tausende von Armen damit beschenken. Daraufhin werdet Ihr ein Pferd besteigen, schnell wie der Morgenwind, aber in gemessenem Schritt bis zum Edirne-Tor reiten...

Es folgt die Beschreibung des großen Aufzugs, den İbşir bei der Rückkehr von Eyüb veranstaltete.

Zunächst säuberte der Oberste der Stadtwache (*subaşı*) Tâhir die Durchgangsstraßen und zog mit seinen Soldaten vorbei. Dann bahnten sich der Polizeichef und der *Subaşı* einen Weg durch die Zuschauermengen links und rechts der Hauptstraße und zogen mit ihren Bütteln und Henkersknechten vorüber. Danach kamen die tatarischen Truppen İbşir Paschas, die irregulären *Deli* und *Gönüllü*, die Vorkoster und Kellermeister, die *Müteferrika* und andere erwähnenswerte Regimenter, die *Kapucubaşıs* und der Oberstallmeister und sämtliche Agas mit 390 Remonten. Es war unbeschreiblich! Es folgten die Soldaten Hasan Paschas, die von Kürd Kara Mehmed Ağa, von Cân Mirza Pascha, von denen jeder mit 5000 bis 6000 Mann vorbeimarschierte.

Evliyâs Schilderung der Militärparade entfaltet wie ein ausgerolltes Band die osmanische Staats- und Militärorganisation: den Unterbau der Truppen, die Gelehrten und Ordensscheiche, die beiden Heeresrichter, den *Nakîbüleşrâf* (Würdenträger, der die Liste der Prophetenabkömmlinge führt), die sieben «Wesire der Kuppel», am Ende die Haustruppen İbşir Paschas, der mit dem Scheichülislam zu Pferd den Abschluß und Höhepunkt der Parade bildet, zu der auch ein große Militärkapelle zählt. Der Abbildungscharakter der Parade für die Schlachtordnung wird besonders deutlich, wo auf die Reiterei hingewiesen wird, die auf dem Schlachtfeld als Flügeltruppen Schulter an Schulter mit den Janitscharen kämpfen. Evliyâ erinnert aber auch an die besondere Loyalität der Sipâhîs zu dem Pascha. Bemerkenswert ist, daß auch die religiösen Spezialisten, angefangen von den Vorbetern, als Kämpfer angesprochen werden und so noch stärker in die Parade integriert werden.

Die einzelnen Marschblöcke waren mehrere Stunden zwischen Eyüp und dem Hippodrom unterwegs. Die «Truppen des Hauses Osman», das sind die Janitscharen mit ihren Filzhauben, füllten wie ein Menschenmeer über drei Stunden den breiten Divanyolu. Die Provinzkavallerie brauchte fünf Stunden. Das Ganze dauerte vom Morgengrauen bis eine Stunde nach dem Nachmittagsgebet. Die Zuschauer waren zahlreich, interessiert und bewegt. Für «Fensterplätze» in Ladengeschäften wurden 10 *Kuruş* bezahlt. Die ältesten Einwohner konnten sich nicht an eine vergleichbare Parade erinnern. Als im Block des *Nakîbüleşrâf* die Nachfahren des Propheten mit ihren grünen Turbanen vorbeischritten, gab es niemand, der die Tränen halten konnte.

Nach einer Unterredung mit dem jugendlichen Mehmed IV. im Serail wurde dem Pascha am folgenden Tag das Reichssiegel übergeben, d.h., er wurde in aller Form zum Großwesir ernannt. Sehr bald zeigte sich, daß İbşir nicht in der Lage war, die verschiedenen militärischen Kräfte an sich zu binden. Am 8. Mai 1655 setzte Kürd Mehmed, der noch an der Spitze der Militärparade marschiert war, mit seinen Sipâhîs von Üsküdar nach Istanbul über und forderte die Köpfe des Paschas und des Scheichülislams. Janitscharen schlossen sich dem Aufstand an. Die Meuterer plünderten das bei der Aya Sofya gelegene Serail des Großwesirs, am nächsten Tag wurde die Residenz des Scheichülislam ausgeraubt. İbşirs Forderung, die Heilige Standarte herauszugeben, um mit diesem Staatssymbol den Truppen entgegenzutreten, wurde vom Sultan verweigert. Vielmehr wurde İbşir erdrosselt und sein auf einer Lanze gespießter Kopf Richtung Atmeydanı (Hippodrom) gesandt, wo er zur Genugtuung seiner Gegner wenige Monate nach seinem glanzvollen Einzug auf ganz andere Weise paradierte. Murâd Pascha, sein Nachfolger im Amt des Großwesirs, ließ Kopf und Körper in der Türbe Kara Mustafa Paschas beisetzen, des Gönners, der ihm einst den Zugang zum Palast verschafft hatte.

Die Janitscharenkasernen

Das Janitscharenkorps war ursprünglich die Leibgarde der Osmanenherrscher und entwickelte sich erst im späten 16. Jahrhundert zur regulären Armee, die auch dem Großwesir als Heerführer unterstellt werden durfte. Die *Yeniçeri* (das Wort bedeutet «Neue Truppe») spielten bereits bei der Einnahme Istanbuls eine entscheidende Rolle. Die Janitscharen blieben die Kerntruppe und stellten die Besatzungen der Festungen. Man muß die Janitscharen von den berittenen Provinzialtruppen (*sipâhî*) unterscheiden, die nach den Feldzügen in ihre Dörfer zurückkehrten und an Stelle eines Solds mit einer Militärpfründe (*timar*) entlohnt wurden. Das Korps wurde anfangs aus jugendlichen Kriegsgefangenen, später in christlichen Dörfern, vor allem auf dem Balkan, auf dem Weg der «Knabenlese» rekrutiert. Ihre Bezahlung erfolgte aus dem allgemeinen Staatsschatz und wurde alle drei Monate unter großem Zeremoniell im Serail vorgenommen. Angesichts der großen finanziellen Bürde hielt sich die Regierung bei der Auffüllung von durch Pensionierung vakant gewordenen Plätzen in den Regimentern eher zurück. Die Forderung nach hohen Antrittszahlungen bei der Thronbesteigung eines Sultans führte oft zu krisenhaften Zuspitzungen.

Abb. 5: Janitscharen-grabsteine mit charakteristischer Kopfbedeckung («börk» aus Filz, r.: 1745/6; l.: 1770/1)

Der Name eines gewissen Ulubatlı Hasan ist jedem türkischen Kind vertraut, weil die Schulgeschichtsbücher von seiner Rolle beim Sturm der Stadtmauer am 29. Mai 1453 berichten. Hasan durchbrach mit den Janitscharen die Lücke des «Kanonentors» (Topkapı) und verlor sein Leben im Stein- und Pfeilhagel der Verteidiger. Eine große Tafel am Topkapı, die zum fünfhundertjährigen Jubiläum der Eroberung angebracht wurde, erinnert daran. Man kann sich denken, daß der berühmte Janitschare eine beliebte Begleitfigur für die Denkmäler abgibt, die man in Istanbul für Mehmed II. errichtet hat (vor allem vor dem Rathaus von Fatih und in Bayrampaşa).

Wer im modernen Istanbul nach Überresten der Janitscharen fragt, wird voraussichtlich zum Militärmuseum (Askerî Müze) im Stadtteil Harbiye geschickt. Dort kann man auch die Konzerte der Janitscharen-Kapelle (*mehter*) regelmäßig hören. In den Museumsräumen finden sich einige Erinnerungen, unter anderem die letzten erhaltenen Grabstelen von Janitscharen mit ihren typischen Filzhauben, deren langer «Ärmel» den Nacken der Soldaten vor Säbelhieben schützte. Ansonsten muß man auf die Gegend der ehemaligen Hauptquartiere verweisen.

Die erste Janitscharenkaserne lag erwartungsgemäß nicht weit vom «Alten Serail», ungefähr zwischen dem heutigen Universitätsgelände und der «Prinzenmoschee» (Şehzâde Camii). Als im 16. Jahrhundert neue Unterkünfte in Aksaray (Yeni Odalar) gebaut wurden, nannte man die erste Kaserne «Alte Regimenter» (Eski Odalar). Hier verblieben 26 Abteilungen, die neue nahm die übrigen 173 auf. Der Niedergang des Korps wurde schon im 17. Jahrhundert von Koçu Bey, dem Verfasser einer an Sultan İbrâhîm gerichteten Denkschrift, beklagt. Er kritisierte die Aufblähung des Apparats und den Verfall des traditionellen Rekrutierungssystems:

Seit dem oben erwähnten Zeitpunkt (ca. 1620/21) werden die unterschiedlichsten Elemente aufgenommen, von denen man weder weiß, zu welcher Nation noch zu welcher Religion sie gehören: Junge Leute aus der Stadt (Istanbul), Türken (d. h. bäuerliche Anatolier), Zigeuner, Tataren, Kurden, Fremde, Jörüken (d. h. nomadisierende Türken), Esel- und Kameltreiber, Lastträger, unangenehme Figuren und Wegelagerer.

Als sich Mahmûd II. im Jahr 1826 der reformunfähigen Janitscharen entledigte, um eine moderne Armee aufzubauen, wurden beide Standorte zerstört. Die Eski Odalar wurden niedergerissen, die Yeni Odalar abgebrannt. Bei der vorausgehenden Belagerung und Beschießung der Kasernen zeichnete sich der Artillerieoffizier der Regierungstruppen mit dem bemerkenswerten Beinamen «Schwarze Hölle» (Karacehennem) besonders aus. Nur noch der Mittelpunkt der Yeni Odalar ist im Stadtplan auffindbar: Hier lag die berühmte Orta Camii. Ihre Nachfolgerin (vom Beginn des 20. Jahrhunderts) findet man in der Öksüzler Sokağı der İskender Paşa Mahallesi (zwischen den beiden großen Ausfallstraßen zum Topkapı und Edirnekapı).

Nach der Zerstörung der Kasernen wurden die weißen Flecken im Stadtgebiet allmählich wieder mit Wohnhäusern, Läden und Gemüsegärten aufgefüllt. Die Grundstücke wurden zum Teil der Stiftung Sultan Ahmed I. zugeschlagen, weil die Ereignisse von 1826 nach Entfaltung der Heiligen Standarte, die vom Serail in die Sultan Ahmed-Moschee gebracht worden war, zu einem glücklichen Ende geführt hatten.

Der Scheichülislam und sein Amtsgebäude

Das Gelände bei der Süleymaniye war ursprünglich als Ağa Kapısı der Wohnsitz des Kommandanten der Janitscharen. Nach ihrer Vernichtung wies Mahmûd II. das Gelände den Scheichülislamen als *Fetvâhâne* («Haus der Rechtsgutachten») zu (1827). Bis dahin hatte der Scheichülislam seine Amtsgeschäfte in verschiedenen privaten *Konaks* versehen. Das Amt des Scheichülislam wurde mit dem Abschaffung des Kalifats

*Abb. 6: Eingang zum ehemaligen Amtssitz des Scheichülislam
neben der Süleymaniye*

im Jahr 1924 aufgehoben: Die Republik schuf in Ankara ein Präsidium für Religionsangelegenheiten, womit das Scheichülislamat in Istanbul auf den Rang eines gewöhnlichen *Müfti*-Amts, wie es in jeder Provinz existiert, herabgestuft wurde. Der Gebäudekomplex des alten Scheichülislamats liegt neben dem Grabmal Sinâns unterhalb des Süleymaniye-Hofs. Der Torbau birgt auch die Bibliothek und das Archiv der Vorgängerinstitution. Zur Straßenseite blickt ein Giebel mit dem «Großen osmanischen Staatswappen» (1891). Das moderne *Müftülük* ist der zweistöckige Bau zur Linken, als letztes Zeugnis einer aus mehreren Bauteilen bestehenden Anlage. Hier werden Tausende von Bänden aufbewahrt, in denen die Kadis ihre Amtsgeschäfte als Richter, Notare und Verwaltungsbeamte aufzeichneten. Der verschwiegene Park gehört zum benachbarten botanischen Institut der Universität.

Das Scheichülislamat war eine in der islamischen Welt einmalige Institution, die aus dem Amt des Kadis von Istanbul hervorging. Der Scheichülislam war niemand anderer als der oberste Müftü. Als solcher hatten seine Rechtsgutachten (*fetvâs*) größtes Gewicht. Sie behandelten viele Fragen des «Erlaubten und Verbotenen» im Alltag bis zum Verhältnis der Muslime zu den Nichtmuslimen. Hier soll ein Beispiel aus dem großen Gebiet der Sexualethik stehen. Mit diesem Beispiel soll auch die äußere Form dieser Rechtsgutachten erklärt werden.

Der oder die Auskunftsuchende anonymisieren den Fall, indem sie an Stelle der tatsächlichen Personennamen etwa «Zeyd» für einen Mann oder «Hind» für eine Frau ansetzen. Die Antwort des Müfti besteht im Großteil der Fälle aus einem «Ja» oder «Nein» oder der Angabe der Bestrafung wie im nachstehenden Fall:

Die Frage: Wenn der verheiratete Zeyd die Hind vergewaltigt und sie ihrer Jungfräulichkeit verlustig geht, was muß dann mit Zeyd geschehen?

Die Antwort: Steinigung

Oft genug dienten *Fetvâs* dazu, bestimmte politische Entscheidungen zu legitimieren. So verkündete Sultan Mehmed V. Reşâd beim Eintritt des Osmanischen Reichs in den Ersten Weltkrieg (1914):

Meine heldenhaften Soldaten: Weicht keinen Atemzug ab von Entschlossenheit, Festigkeit und Opfermut in diesem heiligen Glaubenskrieg, den wir unseren Feinden erklärten, welche auf unsere erhabene Religion und unser heiliges Vaterland abzielen. Werft euch auf die Feinde wie Löwen. Leben und Fortbestand unseres Staates wie die von 300 Millionen Muslimen, die Ich sowohl durch unseren Staat als auch durch ein heiliges *Fetvâ* zum großen *Cihâd* aufgefordert habe, hängt von eurem siegreichen Kämpfen ab. In den Mescids und Freitagsmoscheen, in der *Ka'ba* Gottes (...) sind die Gebete und Segenswünsche der Herzen von dreihundert Millionen unschuldigen und unterdrückten Gläubigen mit euch.

Unter den zahllosen Alltagsfragen, mit denen sich die osmanischen Müftüs im 16. Jahrhundert beschäftigt haben, gehörte die Erlaubtheit der Genußmittel Kaffee, Tabak und *Boza*. Da das zuletzt genannte Getränk in Istanbul wenige Schritte von der Süleymaniye ausgeschenkt wird, paßt seine Behandlung in dieses Kapitel.

Boza: Ein harmloses Vergnügen im Schatten der Süleymaniye

Zu den türkischen Genußmitteln *par excellence* gehörte das schwach alkoholische Hirsebier *Boza*. Sein ambulanter Verkäufer, der *Bozacı*, ist in Istanbul noch heute, vor allem im Winter, Bestandteil des Straßenbilds, auch wenn er in den meisten türkischen Provinzstädten fehlt. Von der armenischen Sängerin Şamran gibt es ein Couplet, in dem sie in die Rolle eines jungen *Boza*-Verkäufers schlüpft. Es beginnt mit folgenden Zeilen:

> Aus Hirse mache ich Boza
> Auf der Straße geh ich und verkauf' ich sie,
> Wenn ich alles verschleudert habe,
> Ruhe ich mich auf meinem Zimmer aus.
> Ich habe saure und süße Boza,
> Wenn Ihr wollt, auch solche mit Zimt.

Damit ist das Wesentliche schon gesagt: Das Hirsegetränk gibt es in einer breiten Geschmackspalette, Zimt ist eine beliebte Zutat. Im Stadtteil Vefa liegt *der* mit Abstand bekannteste *Boza*-Laden Istanbuls, so berühmt, daß er immer wieder auf den Seiten der Magazine zu finden ist, deren Redakteure ein gut illustrierbares nostalgisches Thema suchen. Die Vorfahren des heutigen Inhabers kamen Mitte des 19. Jahrhunderts (um 1860?) aus Albanien und schlugen sich lange als Straßenverkäufer durch, bis sie 1876 ihr eigenes Lokal eröffnen konnten. Die Nähe zu den Volkstheatern von Direklerarası war bei der Wahl des Standorts kein Nachteil.

Die Herstellung von Bier aus verschiedenen Getreidearten ist Reisenden, die Zentralasien besuchten, schon im Mittelalter aufgefallen. Noch heute sind sich die Wissenschaftler nicht einig, aus welcher Sprache das Wort entlehnt ist. Sogar einen Zusammenhang mit dem deutschen Wort «Bier» hat man vorgeschlagen. Die heutigen *Bozacıs* beziehen Hirse aus Anatolien, die sie in Istanbuler Mühlen verarbeiten lassen. In traditioneller Weise wurde der Hirsegrieß vom *Bozacı* in einem doppelwandigen Kupferkessel aufgekocht und durch den Zusatz von Zucker bzw. Hefe zum Gären gebracht. *Boza* hält sich im Kühlen zwei oder drei Tage. Früher verwendete man Fässer aus dem Holz des Maulbeerbaums.

Die bekannten Verbote der Weinschenken und Kaffeehäuser haben teilweise ausdrücklich die *Boza*-Läden eingeschlossen. Ein Ferman, den Selîm II. 1567, ein Jahr nach seinem Thronantritt erläßt, ist ein Beispiel dafür. Er richtete sich aber nicht gegen das Getränk als solches, sondern das «Milieu». Das geht auch daraus hervor, daß nur der Wein durch Salzzugabe ungenießbar gemacht werden sollte.

Im 17. Jahrhundert war das *Boza*-Verkaufen noch eine tatarische «Industrie». Evliyâ schreibt so ausführlich über diese Zunft, daß hier nur Ausschnitte möglich sind. Das Ansehen der *Bozacıs* war gering. Sie wurden mit den noch weniger geachteten Weinwirten am äußersten Ende der Zunftparade eingereiht. Ein Sprichwort bringt es auf den Punkt: «Man hat vom Weinwirt einen Zeugen verlangt und er holt sich den *Bozacı*.» Evliyâ weiß, daß der erste *Boza*-Macher ein Tatare namens Salsal war. Er stammte von der Krim, sein Grab befindet sich in Yeni Salacak (am Bosporus). Die *Boza*-Macher selbst beanspruchen den vor allem bei den Balkantürken verehrten Sarı Saltuk Dede als Patron, was Evliyâ mit einem ausdrücklichen «Gott bewahre» kommentiert.

Die *Bozacılar* sind ein Stamm, der für das islamische Heer unentbehrlich ist. Denn (bei *Boza*) ist ein einziger Tropfen nicht wie beim Wein durch das Religionsgesetz verboten (*haram*). Allein die davon erzeugte Trunkenheit ist verboten, sagt man, und es gibt entsprechende Rechtsgutachten (*fetvâ*). Sie stärkt den Körper der muslimischen Kämpfer und macht ihn warm und kampfbereit. Auch vertreibt sie den Hunger. Wer viel davon trinkt, wird von keinem Hund gebissen, aber von der Wassersucht und der Gicht geschlagen. Weil so einer auf immer in einem Lehnstuhl sitzen und in seiner Hand ständig einen Stock halten muß (mit dem er sich verteidigen kann), wird er (schon aus dem Grund) nicht von einem Hund gebissen.

Nach diesem etwas schalen Witz über die bedauerlichen Folgen des *Boza*-Mißbrauchs hebt Evliyâ hervor, daß sich die *Bozacıs* nicht nur aus Tataren und Zigeunern rekrutieren, sondern daß es in Istanbul, «weil sie für die islamischen Heere unentbehrlich sind», auch einige (einheimische) Händler von stimulierenden Getränken gibt, die dem Oberhaupt der *Bozacı* unterstehen.

Die Zunftwagen der «sauren» *Bozacıs* wurden bei der von Evliyâ geschilderten Parade von den *Boza*-Säufern besonders bejubelt, weil sie das Getränk umsonst ausschenkten. Die Hersteller und Verkäufer der sauren *Boza* waren mit 300 Kneipen und 1005 Personen zahlreicher als ihre Konkurrenten, die süße *Boza* verkauften (40 Läden, 105 Personen). Evliyâ lobt ihre *Boza*, die aus Hirse gewonnen wird, die aus dem thrakischen Tekirdağ stammt. Es sei eine ganz besonders zähflüssige, milchweiße *Boza*. Kein Tropfen fließt, wenn man sie zur Probe auf ein Tuch gibt. Sie sei das Lieblingsgetränk der Ulemâ und Ordensscheiche. Schwangeren Frauen und Wöchnerinnen wird sie besonders nahegelegt.

Gelobt wird die *Boza* vom Markt der Aya Sofya, am Anfang des Hippodroms, die vom Akilbend-Markt in Kadırga Limanı, am Anfang von Okçular und in Aksaray. Die allerberühmteste süße *Boza* ist die von Meister Ahmed im Viertel Unkapanı vor dem Azepler-Bad und die in Küçük Pazar vor dem Bad des Koca Mehmed Pascha. Sie ist mit weißer Sahne überzogen außerordentlich belebend. Auch wenn du 10 Kellen zu dir nimmst, stellen sich weder Trunkenheit noch Bauchschmerzen ein. Denn sie geben getrocknete Latwerge (*pekmez*) aus Kuşadası hinein und streuen Zimt, Gewürznelken, Ingwer und Kokosnuß darüber. Vor ihren Geschäften steht jeweils ein Mann und verteilt sie auf kleine Dosen...

Evliyâ unterbricht seine Beschreibung mit dem persönlichen Bekenntnis, daß er nur drei Sorten von vergorenen Getränken probiert habe. Eben diese *Kutu Bozası*, das ägyptische Reisgetränk *Sûbya* und auf der Krim eine bestimmte andere Boza-Sorte.

VI.
Das Neue Serail

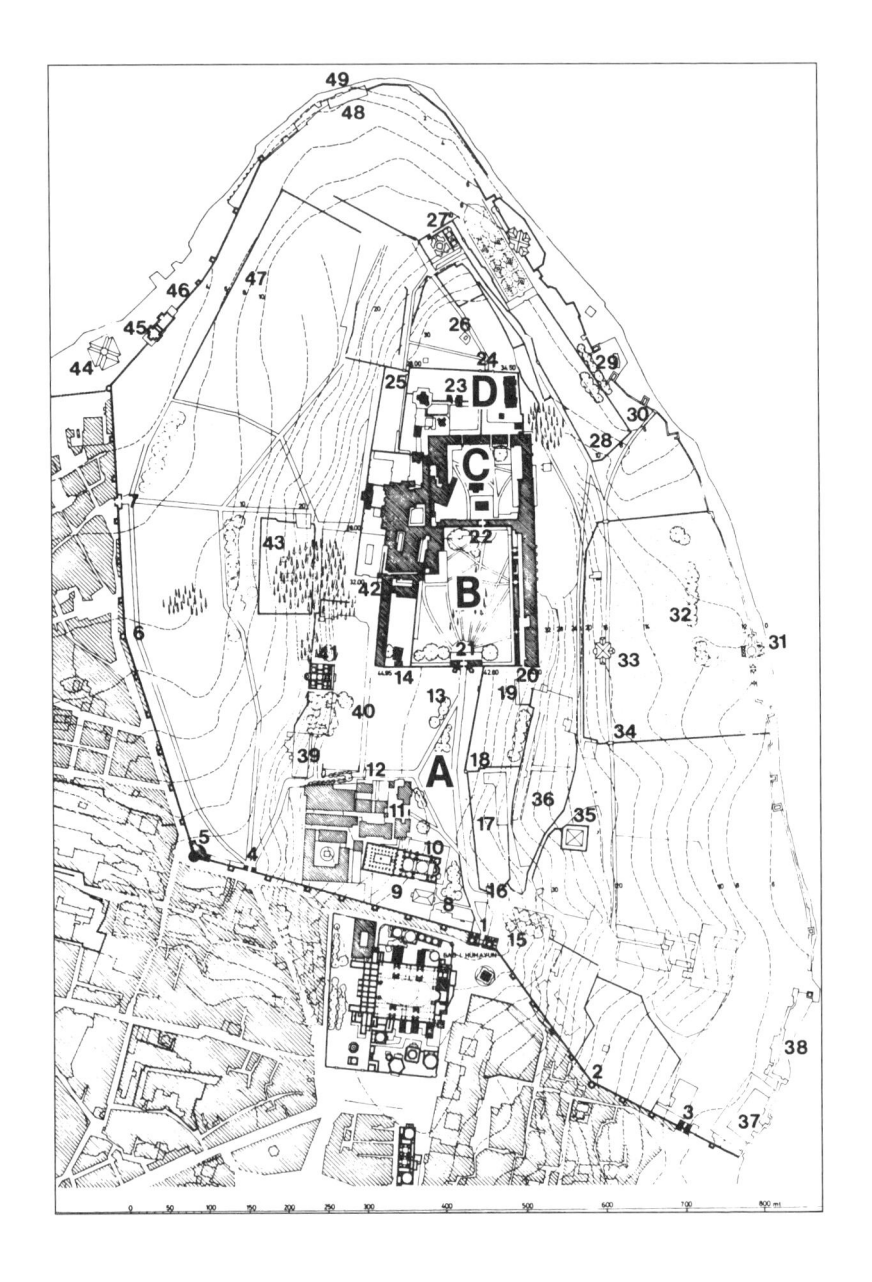

Plan 5: Hypothetische Rekonstruktion des Topkapı Sarayı im 19. Jahrhundert

A Erster Hof
B Zweiter Hof mit Divan- und Eingang zum Haremskomplex
C Dritter Hof mit Schatzkammer, Reliquienkammer und Bibliothek Ahmed III.
D Terrassenhof mit Bağdad und Revan Köşkü

1. Erstes Tor (Bâb-ı Hümâyûn) neben der Hagia Sophia
2. Achteckiger Turm
3. Stalltor (Ahır Kapı)
4. Tor des Kalten Brunnens
5. Zwölfeckiger Turm mit Alay Köşkü
6. Achteckiger Turm für die Kaiserliche Musikkapelle
7. Eisernes Tor
8. Ehemaliges Schlafgebäude der Novizen
9. Stelle des Holzlagers und der Werkstatt der Mattenflechter
10. Irenen-Kirche bzw. Rüstkammer
11. Lagerhallen, Münze, Werkstätten
12. Verbindungstor zum Çinili Köşk
13. Ehemaliger Turm
14. Stalltor
15. Krankenstube der Pagen und Wäscherei
16. Verbindungstor zum äußeren Garten
17. Hofbäckerei
18. Wasserturm
19. Wasserwerk
20. Tor zwischen erstem Hof und Küchentrakt
21. Zweites oder Mittleres Tor (Bâbüsselâm)
22. Drittes Tor oder Tor der Glückseligkeit (Bâbüssaâde) und dahinterliegender Arz Odası
23. Tor vom Privatgarten des Sultans zu den äußeren Gärten
24. Tor
25. Tor
26. Gothensäule
27. Stelle eines Sommerpalastes aus dem 18./19. Jh.
28. İshâk Pascha Pavillons (15. Jh.?)
29. Windmühle. Bostancıs, Moschee der Bostancıs
30. Windmühlentor
31. Perlen-Kiosk (İncili Köşk) und Heilige Quelle (Ayazma)
32. Meydân («Platz»)
33. Gülhâne Köşkü
34. Gülhâne Tor
35. Antike Zisterne als Arsenal genutzt
36. Menagerie
37. Byzantinische Zisterne, später als Vogelhaus genutzt
38. Fischstation
39. Museum für Altorientalische Kunst, ehemalige Kunsthochschule
40. Archäologisches Museum
41. Çinili Köşk
42. Eingang zum Harem
43. «Hängende Gärten»
44. Ehemaliges Yalı Köşkü
45. Sepetçiler Köşkü (heute Pressezentrum)
46. Bootshäuser
47. Schlafhaus der Gärtner, im 19. Jahrhundert durch eine Medizinschule ersetzt, Moschee
48. Kanonentor (Topkapı)
49. Marmorkiosk

Das «Neue kaiserliche Serail» wurde erst lange nach seiner Errichtung volkstümlich «Topkapı Sarayı» nach dem «Kanonentor-Serail» genannt, einem 1862/3 abgebrannten Sommerpalast an der Spitze der Landzunge neben dem gleichnamigen Tor. Das unmittelbar nach der Eroberung Istanbuls errichtete «Alte Serail» in der Stadtmitte (auf dem heutigen Universitätsgelände) diente bis 1826 als Wohnsitz des erweiterten Harems. Es war länger strittig, ob sich erst Süleymân I. entschloß, den Harem in seinem Hauptpalast aufzunehmen. Wahrscheinlich hat aber von Anfang an ein privater Teil mit Frauenwohnungen im Neuen Palast bestanden.

Mit dem Bezug von Dolmabahçe (1856) verlor auch das «Neue Serail» seine Funktion als Residenz, behielt aber seinen sakralen Rang als Ort, in dem die Reichsreliquien aufbewahrt wurden. Die Serailgärten wurden schon nach 1908 als Ausdruck der Volksnähe des Jungtürkischen Regimes für die Bevölkerung geöffnet. Allerdings hatte die Bahntrasse schon Jahrzehnte zuvor die Anlagen auf der Marmara-Seite vom Meer abgeschnitten.

Die osmanischen Sultane bewohnten das Serail nicht ohne Unterbrechung. Mehrere Herrscher des 17. Jahrhunderts zogen die fünf bis acht Tagereisen entfernte Nebenresidenz Edirne ganz oder zeitweise vor. Im Sommer standen mehrere Uferpaläste zur Verfügung, die sich zum Teil in Sichtweite des Serails (Kavaksarayı) befanden. In den Sommerpalästen mochten die Sultane ein weniger rigoroses Zeremoniell geschätzt haben. Ein diesbezügliches Selbstzeugnis stammt von Ahmed III. (1703–1730), der sich über das Leben im Topkapı Sarayı beklagte:

Wenn ich in meine Appartements hinaufgehe, paradieren vierzig Pagen der Inneren Gemächer. Wenn ich meine Hosen anziehe, empfinde ich das als wenig angenehm. Der Waffenmeister (*silihdâr*) sei deshalb angewiesen, sie (aus diesen Diensten) zu entlassen und nur noch drei oder vier zu behalten, damit ich in meinem kleinen Appartement ungestört bin.

So eindrucksvoll der riesige Palastkomplex mit seinen drei aufeinanderfolgenden Höfen, dem Haremsbereich, Gärten und Gartenpavillons, Wirtschaftsbezirken, Spitälern und Stallungen auch ist – es soll nicht übersehen werden, daß in der Glanzzeit der osmanischen Hauptstadt Dutzende von ähnlich angelegten Palästen, wenn auch in verkleinertem Maßstab, existierten. Die Serails einiger Großwesire, vor allem wenn sie als oberste Sultansdiener eine Tochter ihres Herrn geehelicht hatten, des Agas der Janitscharen oder anderer Hochgestellter waren durchaus ansehnlich. Gleichwohl, das Topkapı Sarayı war unstrittig «ein den Repräsentationsaufgaben und den Alltagsfunktionen der Hofhaltung durchaus gemäßes Gehäuse, das trotz des

Fehlens architektonischer Akzente in seiner reichen Innenausstattung die hohe Stellung des Padischah widerspiegelte. Dazu gaben die lockere Gesamtanordnung, die geringen Bauhöhen und die dadurch geförderte enge Verbindung mit den weitläufigen Gärten die für traditionelles türkisches Wohnen erwünschte Offenheit und die notwendige Verbindung zur Natur.»

Mauern und Tore

In der Mitte des 15. Jahrhunderts bestand noch das Bedürfnis, den Palast vor Angriffen von außen zu schützen. Der umgebende Mauerring mit seinen Toren und Türmen ist deshalb durchaus verteidigungsfähig. Der Hauptzugang, das Bâb-ı Hümâyûn, hat heute seinen oberen Teil verloren. Ältere Fotografien zeigen noch das zweistöckige Obergeschoß. Das Tor ist mit einer der schönsten Inschriften des 15. Jahrhunderts geschmückt. Mit ihr wurde der Kalligraph Alî b. Yahya es-Sofî beauftragt, der auch das Schriftprogramm der Fâtih-Moschee realisierte. Auf diese Inschrift soll hier nicht nur wegen des kunstvollen koranischen Teils aufmerksam gemacht werden (Sure XV, 45–47: «Die Gottesfürchtigen dagegen befinden sich dereinst in Gärten und and Quellen.»), sondern auch wegen des historischen Textes, der den fortifikatorischen Charakter der Anlage unterstreicht und eine eindrucksvolle Herrschertitulatur Mehmeds II. enthält:

1) Dies ist eine gesegnete Festung. Ihre Erbauung wurde auf die Hilfe Gottes und sein Wohlgefallen begründet; und es wurden ihre Stützen errichtet zur Gewährleistung von Schutz und Frieden,
2) auf Befehl des Herrschers der beiden Kontinente und des Fürsten der beiden Meere, der Schatten Gottes in der Welt der Menschen und der Geister, die Hilfe Gottes zwischen Auf- und Untergang, der Held des Wassers und der Erde,
3) der Eroberer der Festung des Konstantin, der Vater des Sieges, Sultan Muhammad Hân, Sohn des Sultans Murâd Hân, Sohn des Sultans Muhammad Hân.
4) Gott möge seine Herrschaft dauern lassen und seinen Thronsitz erhöhen über den Scheitel der beiden hellen Sterne im Kleinen Bären. Im gesegneten Monat Ramadan im Jahre 883 H. (1478 D.).

Die Erwähnung von zwei Kontinenten bzw. Meeren läßt an Rumelien und Anatolien, bzw. das Schwarze und das Mittelländische Meer als Herrschaftsbereich des Sultans denken. Tatsächlich wurde diese Titulatur schon von anderen Sultanen des Nahen Ostens geführt. Der erste noch vollmundigere Entwurf dieser arabischen Inschrift enthielt noch Formeln, die am Ende dem Platzmangel zum Opfer gefallen sein mögen, wie «und die Wangen der edelsten Fürsten mögen mit dem Staub seiner überaus erhabenen Schwelle benetzt sein». Dieser Satz meint eindeutig die von Mehmed II. unterworfenen Herrscher. Auch die drei Kronen, welche die Rückseite von Gentile Bellinis berühmter Porträtmedaille des Eroberers aus dem Jahr 1480 schmücken, symbolisieren drei unterworfene Reiche.

Übrigens stammt auch das Tor zum zweiten Hof, an dem alle Besucher mit Ausnahme des Sultans ihr Pferd abzugeben hatten, aus der Zeit des Eroberers, obwohl die Inschrift von 1524/5 datiert und alle Führer von Süleymân I. als Erbauer sprechen. Der zeitgenössische Historiker Kemâlpaşa-Zâde schreibt diese «beiden, in fränkischem Stil errichteten Türme an beiden Seiten des Tores» eindeutig Mehmed II. zu.

Bevor man sich diesem «Mittleren Tor» (Orta Kapı) mit den Zwillingstürmen nähert, läßt man die Irenenkirche links liegen. Sie wurde von Anfang an als Waffenarsenal benutzt, diente also zu keinem Zeitpunkt als Moschee (wenn man davon absieht, daß sie mit einigen Säulen zum Bau der Süleymaniye beitragen durfte!). Ihre Vergangenheit als Arsenal war auch dafür verantwortlich, daß man schon im 19. Jahrhundert ein Militärmuseum einrichtete, als Vorgängerin der Sammlung in Harbiye (Askerî Müze). Rechter Hand lagen Krankenstuben, die Palastbäckerei und (in der Nordostecke) die Wasserwerke, durch die das Serail an die Halkalı- und Kırkçeşme-Leitungen angeschlossen wurde.

Der Henkersbrunnen und das Handwerk der Henker

Schon im 19. Jahrhundert galt der Henkersbrunnen (Cellâd Çeşmesi) vor dem Orta Kapı als makabre Touristenattraktion. Er wurde vor dem ersten Istanbul-Besuch Kaiser Wilhelms II. (1889) auf Befehl Abdülhamîds entfernt und erst wieder in der Republik an seiner alten Stelle aufgebaut. Hier stattfindende Exekutionen konnten von der Höhe des «Turms der Gerechtigkeit» (Kasr-ı Adl) genannten Gebäude im zweiten Hof aus beobachtet werden. Der Chronist Selanikî berichtet knapp über die Hinrichtung eines gewissen Kara Murâd Beg am 13. Dezember 1599. Der Verurteilte hatte sich unzähliger Schandtaten in verschiedenen anatolischen Provinzen schuldig gemacht:

Auf dem Dîvân meydanı (hier: Erster Hof) kniete er etwa eine Stunde vor dem Brunnen, die Hände auf dem Rücken zusammengebunden. Als der weltbeherrschende Padischah (Sultan Murâd III.) auf den «Turm der Gerechtigkeit» stieg, das Fenster geöffnet wurde und er ein Zeichen gab, schlug der Scharfrichter sofort zu und ließ den Kopf auf die Erde fallen.

Man hob ihn (den Körper) auf und hängte ihn auf den Haken. Sein Nachlaß verfiel dem Staatsschatz.

Die Köpfe von außerhalb Istanbuls Hingerichteten wurden am Bâb-ı Hümâyûn eine Zeitlang zur Schau gestellt. Weniger prominente Diebe oder Räuber hängte man auch zur Abschreckung am Tatort auf. Die besoldete Truppe überantwortete ihre Todeskandidaten nicht den «zünftigen» Henkern, sondern eigenen Scharfrichtern aus dem Janitscharenkorps (asesbaşı).

Der Beruf des Henkers begegnete in diesem Buch schon bei der Beschreibung der Hinrichtung des Jungen Osmân in Yedikule. Auch Evliyâ Çelebî hat die Henker in Murâds IV. Zunftaufzug nicht übersehen. Sie marschieren hinter den *Asesbaşı* und den Stadtpolizisten und vor den Nachtwächtern. Ihr Marschblock schloß die Gruppen der übel beleumundeten Zünfte der Diebe und Zuhälter ein:

Danach kommt die Zunft der erbarmungslosen Henker. Ihr Patron ist Ayyûb aus Basra. Salmân-i Pâk hat ihm in Anwesenheit des Erhabenen (Gesandten Muhammad) den Zunftgürtel umgebunden.

Der erste Henker des islamischen Zeitalters hatte Evliyâ zufolge den ethischen Kodex für das Handwerk vorgegeben:

Er wäscht jene, die zu Recht den Tod verdient haben, bringt sie zum Richtplatz, veranlaßt sie dort unter Tröstungen, «ihren Glauben zu erneuern» (d. h., ihrer Sünden zu gedenken und das Einheitsbekenntnis auszusprechen) und ihr Gesicht in Richtung Mekka zu drehen.

Das Schwert führt er beim ersten Schlag mit einer Hand, bei ausbleibendem Erfolg gebraucht er für den zweiten Versuch beide Hände. Nach erfolgter Exekution rezitiert er die erste Sure und ermahnt die Umstehenden, Lehren aus dem Vorfall zu ziehen. Bei Hinrichtungen von Angehörigen der Dynastie wurde entsprechend der türkisch-mongolischen Tradition kein Blut vergossen, sondern eine Schlinge oder Bogensehne benutzt. Man darf sich aber die Hinrichtung durch Erdrosseln nicht als ein ausgesprochenes Privileg vorstellen. Im Staatsgefängnis Yedikule wurde beispielsweise ein ausgesprochener Bösewicht namens Deli İbrâhîm Pascha 1595 auf diese Weise zu Tode gebracht.

Zu Deli İbrâhîm Pascha kamen in der Nacht zum Freitag der Çavuşbaşı Çoban Süleymân Ağa und der Subaşı Rıdvan Çavuş mit vier Henkern und erdrosselten ihn als Strafe dafür, daß er auf dieser Welt Prophetenabkömmlinge und andere Gottesdiener bedrückt und ermordet hatte. Was er im Jenseits zu erleiden hat, bleibt Gottes Willen überlassen. Man packte seinen Leichnam und warf ihn in der nämlichen Nacht bei Narlıkapı (ein kleiner Bootshafen am Marmarameer in unmittelbarer Nähe zu Yedikule) ins Meer. Es heißt, daß ihn seine Diener heimlich aus dem Meer bargen und im (längst verschwundenen) Çizmecibaşı Tekyesi (in Kabataş) beisetzten.

Bevor das Urteil an Staatsmännern vollzogen wurde, gab man ihnen Gelegenheit, die Waschung vorzunehmen, zu beten und einen letzten Wunsch zu äußern. Im 18. Jahrhundert sollen an die 70 Henker, ihre Gehilfen und Lehrlinge eingerechnet, wirksam gewesen sein. Allerdings nennt eine Soldliste für das 17. Jahrhundert lediglich fünf Männer. Eine Besonderheit des Istanbuler Strafvollzugs war, daß die Henker das Recht hatten, die Kleidung der Exekutierten zweimal im Jahr auf dem Flohmarkt (Bitpazarı) zu versteigern.

Die Serailküchen

Die Serailküchen mit ihren zehn Paaren von Schornsteinen nehmen fast die ganze Nordostfront des zweiten Hofs ein. «Sie hatten mehr als eine praktische Bedeutung. Weil die Einnahme von Speisen aus den kaiserlichen Küchen eine zentrale Rolle im Hofzeremoniell einnahm und seit den Anfängen der osmanischen Dynastie eine Bekundung der Untertanenpflicht darstellte, hatten die Küchen eine beachtliche symbolische Bedeutung. Sie waren ein herausragendes Element in der Silhouette des Palastes und verkündeten die Großzügigkeit des Sultans, der nicht nur seinen inneren Haushalt und die ständigen Hofchargen mit Nahrung versorgte, sondern auch seine Sklavenarmee (die Janitscharen) und die Amtsträger der kaiserlichen Ratsversammlung, die den erweiterten Haushalt bildeten, sowie offizielle Gäste, die seinen Palast aufsuchten.»

Hier wurden die Speisen für die Bevölkerung der Palaststadt zubereitet. Die Mahlzeiten des Sultans kamen hingegen aus einer eigenen Küche. Eine besondere Herausforderung für die Serailküchen stellten Beschneidungsfeierlichkeiten (*sünnet*) und Hochzeiten dar. An Stelle einer längeren Beschreibung der Baulichkeiten (deren Renovierung nach einem Brand Sinân 1574/5 überwachte) soll hier die Liste der Nahrungsmittel und ihrer Mengen bzw. Preise folgen, die für die Beschneidung des Prinzen Bâyezîd und einige seiner Brüder im Jahr 1539 in die Küchen eingeliefert wurden. Ein Chronist hat außerdem überliefert, daß die Feierlichkeiten «auf Betreiben des Wesirs (Lütfî Pascha) zusammengestrichen wurden» und schon nach 13 Tagen zu Ende gingen. Er sah darin ein ungünstiges Omen für den Prinzen, der sich später gegen seinen Vater Süleymân empören sollte, sich zum iranischen Erbfeind retten zu können glaubte, dort aber auf Ersuchen des Vaters hingerichtet wurde (1560).

Abb. 7: Der Küchentrakt des Topkapı Sarayıs

Das Gastmahl wurde auf 20 Tafeln mit je 27 großen Schüsseln und 14 Platten angerichtet. Der Sultan speiste mit speziellen Gruppen von Gästen (Paschas, Agas, Beys und hohen Ulemâ). Wie üblich wurden nicht nur die geladenen Gäste bedacht, sondern man schickte auch reichliche Spenden in die öffentlichen Küchen und Derwischerien der Stadt. Die Liste der Nahrungsmittel gibt verschiedene Gewichte wie *girâr* (ca. 64 kg), *kantar* (ca. 56 kg), *kîle* (ca. 26 kg) und *okka* (ca. 1,28 kg) an. Wenn diese Maße fehlen, handelt es sich um Stückzahlen.

Reis 131½ *girâr*	Pfirsiche 5 *kantar*
Reines Öl 205 *kantar*	Granatäpfel 4 *kantar*
Zucker 850 *kantar*	Kichererbsen 40 *kîle*
Honig 140 *kantar*	Salz 130 *kîle*
Rote Trauben 50 *kantar*	Schafe 2600
Feigen 10 *kantar*	Hühner 1100
Pflaumen 10 *kantar*	Lämmer 900
Aprikosen 10 *kantar*	Gänse 900
Mandeln 15 *kantar*	Rinder 40
Stärke 15 *kantar*	Enten 650
Safran 20 *okka*	Tauben 200
Bohnen 30 *okka*	Eier 18000
Zwiebeln 81 *okka*	

Einige Speisen wie Brot und Blätterteig (*çörek*, *fodula*, *yufka*) wurden gesondert gezählt. Es kamen noch hohe Aufwendungen für das Geschirr (İznik-Keramik, Pokale für die Fruchtsäfte) hinzu, von Personalkosten für Köche, Bäcker, Wasserträger usw. ganz zu schweigen. Dabei wurde nicht an allen Tagen gekocht und serviert, man nutzte die Zwischenzeiten zum Reinigen von Geschirr und Besteck. An der Aufstellung ist die Reismenge (ca. 8547,5 kg) sicher überraschend, auch wenn man weiß, daß der Hof ein Monopol auf die Reisplantagen im Maritza-Tal (Filibe/Plovdiv im heutigen Bulgarien) hatte. Da die Gastmähler in der zweiten Novemberhälfte stattfanden, war auch die Beschaffung von Obst und Gemüse aus heimischer Produktion kein großes Problem. Im übrigen fanden nicht alle Großveranstaltungen innerhalb der Serailmauern statt. Die Küchen lieferten beispielsweise bei der Beschneidungsfeier von 1582 die Speisen ins nahe gelegene Hippodrom. Hier soll auch darauf aufmerksam gemacht werden, daß die Sultane große Liebhaber chinesischen Porzellans waren und es durchaus auch bei solchen Festmählern in Gebrauch nahmen. Die im Küchentrakt gezeigte Porzellansammlung befindet sich deshalb in ihrer ursprünglichen Umgebung.

Ein Springbrunnen für den Sultan

Auf der gegenüberliegenden Seite liegt unter dem «Turm der Gerechtigkeit» der Kubbealtı genannte Versammlungsraum. Hier trat nicht nur das höchste Ratsgremium, der Divân-i Hümâyûn zusammen, sondern es wurden auch ausländische Gesandte, bevor sie zur Audienz beim Sultan im Arz Odası des Dritten Hofes zugelassen wurden, vom Großwesir empfangen. Das interessanteste Element des Turms der Gerechtigkeit ist das vergitterte Fenster, durch das der Sultan, ohne selbst gesehen zu werden, den Ratsverhandlungen beiwohnen konnte. Celâl-Zâde, der Historiker Süleymâns I., der selbst als *Nişâncı* (Unterzeichner der kaiserlichen Befehlsschreiben) an zahllosen Besprechungen teilgenommen hatte, gebrauchte dafür folgende Worte:

Ihre Majestät baute einen erhabenen Thron und eine hohe Loggia über der äußeren Ratshalle, wo die Wesire saßen. Sie erfand ein verborgenes Fenster, von dem man die unten gelegene Ratshalle einsehen konnte. Ihre erhabene Exzellenz pflegte von diesem Fenster aus die Vorgänge im *Dîvân* von Zeit zu Zeit zu beobachten und die Richtigkeit der Verhältnisse zu überprüfen.

Über die Empfänge westlicher Gesandter, insbesondere der Botschafter aus Venedig, Paris und Wien, gibt es eine umfangreiche Dokumentation. An dieser Stelle wird der Besuch einer kaiserlichen Botschaft im Jahr 1644 aus der Sicht Naʻîmâs, einem der wichtigsten osmanischen Chronisten, geschildert. Ihr Leiter war Hermann Czernin von Chudenitz, ein böhmischer Adliger, dessen Reichtum nur von seiner politischen Kaltblütigkeit übertroffen wurde. Er hatte bei einem ersten, inzwischen 28 Jahre zurückliegenden Auftritt in Istanbul allgemeine Empörung ausgelöst, als er mit fliegenden Fahnen und klingendem Spiel einzog. 1644 kam er zu zweiten Mal, um einen Vertrag mit Österreich zu ratifizieren. Naʻîmâ verschweigt, daß der Gesandte damals auch um die Schlüssel des Heiligen Grabs von Jerusalem ansuchte, doch war ihm natürlich geläufig, daß Czernin schon einmal an der Spitze einer Großbotschaft gestanden hatte:

Der Botschafter war derjenige, der schon zur Zeit des verstorbenen Sultan Ahmed Hân Botschafter gewesen war. Er wurde im Elçi Hân (am Divanyolu gegenüber der Konstantinssäule) untergebracht und zuvor ermahnt, daß am Dienstag der *Dîvân* zusammentrete und ein Treffen des Botschafters mit dem Padischah vorgesehen sei. An diesem Tage regnete es sehr stark. Dem Befehl folgend, kamen der Oberste Adjutant (*çavuşbaşı*) und die anderen ranghohen Tschauschen zum Hân und luden ihn mittels des Dolmetschers ein: «Erhebt Euch, um dem weltbeherrschenden Padischah eure Referenz zu erweisen.» Der Botschafter blieb hochmütig sitzen, sandte (aber) zunächst sein Geschenk. Es war ein aus Silber gefertigter Springbrunnen, den man wie eine Sanduhr umdrehen konnte, so daß von unten nach oben Wasser herausfloß und bis an die Decke spritzte. Er wurde wie eine Uhr mit einem Schlüssel aufgezogen. Wenn man die entsprechenden Brunnenöffnungen und Röhren berührte, sprangen mal drei, mal fünf, manchmal mehr als fünfzehn Wasserstrahlen heraus und flossen herunter. War das ganze Wasser ausgelaufen, drehte man ihn auf die andere Seite, worauf sofort wieder das kunstfertig angelegte Wasser heraussprang und kein einziger Tropfen verlorenging. Er wurde wieder aufgezogen und lief ab. Außer diesem merkwürdigen Springbrunnen sandte er dreißig vergoldete Silberbecken, ein großes Tablett, ein Handwaschbecken, eine Kanne und in Behältern verwahrtes Tischgerät. Alle diese Geschenke brachten sie in das kaiserliche Serail.

Da sich im Serail noch Geschenke ausländischer Potentaten nachweisen lassen, sollen an dieser Stelle einige allgemeine Erläuterungen eingeschoben werden: Die osmanischen Chronisten befassen sich selten so ausführlich wie Na'îmâ mit den auf kaiserlicher Seite «Türkenverehrungen» genannten Präsenten. Sie bildeten aber bei allen Tributgesandtschaften aus Wien (man zählt ganze 27) neben den eigentlichen Geldgeschenken an den Großwesir und andere hohe Staatsmänner den sichtbarsten Höhepunkt. Die von Erzherzog Ferdinand 1541 an Sultan Süleymân I. gesandte planetarische Uhr war so groß, daß sie von 12 Männern getragen werden mußte. In der Schatzkammer und der Uhrensammlung des Topkapı Sarayı sucht man allerdings heute vergeblich nach den Renaissance-Automaten europäischer Herkunft. Allein ein wesentlich jüngerer Musikautomat, auf dem ein vergoldeter Elefant steht, zieht Besucherblicke auf sich. Auf eine noch nicht lange bekannte Besonderheit soll aber hier aufmerksam gemacht werden, obwohl sie mit Czernins Gesandtschaften nicht zusammenhängt. Das Gehäuse einer aus Augsburg stammenden Uhr wurde als Bekrönung für den Thronsessel Ahmeds I., der sich ebenfalls in der Schatzkammer befindet, identifiziert. Die Uhr stammt von ca. 1580 und wurde nachträglich mit Rubinen und Smaragden besetzt. Zurück zu Na'îmâs Bericht von Czernins Auftreten:

Als der Çavuşbaşı den Botschafter (zum Aufbruch) drängte, sagte dieser durch seine Dolmetscher: «Ich habe die Geschenke eines Padischahs (d. h. die von Kaiser Ferdinand III.) einem (anderen) Padischah (Sultan İbrâhîm, 1640–1648) übersandt. Sind jetzt diese Geschenke beim Padischah eingetroffen oder nicht? Solange ich keine Bestätigung bekomme, rühre ich mich nicht von meinem Platz. Warum bedrängt mich dieser Çavuşbaşı Ağa derart respektlos? Was hat das Ganze zu bedeuten, wenn man mich an einem solchen verregneten Tag bedrängt?»

Czernins Rede war damit nicht abgeschlossen. Am Ende antwortete Pîrî avuş, ein alterfahrener Höfling (der Naʿîmâ zufolge weder lesen noch schreiben konnte, aber ein kluger Politiker war), man hätte gerne die Präsente bei schönem Wetter einer großen Menschenmenge vorgeführt, jedoch:

«Der eigentliche Grund unsere Drängens ist der, daß bei uns das Wort unseres Padischahs ungeteilt ist. Was immer er anordnet, wird von uns ausgeführt. Irgendeine Änderung kommt nicht in Frage. Wenn Ihr Euch nicht nach seinen Befehlen richtet, dann wird, Gott behüte, der Großwesir seinen Kopf geben müssen.»

Czernin mußte sich, wie alle Botschafter vor ihm, von Kapıcıbaşıs geführt vor dem Sultansthron beugen und den Gewandsaum des Herrschers küssen, wie es bis ins 18. Jahrhundert hinein fester Bestandteil des Hofzeremoniells war. Mit großer Genugtuung notierte der Chronist, daß Czernin nur zitternd, «wie vom Blitz getroffen», die ärgerlichen und rasch hingeworfenen Fragen von Sultan İbrâhîm beantwortete und sich später beschwerte, Sultan Ahmed sei seinerzeit viel weniger ruppig mit ihm umgegangen. Naʿîmâ äußerte sich noch zu einem Detail, bevor er, fast nebenbei, auf den politischen Inhalt der Gesandtschaft zu sprechen kommt.

Dabei fiel der 4000 Gulden teure Diamantring an seiner Hand in Anwesenheit des Padischahs zu Boden. Angesichts der großartigen Versammlung mit dem Padischah und auf Grund seiner eigenen Verwirrung merkte er gar nicht, daß sein Ring zu Boden gefallen war und verließ den Raum.

Der für Czernin entwürdigende Empfang beim Sultan hat sich, obwohl Naʿîmâ das nicht ausdrücklich hervorhebt, sicher im Arz Odası, dem Audienzsaal abgespielt, der sich hinter dem dritten Tor befindet und die Sicht in diesen inneren (*Enderûn*) Bereich versperrt.

Die Schatzkammer:
Ein goldener Dolch und ein riesiger Diamant

Im Enderun befindet sich auch die auf drei Säle verteilte Schatzkammer hinter dem auffälligen «Ionischen Säulengang». Besucher, die den Film «Topkapi» aus dem Jahr 1964 gesehen haben, finden hier den Hauptdarsteller, einen von Mahmûd I. für den Afghanen Nâdir Schah in Auftrag gegebenen Dolch mit Scheide. Die Osmanen hatten ihn im Jahr 1747 mit zahlreichen anderen Kleinodien und «neunzig turkmenischen Pferden» an den Eroberer Indiens und Usurpator des persischen Throns gesandt, um Schwierigkeiten an ihrer Ostgrenze zu vermeiden. Da Nâdir fast gleichzeitig mit dem Eintreffen der osmanischen Gesandtschaft in

Iran ermordet wurde, konnte man sich die Übergabe der Geschenke ersparen. Der Reichsgeschichtsschreiber İzzî hat eine Liste mit 69 Posten zusammengestellt, von denen einige den mit 20000 Piastern taxierten Dolch übertreffen. Da nur der «Topkapı-Dolch» noch identifizierbar ist, sei hier İzzîs Beschreibung eingeschoben:

Ein goldener Dolch, dessen Knopf eine Uhr in smaragdener Fassung bildet, auf dem Griff drei große Smaragde, dann 12 große, 124 kleine Diamanten, an der Spitze ein durchlöcherter Smaragd, die Fassung der Steine in Gold genetzt, der Grund graviert und mit Schmelz ausgelegt, der Griff nach Art der Dolche Sultan Selîms (I.) in einem Beutel von Goldstoff, mit goldener Kette, mit Diamanten, Rubinen und Perlen besetzt; im Werte von 20000 Piaster.

Im selben Raum ist hinter Panzerglas der perlenförmige Edelstein verwahrt, der als «Löffelmacher-Diamant» (Kaşıkçı) in die Literatur eingegangen ist. Der Riesenklunker wurde, vielleicht unter Mahmûd II., mit 49 Brillanten umgeben. Es gibt verschiedene Herkunftsmythen. Die bekannteste bringt ihn mit einem französischen Offizier in Verbindung, der ihn angeblich in Indien für Napoleon erwarb. Eine in sich stimmigere Version bietet der Historiker und Finanzbeamte («Defterdâr») Sarı Mehmed Pascha, ein Zeitgenosse, wenn er von einem Vorfall im Jahr 1679–80 berichtet:

In einem Abfallhaufen im Stadtteil Eğri Kapı (an der Landmauer) von Istanbul wurde ein rundlicher Stein gefunden, den ein Löffelmacher gegen drei Löffel von einem Straßenhändler eintauschte und dann unter seinem Gerümpel liegen ließ. Daraufhin erwarb ihn ein Juwelier um zehn Akçe von dem Löffelmacher und zeigte ihn jemandem aus seiner Zunft. Als nun offensichtlich war, daß es ein Diamant war, verlangte dieser (Kollege) einen Anteil (an dem Diamanten) und es kam zu einem Streit. Die Angelegenheit gelangte zu Ohren des Obermeisters der Juweliere. Der gab den (beiden) Juwelieren jeweils einen Beutel Geld (500 Kuruş) und nahm ihnen den Diamanten ab. Als später der Großwesir, seine Exzellenz Mustafâ Pascha, davon hörte, erwuchs in ihm der Wunsch, ihn dem Obermeister der Juweliere abzukaufen. Gleichzeitig wurde die Sache dem Großherrn mitgeteilt, der ein Befehlsschreiben sandte, (ihm den Stein) zu schicken. Kurz, als der Stein auftauchte und man ihn prüfte und sich herausstellte, daß es ein hochseltener Diamant von 84 Karat war, beschlagnahmte ihn der Großherr. Der Obermeister der Juweliere wurde dafür mit dem Amt (und Einkünften) eines Obertürhüters und einigen Beuteln Gelds belohnt.

Evliyâ nennt, wenn er auf die Juweliere zu sprechen kommt, vor allem griechische und armenische Vertreter ihres Faches. Man darf aber annehmen, daß der Obermeister Muslim war. Für die Authentizität spricht auch, daß die Gewichtsangabe des Chronisten «84 Karat» dem tatsächlichen Gewicht von 86 Karat sehr nahe kommt. Der hier er-

Abb. 8: Löffelmacher-diamant (Schatz-kammer des Serails)

wähnte Großwesir ist jener Kara Mustafâ Pascha, der drei Jahre später (1683) das osmanische Heer nach Wien führen sollte. Er hat sein «Versagen» bei der vergeblichen Belagerung mit der Hinrichtung in Belgrad bezahlt. Sein Herr, Sultan Mehmed IV., der in dieser Geschichte als Endbesitzer des Diamanten vorkommt, überlebte die Niederlage um fast 30 Jahre.

Mustafâ Âlî über den richtigen Umgang mit Luxusgütern

Wie ein Beitrag zum noch ungeschriebenen Katalog des Topkapı Sarayı liest sich Mustafâ Âlîs Aufzählung von Luxusgütern, deren Gebrauch und Besitz er den neureichen Aufsteigern, an denen auch zur Zeit Murâds III. kein Mangel herrschte, verwehren möchte:

Gleichermaßen schicken sich für niemand außer hochrangigen Notabeln und herausragenden Persönlichkeiten Samt und Brokat, gold- und silberbestickte Kostbarkeiten wie die Istanbuler *Serâserî*-Stoffe, insbesondere mit Zobel- und Luchspelzen verbrämte Jacken, edelsteinbesetzte Gürtel sowie mit Juwelen inkrustierte Dolche und Messer.

Die Aufzählung von Luxusgütern, die für die Crème der Gesellschaft reserviert bleiben sollen, ist noch länger:

Insbesondere Decken und Teppiche aus Persien oder Ägypten, Sofaüberwürfe mit Goldlitzen und Goldstickereien, wertvolle Kissen und Eßtücher (*simât*, die man auf den Boden breitet), silberne Becken und Kerzenhalter, vergoldete Platten und silberne Räuchergefäße, goldene und silberne *divât* (Mehrzahl von *divit*, Federbüchse mit Tintenfaß, die man im Gürtel tragen kann), vergoldete Spieluhren…

Darüber hinaus mißbilligt er Leute, die ihre Diener, Knechte und Klienten mit fürstlichen Kleidern und Turbanen schmücken, die eigentlich den Großen und Prophetenabkömmlingen (*seyyids*) zustehen, insbesondere wenn es sich um Grobiane vom Balkan (*Potur*) oder Bauernlümmel aus Anatolien (*Türk*) handelt. Gleichfalls nur den Befehlshabern und Wesiren steht zu, was am Ende der Liste steht:

Anmutige (Sklaven)Mädchen, von denen jedes 1000 Gulden kostet, junge männliche Sklaven, von denen jeder ein zweiter Joseph ist und für die man sich umbringen möchte, Pferde im Wert von 300 bis 400 Goldstücken, die bestickte Prunkschabracken, juwelenverziertes Reitzeug und goldenes Zaumzeug tragen, mit Edelsteinen besetzte Steigbügel, Schilde, von denen wohlriechendes Öl tropft, sechsblättrige Streitkolben und wertvolle Schwerter…

Die Reliquienkammer und der Prophetenmantel

Im dritten Hof befindet sich neben der einzigen wichtigen Moschee des Palastkomplexes auch die auf mehrere Räume verteilte Reliquienkammer (*Emânet-i mukaddese*). Bei der Moschee handelt es sich um das Gebetshaus der Pagen des Inneren Dienstes und der Eunuchen. Heute nimmt sie die hochbedeutende Handschriftensammlung der Sultane auf. Andere auf den Palast verteilte Moscheen standen früher für einzelne Berufsgruppen wie die Bäcker oder Gärtner zur Verfügung. Eine «Privatkapelle», wie sie auf europäischen Burgen und Schlössern zu finden ist, fehlte. Am Freitagsgebet nahm der Sultan in den Hauptmoscheen der Stadt teil, unsichtbar in seiner vergitterten Loge (*Hünkâr mahfili*).

Die hier «Reliquienkammer» genannte Abteilung wurde erst nach Ende der Dynastie geordnet, ihre Exponate sind zum Teil in den ehemaligen Privaträumen des Sultans ausgestellt. In einer kostbaren silberbeschlagenen Truhe wird der Prophetenmantel (*Hırka-i saadet*) verwahrt. Die in den ersten Jahrzehnten der Republik lange unterbrochene Koranlesung am *Hırka-i saadet* ist inzwischen wiederaufgenommen worden. Es ist bekannt, daß Selîm I. bei der Eroberung Ägyptens

(1517) zahlreiche islamische Heiligtümer nach Istanbul entführte. Für einzelne Objekte fehlen aber schriftliche Belege. Für die osmanische Dynastie war der Besitz des Prophetenmantels und der Heiligen Standarte eine Legitimationsquelle, die immer wichtiger wurde, je weiter politische Macht und religiöser Anspruch auseinanderklafften. Alljährlich am 15. Ramazân reinigte der Sultan den Prophetenmantel in einem aufwendigen Zeremoniell. Die sogenannte «Geschichte des Inneren Palastes» des Atâ, eine Hauptquelle über das Zeremonialwesen, beschreibt den Ablauf:

Am fünfzehnten Abend des heiligen Monats werden in der Gegenwart der Majestät zwei mit Rosenwasser gefüllte Becken und etwa 60 reine Gefäße und frische Schwämme auf zwei verzierte Ledermatten ausgebreitet. Der Waffenmeister nimmt einige Schwämme, tränkt sie mit Rosenwasser und überreicht einen nach dem anderen ihrer Majestät, dem Kalifen. Der Padischah poliert mit seinen gesegneten Händen das Gitter (das den Schrein) des Mantels der Glückseligkeit (umgibt). Gleichzeitig befeuchten auch die Kämmerer und Steigbügelhalter sowie sämtliche hochrangige Kammerherrn jeweils einen Schwamm und wischen, so hoch ihre Arme reichen, die Wände, kleine Türen und Fenster, Flügel und Deckel des heiligen Bücherschreins, in einem Wort das gesamte hochheilige Appartement. Die Schwämme werden nach der Übergabe an die schon genannten Höflinge in frömmster Weise deponiert.

Am folgenden Tag öffnet der Padischah mit dem goldenen Schlüssel den großen Silberschrein des Prophetenmantels, anschließend, ebenfalls mit einem golden Schlüssel, eine mit zwei Flügeln geschlossene Lade. Der jetzt zum Vorschein kommende Prophetenmantel wird am Kragen leicht befeuchtet. Anschließend wird er sofort durch ein in die Nähe gehaltenes Räucherbecken mit Ambra getrocknet. Dieser Brauch wurde 1240 (1824/5) unter Mahmûd II. aufgehoben.

Abdülhamîds II. letzter Gang

In unmittelbarer Nähe der Reliquien fand die Totenwaschung der Sultane statt. Von dem vorletzten Zeremoniell dieser Art in der osmanischen Geschichte für Abdülhamîd II. im Jahr 1918 hat uns Ahmed Refîk, der einer der populärsten Historiker der frühen Türkischen Republik werden sollte, einen eindringlichen Augenzeugenbericht hinterlassen. Im Topkapı Sarayı erinnert nur wenig an Abdülhamîd II., der den Palast zu keinem Zeitpunkt genutzt hatte. Aus seiner Zeit stammen einige Objekte in der Schatzkammer und ein «mit Kaschmirseide gefütterter Pyjama» aus Paris in der Abteilung der Sultansgewänder. Abdülhamîd II. war nach Ausbruch des Balkankriegs aus seinem Verbannungsort Saloniki nach Istanbul zurückgebracht worden und bewohnte seit Dezember 1912 das ihm zugewiesene Uferpalais von Beylerbeyi. Als der Fünfundsiebzigjährige am 10. Februar 1918 die Augen schloß, überließ der völlig machtlose Sultan Mehmed V., der ihm wenige Monate später im Tod nachfolgen sollte, Enver Pascha die Gestaltung des Totenzeremoniells. Enver hatte Abdülhamîd in der jungtürkischen Revolution von 1908 entmachtet und ein Jahr später nach Saloniki bringen lassen.

Der ehemalige Herrscher war in die Ewigkeit eingegangen. Zunächst erfuhr ich von diesem Ereignis aus den Zeitungen. Der Bosporus lachte unter den glänzenden Strahlen der Sonne. Man konnte den entfernten Palast von Beylerbeyi in dieser Bläue erkennen. Sultan Abdülhamîd II., der über dreißig Jahre auf dem osmanischen Thron gesessen hatte, sollte wenige Stunden später im schönen Istanbul beerdigt werden. Es war vorgesehen, Sultan Abdülhamîds Leichnam vom Schloß Beylerbeyi in das Topkapı Sarayı zu bringen. Dort sollte die Waschung vorgenommen werden, um ihn gegen neun Uhr in der Türbe von Sultan Mahmûd (II.) beizusetzen. Ich ging zum Topkapı Sarayı. Dort wartete am mittleren Tor ein einziger Posten unter dem Tuchhelm mit einem Gewehr in der Hand. Die weißen Agas (Eunuchen) vor dem (genannten mittleren) «Tor der Glückseligkeit» empfingen die Ankommenden mit ausgesuchter Höflichkeit. Das Kubbealtı wirkte zerstört und verlassen, erfüllt von Erinnerungen an glanzvolle Epochen, schien es bitter über die Ereignisse der Jahrhunderte zu lachen...

Ich passierte die Bibliothek Sultan Ahmeds III. Ein schwarz gekleideter Diener eilte von der Seite des Tulpengartens herbei. Der Leichenzug näherte sich. Ich ging weiter Richtung Serailspitze. Eine kleine Prozession stieg langsam den sandbedeckten Weg des Parks hinauf. Am Quai hatte ein großes Dampfboot festgemacht, das aus seinem gelben Schornstein Rauch ausstieß. Dieser Anblick stimmte sehr melancholisch: das Marmarameer mit seinen Küsten und Hügeln lag unter der Sonne. Ganz in der Ferne der zarte, weiße Bau der Hamidiye-Moschee (beim Yıldız-Palast). Man sah jetzt eine neue Bahre über den Köpfen einer Prozession von ganz in schwarz gekleideten Männern, auf dem Traggestell lag ein weißes Tuch, ein dicker Schal. Auf dem hölzernen Gestell lag Sultan Abdülhamîd leblos in seinem Bett. Der steife, gelb eingefaßte Bettüberzug hing über den Rand der Bahre. Darüber war ein wertvoller, fester Stoff mit gelbroten und grünen Stickereien. Bei jedem Windstoß wurde der Stoff angehoben, unter ihm wurden die Umrisse eines zerbrechlichen Körpers und eines kleinen Haupts erkennbar. Vor dem Sarg marschierten die Palastwachen von Beylerbeyi, auf der Seite zwei Reihen Soldaten, die Bahre war von den Agas des kaiserlichen Enderûn umgeben. Die Höflinge gingen mit ruhigen, gemessenen Schritten voran. Sie trugen die Bahre auf ihren Händen. Ihnen folgte Prinz Selîm Efendi, die Schwiegersöhne des Sultans (Damat Paschas) mit einem traurigen und bewegten Ausdruck. Ringsum eine schwer zu beschreibende Stille. Einer der Diener trug einen Fes, der mit einem weißen Tuch bedeckt war...

Der Leichenzug hatte den Tulpengarten passiert und das grün-goldene Tor des Reliquiengebäudes erreicht. Man öffnete die Tür und betrat es mit erhobenen Händen. Die Prinzen und Damat Paschas blieben im Mecidiye-Pavillon, die übrigen Begleiter des Leichnams im Freien. Die Tür wurde wieder geschlossen. Niemand außer den Offiziellen, denen die Reliquien anvertraut waren, durfte eintreten.

Der kleine, nur sechs Ellen lange Sarg lag auf zwei grünen Holzböcken aus Platanenholz, ein kleiner Tisch für die Totenwaschung wurde auf dem Steinboden sichtbar, von dem man die Schilfmatten entfernt hatte. Sultan Abdülhamîd, nackt und tot, wurde auf den Waschungstisch gebettet. Tief beeindruckt stand ich vor den vergoldeten Gittern des *Hâcet penceresi* (dem Fenster für die Fürbitte an Heiligtümern). Vor dem Sarg standen die Würdenträger des Inneren Palastes, sie hatten ihre Hände andächtig ineinandergelegt und warteten (...) Um den Waschungstisch standen die vier Religionslehrer, zwei mit weißen, zwei mit grünen Turbanen, sie wuschen den Leichnam mit gelben Schwämmen und wohlriechenden Seifen, erfüllt von tiefgläubiger Ehrerbietung. Sultan Abdülhamîd war bis zur Leibesmitte mit einem neuen, weißen Totentuch bedeckt. Seine Brust war frei bis zum Unterkiefer. Sein Körper ließ nicht die Erschöpfung nach einem längeren Siechtum erkennen. Die Farbe war das Gelb des Todes, kein furchteinflößendes Gelb, wie von Elfenbein, wie von einem anorganischen Körper. Sein Körper war unbeträchtlich, Bart und Haar waren ergraut. Die Nase im Verhältnis zum Gesicht verhältnismäßig lang. Die Augen waren geschlossen und in ihren Höhlen eingesunken...

Sultan Abdülhamîd hatte bis zu seinen letzten Minuten das Bewußtsein behalten und das folgende Vermächtnis geschlossen: Auf seine Brust sollte ein Gebetstext gelegt werden, das Tüchlein, mit dem der Prophetenmantel gesäubert wurde, und ein Stück des schwarzen Überzugs der Ka'ba. Nachdem der Sarg geschlossen wurde, erschien der Oberprediger der Hamidiye-Moschee und blickte in die Runde der vor dem Gebäude Wartenden und stellte die rituelle Frage: «Wie habt ihr den Toten gekannt?» und erhielt zur Antwort «Nur Gutes wissen wir». Nach dem Rezitieren der *Fâtiha* (erste Koransure) bewegte sich ein großer, von den Derwischen der Şâzelî-Bruderschaft angeführter Zug durch das Serail. Im ersten Serailhof fielen zahlreiche deutsche Offiziere auf. Die Straße war gesäumt von Soldaten. Die Straßenbahnen hatten angehalten.

Obwohl sich im Zeremoniell alle Elemente der für jeden Muslim üblichen Bestattung finden, ist es Ahmed Refik gelungen, die besondere Atmosphäre dieses Vorfrühlingstags einzufangen, an dem wohl allen Anwesenden bewußt war, daß mit Abdülhamîd der letzte «Selbstherrscher» unter den Osmanen zu Grabe getragen wurde. Es war für manche eine bittere Ironie, daß man ihm kein eigenes Mausoleum gönnte, sondern neben Mahmûd II. beisetzte.

Das Perlenkiosk von Murâd III.

Wer an einer Führung durch den Haremtrakt teilgenommen hat, behält den großen Salon von Murâd III. (1574–1595) im Gedächtnis. Dieser kunstsinnige, aber politisch schwache Herrscher hat an vielen anderen Stellen am Ausbau des Palastes mitgewirkt. Ein herausragendes Ereignis gegen Ende seines Lebens war der Bau des nach dem Großwesir Sinân Pascha genannten Kiosks. Er saß auf der Seemauer der Marmaraseite auf, so daß er als Tribüne für Reiterspiele in den Palastgärten dienen konnte und gleichzeitig Sicht auf das Meer gewährte. Sein eindrucksvoller Unterbau über einer seit byzantinischer Zeit verehrten heiligen Quelle (*ayazma*) ist von der Uferstraße (Sahilyolu) aus gut zu erkennen. Der Historiker Selanikî berichtet unter den Ereignissen des Jahres 1590/91:

Im genannten Jahr wünschte der weltbeherrschende Padischah, daß man in der Nähe des Stalltors (Ahur Kapısı) des kaiserlichen Serails ein Schloß baue, das seinesgleichen sucht. Es sollte am Meeresufer auf der Festungsmauer errichtet werden, so daß man (gleichzeitig) die Kämpfer auf dem «Kürbisplatz» (Kabak Meydanı) und das Meer betrachten konnte. Der Großwesir Sinân Pascha ließ Davud Ağa, den Obersten Architekten, rufen, und, mit einem großherrlichen Befehlsschreiben ausgestattet, stellte er aus eigenem Vermögen ausreichend Goldmünzen zur Verfügung, um die für den Bau des kaiserlichen Palais erforderlichen Materialien zu beschaffen.

Trotz der kurzen Bauzeit, die mit dem Setzen der *Alem* genannten Verzierungen auf der weithin sichtbaren Zeltkuppel beendet wurde, war die Ausstattung von Anfang an überwältigend. Selanikî spricht von dem Fayenceschmuck, Seidenteppichen, kleinen bestickten Matten, über und über mit Gold verzierten Kissen sowie Kugelgehängen, die mit Edelsteinen und Perlen geschmückt waren. Den Namen «Perlenkiosk» hat das Palais eben wegen dieser von der Kuppel herabhängenden Gebinde erhalten.

Zur Eröffnung, die in den Frühling fiel, «in die Saison der Rosen und Kirschen», wie Selanikî schreibt, erschien der ganz in Weiß gekleidete Padischah auf einem überreich geschmückten Pferd. In seiner Begleitung befanden sich der Oberstallmeister, zu seiner Linken und Rechten gingen die Steigbügelhalter. Sinân Pascha mit seinem großen Zeremonialturban erwartete den Sultan mit respektvoll gefalteten Händen. Der Sultan betrachtete zunächst den Pavillon von einem Schattendach aus und rief recht unpassend: «Oh, hätte man dieses Schloß innerhalb der kaiserlichen Palastanlagen gebaut.»

Die Belohnung für die am Bau Beteiligten erfolgte in Form von Ehrengewändern. Selanikî hat auch ihre Verleihung sorgfältig festgehal-

Abb. 9: Hof im Harem des Topkapı Sarayıs

ten. Der Großwesir erhielt drei, der Großadmiral (der wahrscheinlich für den Materialtransport verantwortlich war) zwei dieser Kleidungsstücke. Der Chronist unterstreicht, daß nur Sinân Pascha zum Handkuß zugelassen wurde. Der Architekt mußte sich mit einer ganzen Reihe weiterer Würdenträger mit nur einem Gewand begnügen. An die Umstehenden wurden, wie bei hohen Festen üblich, Gold- und Silbermünzen verteilt. Der Tag endete mit musikalischen Darbietungen.

Am folgenden Morgen kam die Funktion des neuen Palais als Tribüne über dem Meer zur Geltung: Man unterhielt sich bei einem Bootsrennen, an dem sich die Ruderer des Großwesirs, der Wesire, des Agas der Janitscharen, der Steigbügelhalter und der übrigen hohen Hofchargen mit insgesamt 25 Booten beteiligten. Das Boot des Großwesirs gewann, es folgte das des Oberkommandierenden Ferhâd Pascha. Leider verrät Selanikî nicht, welchen Preis der Sultan ausgesetzt hatte. Die öffentlichen Einweihungsfeierlichkeiten gingen mit weiteren kriegerischen Darstellungen auf dem Kabak Meydanı und einer Regatta kleinerer Boote am dritten Tag zu Ende. Am vierten Tag wurden die Vorhänge des Pavillons für ein Gastmahl, das der Sultan den Damen des Harems gab, niedergelassen.

Murâd III. war nicht nur ein großer Förderer der Künste, er hat auch eine eigene Gedichtsammlung (Divan) und weitere Werke in türkischer und persischer Sprache hinterlassen. Eines seiner Gedichte, in denen er sich die Vergänglichkeit allen irdischen Ruhms bewußtmacht, endet mit folgenden Zeilen (Annemarie Schimmels Übersetzung):

> Ach diese Welt ist vergänglich, du täusche dich nicht,
> Lege, verblendet, auf Krone und Thron kein Gewicht,
> Daß dir die Lande zu eigen, des rühme dich nicht –
> *Wacht, meine Augen, vom lässigen Schlummer wacht auf!*
> *Wachet, erwachet, viel schlafende Augen, wacht auf!*
>
> Ich bin dein Sklave Murâd – mein Vergehen verzeih,
> Meine Verbrechen vergib, und von Schuld sprich mich frei,
> Bei deinem Banner der Ort meines Auferstehns sei –
> *Wacht, meine Augen, vom lässigen Schlummer wacht auf!*
> *Wachet, erwachet, viel schlafende Augen, wacht auf!*

Der Tod des Sultans wurde von dem Chronisten Peçevî in unmittelbaren Zusammenhang mit dem jetzt als «unglückselig» bezeichneten Kiosk gebracht, den ihm sein Wesir gebaut hatte:

Medikamente und Doktoren waren nicht hilfreich. Sämtliche Medikamente, die er einnahm, sämtliche Maßnahmen, die man ergriff, führten zu nichts anderem als zu einer Verschlechterung der Krankheit. Endlich, am Sonntag, dem sechsten Tag des genannten Monats (15. Januar 1595) ließ er den Palast der Illusionen hinter sich und ging (aus dieser Welt). Gott möge ihm überreich Gnade gewähren.

Man sagt, daß er, als sich seine Natur, die so zerbrechlich war wie Glas, verschlechterte, in das von Sinân Pascha errichtete unglückliche Kiosk ging. Wie stets standen Sänger und Musiker in der Runde bereit. Sie wurden sonst aufgefordert, dieses Lied zu singen oder jenes Stück zu spielen. Das war jedenfalls das übliche Verfahren. Aber diesmal befahl er, bevor sich die Runde noch der Sitte gemäß niedersetzte, das Lied: «Oh Schicksal, ich bin krank, erwarte meiner diese Nacht und nimm meine Seele!» Auf diese Weise wurde seine Krankheit weithin bekannt.

Zu selben Zeitpunkt kamen zwei Galeeren aus Alexandria, die, so wie es Brauch war, angesichts des kaiserlichen Pavillons Salutschüsse abgaben. Schon seit ziemlich lange Zeit hatten die großen Flotten, Galeonen und Barken, wenn sie an diese Stelle (also in die Nähe der Serailspitze) kamen, ihre schwersten Geschütze abgefeuert, ohne daß es den Pavillon erschütterte. Dieses Mal zerbrachen sämtliche Scheiben der Fenster, an denen sie saßen, einige (Scheiben) fielen sogar auf die Sitzbänke, auf denen sie sich niedergelassen hatten. Die Scheiben der meisten Fenster fielen heraus und ihre Scherben füllten das Innere des Pavillons. Der Padischah fragte: «Sind das die Gottesleugner oder stürzt der Pavillon ein?» und fügte hinzu «Dieser Vorgang ist ein Hinweis darauf, daß es sich um unseren letzten Besuch in diesem Kiosk handelt.» Seine Augen waren voll der Tränen und Tränen liefen über seinen Bart.

Das Rosenhaus macht Geschichte

In den militärisch genutzten und deshalb unzugänglichen Teilen der Serailgärten auf der Marmaraseite befand sich ein kleines Palais mit dem Namen «Rosenhaus» (Gülhâne). Es wurde wahrscheinlich von Mahmûd II. errichtet und bereits 1865 abgerissen. Obwohl es nur geringe Ausmaße hatte und nur kurze Zeit bestand, ist es für die neuere osmanische Geschichte von außerordentlicher Bedeutung. Hier wurde am 3. November 1839 vom Großwesir Abdülmecîds der sogenannte *Hatt-i şerîf* von Gülhâne verlesen. Mit diesem Edikt leitete Reşîd Pascha die als Tanzîmât-Zeit (etwa «Periode der gesetzlichen Erneuerung») genannte Reformzeit ein. Sie endete mit der Ausrufung der (kurzlebigen) Verfassung von 1876. Einige Auszüge müssen genügen, um einen Eindruck vom Geist dieses Papiers, das in durchaus islamischer Sprache allen Untertanen Rechtssicherheit nach einer «Kette von unglücklichen Ereignissen der letzten 150 Jahre» verspricht:

Wie allgemein bekannt, wurden seit den ersten Zeiten Unseres ruhmvollen Reiches die erhabenen Bestimmungen des Koran und die gesetzlichen Vorschriften genau beobachtet. Unsere Herrschaft nahm daher an Macht und Kraft zu und alle Untertanen gelangten zum höchsten Grade von

Wohlstand und Glück. Seit 150 Jahren (also seit den Großen Türkenkriegen nach der Schlacht am Kahlen Berge von 1683) aber waren eine Kette von unglücklichen Ereignissen und verschiedene andere Umstände der Grund, daß man abließ, die erhabenen Vorschriften der Scheriat- und der (weltlichen) Kânûngesetze zu befolgen, weshalb sich die frühere Macht und der einstige Wohlstand in das Gegenteil, nämlich in Schwäche und Armut, verwandelten. Denn es ist eine feststehende Tatsache, daß ein Reich welches nicht nach gesetzlichen Vorschriften verwaltet wird, keinen Bestand haben kann...

Somit halten Wir im vollen Vertrauen auf die Hilfe des gnädigen Schöpfers und gestützt auf den geistigen Beistand des Propheten, die Schaffung einiger neuer Gesetze für wichtig und notwendig, um in Zukunft unserem ruhmvollen Reiche und seinen wohlbehüteten Ländern die Wohltaten einer guten Verwaltung zuteil werden zu lassen.

Die Grundbestimmungen dieser notwendigen Gesetze beziehen sich auf die Sicherheit des Lebens, den Schutz der Ehre und des Vermögens, die Fixierung der Steuern, die Art und Weise der Aushebung der nötigen Truppen und die Dauer ihrer Dienstzeit. Das grassierende Bestechungswesen wird als die «Hauptursache des Verfalls» angesprochen.

Diese gesetzlichen Vorschriften wurden einzig und allein zu dem Zweck erlassen, um die Religion, den Staat, das Land und das Volk mit neuen Kräften zu erfüllen, weshalb Wir uns verpflichten, nichts zu unternehmen, was mit ihnen im Widerspruch steht. Wir werden dies in Gegenwart der Ulema und Minister im Saale, in welchem der heilige Mantel des Propheten aufbewahrt ist, beschwören und auch die Ulema und Minister darüber in Eid nehmen.

Ohne Vorbild war die Ankündigung, daß dieses kaiserliche Befehlsschreiben nicht nur in der Hauptstadt und «unseren wohlbehüteten Ländern» verkündet werden sollte, sondern auch in amtlicher Form an sämtliche, in Istanbul residierenden «Gesandten der befreundeten Mächte».

Sultan Abdülmecîd hatte, wie an anderer Stelle angedeutet, das Topkapı Sarayı bis zum Umzug nach Dolmabahçe bewohnt. Auf ihn geht der im Gefüge der älteren Palastbauten befremdlich wirkende Mecîdîye-Kiosk zurück. Der heute gastronomisch genutzt Bau ist ein Werk von Mimâr Sarkis (st. 1899) aus der Architektenfamilie Balyan.

VII.
Hippodrom: Der Große Circus unter den Osmanen

Der antike Hippodrom mit seinen beiden Obelisken und der Schlangensäule zwischen ihnen war auch in türkischer Zeit einer der Brennpunkte des religiösen, höfischen und bürgerlichen Lebens der Stadt. Über die Jahrhunderte wurde der At Meydanı («Pferdeplatz») genannte Platz, mit Ausnahme der unmittelbaren Nachbarschaft der Aya Sofya, von Überbauung verschont. Neben der Aya Sofya bildete seit dem frühen 17. Jahrhundert der Moschee-Komplex Sultan Ahmeds den stärksten Akzent. Nach der Moschee heißt der Pferdeplatz nicht nur im Amtsgebrauch Sultan Ahmet Meydanı. Das gegenüberliegende Serail von İbrâhîm Pascha hat wenigstens teilweise die Zeiten über-

Abb. 10: Die Obelisken auf dem Hippodrom

dauert. Zwei typische spätosmanische Verwaltungsbauten vervollständigen die Geschlossenheit des ca. 400 m langen Platzes. Im Kopfbau war das Ministerium für Handel untergebracht, das Gebäude gegenüber der Ahmediye diente und dient als Katasteramt (ein Hauptwerk des Architekten Vedat von 1908).

Die letzten Wagenrennen fanden lange vor der osmanischen Eroberung statt, dennoch hat der Platz seinen türkischen Namen zu Recht geführt, weil er häufig für Reiterspiele genutzt wurde. Er erlebte aber auch die Beschneidungs- und Hochzeitsfeiern des Hauses Osmân, die Aufstände der Soldateska, entsetzliche Lynchmorde und Plünderungen, politische Demonstrationen und andere spontane und organisierte Manifestationen. Hier kampierten Familien nach Erdbeben und Bränden, die den Katastrophen entkommen waren. Der At Meydanı nahm auch die Flüchtlingstrecks aus Rumelien auf, bevor ihnen neue Wohnsitze zugewiesen wurden. 1919 fand hier die als Sultan Ahmed «Meeting» in die Vorgeschichte der neuen Türkei eingegangene Protestveranstaltung statt.

Konstantins Grab

Das berühmte überlebensgroße Reiterstandbild Justinians auf dem Augusteion zwischen Aya Sofya und Hippodrom ist zwar bald nach der Eroberung verschwunden, doch hat es mehrere Autoren beschäftigt. Ein noch vor 1453 schreibender Ali ibn Abdürrahmân sah in ihm die Grabfigur Kaiser Konstantins:

An ihrer (der Hagia Sophia) Seite hat man einen Turm aufgestellt, früher ganz in Kupfer gehalten (oder verkleidet). Darauf ist das Grab des Königs von Konstantinopel. Auf dem Grabe hat man ein Bronzepferd aufgestellt und König Konstantin reitet darauf, und er ist ebenfalls aus Erz. Ringsherum hat man das Pferd mit eisernen Stützen befestigt. Seinen rechten Fuß hat das Pferd in die Luft erhoben; man könnte meinen, daß es am Schreiten wäre. Jene Figur, die auf ihm reitet, hat die eine Hand offen und weist damit nach Syrien. Und in der anderen Hand hält sie eine Kugel; so sieht es von der Straße und von allen Seiten aus. Man sagt, daß sie deshalb mit ihrer Hand nach Syrien weist, weil dieses Land von dieser Seite her erobert werden wird. Einige sagen auch, daß auf jener Kugel geschrieben stehe: «Ich hielt die Welt fest, bis sie in meiner Hand wie diese Kugel wurde; als dann das Ende kam, blieb meine Hand leer und nichts blieb mir zu wählen übrig.»

Ein starker Talisman

Der Obelisk Thutmosis III. aus der Mitte des 2. Jahrtausends ist sicher das älteste Monument auf dem Boden von Istanbul. Er findet sich auf den meisten osmanischen Abbildungen des Hippodroms. Evliyâ, der 360 Talismane auf dem Boden Istanbuls zu kennen beansprucht, sich aber nur mit 16 näher befaßt, bringt ihn wieder mit dem legendären Stadtgründer Yanko zusammen. Evliyâ hat sich die vier Seiten des Obelisken mit seinen Hieroglyphen recht gründlich angeschaut:

Er gleicht einem Stift und ist ein Monolith, aus rötlichem, gesprenkeltem Bienenstein (d. i. Granit). In der Zeit Yankos, des Sohns von Madyan, wurde von einem vollkommenen Meister unter den gelehrten Wahrsagern Istanbuls verzeichnet, was in Istanbul bis zum Ende aller Zeiten geschehen wird und welche Wunder jedem Padischah manifest werden. Er hat auf Grund seiner Beherrschung der Sternenkunst auf allen vier Seiten dieses überaus harten Steins die Bilder von sämtlichen Arten von Geschöpfen samt ihren Geheimnissen eingeritzt.

Evliyâ sagt an dieser Stelle nichts über die Herkunft des Obelisken. Jahrzehnte später sollte er auf seiner Wanderfahrt von Kairo in den Sudan in Luxor und Karnak (woher der nach Istanbul exilierte Obelisk tatsächlich stammt) und anderswo Steinnadeln in ihrem Herkunftsland bestaunen.

Es gibt (auch) die Bilder von Männern mit hohen Zeremonialturbanen sowie von solchen, die Kopfbedeckungen tragen wie (unsere) *Bostancıs*, und Männer mit den Filzhauben der Janitscharen... solche sind wohl hohe Provinzverwalter... Die Eulenbilder sind ein Vorzeichen für Zerstörung.

Während sich dieses Sätze auf die Abbildungen des Gottes Amon und des Pharaos auf dem Obelisken selbst beziehen, ist im folgenden – übergangslos – von den Sockelreliefs aus dem 4. Jahrhundert die Rede. Für das Bild von Theodosius an der Südostseite, auf welcher der Kaiser zwischen seinen Söhnen stehend eine Krone hält, hat Evliyâ eine andere Deutung als die klassischen Archäologen bereit.

Und er hat auch Yanko bin Madyan abgebildet auf einem hohen Thron sitzend, in der Hand einen kreisrunden Ring. Es bedeutet beispielsweise, daß ich ein Welteroberer bin, die Welt besiegt habe und sie wie einen Ring in meine Hand genommen habe. Und sein Gesicht wendet sich nach Osten. Auf der nach Westen gewandten Seite sind viele als Bettler gezeichnete Padischahs mit Schalen in den Händen, es sind Herrscher, welche von ihren Dienern, Wesiren und Untertanen Antrittszahlungen fordern.

Die auf dem unteren Relief beschriebene und abgebildete Aufrichtung des Obelisken wird nicht vergessen:

Auf einer Seite dieses Stifts auf der ganzen Höhe des 100 Ellen langen Steins sind ... dreihundert Männer, Bilder von Werkzeugen und Ankerwinden und Rundbalken zu sehen. Es ist eine noch heute zum Himmel ragende Riesensäule. Zehn Mann sind außerstand, sie zu umfassen. Sie ruht fest auf jeder Ecke auf einem Bronzesockel. Wer etwas von der Baukunst versteht, legt den Finger des Erstaunens an den Mund.

Die nach 1453 entstandene Chronik des Yazıcıoğlu weiß noch um eine nützliche Besonderheit des Obelisken:

Auch hat man am Fuß dieser Säule eine Hand aus Kupfer angebracht. Das war ein Talisman. Jedesmal wenn jemand eine Ware in die Stadt brachte (um sie zu verkaufen), wurde er zu dieser Hand geführt. Man öffnete sie und zählte das Geld in ihre Handfläche. Wenn der (angemessene) Preis, ganz gleich wie hoch oder niedrig, erreicht wurde, schloß sich die Hand, und sie wußten, daß das der Preis der Handelsware war. Eines Tages brachte man ein Pferd aus Anatolien, und sie setzten einen Preis von zehntausend Silberlingen (*akçe*) fest. Sie brachten es zu dieser Hand, öffneten sie und zählten ein, zwei, fünf, zehn, zwanzig, dreißig, vierzig *akçe* hinein. Worauf sich die Hand schloß. Als der Türke (also der anatolische Pferdehändler) das sah, geriet er in Wut und begann mit seinem eisernen Stab um sich zu schlagen und rief: «Ich würde es nicht einmal für zehntausend *Akçe* verkaufen und diese Hand schließt sich bei vierzig! Ich mache jetzt mit ihr das, was ich mit dem, der sie hergestellt und hierher gebracht hat, machen würde.» Und er schlug mit seinem Stock zu und zerstörte die Hand. Sie ergriffen den Türken und schlugen ihm den Kopf ab. Noch vor Ablauf von zwei Tagen verstarb das Pferd und seine Haut wurde um 40 *Akçe* verkauft.

Der Obelisk Thutmosis' III. regte übrigens in den 1890er Jahren die erste Veröffentlichung eines osmanischen Autors zur Hieroglyphenschrift an. Ihr Verfasser, Bandırmalı-Zâde Mehmed Muhsin, diente dem Hochkommissar Gâzî Ahmed Muhtâr Pascha, dem ständigen Vertreter der Pforte in Ägypten, als Sekretär.

Wer schlug der Schlange den Kopf ab?

In den osmanischen Gründungslegenden, aber auch in der späteren Chronistik wird die Schlangensäule, das berühmte delphische Weihegeschenk, noch häufiger als der ägyptische Obelisk thematisiert. Die Miniatur aus dem «Hünernâme» (ca. 1588?), in der Mehmed II. einen Schlangenkopf mit seiner sechsblättrigen Wurfkeule trifft, ist äußerst populär. Die von Kemâlpaşa-Zâde aufgezeichnete Legende führt die Schlangensäule auf Konstantin, den Sohn des Alâniye, zurück, der sie als ein Mittel gegen die Schlangenplage aufstellen ließ:

Er veranlaßte die Herstellung der Bronzestatue auf dem Pferdeplatz, die aus drei ineinander verflochtenen Schlangen besteht. Durch die Schaffung dieses Talismans bereitete er der Ursache des Übels ein Ende, ist doch das Gift der Schlangen der Gegensatz des Lebens. Türkischer Vers des Verfassers: «Es gingen alle Schlangen von diesem Ort/Die verbleibenden richteten keinen Schaden an hinfort.» Der Erzähler spricht: Der erwähnte Talisman war nach einem absonderlichen Entwurf errichtet, es war eine Besonderheit der Epoche. Zuvor war es unmöglich, sich wegen der Giftschlangen dort zu bewegen. Es wird auch die folgende merkwürdige Nachricht überliefert: Es heißt, daß man in der Stadt keine Schlangen kannte, solange die Körper der Schlangen, von denen bei einer der Unterkiefer abgefallen ist, vollständig waren.

Bei Evliyâ ist der Verursacher der Beschädigung Selîm II. Der um 1600 schreibende Mustafâ Alî behauptet hingegen, İbrâhîm Pascha habe eine Schlange mutwillig beschädigt:

Der Talisman gegen Schlangen ist immer noch auf dem Hippodrom zu sehen. Als jedoch in der Epoche von Sultan Süleymân der Großwesir eines Tages auf dem Hippodrom dem *Cirid*-Spiel zusah und selbst zu Pferd mit seinen Freunden teilnahm, zog er seine Wurfkeule heraus, schleuderte sie, traf den Talisman und brach eine Ecke davon ab. Seit der Zeit treten in Istanbul hier und da Schlangen auf. Sie sind jedoch macht- und kraftlos und können keinen Schaden anrichten.

Der Chronist Fındıklılı Mehmed Silihdâr registriert, ohne eigene Schlußfolgerungen ziehen zu wollen, im Jahr 1700 folgenden Vorgang:

In der Nacht des achten Tages, einem Donnerstag, zur Zeit des Abendgebets brachen alle drei Bronzedrachen, die 1500 Jahre auf dem Hippodrom die Zeiten unverletzt überdauert hatten, am Hals ab und fielen zu Boden. Es kann nicht die Rede davon sein, daß sie abgeschlagen oder abgebrochen wurden, denn niemand befand sich in ihrer Nähe. Sie brachen ab mit einem Geräusch, als habe ein kräftiger Mann einen Baum abgebrochen. Die Leute, die das Geräusch gehört hatten, überbrachten die Nachricht.

Aus dieser zuletzt angeführten Stelle darf man schließen, daß um 1700 die letzten Teile der Schlangenköpfe verschwunden waren. 1848 fand der Architekt und Hagia-Sophia-Restaurator Fossati ein Schlangenkopffragment, das man im Archäologischen Museum betrachten kann.

Aufstieg und Fall İbrâhîm Paschas

Der in diesem Buch öfters genannte Großwesir Sultan Süleymâns I., İbrâhîm Pascha, ging in die osmanische Geschichte mit dem Beinamen *Makbûl-Maktûl* ein. Die arabischen Reimworte bedeuten, daß er erst Fa-

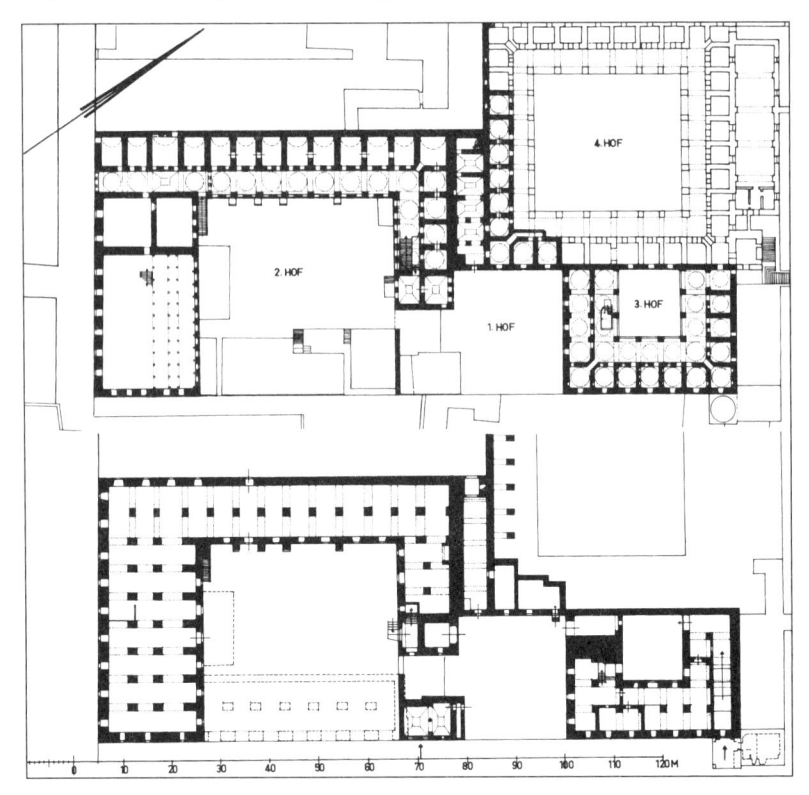

Plan 6: İbrâhîm Paschas Serail am Hippodrom

vorit war, dann aber zu Tode kam. İbrâhîm bewohnte das riesenhafte Serail, von dem die erhaltenen Bauteile das Museum für türkisch-islamische Kunst (Türk ve İslam Eserleri Müzesi) beherbergen. Diese Schatzkammer ist aus dem alten Stiftungsmuseum bei der Süleymaniye hervorgegangen und neben Kairos Museum für islamische Kunst die älteste derartige Sammlung.

İbrâhîm erhielt 1524 die Sultanstochter Hadîce zur Frau. Bei den 15 Tage und 15 Nächte währenden Feierlichkeiten im renovierten Palais baute man die Zelte der besiegten Monarchen Uzun Hasan (Führer einer turkmenischen Föderation im Osten), İsmâîl (der Schah von Iran) und Kansavh al-Gavrî (Sultan von Ägypten) auf, um mit diesen Trophäen die ausländischen Gäste zu beeindrucken. Brautvater Süleymân wurde am Tor des Topkapı Sarayı durch den Zweiten Wesir Ayas Pascha und den Aga der Janitscharen abgeholt, bevor er sich auf einem Thronsitz im Palast seines Schwiegersohns niederließ. Als 1530 drei weitere Söhne Süleymâns beschnitten werden sollten, stellte der Großwesir das Serail erneut zur Verfügung.

Ein spektakulärer Vorfall war die Aufstellung von drei Götterfiguren, die İbrâhîm Pascha im Corvinus-Palast von Buda erbeutet hatte. Es hat sich sicher um Renaissance-Bronzen gehandelt, wobei sich nicht mehr klären läßt, ob sie auf dem Hippodrom standen oder mehr oder weniger verborgen hinter den Mauern seines Serails. Der Dichter Figânî, ein begabtes Schandmaul, ließ sich im Jahr 1532 zu einem persischsprachigen Vers hinreißen:

> Zwei İbrâhîms hat es gegeben im Weltenlauf,
> Der eine zerstörte die Götzen, der andere stellte sie auf.

Da jeder wußte, daß mit dem ersten İbrâhîm der biblische bzw. koranische Abraham gemeint war, der die altarabischen Idole von der Ka'ba in Mekka heruntergeholt hatte, der zweite aber niemand anderes sein konnte als der Großwesir, den man des Polytheismus als denkbar schlimmsten Vergehens bezichtigte, konnte dieser Vers (der aber vielleicht nur ein in einer Runde von Literaturfreunden hingeworfenes Zitat aus älteren Quellen war) nicht ohne Folgen bleiben. Der damals noch sehr junge Dichter wurde festgenommen, gefoltert und gehängt. İbrâhîm überlebte ihn nur eine kurze Zeit. Vom Sultan zu einer *iftâr*-Mahlzeit (mit der man im Ramazân das Fasten bricht) geladen, wurde er im Topkapı Sarayı 1536 erdrosselt.

Eine weitere Beschneidungsfeier im Serail des ehemaligen Großwesirs von 1539 läßt sich nach dem Bericht des Peçevî zusammenfassen:

Am folgenden Tag wurden allen Staatsmännern und Gästen ihre Zelte zugewiesen. Das Gelage begann. Auf den Platz wurden von Meistern als Tiere gestaltete kuriose Figuren gebracht, eindrucksvolle Statuen, Elefanten, Kamele, Giraffen, Schafsböcke, Affen, verschiedene Früchte und Blumen zum Schmuck der Umgebung. Am Tag darauf nahmen die Wesire oben zusammen mit den anderen Großen im Musikpavillon (*mehterhâne*) Platz. Man begrüßte sich per Handkuß, es wurden Geschenke überreicht, danach übergaben die Gesandten ihre Geschenke. Die Vergnügungen begannen mit dem Tanz eines russischen Bären. Man führte Feuerzauber vor, Kunststücke mit Kränzen, das Klettern auf einen eingefetteten Pfosten, es gab aus Baumwolle gefertigte Löwen und andere künstliche Figuren.

Die am besten in Bild und Text dokumentierte Beschneidungsfeier wurde 1582 von Murâd III. für seinen damals schon 16jährigen Sohn Mehmed ausgerichtet. Sie währten nach umfangreichen Umbauten des Serails 52 Tage. Die Operation selbst wurde am 40. Tag durch den Chefchirurgen Cerrâh Mehmed Pascha vorgenommen. Mustafâ Âlî geht in die Einzelheiten: «Es wurde ein kaiserliches Bad errichtet. Denn es macht den Körper eines Menschen weicher und erleichtert den chirurgischen Eingriff. Badewärter und Chirurgen standen bereit. Zuvor wurde der Prinz gebadet.»

1648 schenkte Sultan İbrâhîm das Serail seiner achten Favoritin und befahl die Auskleidung mit Zobelpelzen. Dieser von Naʿîmâ überlieferte Vorgang war die Gipfel der Obsession des Sultans für die schon damals sehr teuren Edelpelze aus Rußland. Es wurde angeordnet, einen Kuppelraum des Serails, der auf den Pferdeplatz blickte, mit Zobeln auszustatten. Kurz danach wurde İbrâhîm abgesetzt und getötet.

Reiterspiele

Vor allem an drei Stellen wurde in Istanbul das *Cirid Oyunu* genannte, alttürkische Reiterspiel betrieben: vor den Landmauern, auf dem Cindî genannten Platz im Serail und auf dem Hippodrom. *Cirid* war ein Mannschaftsspiel, wobei die über die Jahrhunderte gleichbleibenden Parteien aus dem inneren Palastdienst nach den Gemüsesorten «Eibisch» und «Kohl» *Bamyacı* bzw. *Lahancı* hießen. Eine häufig zu lesende Erklärung für die skurrile Bezeichnung geht auf den Geschichtsschreiber Atâ zurück:

Nachdem Bâyezîd Yıldırım in die Gefangenschaft des Timur gefallen war (d. h. 1402, in der Schlacht von Ankara), zog sich sein Sohn Çelebî Sultan Mehemmed in die Statthalterschaft Amasya zurück. Er erkannte die Bedeutung der regulären Reiterei für die Kämpfe und nahm sich vor, diese wichtige Truppengattung auch unter den Osmanen zu vermehren. Seinen Sohn (den späteren Sultan) Murâd II. ließ er als seinen Stellvertreter in Amasya zurück und zog sich selber nach Merzifon zurück. Er bildete zwei Schwadronen *Cindî*, die eine in Merzifon, die andere in Amasya; da Merzifon durch seinen Kohl (*lahana*), Amasya durch eine Bohnenart (*bamya*) berühmt war, erhielt die Schwadron von Merzifon die Bezeichnung *Lahancı*, die von Amasya die Bezeichnung *Bamyacı*. Er ordnete an, daß diese Reiterei in der Ebene Sulu Ova (zwischen Amasya und Merzifon) ihre Exerzierübungen halten sollte. Sie ritten auf nicht zugerittenen, feurigen Pferden und übten sich im Gebrauch von Säbel und Lanze. So wurden diese Reiter die Grundlage der regulären osmanischen Kavallerie.

Tatsächlich handelt es sich um das Fortleben einer byzantinischen Tradition. Im alten Konstantinopel wurde am Hippodrom zum Geburtstag der Stadt ein Pferderennen veranstaltet, das den Namen *lachanikon hippodromion* führte, weil bei ihm Gemüse (gr. *lachaniko*) an die Bevölkerung verteilt wurde.

VIII.
Handel und Wandel

Das Hauptgeschäftsviertel von Istanbul war bis in die zweite Hälfte des 20. Jahrhunderts der «Große Basar». Er lag in einiger Entfernung von den Hafenanlagen am Goldenen Horn. Über das Wasser wurde der Handel mit den west- und nordeuropäischen Ländern, dem Schwarzmeerraum und den Häfen der Levante abgewickelt. Wichtige europäische Einfuhrgüter waren im 17. Jahrhundert vor allem Wollstoffe. Aus und über Ägypten kamen Zucker, Gewürze, Henna, Reis und Flachs. Izmir und sein Hinterland lieferten Trockenfrüchte wie Korinthen und Feigen, von der pontischen Südküste kamen Äpfel, Wallnüsse und Sesam. Bauholz wurde ebenfalls über die Schwarzmeerhäfen nach Istanbul gebracht.

Am Rande des Basars befanden sich die großen Karawanserails und die *Bekar Odaları*, Unterkünfte für unverheiratete Jünglinge und Männer. Der heutige «Gedeckte Basar» (Kapalı Çarşı) mit seinen mindestens 3000 Läden, 61 Straßen und 18 Toren verdankt seinen Grundriß im wesentlichen einer Neuplanung nach einem verheerenden Brand im Jahr 1701. Als sich die Staatsmänner mit den führenden Kaufleuten berieten, wurde beschlossen, die 300 m lange Basarstraße des Ali Pascha in Edirne (16. Jahrhundert) als Vorbild für einen bedeckten Markt zu wählen. Der Wiederaufbau muß dann zügig erfolgt sein, obwohl es zunächst Schwierigkeiten gab, die Ziegeleien in der Umgebung in Schwung zu bringen. Auch später wurde das Geschäftsviertel von Feuern und Erdbeben betroffen. Die breiteste Basarstraße, die sogenannte Kalpakçılar Caddesi (in der heute vor allem Goldschmuck verkauft wird), ist erst nach dem Erdbeben von 1894 in ihrer heutigen Form errichtet worden.

Das Zentrum des wirtschaftlichen Lebens einer osmanischen Stadt war schon vor der Einnahme Istanbuls eine *Bedesten* genannte «Tuchhalle». Die Bedestens sind hallen- oder straßenförmige, massive und abschließbare Basargebäude, die es in dieser Form und Funktion nur in der osmanischen Welt gibt. In Anatolien und Südosteuropa wurden an die hundert Städte mit Bedestens gezählt. Im Bedesten wurden nicht nur wertvolle Textilien gehandelt, sondern auch andere Luxusgüter wie Lederwaren und Waffen. Da die Bedestens durch eiserne Türen und Fensterläden und eingebaute Tresore feuersicher waren sowie Tag und Nacht bewacht wurden, vertrauten Kaufleute und Verwalter von Stiftungen den Kaufleuten Bargeld und Doku-

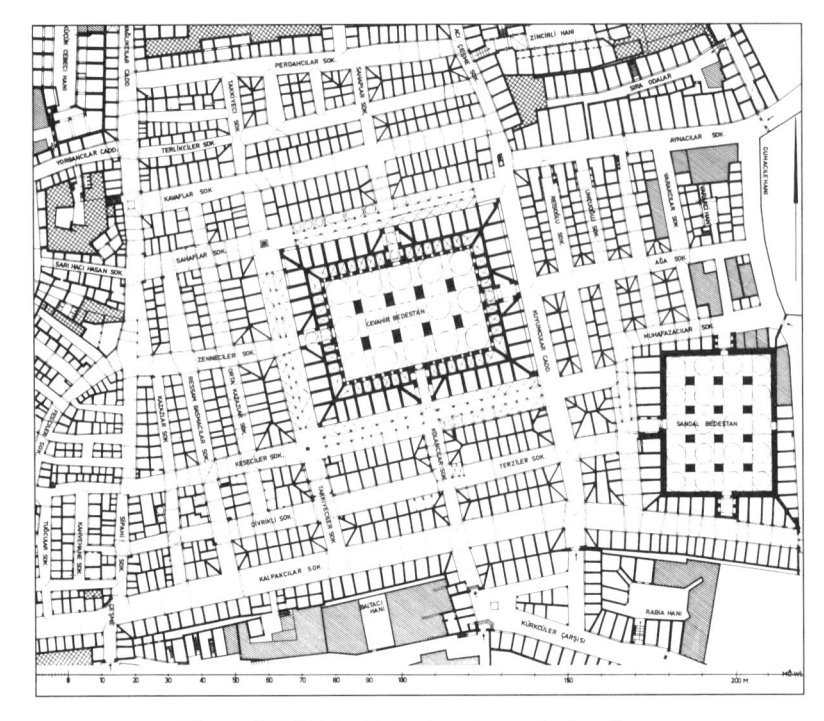

Plan 7: Die beiden Bedestens im zentralen Basar

mente an. Die Kaufleute des Bedestens waren die Elite der Handeltreibenden.

Der Alte Bedesten in Istanbul wurde zwischen 1455/6 und 1460/1 als Kern des zukünftigen Basarviertels errichtet und ist ein klassischer Vertreter der Gattung mit 3×5 großen Kuppeln und 64 Läden entlang der Außenwände. Im Inneren befanden sich 44 verschließbare Einheiten. Mit 3412 m^2 Fläche ist er der größte Bedesten aus osmanischer Zeit. Der danebenliegende, etwas kleinere und jüngere «Neue Bedesten» hat das Kuppelschema 4×5. Die Einkünfte beider Handelszentren flossen in die Stiftung der Aya Sofya.

Beide Bauwerke kann man von dem (nicht immer zugänglichen) Hof der Nuruosmaniye aus über die Straßen des Bedeckten Basars aufragen sehen. In der Vergangenheit konzentrierte sich der Handel mit kostbarem Geschmeide auf den Alten Bedesten, der noch heute Cevâhir Bedesteni genannt wird, der Neue Bedesten heißt Sandal Bedesteni nach einer bestimmten Sorte Satin (*sandal*). Schon Evliyâ betonte, daß im Neuen Bedesten Seide und kostbare Gewänder angeboten wurden. Zum Personal der Bedestens gehörten neben den vertrauenswürdigen Wächtern auch Lastträger, von denen Evliyâ schreibt, daß sie Waren anderer Kaufleute nachts in die äußeren Magazine des Alten Bedestens schafften, um sie vor einem immer möglichen Feuer zu schützen. Im Inneren wurden kostbare Waren durch Makler (*dellâl*) angeboten, die selbst keine Ladengeschäfte hatten, sondern sie durch den Bedesten trugen.

Der Gewerbetreibende ist der Freund Gottes

Der im Aleppiner Exil schreibende Nâbî hatte in seinem Lobgedicht auf Istanbul unterstrichen, daß es in der Stadt zahlreiche Gewerbe und Künste gebe, von denen man in der Provinz nicht einmal den Namen wisse. In der Tat gehört die Aufgliederung der Handwerker und Händler in hoch spezialisierte Berufsgruppen (bei Evliyâ sind es 1100 verschiedene!) zu den Besonderheiten der Metropole Istanbul. Aus organisatorischen Gründen hatten sich viele von ihnen zu größeren Gilden (*esnâf*) zusammengeschlossen, die eifersüchtig über ihre Privilegien wachten. Der *Kethüdâ*, eine Art Obermeister, stellte die Verbindung zwischen den Gilden und der staatlichen Autorität her. Eine größere Zahl von Gilden setzte sich aus muslimischen *und* christlichen Meistern und Gesellen zusammen, die sich gelegentlich das Sprecheramt streitig machten.

Wie in anderen Teilen des vormodernen Europa waren Preisabsprachen und Wettbewerbsbeschränkungen nur teilweise erfolgreich. In Istanbul wachte, wie in anderen osmanischen Städten auch, ein Marktaufseher (*muhtesib*) über die Einhaltung von Preisen bzw. Maßen und Gewichten und kontrollierte die Hygienevorschriften. Eine Verordnung von 1502 wandte sich u. a. an eine Gruppe von *Fast Food*-Verkäufern:

Die Besitzer von Garküchen, die Verkäufer von gekochten Hammelköpfen (*başçı*), die Hersteller von Blätterteig mit Füllung (*börek*), kurz alle Verfertiger und Verkäufer von Speisen müssen diese sauber und gründlich zubereiten. Sie haben die Teller mit sauberem Wasser zu waschen und mit reinlichen Tüchern trockenzureiben. Sie dürfen die Teller nicht in einem Küchengeschirr oder mit gebrauchtem Wasser abwaschen. Ihre Kessel und ihre Schöpflöffel dürfen nicht ohne Zinnüberzug sein. Sie sind immer (neu) zu verzinnen, wenn notwendig. Der Marktaufseher wird Missetäter mit Zustimmung des Kadis verprügeln lassen, aber keine Geldstrafe erheben.

Der Hinweis auf die Erneuerung der Zinnauflage sollte Erkrankungen vorbeugen, die von Kupferoxyden ausgelöst werden. Eine möglicherweise unter Süleymân I. entstandene, aber noch unter Mehmed IV. redigierte Sammlung von Marktregeln enthält auch einen Absatz über das Kochen von Kutteln (işkembe) aus Schafsmagen: «Die İşkembecis sollen die Kutteln reinigen, in sauberem Wasser abwaschen und kochen. Essig und Knoblauch soll ausreichend dazugegeben werden. Im übrigen gelten dieselben Bedingungen wie für die Köche.»

Die Musterung der Istanbuler Zünfte im Jahr 1638

Vor seiner erfolgreichen Kampagne, in der er Bagdad von den Persern zurückgewann, ließ Sultan Murâd IV. 1638 alle Berufsgruppen Istanbuls, also nicht nur die Handwerkervereinigungen, an sich vorbeiziehen. Der Sultan betrachtete die Parade von einem Fenster des «Prozessionspavillon» (Alay Köşkü) genannten Gebäudes an der Serailmauer (der Empirebau am Eingang zum Gülhane-Park ist sein Nachfolger und stammt aus dem frühen 19. Jahrhundert). Die Rangfolge war nicht allein durch das Ansehen einzelner Berufe bestimmt, sondern durch ihre Bedeutung im Kriege. Die Parade bot Gelegenheit, unbotmäßige Gruppen zu disziplinieren. «Wer sich widersetzt», drohte der Sultan, «den lasse ich vierteilen.» Der wichtigste Zeuge dieser in der Geschichte der Stadt einmaligen Veranstaltung war Evliyâ Çelebî, der den Sultan von «seinem Istanbuler Heer» sprechen ließ. Evliyâs Zunftliste vermittelt eine gute Vorstellung von der Vielfalt der religiösen, zivilen und militärischen Organisationen der Stadt. Jedenfalls gehört ein Bericht über die 1100 «Zünfte» in 57 kürzeren und längeren Kapiteln zu den in der Sache ergiebigsten, in der Darstellung amüsantesten Teilen seines Riesenwerks. Nie vergißt er, den Patron (pîr) der einzelnen «Zünfte» anzuführen. In vielen Fällen gibt der Berichterstatter Einzelheiten zur Stärke der Berufsgruppe, ihrer Lokalisierung, die Namen von Kleidungsstücken und Werkzeugen.

Der Umzug wurde von militärischen und zivilen Palastchargen eröffnet. An der Spitze des Zuges folgten wenig angesehene Gruppen, wie die Einsammler von Hundekot (einem wichtigen Rohstoff für Gerber) und Totengräber. Die Sicherheitskräfte bildeten neben ihrer Klientel, den Taschendieben, Zuhältern von Knaben, männlichen Prostituierten usw. einen eigenen Marschblock. Evliyâ zufolge soll Murâd IV. auf die Erfassung der verschiedenen Bäckereien für Brot, Blätterteig (börek), Sesamkringel (simit) und Zwieback (peksimât) besonderen Wert gelegt haben. Die Müllmänner werden mit folgenden Worten vorgestellt:

Diese Gruppe untersteht dem Müllaufseher. Ihre Arbeit besteht darin, den in sämtlichen Häusern und öffentlichen Straßen von Istanbul angefallenen Unrat in Körben zu sammeln und am Ufer des Meers in Bottichen auszu-

*Abb. 11: Der Kiosk an der Serailmauer (Alay Köşkü)
ermöglichte dem Sultan den Blick auf den Palast des Großwesirs
und die Beobachtung von Aufzügen*

waschen. Sie freuen sich riesig, wenn sie Silbermünzen, Haken, Nägel und andere Dinge finden. Manchmal stoßen sie auf ungeheuer wertvolle Sachen wie Edelsteine, die aus *İstifans*, Reiherfeder-Aigretten oder mit Edelsteinen geschmückten Gürteln herausgefallen sind, so daß es sich gar nicht beschreiben läßt. Diese Gruppe führt jedes Jahr an den Müllaufseher 60 000 Silberstücke ab. Dafür ist es ihnen erlaubt, den Müll zu durchsuchen... Diese Gruppe besteht aus 500 Personen. Sie tragen riesige schwarze Stiefel, die von der Sohle bis zur Leistengegend reichen, Kaftans aus rotschwarzem Leder und (hohe und spitze) Kopfbedeckungen wie die Leute im (südanatolischen) Teke und Hamid. Über die Schultern haben sie an langen Stangen eiserne Schaufeln gelegt, auf dem Rücken runde Holzeimer.

Die nächste Gruppe bestand aus den 2008 Totengräbern Istanbuls. Sie begleiteten das Heer auf Feldzügen: «Ihnen wurde befohlen, in Zeiten von Eroberungskriegen alle Glaubenszeugen beizusetzen.» Auch die folgende Gruppe war mit Hacken und Schaufeln, Bottichen und Körben bewaffnet. Es waren vor allem Armenier aus Kayseri. In Istanbul waren sie für die Reinigung der Kloaken zuständig. Im Krieg bestand ihre Aufgabe darin, für die Heeresangehörigen Aborte zu schaufeln. Sie hatten aber auch als Mineure eine große militärische Bedeutung. Sie legten Stollen unter den Mauern feindlicher Festungen an, füllten diese mit Pulver auf und jagten sie in die Luft. Sie rochen nicht besonders gut...

Die zweite Abteilung bestand aus Organen der Rechtspflege und einem Teil ihrer «Kundschaft». Für die innerstädtische Ordnung sorgte eine Janitscharen-Einheit unter dem *Asesbaşı*. Auch die Henker waren vertreten. Entschieden das höchste Prestige hatte gleichsam als Kontrast der folgende Block von «religiösen Spezialisten» und «Intellektuellen»: Militärrichter, Standartenträger, Imame, Freitagsprediger. Richter und Mollas, Scheichs, Koranausleger, Spezialisten, die den *Hadîs* überliefern und lehren, Gebetsrufer (unter ihnen Evliyâs Patron Bilâl), Sufis, Verwalter frommer Stiftungen, Gerichtsdiener, diverse Rezitatoren, Buchhändler, Dichter, öffentliche Erzähler, Astrologen, Leichenwäscher, Medresestudenten.

Im zehnten Block finden wir die fleisch- und milchverarbeitenden Berufe, Metzger, Schlachter, Schaf- und Rinderzüchter, die Betreiber von Käsereien und viele andere mehr.

Sie haben in den vier Gerichtsbezirken von İslâmbol 999 Läden und zählen 1700 Mann. Ihr Patron ist seine Heiligkeit Cömerd, der Fleischhauer. In Gegenwart des erhabenen Propheten legte er dem Erhabenen Ali den Zunftgürtel an und wurde zum Patron der Fleischhauer. Sein Grabmal ist in dem paradiesgleichen Bagdad. Die meisten Angehörigen dieser Zunft sind Janitscharen. Alle sind sie gut bewaffnet. Sie paradieren mit Wagen und Traggestellen, auf denen Hunderte mit prächtigen Stoffen und bunten Blüten geschmückte Läden sind.

Evliyâ schwärmt von den vierzig bis fünfzig Okka schweren Turkmenenhammeln und Hammeln aus Karaman, den Köpfen und Haxen von den fetten und merkwürdigen Hammeln aus Mıhalıç und Osmancık bei Bursa und von Kilia am Schwarzen Meer. Die Fleischer hatten sie abgehäutet und das weiße Fett ihrer Körper mit purpurfarbenen «Küchenrosen» und gelbem Safran bemalt, die Hörner der

Hammel wurden mit Silberpapieren und Folien aus reinem Gold verziert. Während die Zunftwagen vorbeizogen, zerteilten die Fleischerlehrlinge viele hundert Hammel in Hälften und Viertel. Juden und Griechen hatten ihre eigenen Metzgervereinigungen. Letztere betätigten sich auch als Pferdeschlächter. Über die Zunft der jüdischen Metzger mit 55 Läden und 200 Mitgliedern schreibt Evliyâ:

Die Verfluchten essen das Fleisch nicht, das Muslime geschlachtet haben. Es sind Verfluchte ohne (eigenen) Patron. Trotz der übrigen Metzger (gemeint ist: obwohl es ja genügend muslimische Metzger gibt) haben sie sich selbst herausgeputzt. Sie ziehen mit geschmückten Läden auf Wägen vorbei, indem sie höchst befremdliche Scherze ausführen.

Bei der Vorführung der Rindermäster erfahren wir, welches lebhafte, an eine Almlandschaft erinnernde Treiben im ostthrakischen Vorland Istanbuls existierte, um die Fleischversorgung der Stadt zu sichern:

Von den Aquädukten Istanbuls aus bis nach Terkos und Karataşlar bzw. zu den Istranca-Bergen gibt es tausend Rindereinzäunungen. Wenn am Kâsım-Tag (der traditionelle Winterbeginn am 8. November) in Istanbul die *Pastırma*-Zeit beginnt, füllen sich diese Gehege mit vielen hunderttausend Mastrindern.

Das äußerste Ende bildeten dann die Verkäufer zweifelhafter Alkoholika. Die allerletzte Gruppe waren die jüdischen Weinschenken. Aus wertvollen Gefäßen boten sie anstelle von Wein Zuckerwasser an. Nach einer längeren Liste von in- und ausländischen Weinsorten faßt Evliyâ seinen Bericht der Parade zusammen: Sie habe über 15 Stunden gedauert, drei Tage und drei Nächte ruhten in Istanbul alle anderen Aktivitäten. Einen vergleichbaren Aufzug habe es weder in China, noch in Chorasan oder Indien je gegeben und werde es auch nie geben.

Der Markt und die Preise

Die Behörde gestand eine angemessene Verdienstspanne von 10–15 %, in Ausnahmefällen von 20 % zu. Wie in der Gegenwart wurden vor allem bei Brot Preiserhöhungen vermieden, solange man sich mit Gewichtsverminderungen helfen konnte. In Ausnahmefällen kam auch das Gegenteil vor. Nach einer guten Ernte wurde im Jahr 1776 das Gewicht eines Laib Brots von 100 *Dirhem* (ca. 320 g) auf 150 erhöht! Mittels großer Getreidevorräte in den Magazinen von Unkapanı konnte der Staat den Markt beeinflussen. Darüber hinaus mußten die Bäcker Reserven anlegen. Im 18. Jahrhundert gab es eine Vorschrift, welche die Bäcker zu fünf Monatsvorräten zwang. Man kann verstehen, daß sie versuchten, Bestellungen hinauszuzögern, um nicht zu viel Kapital zu

Abb. 12: Kamelkarawane während des Weltkriegs (1914–1918)

binden. Evliyâ nennt 300 Schiffsladungen, die die Gerstendepots in Eminönü jährlich aufnehmen konnten. Die Transportwege des Weizens aus Ägypten waren zwar selten bedroht, doch gab es Ausnahmen wie im Jahr 1656, als Venedig die Inseln am Dardanelleneingang besetzte und das Brot knapp wurde. 1782 löste ein Stadtbrand, dem zahlreiche Getreidemühlen zum Opfer fielen, eine Hungersnot aus. Der tägliche Weizenverbrauch dürfte damals bei 200 Tonnen gelegen haben.

Maximalpreise mußten selbstverständlich häufig angepaßt und konnten bei Frischwaren wie Fleisch, Obst und Gemüse schwer durchgesetzt werden. Als der Großwesir von Selîm I. verbilligte Fleischrationen für die Janitscharen forderte, antwortete der Sultan unmißverständlich: «Der Maximalpreis ist überall gleich und gilt für Janitscharen und jedermann, und wenn es zu unterschiedlichen Preisen kommen sollte, lasse ich dich hinrichten!»

Die Großstadt wurde aus dem Hinterland mit Milchprodukten, Obst und Gemüse versorgt. Im Sommer herrschte ein reger Schiffsverkehr zwischen dem griechischem Festland, den Inseln der Ägäis und Kreta. Hauptgetreidelieferanten waren die Schwarzmeeranlieger und Ägypten. Große Teile des Fleischs trafen «zu Fuß» in Form riesiger Hammelherden aus Anatolien und den Balkanländern in Istanbul ein. Wie in der Gegenwart waren die Lebenshaltungskosten außerhalb Istanbuls oft deutlich niedriger.

Der Ägyptische Basar

Safiye Sultan, die Frau Murâds III. und Mutter Mehmeds III., beauftragte Ende des 16. Jahrhunderts den Architekten Davud Ağa mit der «Neuen Moschee» (Yeni Cami) am Ausgang des Goldenen Horns. Davud starb kurz nach der Grundsteinlegung (1598), auch seine beiden Nachfolger konnten den Bau nicht zu Ende führen, weil die ambitionierte Safiye nach der Thronbesteigung ihres Enkels Sultan Ahmed I. (1603) politischen Einfluß und wirtschaftliche Macht verlor. Zu der erst unter Turhan Vâlide Sultan, der Mutter Mehmeds IV., um 1663 vollendeten Moschee gehört als Stiftungsgut der Ägyptische oder Gewürzbasar. Es handelt sich um einen großen, winkelförmig angelegten gedeckten Markt mit rund 100 Läden, von denen wohl von Anfang an die meisten für den Gewürz- und Arzneihandel bestimmt waren. Die Stiftungsurkunde der Turhan Sultan legte die Aufgaben des Wachpersonals fest:

Zwei für die Aufgabe geeignete, ehrbare und fromme Männer werden als Torwächter ernannt. Sie werden abwechselnd die Tore des Markts abends schließen und beim Morgengebet wieder öffnen. Es soll sich um ernsthafte und vertrauenswürdige Männer handeln. Sie sollen alles unternehmen, damit niemand etwas von größerem oder geringerem Wert verliert. Ihre tägliche Bezahlung soll für jeden acht *Akçe* betragen.

Kömürciyan, der Verfasser eines Istanbul-Baedekers in armenischer Sprache, kannte den Ägyptischen Basar seit seiner Eröffnung:

Gegenüber dem Tor zum Fischmarkt (Balıkpazarı) erkennt man den Eingang zum Ägyptischen (Mısır) oder Neuen (Yeni) Markt. In diesem Markt findet man alle Produkte Ägyptens, in aus Stein gebauten Läden findet man verschiedene Geräte und Gewürze. Gegenüber dem Ägyptischen Markt ist die Rösterei der Kaffeehausbesitzer, auf der anderen Seite ist eine gewaltige Moschee. Diese Moschee hat die Frau von Sultan İbrâhîm, Vâlide Turhan Sultan, die von Hause aus ein Russenmädchen war, errichten lassen. Bei der Moschee, die von einem großen Hof umgeben ist, befindet sich auch die Türbe der Vâlide Sultan.

Besonders anschaulich ist seine Beschreibung des Treibens in der Umgebung des Markts. Der Text verrät auch, warum die Örtlichkeit noch heute Eminönü heißt. Hier hatte der Verwalter (*emîn*) des «festungsgleichen» (so schreibt Evliyâ) Gerstendepots seinen Dienstsitz, der Platz lag vor (*ön*) diesen Gebäuden.

Hier sind die Landungsstege für die Boote nach Hasköy und Balat (auf der gegenüberliegenden Seite des Goldenen Horns). In diesem Quartier gibt es an die hundert jüdische Metzger und Gemüsehändler. Weiter entfernt sind die Läden von Sandalen- und Schuhmachern. In Läden auf der anderen Seite werden mehrfarbige und vergoldete Kannen und Schalen verkauft. Hier befindet sich auch der staatliche Gerstenspeicher, bei dem der Gersteninspekteur (*arpa emîni*) seinen Dienstsitz hat. Boote aus (den anatolischen Orten) Mihalıç, Bandırma und İzmir legen hier an. Hier sind Marmorsäulen, Hausteine aus den Brüchen und Grabstelen aufgehäuft. In vielen Läden werden Tröge, Pech und Seile verkauft sowie Haselnüsse und Salz in Stücken so groß wie eine Walnuß aus Ahıyolu (am Schwarzen Meer) und Kefe (Krim). Das Salz, das man aus der Walachei einführt, besteht aus Stücken, von denen jedes eine Pferdelast ausmacht.

Am Ende von Kömürciyans Beschreibung wird deutlich, warum der Neue Markt zu seinem Beinamen «Ägyptischer Basar» kam: «Noch weiter entfernt sind die Schiffe aus Ägypten, die an der Hasır İskelesi anlegen. Sie bringen die mit roten Verzierungen versehenen ägyptischen Schilfmatten (*hasır*). Das Ufer zwischen Bahçekapı und Unkapanı ist voller Schiffe, die ununterbrochen von den Inseln, aus dem Mittelmeer und aus İzmit einlaufen.»

IX.
Moscheen: Finanzielles, Anekdotisches, Kultisches

Wahrscheinlich war der 1787 verstorbene Hâfiz Hüseyin, genannt Ayvânserâyî, der Istanbuler mit den umfangreichsten Kenntnissen der Moscheen seiner Heimatstadt. Sein Hauptwerk «Garten der Moscheen» enthält kürzere und längere Beschreibungen von 879 Moscheen. Das Buch beginnt mit der Aya Sofya als unbestritten ältester und ehrwürdigster Freitagsmoschee und endet mit einer Dorfmoschee unweit des Alem Dağı bei Üsküdar. An der Wende zum 21. Jahrhundert zählt die mit der Stadt mehr oder weniger identische Provinz Istanbul ca. 2500 Moscheen. Gemessen an der Vervielfachung der Einwohner ist die Zahl der Gebetshäuser pro Einwohner eher zurückgegangen als angewachsen! Vor einer Vorstellung einiger ausgewählter Moscheen soll auf eine wichtige Unterscheidung aufmerksam gemacht werden.

Mescids und Câmis:
Mehr als ein Größenunterschied?

Das Wort *Masdschid*, der «Ort, an dem man sich vor Gott niederwirft», ist die allgemeine arabische Bezeichnung für eine islamische Gebetsstätte und wird auch im Türkischen in der Form *Mescid* gebraucht. Sehr früh hat sich aber die Bedeutung in der Umgangssprache auf die Stadtviertelmoscheen verengt, in denen man sich *nicht* zum Freitagsgebet versammelte. Die Freitagsmoschee ist die «Versammlerin» (*câmi*) sämtlicher Muslime einer Stadt. Die ältere islamische Doktrin ließ nämlich nur eine Moschee für das kollektive Gebet einer Stadt zu. Später half man sich mit der Fiktion von Teilstädten, von denen jede eine Freitagsmoschee als Mittelpunkt hatte. Auch diese Vorstellung wurde schon in frühosmanischer Zeit, also vor der Einnahme Konstantinopels, aufgegeben. Die meisten Sultane und viele Große stifteten Freitagsmoscheen, während man das Bauen von *Mescids* der übrigen Bevölkerung überließ. Die Predigtkanzel (*minber*) als das wichtigste Kennzeichen der Freitagsmoschee fehlt in den einfachen *Mescids*. Der Stifter einer *Mescid* mußte also auch keine Einnahmequellen für das Gehalt eines Freitagspredigers erschließen.

Im 17. Jahrhundert und später wurden zahlreiche ursprüngliche *Mescids* durch ergänzende Stiftungen zu einer Freitagsmoschee aufgewertet. Im «Garten der Moscheen» gibt es zahlreiche Einträge des folgenden willkürlich ausgewählten Musters:

Die Yakûb Ağa-Moschee in der Nähe der Freitagsmoschee Pişmânîye: Ihr Erbauer ist der ehemalige Ağa aus dem Serail Yakûb Ağa, in ihrer unmittelbaren Nähe ist eine Schule (*mekteb*) aus Hausteinen. Ihre Imâme sind zugleich Lehrer (der Schule)... Fatma Hanım, eine Dame aus dem Serail, hat (dann später) den *Minber* eingerichtet. Dazu gehört ein Wohnquartier.

Ganz schlichte *Mescids* gehörten zu allen wichtigen Manufakturen und Fabriken:

Die Moschee der Joghurtmacher beim Ahur Kapı (das «Stalltor» unterhalb des Topkapı Sarayı): Die genannte Moschee befindet sich im Inneren der staatlichen Fabrik. Sultan Süleymân ist ihr Erbauer. Ihr Minarett ist aus Holz, sie hat keinen *Minber*. Die fünf Pflichtgebete werden (aber) abgehalten. Zur Moschee gehört kein Wohnviertel.

Der Hinweis auf das fehlende Wohnviertel (*mahalle*) bedeutet nicht etwa, daß die *Mescid* auf freiem Feld lag, sondern daß zu ihr kein selbständiger «Sprengel» gehörte. Ein muslimisches Quartier (*mahalle*) bestand nur im idealtypischen Fall aus einer Moschee und Wohnhäusern, der Schule, Brunnen, Läden usw. Es konnte durchaus neben einer *Câmi* zwei oder mehrere *Mescids* zählen. Eine Auseinandersetzung zwischen zwei Imamen verdeutlicht, was man unter dem «Sprengel» einer *Mescid* zu verstehen hatte.

Beschwerde eines Vorbeters gegen den Stellvertreter eines anderen Vorbeters

Konflikte zwischen den Vorbetern der Moscheen blieben dann nicht aus, wenn es um ihre zusätzlichen Einkünfte ging. Im August 1743 erging ein Befehl an den Kadi von Istanbul, der einen Streit zwischen zwei Vorbetern beilegen sollte. Der Sachverhalt wird am Anfang des sultanischen Schreibens dargelegt:

Hüseyin – es nehme sein Gebet zu –, Vorbeter (*İmâm*) der Freitagsmoschee, die sich im Quartier (*mahalle*) des Emîn Sinân befindet, welche zu den Stiftungen des wohlbehüteten Istanbul gehört und der Aufsicht des Kadis von Istanbul untersteht, kam zu Meiner Pforte der Glückseligkeit und berichtete, daß die Imame der oben erwähnte *Mahalle* seit altersher die Eheverträge schließen und die Totenwaschungen der Quartierbewohner vornehmen. Während sich (bis heute) niemand eingemischt hat, überschritt der Stellvertreter des Imams der später errichteten Hamza Paşa Mescidi, zu der keine selbständige *Mahalle* gehört, el-Hacc İsmâîl, seine Zuständigkeiten und schloß gegen alles Herkommen anfallende Eheverträge und nahm Totenwaschungen der Quartierbewohner vor, womit er zur Ursache erheblicher Unordnung wurde.

Die Behörde konnte dem Beschwerdeführer Hüseyin ohne weiteres folgen. Aus den Einträgen im «großherrlichen Register» ginge tatsächlich hervor, daß die Emîn Sinân Camii älter war als die Hamza Paşa Mescidi. El-Hacc İsmâîl habe also keinen Anspruch auf Gebühren aus Amtshandlungen wie Eheschließungen und Todesfällen in seiner «unselbständigen Gemeinde». Übrigens läßt sich die Entscheidung aus dem Jahr 1743 noch heute gut überprüfen. Die Stiftungsregister geben an, daß die Emin-Sinân-Moschee (sie ist inzwischen wieder eine gewöhnliche *Mescid* und liegt in der Pertevpaşa Sokağı/Gedikpaşa) vom Küchenschreiber Mehmed II. des Eroberers gebaut wurde und Einkünfte aus Geschäftsräumen in Galata bezog. Die Hamza Paşa Mescidi, von der sich keine Spur erhalten hat, lag an der heutigen Dostluk Yurdu Sokağı unweit der Zisterne von Binbirdirek; vielleicht wurde sie für den Bauplatz des nie begonnenen Heims der deutsch-türkischen Freundschaft geopfert? Sie wurde erst im späten 17. Jahrhundert aus einer Kirche in eine Moschee umgewandelt. Als in den 1930er Jahren in der Gegend Apartmenthäuser entstanden, tauchten Baureste davon auf.

Sinâns vergessene Mescids

In den Bauverzeichnissen von Mimâr Sinân (st. 1588) kommen 51 *Mescids* vor. Alle befanden sich in Istanbul, wenn man die Stiftung Mehmed Sokullu Paschas bei der Brücke von Büyük Çekmece einbeziehen will. 29 Bauten sind ganz verschwunden, 13 weitere haben ihren Charakter durch Umbauten völlig verloren. Sieben bewahren heute noch Züge des «klassischen» 16. Jahrhunderts. Der berühmte Sinân und die Mitarbeiter seines Büros haben sich also nicht nur mit der Planung und Ausführung von Großbauten befaßt. Zu den Auftraggebern der 51 *Mescids* gehört die besserverdienende Mittelschicht. Mehrfach waren es Obermeister verschiedener Zünfte wie der Knopfmacher (Düğmecibaşı), der Kürschner (Kürkçübaşı) oder Geldwechsler (Sarrâfbaşı).

Sinân hat selbst in seinem Leben zwei Mescids gestiftet. Seine erste eigene Moschee entstand um 1563. Sie ist heute spurlos verschwunden. Die zweite wurde etwa zwischen 1582 und 1586 gebaut und liegt an der heutigen Akşemseddîn Caddesi. Er nahm sie in seine Werkliste als «*Mescid* dieses Armen in Yenibahçe» auf. Die Mimâr Sinân Mescidi führt ihren Namen also mit doppelter Berechtigung. Obwohl die Mimâr

130   IX. Moscheen: Finanzielles, Anekdotisches, Kultisches

Sinân Mescidi 1918 völlig ausgebrannt war, konnte man für die Rekonstruktion auf eine ältere Zeichnung (des bekannten deutschen Kunsthistorikers Cornelius Gurlitt) und eine gute Bauaufnahme zurückgreifen. Vom heutigen Bauwerk mit seinem schlichten Zeltdach stammt nur das sehr beachtenswerte feine, etwa 10 m hohe Minarett ohne Umgang aus dem 16. Jahrhundert, unweit der Metrostation Emniyet.

Die Säulen der Süleymaniye

Sinâns wichtigster Bau in Istanbul ist der Süleymaniye-Komplex. Da sich 2973 Seiten mit den Lohnabrechnungen aus den Jahren 1553–1557 sowie zahlreiche Dokumente zur Materialbeschaffung erhalten haben, kennen wir die Süleymaniye besser als viele andere Großbauten. Unter den Arbeitern bildeten freie Handwerker mit 41% die größte Gruppe. Bei einem leichten Übergewicht der Christen waren muslimische und christliche Handwerker etwa in denselben Proportionen beteiligt. Die Hälfte aller Arbeiter wurde in den Provinzen angeworben. Neben den Ägäischen Inseln spielte der Raum Kayseri und Amasya eine hervorragende Rolle als Reservoir für qualifizierte Meister. Der Anteil kriegsgefangener Christen war mit 5,8% nicht sehr hoch. Sie wurden vorwiegend zum Rudern der mit Steinen beladenen Galeeren über das Marmarameer eingesetzt. Nach der Fertigstellung beschäftigte die Stiftung mit ihren Lehranstalten, dem Krankenhaus und der Küche etwa 800 Personen und verschlang jährlich 1 Million Akçe. Mehrere Chronisten haben bei der Erwähnung der Süleymaniye mit Bewunderung von den vier großen Porphyr- bzw. Marmorsäulen gesprochen. Mustafâ Âlî schrieb:

Zwei der vier Marmorsäulen, die zu den Seltenheiten des Erdkreises gehören und die auf der Welt ihresgleichen nicht haben und von denen

Abb. 13: Bronzering an einer Säule im Vorhof der Süleymaniye mit historischen Grafitti

Die Säulen der Süleymaniye

man im «bewohnten Viertel» (in der Ökumene) weder etwas weiß noch von ihnen gehört hat, kommen aus der Wohlbehüteten Kostantinîye, die anderen (zwei) aus Alexandria im Lande Ägypten. Sie wurden über das Meer mit Schiffen gebracht.

Evliyâ behauptet, alle vier Säulen stammten aus einer «alten Stadt». Auch im zehnten Band seines Werks, der die Reisen in Ägypten und im Sudan enthält, wird beim Besuch von Luxor daran erinnert, daß die vier Hauptsäulen der Süleymaniye aus dieser Stadt auf dem Nil bis Alexandria und von dort aus auf Flößen nach Istanbul gebracht wurden. Alle Einzelheiten verdanke er seinem verstorbenen Vater.

Die Durchsicht der Urkunden und Register widerlegen unsere Autoren in manchen Punkten. Tatsächlich haben sich mehrere Dokumente finden lassen, die beweisen, daß der Statthalter von Ägypten, der *Beylerbeyi* Alî Pascha, drei Monate nach der feierlichen Grundsteinlegung der Moschee (13. Juni 1550), den Auftrag erhielt, aus Alexandria vier Granitsäulen, 17 Ellen lang, zwei Ellen stark, zu besorgen. Kurz danach wurde auch dem Kadi von Biga befohlen, Bauholz vom Südufer des Marmara-Meers für die Konstruktion eines Landungsstegs in Alexandria bereitzustellen. Im Frühsommer 1552 liefen die Schiffe zur Abholung der Säulen aus, die im November desselben Jahrs eintrafen. Es ist nicht klar, ob die Schiffe mehr als eine Säule nach Istanbul beförderten. Das Werkverzeichnis des Baumeisters Sinân beseitigt alle Zweifel: Es nennt Alexandria als Herkunftsort einer Säule, die übrigen drei stammen dieser Quelle zufolge aus Baalbek (heute Libanon), dem Stadtteil Kızıltaş (bzw. Kıztaş) in Istanbul und dem alten Serail.

Sinâns Werkverzeichnis befaßt sich mit der Versetzung der zuletzt genannten Säule, von der wir nur wissen, daß es sich um eine antike Ehrensäule unweit des Bauplatzes gehandelt haben muß. Obwohl seit der Antike Berichte über das Aufstellen von Säulen und Obelisken bekannt sind, dürften wenige Texte das *Niederlegen* eines solchen Monuments beschrieben haben. Auch wenn nicht alle technischen Einzelheiten deutlich werden, spürt man die Freude an der gelungenen Operation:

Kurz und gut, auf Grund des erhabenen Befehls des weltbeherrschenden Padischahs schnitten wir Langhölzer aus großen Schiffsmasten und konstruierten ein massives, mehrstöckiges Gerüst. Wir legten an einer Stelle große Schiffstaue von Leichtern bereit und führten sie durch Ringe, durch die (sonst) Ankerketten laufen. Ich (d. i. Mimâr Sinân) legte um den Rumpf der betreffenden Säule an Ort und Stelle ein massives Korsett aus Schiffsmasten von oben bis unten. An zwei Stellen befestigte ich die mannsdicken Schiffstaue mit eisernen Ringen. An mehreren Stellen ließ ich starke Schiffswinden und riesige Flaschenzüge, gleich dem Himmelsrad, anbringen. Einige tausend Acemî Oğlanlar (Rekruten des Janitscharenkorps) gingen an diese Flaschenzüge, während einige tausend fränkische Kriegsgefangene wie die Salomon dienenden Geister aus einem Mund riefen «Seil, zieht!». An das genannte Tau wurde ein weiterer verstärkter Pfosten angebracht. Mit Allah-Allah-Rufen, und in Anwesenheit des Padischahs, brach er mit Leichtigkeit wie die Himmelsachse (?). Von den Ringen sprangen Feuer wie Blitze. Jenes große Tau (mit dem gegengehalten wurde?) hielt nicht weiter stand und zersprang wie ein Kanone, und sie (die Säule) wurde einige Stockwerke (tiefer) geworfen, so wie die Wolle von dem Bogen des Baumwollschlägers geschleudert wird. Kurz und gut, sie wurde an die vorbereiteten Taue gebunden und in Anwesenheit des Padischahs mit Leichtigkeit heruntergelassen. Man schlachtete Opfertiere und teilte sie den Armen aus. Dann luden sie die Geister im Dienste Salomons (also die christlichen Gefangenen) auf einen Schlitten und brachten sie zur gesegneten Baustelle. Auf Befehl des Schahs wurden sie auf das richtige Maß gebracht und mit den anderen Säulen zusammengestellt. Und eine weitere Säule wurde aus Alexandria mit einem Transportschiff gebracht, eine wurde von Baalbek ans Meeresufer geschafft und von dort aus mit einem Leichter gebracht, und eine befand sich schon bereit im kaiserlichen Serail.

Neben der Moschee Süleymâns gehören weitere Sinân-Bauten wie der des Prinzen (Şehzâde Camii), die beiden Moscheen des Sokullu Mehmed Pascha und die Moscheen von Süleymâns Tochter Mihrimâh und ihres Gatten Rüstem Pascha zum «Pflichtprogramm» eines Istanbul-Aufenthalts.

Die Laus des Glücks

Rüstem Paschas Moschee ist wegen ihrer überreichen Fayenceausstattung eines der bekanntesten Kunstwerke aus hochosmanischer Zeit. Ayvânsarâyîs Kapitel enthält jedoch kein Wort zum Fliesenschmuck und beginnt mit der Beschreibung der ungewöhnlichen Lage der kleinen Moschee.

Eigentlich wurde dieses Grundstück von der Moschee des Wohltäters Hacı Halîl Ağa eingenommen. Später wurde diese Obergeschoß-Moschee an ihrer Stelle gebaut. Unterhalb befinden sich ein Lagerraum und andere Immobilien, die Miete abwerfen. Ihr Erbauer war Großwesir und Schwiegersohn des Padischahs. Der schon genannte (Rüstem Pascha) hat noch weitere fromme Werke gestiftet, wie zum Beispiel die große Medrese beim Serail des Cağaloğlu... Er wurde in einem selbständigen Grabbau in der Umgebung der Şehzâde-Moschee bei seinem (nicht mehr bestehenden) Brunnen (*sebîl*) beigesetzt. Auf seinen Tod wurde der folgende Zweizeiler verfaßt: «Möge der Garten Eden seine Wohnstatt im Paradies bilden! 968 H. (1561). Es gibt kein (nach der Moschee heißendes) Quartier.

Der erwähnte Wesir war von Haus aus Kroate. Er trat in das großherrliche Serail ein. Weil er im Zeitalter Süleymân Hâns Wesir und Statthalter der Provinz Diyarbekir wurde und die Gunst des Großherrn erlangte, verleumdeten ihn böswillige Leute. Sie verbreiteten: «Er leidet an Lepra.» Als man Hofärzte konsultierte, gaben sie die Auskunft: «Personen, die an dieser Krankheit leiden, haben keine einzige Laus.» Daraufhin wurde Mehmed Halîfe, einer der Hofärzte, mit einer Untersuchung beauftragt. Heimlich stellte er nach einer gründlichen medizinischen Inspektion eine winzige Laus im Hemd (des Paschas) fest. Er führte seinen Fund dem Sultan vor, worauf der Genannte alsogleich mit der Stelle eines *Beylerbeys* von Anatolien betraut wurde. Durch seine Verehelichung mit Mihrimâh Sultan im Jahr 946 H. (1539/40) erlangte er zusätzlich die Würde eines großherrlicher Schwiegersohns.

Kraft und Glück eines Menschen machen sein Schicksal aus,
Gelegentlich genügt an seinem Ort auch eine kleine Laus!

Nun wurde er Wesir der Kuppel, danach, 951 H. (1544 D.) Großwesir an Stelle des Eunuchen Süleymân Pascha... Insgesamt diente er 15 Jahre als Wesir. Zu keinem Zeitpunkt nahm er Bestechungszahlungen entgegen oder beteiligte sich an tadelnswerten anderen Formen von Korruption. Durch seine überlegte Geschäftsführung floß der Staatsschatz vor Reichtümern über.

Dem bleibt nur hinzuzufügen, daß Rüstem, auch das Wachstum seines Privatvermögens nicht vernachlässigte. Als er 1561, vermutlich an Wassersucht, starb, verlor das Osmanische Reich einen seiner fähigsten Staatsmänner.

Mahmûd Pascha:
Eine Wesirsstiftung des 15. Jahrhunderts

Eine der ehrwürdigsten und eindrucksvollsten Moscheen aus der Zeit des Eroberers liegt im Herzen des Istanbuler Geschäftsviertels. Sie soll hier mit ihren leicht überschaubaren Finanzverhältnissen als Beispiel einer Wesirsstiftung vorgestellt werden. Ihr Stifter Mahmûd Pascha stand zum Zeitpunkt der Fertigstellung im Jahr 1464/5 auf dem Höhepunkt seines Einflusses als Wesir, Statthalter und Feldherr von Mehmed II. Obwohl Mahmûd, der einer serbisch-griechischen Familie entstammte, in «Rûm» Mehmed Paşa schon damals einen erbitterten Rivalen hatte, konnte er sich bis zur erfolgreichen Schlacht gegen den Turkmenenführer Uzun Hasan (bei Başkent 1473) bewähren. Kurz danach gelang seinen Feinden die völlige Entfremdung vom Herrscher. Aller Ämter entkleidet näherte er sich Mehmed II., der sich in tiefer Trauer über den Tod seines Sohnes Mustafâ befand. Der Prinz war un-

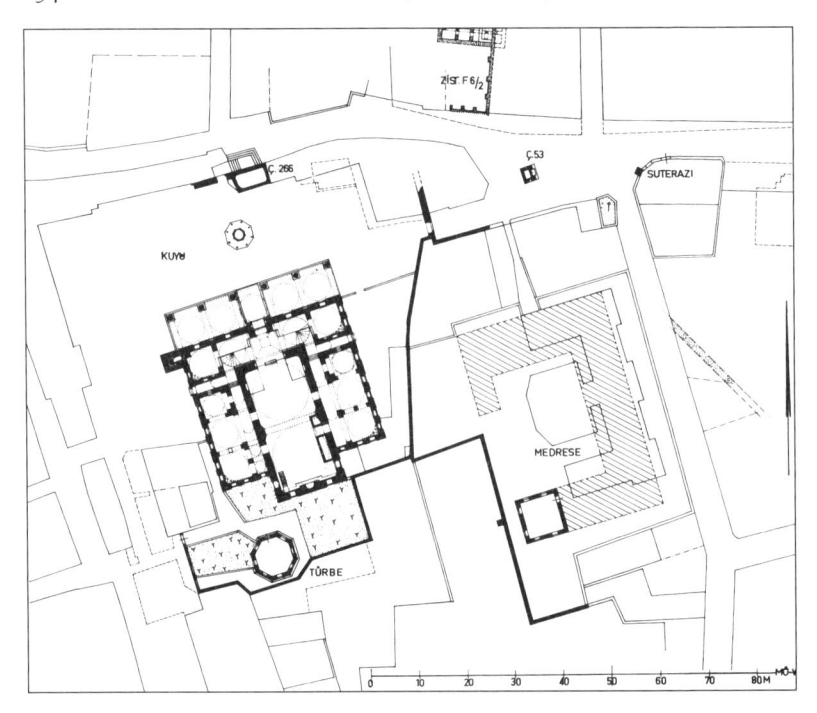

Plan 8: Lageplan des Stiftungskomplexes von Mahmûd Pascha

vermutet nach dem Bade in seiner Provinz Karaman gestorben. Mehmed unterstellte seinem ehemaligen Wesir, Genugtuung über den Tod des geliebten und vielfältig begabten Prinzen empfunden zu haben, ließ ihn in Yedikule einkerkern und kurz danach hinrichten (1474). Mahmûd wurde bald danach das Ziel volksfrommer Verehrung.

Mahmûd Paschas Moschee wurde auf dem Grundstück einer nicht identifizierbaren griechischen Kirche errichtet. Im Grundriß entspricht sie noch genau dem T-förmigen «Bursa-Typus». Die Türbe des Stifters hinter der Moschee stellt mit ihrem Keramikschmuck (in Kalkstein eingelassene schwarze und blaue Keramikkacheln) für Istanbul eine bemerkenswerte Ausnahme dar. Von der Medrese und den vielen Läden in der Umgebung ist mit Ausnahme eines Unterrichtsraums nichts übriggeblieben. Lediglich das in der Stiftungsurkunde genannte Bad und das damals wohl nur ebenerdige Karawanserail (der Kürkçü Hân der «Pelzhändler») haben den häufigen Bränden und Erdbeben widerstanden.

Die hier in Einzelheiten behandelte Stiftungsurkunde erlaubt den Einblick in eine typische Wesirsstiftung in der «klassischen» Epoche des Osmanenstaats. Wahrscheinlich war sie in arabischer Sprache verfaßt. Die Abschrift von 1546 ist im Persisch der Finanzverwaltung, nur die Schlußbestimmungen sind türkisch.

Die Stiftung des Verewigten Mahmûd Pascha, dem Gott gnädig sein möge, für die heilige Freitagsmoschee und das İmâret und die Schule und verschiedene Moscheen ohne Predigtkanzel in dem wohlbehüteten Istanbul sowie für Freitagsmoscheen und andere Moscheen in den Provinzen Rumelien und Anatolien wie es die Stiftungsurkunde darlegt. Erfolgt in der Mitte des siegverheißenden Monats *Safar* des Jahres achthundertachtundsiebzig (1473). Signiert von Mevlânâ Alî b. Yûsufü'l-Fenârî.

Wahrscheinlich war die Urkunde von einer ganzen Anzahl von Persönlichkeiten unterfertigt. Die Abschreiber begnügten sich mit der Nennung des prominenten Fenârî (st. 1497?). Er war zum damaligen Zeitpunkt Kadiasker, das heißt, er hatte die Jurisdiktion über das Heer. Später löste er sich von diesem sehr hohen Amt und befaßte sich nur noch mit mystischen Übungen als Mitglied einer Bruderschaft.

Das Register besteht nach dieser kurzen Vorrede aus drei Teilen. Zunächst wird der Besitz der Mahmûd Pascha-Stiftung aufgelistet. Es

Stiftungsbesitz	Jahresertrag (in *Akçe*)
11 Läden in der Nähe der Medrese des genannten Stifters	3 384
4 Läden in der Nähe der Junggesellenwohnungen	720
14 Werkstätten der Färber in der Nähe des Fischmarkts	7 068
14 Läden gegenüber den Werkstätten der Färber	2 688
2 Läden gegenüber der Schule = Wohnhaus des Lehrers des Stifters	324
1 Laden mit Magazin in der Nähe des İmârets des Stifters	300
3 Läden beim Garten der Freitagsmoschee	1 020
35 Wohnungen in Häusern bzw. einzelne Zimmer gegenüber der Medrese	8 784
9 verschiedene Häuser in der Nähe des İmârets des Stifters	2 556
16 ebenerdige Zimmer beim Garten der Freitagsmoschee	3 840
13 Zimmer zu ebener Erde und im ersten Stock bei dem İmâret des Stifters	4 740
13 Zimmer in der Nähe des Hauses von Hayreddîn Pascha	2 880
5 Zimmer vor dem Stall für Gäste/Reisende	84
Garten bei der Freitagsmoschee	2 000
Ein Karawanserail mit Ladenzellen in der Nähe des Bades	10 700
Ein Grundstück der Stiftung des Abdüsselâm Beğ	4 948
Ein Grundstück der Stiftung der Aya Sofya	3 360
Verschiedene Grundstücke	2 160
Einnahmen der Stiftung aus Istanbuler Immobilien	61 556

handelt sich ausschließlich um vermietete bzw. verpachtete Immobilien, wenn man die Buchbestände von zwei Medresen, die selbstverständlich keinen Ertrag abwarfen, wegläßt. Einen Teil der Einnahmen hat Mahmûd für seine Nachkommen reserviert, insbesondere die hohe Pacht seines Bades. Der zweite Teil faßt die Ausgaben zusammen. Am Ende folgen allgemeine und besondere Festlegungen für die Verwaltung der Stiftung. Betrachten wir als erstes die Istanbuler Immobilien, soweit ihre Erträge der Stiftung zugute kamen (s. Seite 135).

Mit Ausnahme des Karawanserail genannten Hauses handelt es sich um kleine Wohneinheiten und Läden. Nur die Berufsgruppe der Färber «in der Nähe des Fischmarkts» am Goldenen Horn läßt sich lokalisieren. Laut Stiftungsurkunde waren beträchtliche Einnahmen für die Kinder des Paschas reserviert. Da zum Zeitpunkt der Registrierung von 1546 keine Nachkommen mehr lebten, wurden diese Beträge, 103 722 *Akçe*, satzungsgemäß für die Ausgaben der Stiftung verwendet.

Weitere bedeutende Einkünfte flossen der Stiftung aus Immobilien in rumelischen Städten und Dörfern zu. Die größten Einzelposten waren ein Doppelbad in Edirne (20 000 *Akçe*), der Fidan Hân in Bursa (49 000 *Akçe*), der übrigens dem Kürkçü Hân in Istanbul wie ein Ei dem anderen glich, und der Bedesten in Ankara (35 000 *Akçe*). Dieser große Marktbau in Ankara hatte ein günstiges Schicksal: Er dient seit Jahrzehnten als Hauptgebäude des Museums für anatolische Zivilisation («Hethitermuseum»). Viel Geld warfen die Dörfer in Thrakien und Mazedonien ab.

Das Register fährt mit einer summarischen Beschreibung der Bibliotheken in den beiden Medresen des Paschas fort. Eine lag, wie schon erwähnt, neben der Moschee in Istanbul, die zweite in Hasköy (Haskovo, heute in Bulgarien). Die Bücherlisten nennen die typischen Fächer, auf die man in einer Medrese zugreifen mußte: Exegese, Hadith, Jurisprudenz, Logik. Die Istanbuler Medrese verfügte über 195 Titel der üblichen Kategorien:

«Bücher für die Medrese in Istanbul»	Zahl der Bände
Koranexegese	23
Hadîs-Sammlungen	31
Traditionswissenschaft	11
Jurisprudenz	13
Angewandtes Recht	49
Arabische Formenlehre, Grammatik usw.	35
Logik	9
Philosophie	13
Gebetbücher	11
Summe der Bücher	195

Wenden wir uns nun der Ausgabenseite zu: An der Spitze der Listen steht eine Abgabe für die Armen der Stadt Medina (59 000 *Akçe*), dann kommen die Gehälter für das Personal der Medrese (33 120 *Akçe*), der Moschee (36 360 *Akçe*) und der Küche (20 340 *Akçe*) in Istanbul. Das Personal der Stiftungen in Hasköy, Sofia, Bursa, Ankara und einigen kleiner Moscheen wird nicht vergessen. Selbstverständlich gab es Unterschiede bei der Bezahlung. Der Professor (*müderris*) an der Schule in Istanbul konnte mit beachtlichen 50 *Akçe* rechnen, im von der heutigen türkisch-bulgarischen Grenze noch 100 km entfernten Hasköy verdiente der Müderris nur 20 *Akçe*. Die Summe von Ausgaben (201 060 *Akçe*) entsprach, wenn man von kleineren Sachkosten für Lampenöl, Kerzen und Schilfmatten absieht, den Personalkosten der Stiftung. Hinzu kam ein großer Posten für Lebensmittel und Heizmaterial in Istanbul (27 144,5 *Akçe*). Am Ende zeigt sich, daß die über 70 Jahre bestehende Stiftung einen Überschuß von 210 200 *Akçe* erwirtschaftet hat. Für den Fall fehlender Nachkommen hat Mahmûd vorgesorgt. Lesen wir die Bedingungen, an die sich Stiftungsverwalter und Stiftungsaufseher zu halten haben:

Die Stiftungsverwaltung soll durch die Söhne und Söhne der Söhne erfolgen, nach ihrem Verlöschen durch freigelassene Sklaven, nach deren Verlöschen durch die frömmsten unter den Söhnen der Freigelassenen, nach deren Verlöschen durch die Frauen der Söhne der Söhne der Freigelassen von Generation zu Generation, nach ihrem Verlöschen soll der weltbeherrschende Padischah mit der Einsetzung einer würdigen Persönlichkeit als Stiftungsverwalter betraut werden.

Dieser erste Absatz hatte Folgen, weil schon 1546 keine Nachkommen Mahmûd Paschas mehr existierten. Die folgenden Zeilen betreffen die Finanzverwaltung. Der Ertrag der Stiftungen ist vorrangig für die Stiftungszwecke zu verwenden sowie für notwendige Reparaturen. Überschüsse müssen entsprechend den Stiftungsbedingungen für festgelegte Ausgaben und Leistungen verwendet werden. Den Armen der Stadt Medina, der Erleuchteten, sind jährlich 1000 *Sikke* Filori (d. h. florentinische Taler) zu schicken. Wenn die Stiftungsverwaltung in Händen eines Freigelassenen oder Fremden liegt, soll sein Honorar täglich nicht 50 *Akçe* überschreiten.

Für den Fall ausreichender Mittel hatte Mahmûd Pascha seine Nachkommen angewiesen, in Edirne eine Freitagsmoschee zu errichten. Tatsächlich wurde eine solche Moschee mit einer Medrese von Mahmûds Sohn Alî verwirklicht.

Des Sängers Lohn

Eine weitere, besonders bekannte, im Stadtbild aber viel auffälligere Moschee ist die Kılıç Ali-Paşa Camii in Tophane. Sie wird übereinstimmend als eine der ungewöhnlichsten Bauten Sinâns «und der osmanischen Architektur überhaupt» hervorgehoben. Der folgende Auszug aus Evliyâ wirft ein Schlaglicht auf die Persönlichkeit des Stifters. Ali Pascha war kalabrischer Abstammung und diente sich bis zum Oberbefehlshaber der Marine (Kapudan Paşa) hoch. Er starb 1587 im Amt. Zuvor hatte er seinen Stiftungskomplex vollenden können.

Unter den Feingeistern ist sehr wohl bekannt, daß Kılıç Ali Pascha einer der nordafrikanischen Konvertiten war und (nur) seinen fränkischen (also süditalienischen) Dialekt beherrschte. Nach der Vollendung der Moschee versammelten sich sämtliche Wesire und Würdenträger zum ersten Freitagsgebet in der Moschee. Als das Prophetenlob des dafür bestallten Sängers ziemlich exaltiert rezitiert wurde, sprang Ali Pascha auf und schrie den Rezitator an: «Was soll dieses *gû gû gû* und *hin kû kû*, sind wir hier in einem Weinhaus oder in meiner geliebten Bozaschenke?» Die Wesir neben ihm: «Mein Herr, es handelt sich um das Lob unsres erhabenen Propheten.» «Ja ist es denn möglich, daß man unseren Herrn Muhammad mit diesen *gû gû gû* loben kann?». Sie antworten: «Ja mein Herr, das ist möglich.» «Wie viele *Akçe* habt ihr dafür als Honorar ausgesetzt, schaut mal im Kassenbuch nach!» – «Mein Herr, es sind 10 *Akçe*.» «Und auf diesem Predigtstuhl singt einer, der unseren (regierenden) Sultan Murâd (III.) lobt. Wieviel *Akçe* bekommt der?» «Bei ihm sind es 40 *Akçe*.» (Daraufhin) sagte er: «Ist unser Herrscher größer oder unser erhabener Herr Muhammad?» Sie antworten: «Mein Herr, der erhabene Muhammad ist größer.» «Dann legt rasch für den *gû gû gû*-Sänger unseres Herrn Muhammad ebensoviel *Akçe*, nämlich 40, fest, wie für den Sänger zum Gedenken des Herrschers...»

Evliyâ beendet diese Anekdote aus dem Leben des berühmten Konvertiten mit dem Satz: «Jeden Freitag setzte sich Ali Pascha vor die Moschee und teilte einen Beutel Gelds an die Armen als Spende aus.»

Die Moschee Sultan Ahmeds I.

Da die «Blaue Moschee» Sultan Ahmeds I. (1603–1617) am Hippodrom neben der Hagia Sophia wohl das bekanntesten Postkartenmotiv Istanbuls ist, sollen hier einige Detail aus Evliyâs Beschreibung nicht fehlen, zumal der Autor Informationen aus erster Hand weitergibt. Evliyâ spricht von der notwendigen Enteignung von fünf Wesirserails für den Baugrund. Aus anderen Quellen wissen wir, daß Sultan Ahmed ursprünglich entferntere Bauplätze wie das Serail des Cağaloğlu ins

Auge gefaßt hatte. Die Stadtsilhouette Istanbuls hätte dann an Stelle des auffälligen Baus des Istanbuls Lisesi (der alten *Dette Publique*-Verwaltung) einen anderen Akzent erhalten. Bei der Grundsteinlegung im Jahr 1609 sprach der damals einflußreichste Ordensscheich, Üsküdarî Mahmûd Efendi, ein Gebet. Auch Evliyâ Çelebîs *spiritus rector*, Evliyâ Efendi, war zugegen. Drei Jahre später konnte die Kuppel geschlossen werden, 1617 war die Moschee, 1619 der Gesamtkomplex abgeschlossen.

Da Ahmed Hân als sechzehnter Sultan (der osmanischen Dynastie) diese Moschee erbaute, hat sie, in symbolischer Weise, sechs Minarette und 16 Balkone (für die Gebetsrufer)... In allen gesegneten Nächten werden diese Minarette mit zwölftausend Lichtern erleuchtet, so daß ein jedes von ihnen wie eine leuchtende Zypresse glänzt.

Evliyâ ist daran gelegen zu sagen, daß die Türflügel des Hofeingangs nicht, wie einige Leute behaupten, aus dem ungarischen Esztergom stammten, denn diese hätten die deutschen Ungläubigen bei ihrer vorübergehenden Einnahme der Stadt (1595) schon nach Wien entführt. Die Tür sei vielmehr das Werk seines Vaters, des Goldschmieds Derwisch Mehmed Zillî. Bei der Einweihung der Moschee seien Geschenke aus allen Ländern eingetroffen. Der Stadthalter der osmanischen Provinz Abessinien, Cafer Pascha, stiftete sechs Smaragdleuchter für die Sultansloge. Dem Verwalter überreichte man 9000 gebundene Bücher, derengleichen man vergeblich bei Fürsten und Scheichülislamen suche.

Beten unter offenem Himmel:
Ein Namâzgâh *und seine Stifterin*

Eine in der Türkei ganz in Vergessenheit geratene Andachtsform ist das Gemeinschaftsgebet unter freiem Himmel an den beiden hohen islamischen Feiertagen (osmanisch *Bayrâm*), dem «Fest des Fastenbrechens» und dem «Opferfest». Die arabisch *Musallâ* bzw. persisch *Namâzgâh* genannten offenen Plätze mit Gebetsnische, Kanzel und Waschungsbrunnen bilden auch die Grundbestandteile jeder Moschee mit dem Unterschied, daß sich über sie nur der offene Himmel wölbt. Die islamischen Juristen betonen das Vorrecht des Sultans, einen solchen Gebetsplatz *extra muros* einzurichten. An den Scheichülislam Süleymâns, Ebussuûd, wurde folgende Frage gerichtet:

Wenn das Bayramgebet seit mehr als 30 Jahren außerhalb einer Stadt verrichtet zu werden pflegt, darf es dann jetzt noch weiterhin auf dem *Musallâ* verrichtet werden, auch wenn es nicht bekannt ist, daß das Bayramgebet mit Erlaubnis des Sultans abgehalten zu werden pflegte?

140   IX. Moscheen: Finanzielles, Anekdotisches, Kultisches

Abb. 14: Namâzgâh und Brunnen der Esmâ Sultan in Kadırga (1781)

Die Antwort lautete: Ja. Im Jahr 944 H. (1537/8 D.) erging eine allgemeine Erlaubnis des Sultans, daß der Freitagsprediger der großen Moscheen eines Ortes, der ein *Musallâ* besitzt, das Bayramgebet (hier) verrichten läßt. Ein später neu eingerichteter *Musallâ* bedarf jedoch der (besonderen) Erlaubnis.

Interessant an dieser Rechtsauskunft (*fetvâ*) ist, daß der oberste Jurist sich auf den Sultan als Quelle für eine liturgische Frage beruft. Im ehemaligen, längst verlandeten Galeerenhafen (Kadırga Limanı) am Marmarameer kann man einen heute als Stadtpark angelegten *Namâzgâh* besichtigen. Da der Hafen ummauert war, erfüllte er die schon genannte Voraussetzung für eine Lage außerhalb der eigentlichen Stadtmauern. Der *Minber* erinnert zunächst an einen der im 18. Jahrhundert so beliebten Platzbrunnen. Nähert man sich von vorne, erkennt man, daß eine Treppe auf das Dach des Brunnens führt. So konnten die Prediger eine große Menschenmenge überblicken. Die lange Inschrift enthält einen Doppelvers, der die Funktion des Bauwerks nennt und auf den regierenden Sultan hinweist:

Kommst Du hierher, nimm die Waschung vor, bete an diesem *Musallâ* und geh,
Gott möge Abdülhamîd Hân ein langes Leben gewähren!

Das Gebäude ist eine Stiftung der Esmâ Sultan (1726–1788) aus dem Jahr 1781. Sie war eine von 18 Töchtern Ahmeds III., die mit einem Pascha verheiratet wurde. Der ihr formell angetraute erste Mann starb, als sie noch ein Kind war. Nach einer weiteren Ehe wurde sie 1758 mit dem über fünfzigjährigen Muhsin-Zâde Mehmed Pascha verheiratet. Mehmed war damals Generalgouverneur (Beylerbeyi) von Aleppo. Später stand er zweimal als Großwesir an der Spitze des Staates (1765–1769, 1771–1774). Das Paar bewohnte, selten gemeinsam, denn der Pascha hatte außerordentlich häufig militärische Verpflichtungen in den Provinzen, ein großes, aus Holz gebautes Serail, in dessen Nähe der *Namâzgâh* der Esmâ entstand. Esmâ, deren politischer Einfluß nicht nur als Gattin eines Wesirs, sondern auch als Schwester zweier Sultane (Mustafâ III., 1757–1774, Abdülhamîd I., 1774–1789) beträchtlich war, liegt neben ihrem schon 1774 verstorbenen Mann in Eyüp begraben. Die Bezeichnung *Namâzgâh* führen auch kleine Einrichtungen, die häufig nur aus einem Brunnen und einer die Gebetsrichtung andeutenden Mauer mit oder ohne *Mihrâb* bestehen. Innerhalb Istanbuls hat man mindestens 153 dieser *open air*-Gebetsstätten gezählt, die heute mit wenigen Ausnahmen verschwunden sind. Von gewöhnlichen Brunnen unterscheiden sie sich, wenn ein *Mihrâb* fehlt, oft nur durch die Einhaltung der Gebetsrichtung und eine die Blicke abschirmende Mauer.

Auf der aus Istanbul herausführenden «Heerstraße», dem berühmten Bagdad-Weg (Bağdat Yolu), gab es sogenannte Stations-*Namâzgâh*s (*menzil namâzgâhı*) in enger Folge bis zur Stadt Gebze. Nicht mehr an der ursprünglichen Stelle, aber in gutem Erhaltungszustand ist der datierbare *Namâzgâh* an der Südostecke der Selîmîye-Kaserne (1654). In Dudullu hat sich beispielsweise ein Adile Sultan Namâzgâhı erhalten. Auf der europäischen Seite konnte man nur geringere Zahl lokalisieren. Wahrscheinlich war es für Stifter attraktiver, den Bagdad-Weg, der ja auch von Pilgerkarawanen benutzt wurde, auszustatten und auf Fürbitten der Wallfahrer zu setzen. Der *Namâzgâh* innerhalb der ehemaligen Vormauern der Bosporus-Festung Anadolu Hisarı ist ein weiteres, leicht erreichbares Beispiel dieser Gebetsstätten.

Die Küchen der Stiftungskomplexe

Das Wort İmâret wird heute fast ausschließlich für die Küchentrakte eines Moscheekomplexes verwendet. In frühosmanischer Zeit bezeichnete es die Stiftung in ihrer Gesamtheit. Die häufig zu lesende Wiedergabe mit «Armenküche» ist eher irreführend, weil nur ein geringer Teil der täglich gekochten Speisen und gebackenen Brote an Arme verteilt wurde. Die İmârets der großen Moscheekomplexe waren nämlich in erster Linie Großküchen für das Personal, d. h. vor allem Lehrer und Schüler der Medresen. Bedürftige holten sich lediglich ihre Suppe mit einem Stück Brot. Im Fall der großen Moscheestiftungen Mehmed II. und Süleymâns I. wissen wir, daß auch Derwischerien dazugehörten, die direkt von der Großküche versorgt wurden.

Zu einem İmâret gehörten neben der Küche ein Speiseraum, der Keller, Wohnzellen und als Kern ein Backhaus. Hier entstanden die typischen, Fodla genannten Fladen. Bei großen Stiftungen gehörte das İmâret in die Gruppe der Servicebauten wie die Tâbhâne (eine heizbare Herberge) und die Karawanserails für die Tiere von Reisenden. Evliyâs Überblick über die Stiftungsküchen Istanbuls beginnt mit folgenden Worten:

Zu Anfang soll gelobt und gepriesen sein der gnädige Gott, welcher allen Menschen zu Essen gibt, der Schöpfer des von Wohltaten erfüllten Paradieses, gehen doch alle existierenden Wohltaten auf IHN zurück, (wie es im koranischen Vers heißt) «Und es gibt kein Tier auf der Erde, ohne daß Gott für seinen Unterhalt aufkommen würde» (Sure XI, 6). Der Herr der Welt hat die Eroberung Istanbuls dem Ebü'l-Feth (d. i. Mehmed II.) zum Geschenk gemacht. Jener (aber) war der göttlichen Namen «Gnädiger» und «Reich Gebender» eingedenk, handelte wie ein Herrscher und stiftete zunächst zur Speisung der Armen und Reisenden das İmâret beim neuen Serail, wo täglich am frühen Morgen und am Nachmittag dreimal Mahlzeiten ausgegeben werden. Außerdem gibt es das (eigentliche) İmâret von Sultan Mehmed Hân Ebü'l-Feth und das İmâret von Sultan Bâyezîd Hân, wo ebenfalls zweimal täglich für Groß und Klein (einfache Leute und Vornehme) reichlich Essen ausgegeben wird, ohne daß man Erkenntlichkeit erwartet.

Darüber hinaus gibt es noch die İmârets von Sultan Selîm I., Sultan Süleymân Hân, des Şehzâde (Prinzen) Mehmed, von Sultan Ahmed Hân, das der Hasekî Sultan unweit des Avret Bazarı, des Vefâ Sultan, das von Eyüb Sultan, das des Şehzâde Cihângir Sultan in der Nähe von Tophane, das der Mihrimâh Sultan auf der Üsküdar-Seite, das der Kösem Sultan, der Mutter von Sultan Murâd IV., des İbrâhîm Hân und des Osmân Hân.

Abgesehen von diesen gibt es in einigen hundert Derwischerien (tekyeler) Küchen vom Ausmaß der Küche des Kaykâvûs. Allerdings sind es die

Die Küchen der Stiftungskomplexe 143

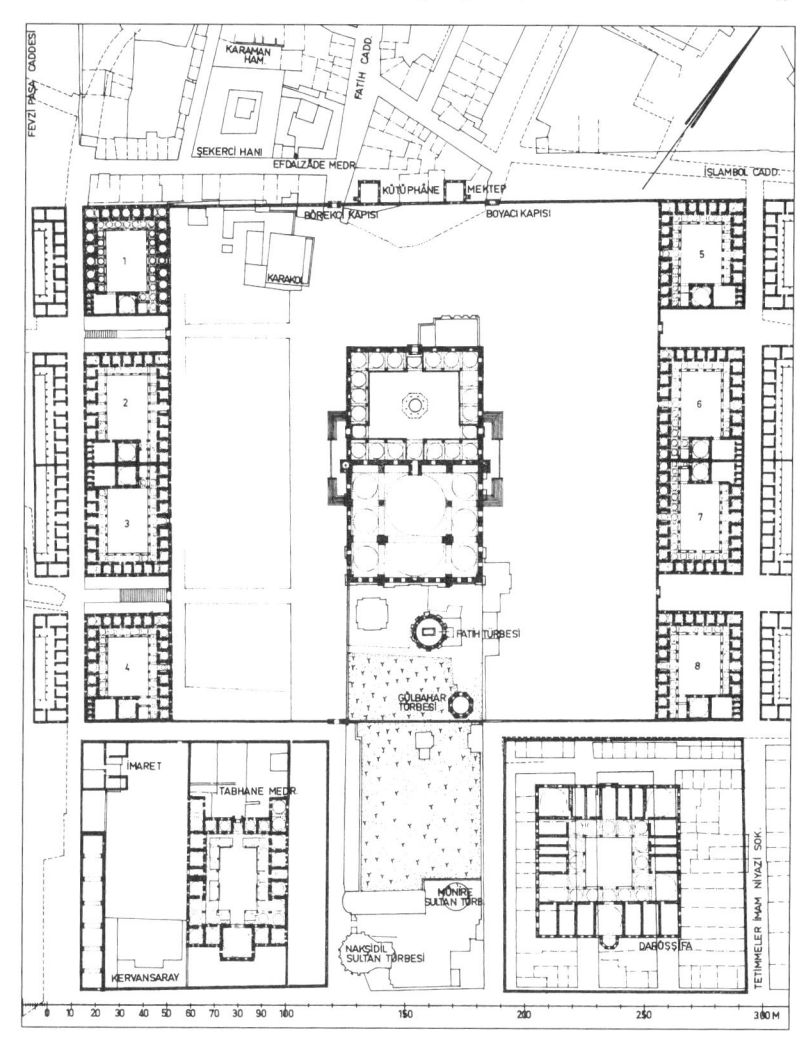

Plan 9: Teil-rekonstruierter Lageplan des Stiftungskomplexes für Sultan Mehmed II. Fâtih

(oben) genannten *İmârets* der früheren Sultane, in denen täglich zweimal bis zum jetzigen Zeitpunkt an Arme, Insassen, Jung und Alt, Kommende und Gehende eine Schale Suppe mit einem Stück Brot ausgegeben wird. Dieser Ärmste (Evliyâ spricht von sich) hat in 51 Jahren 18 Kaiser- und Königreiche bereist, ohne etwas (Vergleichbares) von diesem Umfang gesehen zu haben. Die Wohltätigkeit des Hauses Osman möge bis zum Ende aller Zeiten währen!

Evliyâ erwähnt an erster Stelle die Serailküchen, dann weitere 14 *İmârets*, meist von Angehörigen des Hauses Osman (Sultanen, Sultansmütter, Prinzen) und die Küchen der Derwischklöster. Obwohl er diese Einrichtungen mit den Küchen von Kaykâvûs, des mythischen Herrschers der iranischen Tradition, vergleicht, nennt er kein *Tekye* bei Namen. Das überrascht nicht, denn viele «hauptamtliche» Derwische waren selbst Kostgänger bei den Küchen der großen sultanischen Stiftungen. Beim Opferfest sandte das Serail lebende Hammel an ausgewählte Derwischerien.

Das auf den modernen Plänen der Fâtih-Stiftung als *İmâret* bezeichnete Gebäude hat wahrscheinlich nur wenig mit einer Küche zu tun gehabt. Vielmehr wird vermutet, daß es sich bei dem großen «heizbaren Raum» (*Tâbhâne*, Grundriß ca. 5 × 43 m) um die ursprüngliche Küche handelt. Das anschließend von Evliyâ erwähnte *İmâret* gehörte zur Stiftung des Sultan Bâyezîd II. (1506). Es wurde 1882 in den Bau der neuen Staatlichen Bibliothek (Bayezit Devlet Kütüphanesi) einbezogen, deren Adresse » İmâret Sokak No. 18–20» noch an die alte Nutzung erinnert. Sultan Süleymâns *İmâret* ist heute noch ein auffälliger Bestandteil des Süleymaniye-Komplexes unter dem Namen *Dârüzziyâfe* («Haus der Bewirtung»). Es diente ab Anfang des Jahrhunderts als Museum für Türkisch-Islamische Kunst, wurde aber nach dessen Umzug in das İbrâhîm Paşa-Serail am Hippodrom in eine touristische Nutzung übergeführt. Im heutigen Istanbul führen übrigens noch zwei *İmârets*, eines bei der «Tulpenmoschee» (Laleli Cami), ein zweites in Eyüp (Mihrişâh), ihre soziale Aufgabe fort.

Anstatt uns mit den übrigen *İmârets* der Liste Evliyâs zu befassen, wollen wir einen Blick auf das Personal und den Küchenbetrieb der Fâtih-Stiftung werfen, wie sie sich nach einem Rechnungsbuch aus dem Jahr 1545 darstellen. Als Begünstige der Küchen werden 1095 Personen, ohne Einbeziehung der Armen und Reisenden, genannt. Letztere erhielten bei ihrer Ankunft eine Portion Honig und ein *Fodla*.

1. Die 600 Studierenden an den acht Medresen der Fâtih-Stiftung und einiger anderer Schulen.
2. Die Bewohner von vier benachbarten Derwischerien.
3. Das gesamte Personal des Komplexes vom obersten Ulema bis zu den Trägern von Mehl und Brennholz. Zu den hauptamtlich Be-

schäftigten zählten auch die Ärzte der Krankenanstalt, ein Uhrmacher, ein Bibliothekar und 12 Gebetsrufer.

Es wurde zweimal täglich gekocht, morgens wurde eine Reissuppe ausgegeben, abends Weizengrütze. An Freitagen bildete Weizengrütze das Frühstück, abends gab es ein Reisgericht und eine Mehlspeise, die mit Honig, trockenen Feigen und Sultaninen verfeinert war. Im *Ramazân* wurden die Reis- und Fettrationen erhöht. Ansonsten wurden täglich 320 *Okka* (ca. 410 kg) Hammelfleisch verarbeitet. Die auf den einzelnen Esser entfallene Fleischmenge (nach dem Kochen!) hat man mit 160 g berechnet.

X.
Katastrophen

Wer mit Evliyâ Çelebî die Moschee Sultan Süleymâns in Istanbul besucht und die Säulen im Vorhof einer näheren Betrachtung unterzieht, der kann noch heute eine kleine Entdeckung machen (vorausgesetzt er liest osmanische Schriftzeichen):

Diese Säulen, welche den Vorhof an seinen vier Seiten umgeben, tragen an ihrer Basis Ringe aus Bronze. Die Stiftung beschäftigt einen (eigenen) Ziseleur als Chronisten. Hier (das heißt auf den Bronzeringen) sind alle großen Ereignisse wie zum Beispiel Feuersbrünste, Thronbesteigungen, Erdbeben und Revolten aufgezeichnet. Es sind wahrhaft sonderbare datierte Säulen.

In Wirklichkeit benötigen wir die z. T. noch leserlichen Graffiti der Süleymaniye nicht, um eine Liste der natürlichen und menschengemachten Katastrophen aufzustellen, die Istanbul heimgesucht haben. Die Zahl verheerender Brände und vernichtender Erdbeben ist groß und erschreckend. Joseph von Hammer-Purgstalls 1822 erschienene «örtliche» und «geschichtliche» Beschreibung von «Constantinopel und dem Bosporus» enthält im «Zweyten Hauptstück» über das «Klima» von Istanbul ein Erdbebenkapitel. «Erdbeben ist nicht minder als Brand bey den osmanischen Geschichtsschreibern ein stehender Artikel», schrieb der Vater aller Osmanisten. Hammer-Purgstall meint mit «stehenden Artikeln» die «so oft wiederkehrenden Beschreibungen» dieser Heimsuchungen in den Chroniken. Andere Naturkatastrophen wie Unwetter oder extreme Winter waren erheblich seltener. Epidemien wie Pest und Cholera traten dagegen in Istanbul wie im Abendland so häufig auf, daß der Prozeßcharakter das isoliert Ereignishafte – und damit Berichtenswerte – zu überdecken scheint. Wir dürfen vermuten, daß für die Epoche vor den Kriegen des 19. Jahrhunderts städtische Katastrophen im Leben der meisten Menschen schärfere, erinnerungsmächtigere Einschnitte bildeten als Thronantritte oder Belagerungen, Seesiege und Landschlachten.

Wenn man das Inhaltsverzeichnis einer osmanischen Chronik aufschlägt, entsteht tatsächlich der Eindruck, daß neben der sorgfältigen Buchführung von Ernennungen, Absetzungen und Verbannungen von Würdenträgern, dem Auslaufen der Flotte und dem Eintreffen des ägyptischen Tributs, vor allem Brände und Erdbeben registriert wurden. Im 17. Jahrhundert wurden in Istanbul 22 größere Feuer gezählt.

Im 18. Jahrhundert fallen auf «nur» 34 Kriegsjahre mehr als 25 Schadenfeuer! Osman Nuri Ergin kommt in seiner monumentalen «Dokumentation über die städtischen Angelegenheiten» auf 229 Brände zwischen 1853 und 1906, d. h. auf mehr als vier Feuer im Jahr:

> Brände sind untrennbar verbunden mit dem aus Holz errichteten Istanbul und bilden eine einzige Unglückschronik. Das Sprichwort ‹Feuer in Istanbul, Seuchen in Anatolien› (İstanbul'un yangını, Anadolu'nun salgını) faßt in wenigen Worten zusammen, was unserer Hauptstadt und unserem Vaterland über siebenhundert Jahre widerfuhr.

Osman Nuri beschäftigte sich als Verwaltungsbeamter mit früheren (wirkungslosen) und neueren (wirkungsvolleren) Feuerschutzverordnungen, dem Aufbau einer modernen Brandwache, der Errichtung von Beobachtungstürmen und dem Anfang des 20. Jahrhunderts unter gewissenhaften Muslimen umstrittenen Versicherungswesen. Einen der letzten großen Brände wertet er eher als Glücksfall denn Katastrophe, weil er den modernen Umbau großer Teile der Altstadt ermöglichte!

Forscher, die sich mit den Veränderungen des Istanbuler Stadtbilds, vor allem im 19. Jahrhundert, befaßten, haben immer wieder auf die Folgen der Großfeuer für die Entwicklung eines geplanten Straßennetzes hingewiesen. Zu den Folgen der Brände gehörte aber auch eine stärkere Umschichtung der Bevölkerung. Nach Bränden nahm der Druck auf nichtmuslimische Gemeinschaften zu, sich stärker in eigenen, randständigen Wohngebieten zusammenzuschließen. Kaum diskutiert wird, daß Erdbeben und Brände nicht allein Menschenleben kosten und Schäden an Hab und Gut anrichten. Auch ihre Auswirkung auf die schriftliche Überlieferung war enorm. Bei der Durchsicht von Personalakten der letzten Ulema-Generation fällt auf, wie groß die Zahl der jungen Rechtsgelehrten war, deren Diplome bei im einzelnen genannten Stadtbränden von Istanbul verlorengingen. Das erste Manuskript des produktiven und populären Schriftstellers Hüseyin Rahmi Gürpınar, ein Theaterstück, verkohlte im Aksaray-Brand von 1911. Der Mangel an osmanischen Autobiographien und anderen Selbstzeugnissen hat sicher auch mit dem Verlust der hunderttausend Wohnhäuser, Läden und Palazzi über die osmanischen Jahrhunderte hinweg zu tun. Fast alle Bibliotheken und Sammlungen der bürokratischen Elite der letzten Jahrhunderte sind verschwunden wie zum Beispiel der Konak des gelehrten Sadık Rifat Pascha (1807–1857). Man kann sogar unterstellen, daß die Quellenverluste durch Erdbeben und Brände nicht geringer waren als die der Kriege (mit denen İbrâhîm Müteferrika einst die Notwendigkeit einer osmanischen Druckerei begründete).

Göttliches Walten und herrscherliche Obsorge

Wenn sich der Sultan in Istanbul aufhielt, was im 18. Jahrhundert die Regel war, eilte er an den Brandort und überwachte die Bekämpfung des Feuers. Die Brandberichte erzählen auch von unmittelbaren Geldspenden an die von einer Stunde zur anderen obdachlos gewordenen Bewohner. Die tagelangen Feuersbrünste, die große Teile der Stadt vernichteten, zwangen viele Menschen, Zuflucht in anderen Orten zu suchen. Nach dem Feuer von 1782 gab der Sultan Geld, um den Obdachlosen den Umzug in mehrere Tagereisen entfernte Städte wie Edirne und İzmit zu ermöglichen. Die Schiffspassagen waren um das Mehrfache gestiegen. Weil viele Getreidemühlen verbrannt waren, brach eine Hungersnot aus.

Als Stürme im Jahr 1563 zahlreiche Dörfer vernichteten, wurden auch drei Istanbuler Aquädukte während der Bauzeit beschädigt. Der Dichter Eyyûbî hat in vielen Hundert Doppelversen den Bau und Wiederaufbau der Wasserleitung beschrieben. Unverdrossen macht sich Süleymân wie einst Salomon beim Bau des Tempels an die Reparatur, ohne sich gegen den Ratschluß Gottes aufzulehnen: «Er klagte nicht über das Werk der Zeit, er fügte sich dem göttlichen Ratschluß.» Einsicht in die Prädestination (*takdîr*) enthebt den Herrscher jedoch nicht von der vorsorglichen Erwägung praktischer Maßnahmen (*tedbîr*). Wir treffen auch in den osmanischen Feldzugsberichten immer wieder auf Stellen, in denen die Chronisten Kommandanten schelten, weil sie ohne ein ausreichendes Maß an Umsicht handelten. Anders als in der türkischen Entsprechung unseres «Der Mensch denkt und Gott lenkt» (*takdîr tedbîri bozar*) kann von einem passiven Sich-Ergeben in Gottes Willen bei der Bewältigung von Katastrophen nicht die Rede sein. Die Einsicht in die Allmacht Gottes fällt bei kollektiven Katastrophen dem Gläubigen auch dann nicht schwer, wenn er keinen Sinn in dessen Wirken zu erkennen vermag. Dazu läßt sich ein Satz aus der Chronik des Naʿîmâ über den sogenannten Cibali-Brand des Jahres 1633 zitieren. Diesem Feuer fielen 20 000 Häuser, etwa ein Fünftel des Baubestands von Istanbul, zum Opfer. Es gehört wegen des auf ihn folgenden Verbots des Kaffee- und Tabakgenusses zu den bekannteren Katastrophen des 17. Jahrhunderts. Naʿîmâ schreibt: «Der Meister der Welt der Vorsehung (also Gott) führte dem Volk seine Kunst vor als Pyrotechniker, als ein Jongleur, der mit Flammen spielt.» Dabei verwendet er die aus der persischen und türkischen mystischen Dichtung vertraute Allegorie des *magister ludi*. Die Undurchschaubarkeit des göttlichen Willens bedeutet für den Frommen, das sei abschließend unterstrichen, keinen Aufruf zur Untätigkeit.

Ein gut verwertbarer Beleg für eine innerosmanische Kritik an zu großer Passivität stellt die Beschreibung einer Feuerlöschaktion im London des Jahres 1867 dar. Der Autor ist ein Ömer Fâ'iz Efendi, der Sultan Abdülazîz auf seiner Europareise begleitete. Er beklagte die Gottergebenheit der Istanbuler, die glauben ihre Häuser mit einem Schild YA HAFİZ («Oh Gott, Behüter und Bewahrer») vor einer Feuersbrunst retten zu können, wo «doch unsere Religion Vorsorge gebietet». Vorbehalte gegen das Brandversicherungswesen blieben bis zum Ende des Reiches bestehen. Religiöse Kritiker verglichen es mit einem verbotenen Glücksspiel bzw. dem bewußten Eingehen eines Risikos.

Schon bei dem Jahrhunderterdbeben von 1509, dem sogenannten «Kleinen Weltuntergang», welches den ganzen östlichen Mittelmeerraum erschütterte, sagt uns die Chronistik, wie rasch die Befestigungen Istanbuls durch Zehntausende von Arbeitern auf Anordnung von Sultan Bâyezîd II. wieder instand gesetzt wurden. Auch andere Quellen sprechen von Reparaturkosten, die der Herrscher übernahm, weil die Stiftungen keine Reserven gebildet hatten.

Erdbeben

Das seismologische Wissen der Osmanen war nicht beeindruckender als im vormodernen Abendland. Vorläufig kennen wir nur wenige Schriften, die, wenn nicht ausschließlich, so doch in der Hauptsache von Erdbeben handeln. Ein Receb-Zâde Ahmed aus dem Anfang des 18. Jahrhunderts stützt sich zum größten Teil auf Arbeiten des großen, 1505 verstorbenen ägyptischen Universalgelehrten Suyûtî. Der osmanische Autor schloß sich der Meinung «glaubwürdiger» Gelehrter an, die festgehalten haben, daß die Ursache der Erdbeben die sich sträubenden Haare des Ochsen seien, welcher die Welt auf seinem Rücken bzw. seinen Hörnern trage. Im Jahr 1595 berichtete der Chronist Mustafâ Selanikî, nachdem er klischeehaft über ein Istanbuler Beben gehandelt hatte, von einer gleichzeitigen Erschütterung im entfernten Manisa: «In der Gegend des Dorfs Barcınlı spaltete sich die Erde über zehn Morgen. Auf Befehl trat ein Wasser hervor und erreichte die Höhe eines Minaretts, in dem (Wasserstrahl) schwammen Fische so groß wie Ochsen und mit Ohren, wie Bären Ohren haben, sagen die Leute...» Eine typischere Erdbebenbeschreibung aus dem Geschichtswerk desselben Selanikî betrifft ein Istanbuler Erdbeben im Jahr 1592:

Ein Erdbeben ereignete sich in der Mittwochnacht am 4. *Şabân* des Jahres 1001 zur Zeit des *Temcîd* (das ist die nur in den drei heiligen Monaten vor dem Morgengebet von bestimmten Minaretten herab gesungene «Litanei»). Es versetzte die ganze Welt in Furcht und Schrecken. Die Leute fingen an zu flehen und zu klagen an der Klosterpforte, wo die Schlachttiere zur frühen Morgenstunde geopfert werden (eine etwas komplexe Metapher für Gott). Gott möge ihre Reue annehmen und sie wieder zu Sinnen kommen lassen. Gerechtigkeit und Mitleid galten nichts mehr. Scheußliche Dinge hatten sich zugetragen, die der Gemeinschaft der Gläubigen nicht würdig sind. Wir erlitten wegen unserer schlechten Sitten diese (atmosphärischen?) Unglücke als Manifestation der Stärke Gottes. Oh Gott, Spender der Wohltaten, errette uns vor dem, was uns Furcht bereitet.

Dieses Erdbeben hatte keinen größeren Schaden unter den Menschen und an Gebäuden verursacht, jedenfalls keinen, der dem Chronisten aufzeichnungswürdig erschien. Der Bericht liest sich eher wie eine knappe, aber eindringliche religiöse Ermahnung. Sie ist durchaus nicht allgemein gehalten, auch wenn sie sich auf Andeutungen von begangenem Unrecht beschränkt. Der Chronist verurteilt in der «Verpackung» eines Exkurses über göttliches Wirken seine Kritik an dem Sturz des ihm nahestehenden Großwesirs Ferhâd Pascha wenige Wochen vor dem Ereignis.

Zweihundert Jahre später, gegen Ende des 18. Jahrhunderts, schrieb einer der Nachfolger von Mustafâ Selanikî im Amt des Reichsgerichtsschreibers, Ahmed Vâsıf Efendi, einen kleinen Exkurs zum Thema «Ursachen von Erdbeben». Der in Bagdad geborene Ahmed Vâsıf war ein außerordentlich kenntnisreicher und erfahrener Mann. Unter anderem hatte er die Aufsicht über die staatliche Druckerei inne. 1787 reiste er als Sonderbotschafter an den spanischen Hof. Vâsıf hielt sich nicht bei Stieren oder Fischen auf, welche die Erde tragen oder in Bewegung setzen, sondern er stellte zwei Erdbebendeutungen gegenüber, eine religiös-moralische und eine philosophisch-naturwissenschaftliche:

Die Religionsgelehrten (*ulemâ*) schreiben die Entstehung der Erdbeben der Unterdrückung und der Sündhaftigkeit zu. Ihre Ansichten stützen sie auf eine Anzahl von prophetischen Überlieferungen (Hadîsen). In den Werken der Philosophen wird (hingegen) vorgetragen, daß die Erdbeben aus der Ansammlung unterirdischer Dämpfe entstehen, welche sich unter dem Einfluß der Sonne gebildet haben. Wegen der starken unterirdischen Hitze steigen diese Dämpfe nach oben. Obschon sie an die Oberfläche kommen wollen, können sie nicht heraustreten. Die Erde überfällt ein Zittern wie ein von Fieber befallener Kranker. Auf diese Weise werden verschiedene metallische Stoffe auf die Erdoberfläche transportiert.

Die Deutung der Ulema unterscheidet sich nicht von der verbreiteten christlichen Vorstellung, daß nicht natürliche Ursachen, sondern Gottes Zorn die Erde beben lasse, als Zeichen seiner Allmacht. Auch die Auffassung, daß Erdbeben ohne katastrophale Folgen als Ermahnung zur Gottesfurcht gesehen werden, teilen die Muslime mit den Christen bis in die unmittelbare Gegenwart. Das Erdbeben als gängiger apokalyptischer Topos in der biblischen Überlieferung und im Koran soll uns hier freilich nicht beschäftigen. Die von Vâsıf den «Philosophen» zugeschriebene Deutung ist ein Nachklang der aristotelischen Erdbebentheorie, die auch das europäische Mittelalter beherrschte. Der vorsichtige Vâsıf überläßt es seinen Lesern, sich für die eine oder andere Deutung zu entscheiden.

Der in der heutigen Türkei wieder vielgelesene İbrâhîm Hakkı aus Erzurum (1703–1780) erblickte natürliche Ursachen im göttlichen Wirken. Sein *Marifetnâme* ist ein physikotheologisches Kompendium, in dem überwiegend traditionelle Erkenntnisse und theologisches Interesse im Gegensatz zu Vâsıf miteinander versöhnt werden. Im übrigen schlägt er sich bei der Erklärung der Ursachen von Erdbeben auf die Seite der «Philosophen». Mit Vâsıf und İbrâhîm Hakkî wurden zwei wichtige Autoren herangezogen, die Erdbebenerklärungen des Volksglaubens (Ochsen und Fische) mit Stillschweigen übergehen und sich den antiken Deutungsformen zuwenden. Die westliche Erdbebentheorie hat weder Vâsıf noch İbrâhîm Hakkı erreicht.

Im 19. Jahrhundert erscheinen dann die ersten modernen geowissenschaftlichen Lehrbücher in osmanischer Sprache. Damit ist der Streit zwischen Anhängern des Hadîs und der antiken Philosophie vorläufig abgeschlossen. Als Sieger gingen die an europäischen Anstalten ausgebildeten Naturwissenschaftler hervor. Der erste Muslim, der eine einschlägige Dissertation in Europa verfaßte, war Halil Edhem (Eldem, 1861–1938), der nach seinem Abschluß in Bern ab 1901 an der Istanbuler Universität, dem Dârülfünûn, Geologie und Mineralogie lehrte.

Während die traditionellen Gelehrten mehr und mehr zum Schweigen verurteilt waren, konnte niemand die Dichter hindern, sich mit den immer wiederkehrenden Erdbeben auseinanderzusetzen. Tevfik Fikret (1867–1915) war schon ein bekannter Autor, als das Erdbeben Istanbul 1310 H./1894 D. heimsuchte. Die Übersetzung seines Gedichts «Erdbeben» (*Zelzele*) läßt die für ihn kennzeichnende Verbindung von Katastrophenstimmung und humanistischem Optimismus erkennen.

> Im Jahr 1310 geschah es ... Gestern noch warst du zu Gast in dem alten Schuppen,
> als die Erde,
> wie man es von nervösen und fiebrigen Kranken kennt,
> plötzlich
> erregt und anhaltend
> von Krämpfen zuckte, zerschlug und zerstörte,

die Gesichter bleichte, voller Kummer, voller Furcht,
Häuser und Herde ein Haufen Elend,
die sich retten konnten, zerschmettert und zerschlagen.

Die edelsten Köpfe durch fromme Demut gebrochen,
Die Minarette selbst das Haupt zum Boden geneigt.
Oh Mensch, wenn das Schicksal Unheil verkündend zuschlägt,
lerne aus dieser Lehre,
Eine kleine Lehre, die tausend Unglücke erzeugt.

Du bist Gast der schwarzen Tage
   dein Leben wird gewiß keine leichte und freudenreiche Reise
   sein
   Ist doch
   in diesem Jammertal
eine leichte und freudenreiche Reise nur
ein Hirngespinst; ein Eilen zur der entfernten Wasserstelle in der
Wüste («Fata Morgana»)
ein Ermüden am Ende, vergebliches Ermüden;
das Leben gewinnt, wer mit dem Dämon der Wirklichkeit zusammenstößt,
   jeder Sieg erfordert auch Schäden
wer nach dem sublimen Ideal läuft,
   läuft im Triumph, setzt die Füße freilich schwer und erfüllt von
   Grau'n,
Vor ihm bebt die Erde und hinter seinem Rücken!

Brände

Die osmanische Dokumentation über Brände ist noch beeindruckender als die über Erdbeben. Es gibt eine Anzahl von selbständigen Augenzeugenberichten in Prosa und gebundener Rede, die Ausbruch und Fortschreiten der säkularen Schadenfeuer in allen Einzelheiten schildern. Diese Texte lassen sich, ähnlich wie ein Teil der Katastrophenkapitel in den Chroniken, als Zeit- und Gesellschaftskritik lesen. Die Autoren treten als Ausleger der göttlichen Wirkungsmacht auf. Wie andere, in der osmanischen Literatur häufig vorkommende Kleinformen verbinden sie manchmal realistisches Erzählen mit teils direkter, teils indirekter Gesellschaftskritik. Allerdings besteht der größte Teil unseres Materials aus mehr oder weniger nüchternen Schadensbilanzierungen, bei denen die Brandursache oft auf die Fahrlässigkeit von Handwerkern zurückgeführt wird und göttliches Eingreifen auf die Lenkung der Flammen durch den Wind in stereotyper Weise beschränkt ist. Der Bericht über einen «kleinen Brand» aus der Chronik des Defterdar Sarı Mehmed Pascha verdeutlicht das. Es handelt sich

Brände

übrigens bereits um das dritte Brandkapitel des Abschnitts über das Jahr 1094 H./1683 D., in dem der zweite Wienfeldzug stattfand und scheiterte:

Nachts entstand ein Brand in der Gegend des Holztors (Odun Kapısı), am folgenden Tag zur Zeit des Morgengebets breitete er sich Richtung Ayazma-Tor und Süleymaniye aus, als er dort angekommen war, verbrannten sämtliche Hane und Läden zur Linken und Rechten... im Feuer. Es heißt, daß außer den Ladengeschäften mehr als 1000 Wohnhäuser vernichtet wurden und verbrannten. Am 17. des Monats *Rebîülâhir* im genannten Jahr (1094, d. i. 15. April 1683).

Nach einer großen Feuersbrunst im Stadtteil Kumkapı im Jahre 1715 verfaßte der am Hof Ahmeds III. wohlgelittene Dichter Osmân-Zâde Tâ'ib (1660?–1724) eine Bittschrift an den Sultan, die mit einem Chronogramm endet. Der Kern des Textes stellt eine Anklage an den verantwortlichen Janitscharenoffizier Hasan Ağa dar. Der «Nemçe» Hasan war ein deutscher Konvertit. Als *Sekbanbaşı* («Chef der Hundeführer») war er die Nr. 2 im stehenden Heer, unterstand also unmittelbar dem Janitscharen-Aga. Osmân-Zâde machte ihm keinen geringeren Vorwurf, als die Kirchen in Kumkapı vor der Feuersbrunst gerettet zu haben, während die Moscheen und Schulen der Muslime in Asche versanken (der folgende Auszug in der Übersetzung von Hammer-Purgstall).

> Es hat der Brand, mein Padischah, uns verzehrt
> Es hat der deutschen Greueltat uns verheeret,
> Gerechtigkeit gib wider solchen Brand,
> Der durch Verräterei verheert das Land;
> ...
> Da er auf diese Art die Stadt verheert,
> Sei von dem Brand sein Hoffnungsbau verzehrt.
> Es brannten hell die Schulen und Moscheen,
> Doch ward nicht Feuerhakens Hilf gesehen,
> Doch ließ er Müh' und Arbeit sich nicht reuen,
> Um Kirchen von dem Feuer zu befreien,
> Er nahm daher wohl sieben Beutel ein,
> Und rettet Tischlerzeug zulieb' den Schrein.
> Mein Padischah, so es in der Hauptstadt geht,
> Seit Deutscher als Kommandeur ihr vorsteht.
> Denn wär's auch Bestimmung, wär's auch Pflicht,
> Durch Anstalt abzuwehren Zwangsgericht,
> Ist billig denn, daß Zahlreim so muß lauten:
> *Des Vogtes Faulheit die verheerte Stambul's Bauten.*

Tâ'ibs Empörung hatte sicher auch damit zu tun, daß sein Vater Osmân in dem verwüsteten Stadtteil Kumkapı 1688 eine kleine Medrese gestiftet hatte, an der er seine erste Lehramtsstelle erhalten hatte. Wahrscheinlich ist sie im Brand von 1715 beschädigt worden. Jedenfalls kommen andere Medresen in diesem überwiegend armenischen Viertel gar nicht in Frage. Es ist nicht auszuschließen, daß dieser Text die Ursache für Hasan Ağas Absetzung war. Ob seine «deutsche» Herkunft eine Rolle gespielt hat, ist schwer zu sagen. Übrigens sehen wir Hasan 1731 erneut als Sekbanbaşı fungieren

Eine kleine Schrift, die unter dem Titel «Das Feuer der Wissenden im Gedenken an die Armen» etwa im Jahr 1783 entstand, ist im Zusammenhang mit den Themen Brandkatastrophen besonders wichtig. Ihr Verfasser, Dervîş Efendi-Zâde Mustafâ Efendi hat über die opulente Verwendung von Topoi hinaus eine Anzahl «offener» und «verborgener» Gründe für das katastrophale Feuer von 1782 zusammengestellt. Dieser Stadtbrand ist nach unserem Autor, der übrigens später selbst als «Bürgermeister» (şehremîni) die Verantwortung für Istanbul übernehmen sollte, auf zwei Gruppen von Ursachen zurückzuführen:

Offene Gründe, d. h. von jedermann nachvollziehbare Ursachen, waren der ausbleibende Regen, was die besondere Trockenheit des Holzes verursachte. Die Unlust der Feuerleute, deren Lohnforderungen zu hoch waren. Schließlich: Die Unterstützung des lang anhaltenden Windes.

Nach der Aufzählung dieser Motive kommt er zu «verborgenen Ursachen», die miteinander wenig zu tun haben, aber auch für sich betrachtet, dem skeptischen Leser nicht mehr unmittelbar einleuchten. Mustafâ Efendi nennt drei Gründe:
1. Die Zuwanderung aus den osmanischen Provinzen (wir würden heute von Landflucht oder Binnenmigration reden) nach Istanbul. Die von lokalen Machthabern aus ihrer Heimat vertriebenen Flüchtlinge rächten sich (durch das Legen von Feuern?) an den hartherzigen Bewohnern der Stadt Istanbul.
2. Gott strafte den Kleiderluxus, mit dem sich Männer und Frauen schmückten. Die hohen Wohnbauten der Reichen bildeten eine weitere Herausforderung.
3. Der dritte von Mustafâ Efendi angegebene «verborgene Grund» ist der Zorn Gottes auf die Sternenkundler. Diese verachtenswertesten aller Menschen hätten bekannte Vorboten wie die Gelbfärbung der Sonne oder das Rötlichwerden des Mondes übersehen und konnten selbst den Merkur nicht von der Venus unterscheiden.

Mustafâ Efendi deutet also an, daß Spannungen zwischen ansässigen Bewohnern und Neuankömmlingen und Kleiderprotz und Übertreibungen beim Hausbau Gottes Zorn auslösen – was nicht weiter überrascht. Besonders interessant ist Punkt 3. Gott zürnt nicht allein über die hartherzigen Istanbuler und den Luxus der *happy few*, die «Sternenkundler» werden für das Brandunglück mitverantwortlich gemacht. Die islamische Welt sah zwar durchaus einen Unterschied zwischen Astrologie und Astronomie, doch war der bei einer Moschee angestellte *Müneccim* sowohl Astrologe als auch Astronom, und es scheint, daß unter Sultan Abdülhamîd I., dem der Autor treu diente, die Sternenkundler, aus welchen Gründen auch immer, einen schlechten Stand hatten.

XI.
Christen und Juden

Die heutigen Touristen der Stadt beschränken ihr Besichtigungsprogramm in der Regel auf Kirchen, die wie die Große und die Kleine Hagia Sophia oder die Chora-Kirche längst in Museen umgewandelt sind bzw. als islamische Gebetshäuser dienen. Die noch funktionierenden Hauptkirchen der christlichen Gemeinden sind jedoch ebenfalls gut erreichbar und bilden Zeugnisse des Mit- und Nebeneinanderlebens der Glaubensgemeinschaften in osmanischer Zeit. Das gilt in erster Linie für die Kirche des griechischen Patriarchats in Fener, die der Armenier in Kumkapı und die katholische Antonius-Kirche in Beyoğlu. Die wichtigste Synagoge ist die heute unweit des Galata-Turms gelegene Neve Şalom Sinagogu. Im Stadtteil Balat befindet sich die Ahrida, eine der ältesten Synagogen der Stadt, die nach der jüdischen Gemeinde aus Ochrid (Mazedonien) heißt. Anläßlich des 500jährigen Jubiläums der Aufnahme iberischer Juden im Osmanischen Reich (1492) wurde sie gründlich restauriert.

Drei oder vier Menschenalter nach der Einnahme Konstantinopels wuchs die Unsicherheit über den Status, den der Eroberer 1453 den Nichtmuslimen und ihren Gebetshäusern eingeräumt hatte. Einige *Fetvâs* berühren deshalb Fragen der islamischen Rechtmäßigkeit von alten und neuen Kirchen bzw. Synagogen und ihrer Renovierung. Grundsätzlich konnten Christen ihre Kirchen behalten, wenn sie «seit alters», d. h. vor der Eroberung, in ihrem Besitz waren. Erweiterungen des Vorhofs oder den Anbau von Nebenräumen schloß der Scheichülislam Süleymâns Ebussuûd aus. Renovierungen waren nur gestattet, wenn sie auf die Verwendung soliderer Bauweisen verzichteten. Die berühmteste Rechtsauskunft Ebussuûd antwortet auf die Frage, ob *alle* Stadtteile Konstantinopel mit Gewalt erobert wurden.

Die Causa: Hat der dahingeschiedene Sultan Mehmed – die göttliche Gnade und Verzeihung sei ihm gewährt – das wohlbehütete Istanbul und die Dörfer in seiner Umgebung mit Gewalt erobert?

Die Antwort: Es ist bekannt, daß es sich um eine gewaltsame Eroberung handelte. Aber die Tatsache, daß alte Kirchen und Synagogen übriggeblieben sind, weist auf eine (teilweise) friedliche Eroberung hin. Im Jahre 945 H./1538/9 D. wurde dieser Sachverhalt untersucht. Man stieß auf eine 117 Jahre alte Kirche und eine andere von 130 Jahren. Vor dem mit der Untersuchung beauftragten Gelehrten wurde beschworen: «Als sie Juden und Christen in Besitz hatten, machten sie gemeinsame Sache mit Sultan Meh-

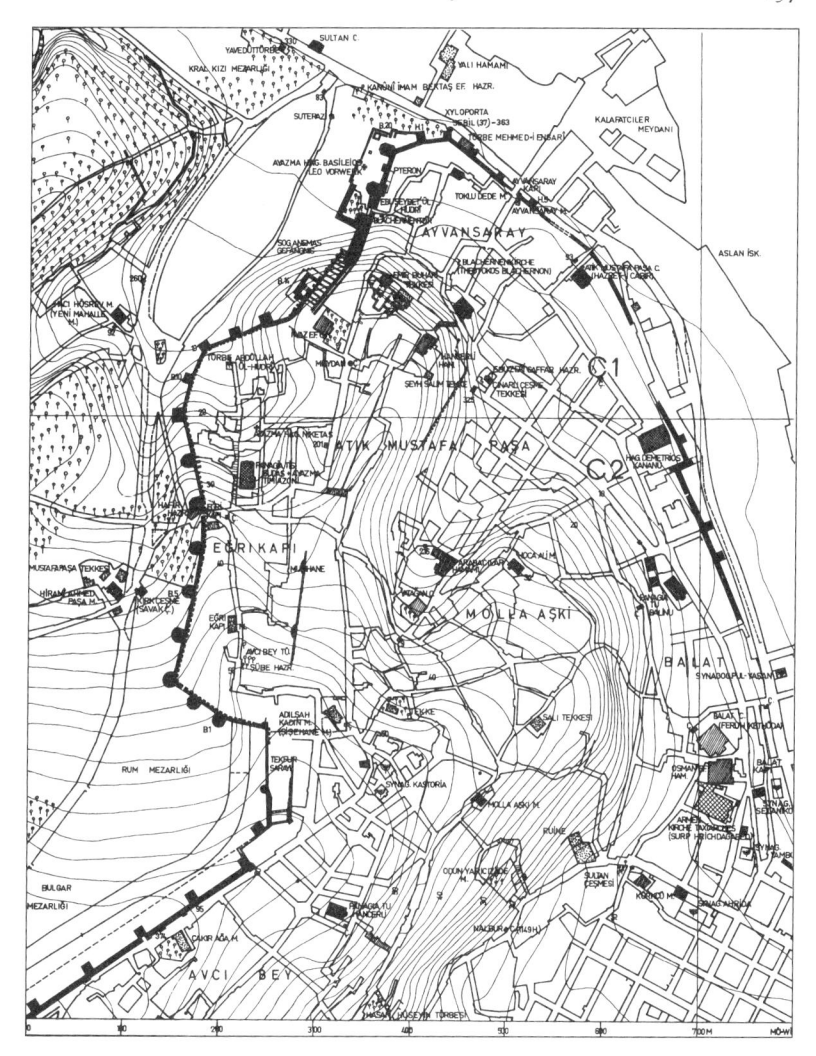

Plan 10: Die Quartiere Ayvansaray und Balat am Goldenen Horn

med, sie wußten daß der *Tekfur* (hier: der griechische Kaiser) nicht siegen würde. Sultan Mehmed machte seinerseits sie nicht zu Kriegsgefangenen, sie blieben so wie sie waren, auf diese Weise wurden sie erobert.

Hier ist von Kirchen und Synagogen die Rede, die in den Jahren 828 H. (= 945–117), d. h. 1412/3 bzw. 815 (= 945–130), d. h. 1426/7 errichtet wurden. Der Scheichülislam ließ das Weiterbestehen zu, weil Christen und Juden dieser (leider nicht genannten) Gemeinden so etwas wie einen Separatfrieden mit dem Eroberer geschlossen hätten. Anders liegt der Sachverhalt, wenn eine Kirche zum Zeitpunkt der Eroberung von den Muslimen in Besitze genommen wurde. Hier entschied Ebussuûd, daß sie die Christen nicht zurückkaufen und wieder als Kirche nutzen dürfen.

Die folgende Anfrage betraf ein rechtliches Kuriosum. Eine Christin, die ein Grundstück mit einer leerstehenden Kirche erworben hatte, glaubte auf Nummer Sicher zu gehen und ließ die Stiftungsurkunde auch von Muslimen unterzeichnen:

Die Antwort: Die Stiftungsurkunde ist vollständig nichtig und ungültig. Wenn schon die Errichtung einer Kirche in muslimischen Städten ungesetzlich ist, so ist es ebenso ungesetzlich, sich eine aufgegebene Kirche (wieder) anzueignen. So steht es in den Fetvâ-Sammlungen. Man hat (diese Urkunde) in Unkenntnis dessen aufgesetzt und unterfertigt.

Die Griechen:
Das Patriarchat auf Wanderschaft

Die griechische Bevölkerung Konstantinopels war nach der Flucht ihres Patriarchen nach Italien (1451) noch vor der Einnahme der Stadt ohne Führer. Mehmed II. ließ die Herde jedoch nicht ohne Hirten und übergab 1454 dem Mönch Gennadios die Insignien des höchsten Kirchenamts. Selbstverständlich kam die Hagia Sophia nicht mehr als Sitz des Patriarchats in Frage. Die Weihe und Inthronisation erfolgte deshalb in der Apostelkirche, dem zweitgrößten Gotteshaus der Stadt.

Die Kirchenpolitik Mehmeds II. sicherte für die folgenden Jahrhunderte den Zusammenhalt der griechischen Gemeinde. Obwohl sich Konstantinopel nicht im Sinne des islamischen «Außenrechts» (von Völkerrecht kann man nicht sprechen) ergeben hatte, sondern gewaltsam gestürmt worden war, beließ man den Griechen vor allem die Kirchen in Stadtteilen, in denen sie die Bevölkerungsmehrheit bildeten. Dabei mag aus der Sicht der neuen Herren die oben erwähnte rechtliche Fiktion geholfen haben, einzelne Stadtviertel hätten sich den eindringenden osmanischen Truppen separat ergeben. An dieser Stelle soll festgehalten werden, daß die etwa 40 griechischen Kirchen, die im 18. Jahrhundert in Istanbul existierten, zum größten Teil *nach* der Eroberung entstanden.

Wenige Monate nachdem sich Gennadios provisorisch in den stark beschädigten Mauern der berühmten Kirche aus dem Zeitalter Justinians eingerichtet hatte, mußte er in die Pammakaristos-Klosterkirche im Stadtteil Phanar (heute Fener) umsiedeln, weil Mehmed II. seine

Abb. 15: Das Pammakaristos-Kloster diente bis zu seiner Umwandlung in die Fethiye Camii (1591/2) als Sitz des griechischen Patriarchats

Hauptmoschee auf dem riesigen Gelände in Angriff nehmen wollte. Unter seinem Nachfolger Bâyezîd II. (1481–1512), der bei seinen Anhängern im Ruch der Heiligkeit stand, nahm der Druck auf den griechischen Kirchenbesitz zu. Der Patriarch konnte aber zunächst seine Hauptkirche behalten. Erst 1591/2 (das Datum ist nicht genau gesichert) wandelte Murâd III. das Pammakaristos-Kloster in die Fethîye Camii um. Der neue Name «Siegesmoschee» wird allgemein mit einem erfolgreichen Feldzug nach dem (heutigen) Aserbaidschan verbunden. Er dürfte einer der ersten «abstrakten» Moscheenamen sein. Bis dahin überwogen Bezeichnungen nach den Stiftern. Hüseyin Ayvansarâyî gibt zu dem Vorgang nur einen knappen Kommentar.

Fethiye Câmii: Diese Moschee wurde aus einer der Kirchen umgewandelt, die aus der Zeit der Eroberung übriggeblieben sind. Auf Grund von Streitigkeiten nahm man sie ihnen (den Griechen) im Jahr 1000 H. (1591/2 D.) ab. Der damalige Sultan Murâd III. machte eine Freitagsmoschee aus ihr. Die Einkünfte für ihr Personal werden aus der Türbe des Sultans im Hof der Aya Sofya abgezweigt.

Die wenigen Sätze lassen sich schwer deuten. Wir erfahren nichts über die Ursache der «Streitigkeiten», auch nichts über die Namengebung.

Es wirkt befremdlich, daß die beschlagnahmte Patriarchatskirche finanziell am Tropf der Mausoleumsstiftung Murâds III. hing. Vielleicht konnte eine geplante neue Fethiye-Moschee, womöglich an Stelle des Klosters, nicht realisiert werden, so daß man sich nach dem Tode des Sultans (1595) mit der Umbenennung und bescheidenen Unterhaltsmitteln begnügte. Heute ist die Kirche bzw. Moschee ein Museum mit etwas unregelmäßigen Öffnungszeiten.

Die nächste Station des Patriarchats war die Kirche des Demetrios Kanavou im Stadtteil Ayvânsarây. Dieser in ihrem heutigen Zustand höchst unscheinbaren Kirche in der Kırkambar Sokağı blieb zwar das Schicksal der Umwandlung in eine Moschee erspart, doch zog der Patriarch 1601 endgültig in die Georgskirche im Fener ein, wo sich noch heute sein Amtssitz befindet.

In einer gewissen Analogie zu Antrittszahlungen, die der osmanische Staat von seinen muslimischen Würdenträger kassierte, mußte auch der ökumenische Patriarch für seine Würde Geld vorstrecken. Für diese Investiturtaxe kam zunächst die griechische Kirche auf, ab 1763 mußten ihn die Anwärter aus eigener Tasche bezahlen, was ihre Abhängigkeit von finanzkräftigen Kreisen verstärkte. Die Schulden des Patriarchats sollen am Vorabend des Unabhängigkeitskriegs $1^1/_2$ Millionen Piaster betragen haben.

Das tragischste Ereignis in der Geschichte des Griechentums nach der Einnahme von Konstantinopel war gewiß die Hinrichtung ihres Patriarchen im Jahr 1821. Grigorius V. hatte drei bewegte Amtszeiten an der Spitze der Kirche gestanden. Bis zu seiner letzten blieb er loyaler Untertan des Sultans. Allerdings scheint er nach 1818 die Tätigkeit griechischer Verschwörer «stillschweigend» geduldet zu haben. Aber noch am 4. April 1821 ging er so weit, die griechischen Freischärler durch die Patriarchatssynode exkommunizieren zu lassen. In der Osternacht vom 21. zum 22. April wurde er verhaftet und an dem Tor zum Patriarchat gehängt. Ihm folgten zwei Metropoliten, 12 Bischöfe und zahlreiche Laien, so gut wie alle Phanarioten mit Rang und Namen an den Galgen. Seine ins Meer geworfene Leiche gelangte später auf einem russischen Schiff nach Odessa. 1871 wurde sie nach Athen überführt. Seine Anklageschrift wurde ihm in Form eines Zettels (*yafta*) an das Gewand geheftet. Von dem längeren Text sollen hier nur die Schlußsätze, die den Kern der Schuldzuweisung enthalten, wiedergegeben werden.

Anstatt die Rebellen zu beschwichtigen und beispielhaft als erster zurückzukehren, war dieser Ungläubige die eigentliche Ursache aller Unordnung. Uns ist bekannt, daß er auf der Peloponnes geboren ist und an allen Rebellionen, welche die Untertanen in der Eparchie von Kalavryta (Stadt im nördlichen Peloponnes) angezettelt haben, beteiligt war. Wir sind überzeugt, daß er der Verursacher des allgemeinen Abfalls ist ... Nachdem uns sein Verrat, sowohl zum Nachteil der Hohen Pforte als auch zum Schaden seiner eigenen Nation vollständig bekannt wurde, ist es erforderlich, daß dieser Mensch vom Antlitz der Erde verschwindet und gehängt wird, als Beispiel für alle anderen.

Die Armenier und Kumkapı

Heute bilden die Armenier die größte nichtmuslimische Gruppe in Istanbul. Schon im späten 15. Jahrhundert waren sie eine unübersehbare Minderheit. Das Wachstum der Stadt hatte viele Armenier aus Mittel- und Ostanatolien in die Hauptstadt gezogen. Anders als die Istanbuler Griechen gingen viele Armenier zum Türkischen als Haus- und Verkehrssprache über. Die Oberschicht pflegte aber weiterhin die ererbte Sprache, obwohl im 18. und 19. Jahrhundert Türkisch auch mit armenischen Lettern gedruckt und gelesen wurde. Der armenische Autor Eremya Kömürciyan schrieb über die Stadtregion Kumkapı, in der sich Griechen und Armenier berührten:

Von dort aus (vom verschwunden Papas Kulesi im Meer bei Yenikapı) verläuft die Grenze, welche die armenischen von den griechischen Quartieren trennt. In Kumkapı gibt es vier Kirchen. Drei davon gehören den Griechen, sie sind nicht weit von unserem Haus entfernt. In der Nachbarschaft dieser drei Kirchen gibt es eine einzige armenische, nämlich die der Heiligen Mutter Gottes (Asvadzadzin), Trostspenderin der Heimatlosen und von uns selbst. Die Kirche ist wie durch ein Wunder aus einem großen Brand, obwohl sie in seinem Mittelpunkt lag, völlig unbeschädigt hervorgegangen. Nach unserer Lektüre der Geschichtsschreiber wurden in diesem Brand 5000 Häuser zu Asche. Obwohl die abgebrannten Kirchen des Heiligen Sergios (Sarkis) und des Heiligen Nikolaus (Nikoğos) wieder aufgebaut wurden, hat man sie doch später abgerissen, was die Ursache für viel Kummer und Auflehnung war. Vor zehn Jahren (1682) kam der Gesandte Moskaus hierher und hat den Griechen eine Kirche für die Mutter Gottes gebaut.

Nach dieser traurigen Zusammenfassung der Kirchengeschichte der Armenier von Kumkapı kommt Kömürciyan auf andere Gegenstände zu sprechen. Das Zusammenleben von Angehörigen der osmanischen Elite mit Vertretern der Halbwelt war zu diesem Zeitpunkt problematisch geworden:

Der Name des fünften Tors ist Kumkapı. Schon immer sind die Weinschenken hier zahlreicher und schöner als in (dem westlich davon gelegenen) Samatya. Auch liegt der große İbrâhîm Hân-Konak hier. Weiter entfernt (nach Süden) gibt es ein Serail, in dem Prinzen wohnen. Gegenüber ist das Gebäude, in dem die Maultiere des Serails gehalten werden. Hier ist der Kadırga Limanı genannte Platz. Auf dem Platz lebten in ihren Holzhütten Zigeuner mit ihrer Katzenmusik, jedoch hat der Großwesir Köprülü diese Hütten einreißen lassen und die Zigeuner vertrieben. Einige Männer, die Tag und Nacht nur Schlechtes im Sinn hatten, arrangierten mit Hilfe von Zigeunerweibern Rendezvous von schönen Damen mit ihren Liebhabern. Das Ganze wurde durch einflußreiche Türken, die davon erfuhren und in der Gegend wohnten, dem Großwesir hinterbracht. Der ließ daraufhin die Häuser der Zigeuner einreißen und entfernte sie aus der Gegend.

Die Spaltung der armenischen Gemeinde

Seit dem Ende des 18. Jahrhunderts hatten sich die Spannungen zwischen dem orthodoxen armenischen Patriarchat in Kumkapı und den katholisch-armenischen Gemeinden, die sich verstärkt in Syrien und Anatolien, aber auch in Istanbul gebildet hatten, bedrohlich zugespitzt. Den Armeniern, die zur katholischen Liturgie überwechselten, wurden die kirchlichen Dienste bei Taufen, Eheschließungen und Beerdigungen verweigert. Die katholischen Gemeinden Istanbuls, insgesamt geschätzte 4000 Menschen, sahen sich in die Illegalität gedrängt. Die Kirchenführung ging so weit, ihre Friedhöfe für Katholiken zu sperren, so daß ihre Toten in den Gärten der Häuser beigesetzt werden mußten. Nach einem Sturm auf die Patriarchatskirche im Jahr 1820, den radikale altkirchliche Armenier organisierten, um einen zum Ausgleich neigenden Patriarchen unter Druck zu setzen, konnte die Staatsführung die Dinge nicht weiter dulden. Sultan Mahmûd II. erteilte seinem Wesir im September 1820 den Befehl, neun Personen, die sich im Gewahrsam des *Bostancıbaşı* befanden, aufzuhängen bzw. auf eine Insel zu verbannen. Der Befehl legte auch den Text fest, der an den Leichnamen der Verurteilten anzubringen war: «Sie haben aus eigensüchtigen Gründen den Pöbel angestachelt und das Patriarchat gestürmt.»

Selbst der Übertritt einiger Armenier zum Islam bewahrte sie nicht vor der Todesstrafe. Acht Jahre später erwirkte der neue Patriarch Karabet die Umsiedlung der katholisch-armenischen Gemeinde Istanbuls, um sie dem Einfluß der römischen Kirche zu entziehen. Karabet konnte detaillierte Listen seiner abtrünnigen Schafe und ihrer fehlgeleiteten Hirten vorlegen (1068 Familien mit 2730 Personen). Man ordnete an, daß sich die seit längerem in Istanbul ansässigen armenischen Katholiken aus den Wohnvierteln in Galata, Beyoğlu und am Bosporus zurückziehen und in den angestammten Quartieren mit altarmenischer Bevölkerungsmehrheit wie Kumkapı, Samatya und Hasköy Wohnung nehmen sollten. Armenier mit anatolischen Wurzeln wurden auf die asiatische Seite verwiesen, Familien aus Ankara bildeten hier die größte Gruppe.

Auf den Deportationslisten waren 1492 Katholiken mit der Angabe ihres Berufs eingetragen. Natürlich übten auch die meisten katholischen Armenier Gewerbe aus, die es in allen Bevölkerungsteilen gab: Barbiere, Köche, Gemüsehändler oder Kaffeehausbesitzer. Die größte Berufsgruppe war die der Schneider (196). Trotzdem überwiegt der Eindruck einer wohlhabenden Mittelklasse. Viele waren Hersteller oder Händler von Luxusprodukten. Die Listen enthalten die Namen von 164 Juwelieren und 71 Silberschmieden. 46 Personen waren Angestellte der staatlichen Münze und 45 Uhrmacher. Diese Verteilung zeigt sich auch auf dem Panorama der Ufervillen am Bosporus, von denen damals ebenfalls viele von reichen armenischen Geldwechslern und Pelzhändlern bewohnt waren.

Um die Rückkehr der Verbannten zu erschweren, ordnete die Behörde die Versteigerung der Häuser an. Es fanden sich nicht allzu viele Interessenten. Die Häuser der Armenier waren z. T. abgelegen, z. T. für Muslime in unzumutbarer Nachbarschaft von Kirchen oder Weinschenken. Auch kannten sie keine Einteilung in *Haremlik* und *Selamlik* und waren mit der «falschen», Nichtmuslimen vorbehaltenen Farbe (grau statt rot oder blau bzw. gelb) getüncht. Immerhin gingen einige Gebäude in guter Lage (Galata, Tepebaşı) an muslimische Käufer zu Preisen zwischen 10 000 und 20 000 *Kuruş* weg.

Man kann sich denken, daß Frankreich und Österreich als Schutzmächte der Katholiken die vor allen Augen eingeleiteten und teilweise durchgeführten Deportationen nicht untätig beobachteten. Da kurz nach den Beschlüssen von 1828 Rußland dem Osmanischen Reich den Krieg erklärt hatte, war der Handlungsspielraum Mahmûds II. und des armenischen Patriarchen stark eingeengt. Die Umsiedlungsbefehle mußten fast vollständig zurückgenommen werden. Das Bündnis von Sultan und Patriarch hatte am Ende das Gegenteil erreicht. Im Jahr 1831 wurde den romgläubigen Armeniern erlaubt, in Galata eine Kirche zu bauen, die 1841 eröffnet wurde. 1866 wurde die bis heute bestehende Kirche der Muttergottes als Kathedrale der unierten Armenier geweiht. Sie und das Patriarchatsgebäude liegen an der Sakızağaç-Straße (No. 31) in Beyoğlu. Bei ihrem Istanbul-Aufenthalt hatte Kaiserin Eugènie hier gebetet. Sultan Abdülazîz bzw. seine Mutter Pertev Niyâl hatten zuvor 2000 Lira für die Ausschmückung der Kirche gespendet. Zu diesem Zeitpunkt war die 1830 erfolgte Anerkennung der Katholiken als eigene *Millet* längst vollzogen.

1850 trennten sich auf ähnliche Weise die Protestanten von der altarmenischen Gemeinschaft. Sie verfügen heute in Istanbul über mehrere Kirchen. Am bekanntesten ist die von Aynalıçeşme in Beyoğlu

(Gümüşküpe Sok. No. 2). Das 1905–1907 errichtete neugotische Gebäude liegt in unmittelbarer Nachbarschaft zur Kirche der deutschsprachigen Protestanten («Deutsche Evangelische Kirche»). Stephan İzmirliyan, der Architekt dieser Kirche, hat auch das zweite «moderne» Gotteshaus für die protestantischen Armenier der Altstadt in Gedikpaşa (Balıpaşa Yokuşu No. 27) gebaut.

Die jüdische Bevölkerung

Unmittelbar nach der Eroberung wurden Juden aus Galata nach Eminönü umgesiedelt. Die Viertel Sirkeci, Tahtakale und Mahmud Paşa bildeten bald die Eckpunkte des zentralen jüdischen Bezirks. In Hasköy auf der anderen Seite des Goldenen Horns entstand ebenfalls schon im 15. Jahrhundert eine größere jüdische Gemeinde. Im Jahr 1569 vernichtete ein Brand in der Altstadt 15 Synagogen. Enteignungen durch den Moscheebau der Sâfiye Sultan (Yeni Cami) erzwangen höchstwahrscheinlich die Umsiedlung von vielen Juden nach Balat und Hasköy. Balat war schon im 17. Jahrhundert das größte jüdische Viertel der Stadt, es folgten Galata, Ortaköy und Hasköy. Wie andere «Schutzbefohlene» lebten viele Juden auf engstem Raum, weil sie keinen Grund für die sich erweiternde Kernfamilie erwerben durften. Allerdings waren diese Quartiere alles andere als Ghettos im Sinne des christlichen Europa.

Die Rolle der nach 1492 hauptsächlich aus Spanien eingewanderten Juden soll hier mit den Worten eines der Väter der deutschen Osmanistik skizziert werden: «Der größere Teil dieser Emigranten, die die Christenheit verlassen hatten, um unter dem Halbmonde ihren Glauben frei bekennen und üben zu können, bestand aus Handwerkern, Gewerbetreibenden und Händlern. Die Intellektuellen unter ihnen fanden ihr Fortkommen als Ärzte, Bankiers, Zöllner und Sensale (Zinseinnehmer) und ähnlichen Berufen und wußten sich bald durch ihre technischen Kenntnisse, ihre Geschäftskunde und ihre Verbindungen mit dem Abendlande unentbehrlich zu machen. Gleichzeitig leisteten sie den fränkischen Kaufleuten und den auswärtigen Missionen wertvolle Dienste als Vermittler mit den türkischen Behörden, namentlich die Ärzte und Bankiers, die das Vertrauen der Paschas und Wesire genossen, und deren Einfluß mitunter noch weiter reichte bis in das Serail des Großherrn.» Nur ein Jude, Don Joseph Nasi, der sogenannte Herzog von Naxos, hat in hochosmanischer Zeit (unter Selîm II., 1566–1574) eine wichtigere politische Rolle gespielt. Bescheidener war der Einfluß jüdischer Frauen, die als Mittlerinnen zwischen den Damen des Harems und der Außenwelt dienten. In einem Freibrief für

*Abb. 16: Die Ashkenazi-Synagoge in Karaköy,
ein Bau von Gabriel Tedeschi (1900).*

eine 1548 zum Islam konvertierte Jüdin namens Fatma wurden die Privilegien zusammengefaßt. Der Text enthält einen langen Katalog der gewöhnlichen Untertanen auferlegten Leistungen.

Bevor sie zum Islam sich bekehrte, hatte die genannte Kira sich die Gunst erbeten, daß ihre Söhne Elia und Josef, Söhne des Mosche sowie deren Frauen, Kinder und Kindeskinder, Söhne wie Töchter, von allen staatlichen Abgaben und sämtlichen öffentlichen Auflagen befreit und ausgenommen sein sollten, ferner daß ihnen gestattet sein sollte, solche christliche Sklaven zu halten, die sich nicht zur Bekehrung zum Islam eignen, worauf aus der Fülle Großherrlicher Gnade ein Kaiserlicher Ferman folgenden Inhalts gewährt worden: Sie sollen von Kopfsteuer und Grundsteuern, von Weinberg und Garten, vom Zehnten, von Leistungen für Kuriere, von Fronden, von Sekban, von Festungsarbeiten, von Leistungen für

Falkenjäger, von der Abgabe für Azabe (Art Marinesoldat), von willkürlichen Geldauflagen, von Zwangseinquartierungen, von Fronden für Nâ'ib (Stellvertreter des Kadi) und Subaşı (lokaler Amtsträger), vom Bewachen und Kehren des Serail, von Roboten, vom Verschicken zum Markt des Heerlagers, von der Dienstleistung als Gold- und Silbersarrâf, vom Auftrieb von Hammeln und Rindvieh, kurz von sämtlichen staatlichen Abgaben und öffentlichen Auflagen befreit und ausgenommen sein, sie und ihre Frauen und Nachkommen, Söhne und Töchter.

Wir haben von diesen Vorrechten für die, das muß hervorgehoben werden, *jüdischen* Nachkommen der Fatma Kenntnis, weil diese weitreichenden Ausnahmeregeln immer wieder in Frage gestellt wurden. Zuletzt hat man ihre Privilegien im Jahr 1618 erneuert.

Aufstieg und Fall der jüdischen Kira

Eine weitere dieser *Kira* oder *Kirazza* (vom griechischen Wort für Dame) genannten «Hofjüdinnen» ist in das Werk zahlreicher Geschichtsschreiber eingegangen, weil sie das Opfer eines im März 1600 ausgebrochenen Janitscharenaufstands wurde. Die Truppen waren mit «schlechtem Geld», d. h. *Akçes* mit geringerem Silbergehalt, ausgezahlt worden und beschuldigten die *Kira*, an die bestimmte Zolleinnamen verpachtet waren, dieses Geld in Umlauf gesetzt zu haben. Obwohl sich der Scheichülislam weigerte ein *Fetvâ* auszustellen, das ihren Tod rechtfertigte, und nur auf Verbannung plädierte, spürte man sie im Judenviertel auf. Die folgende Übersetzung aus der Chronik des Selanikî verzichtet allerdings auf Wiedergabe der schlimmsten Scheußlichkeiten, die sich damals abspielten:

Der Tschawuschbaschi fand das Weib *Kira* und holte es heraus. Dann setzte man sie auf ein Tragtier und brachte sie zur Pforte des Paschas (hier der Stellvertreter des im Feld abwesenden Großwesirs). Als sie am Absatz der Treppe vom Pferd stieg, zögerten die Reiter (des Janitscharenkorps) nicht lange, zogen gleichzeitig ihre Dolche und zerfleischten sie. Sie banden ein Seil an den Fuß ihres Kadavers (!) und zerrten sie bis zum Hippodrom, wo sie ihn (zunächst) liegen ließen. Dann schworen sie sich gegenseitig fest entschlossen, die Hand auf den Koran legend, «Morgen wollen wir all ihre Kinder und Nachkommen hierher bringen.»

Nach diesem Aufruf zum Sippenmord sprachen sie erneut beim Scheichülislam vor und bedrängten ihn: «Ihr müßt unsere Petition auf alle Fälle unterzeichnen und nach innen (in den Palast) weitergeben.» Zwei andere hohe Ulemâ machten sich die Forderung der Janitscharen zu Eigen, so daß ihre Petition als religionskonform an den Padischah weitergeleitet wurde. Inzwischen wurde der Sohn der *Kira* aufgefunden und wie seine Mutter zu Tode gebracht. Ihr jüngerer Sohn konnte sich durch den Übertritt zum Islam vor der Verfolgung schützen. Daß das beträchtliche Vermögen der Familie an den Staat fiel und zur Befriedigung der Forderungen der Soldateska beitrug, versteht sich von selbst. Das Ereignis wirkte sich auf die gesamte jüdische Bevölkerung Istanbuls aus. Sie wurde erneut gezwungen, auf bessere Kleiderstoffe zu verzichten und rote Hüte zu tragen. Die Steuerpacht an Juden wurde verboten.

Die Friedhöfe der Juden und Griechen

Im Osmanischen hat man bis in die Gegenwart von *Maşatlık* gesprochen, um einen jüdischen Friedhof zu bezeichnen. Das Wort ist dem arabischen *Maşhad* abgeleitet und bedeutet eigentlich «Martyrion», d. h. ein Ort an dem Glaubenszeugen beigesetzt sind. Der wichtigste unter den alten jüdischen Friedhöfen Istanbuls lag in Balat. Er diente schon der Gemeinde von Byzanz als Begräbnisort. Da er durch die Anlage einer Straße zerstört wurde, verbleiben vier wichtige historische Friedhöfe mit Grabsteinen aus der Zeit vor der Republik: İcadiye (oberhalb von Kuzguncuk am asiatischen Bosporusufer), Hasköy (über dem Goldenen Horn, seit 1583), Ortaköy und der «Italienische Friedhof» (1867 zwischen Şişli und Mecidiyeköy für Juden mit ausländischer Staatsangehörigkeit angelegt). Sie gehörten alle den sephardischen Gemeinschaften. Die Aschkenasim erhielten erst 1901 das Recht auf einen eigenen Friedhof oberhalb von Ortaköy. Die als *Dönme* bekannte (bzw. denunzierte) Gruppe der Neu-Muslime, die auf Shabbetai Zwi, eine messianische Gestalt des späten 17. Jahrhunderts zurückgeht, hat einen als Selanikliler Mezarlığı («Friedhof der Leute aus Saloniki») bekannten Friedhof in Üsküdar (zwischen der Bülbüldere Bağlarbaşı Caddesi und der Selanikliler Sokağı).

Die Inschriften der Grabstelen sind fast ausnahmslos in Hebräisch, gelegentlich in *Ladino* («Judenspanisch»), im 19. Jahrhundert manchmal in Französisch, seit der Republik auch Türkisch abgefaßt. In Kuzguncuk erinnern Form und Material der Grabsteine aus dem 17. Jahrhundert an die auch bei Muslimen vorkommenden Marmorkenotaphe. Dekorationselemente wie Schriftkartuschen und Pflanzen verstärken die Ähnlichkeit.

Der Ayvânsarâyî teilt auf indirekte Weise mit, wie ein bigotter muslimischer Vorbeter dem alten jüdischen Friedhof von Kasımpaşa den Garaus machte. Sein Kapitel ist mit «Die Windmühlen-Moschee» (Yeldeğirmen Camii) überschrieben und erzählt in nüchterner Sprache, wie der Stifter im Handstreich den Friedhof okkupierte. Die (eher un-

Istanbul-Panorama von Mehmed Hulûsî (Lithographie Istanbul 1893/4)

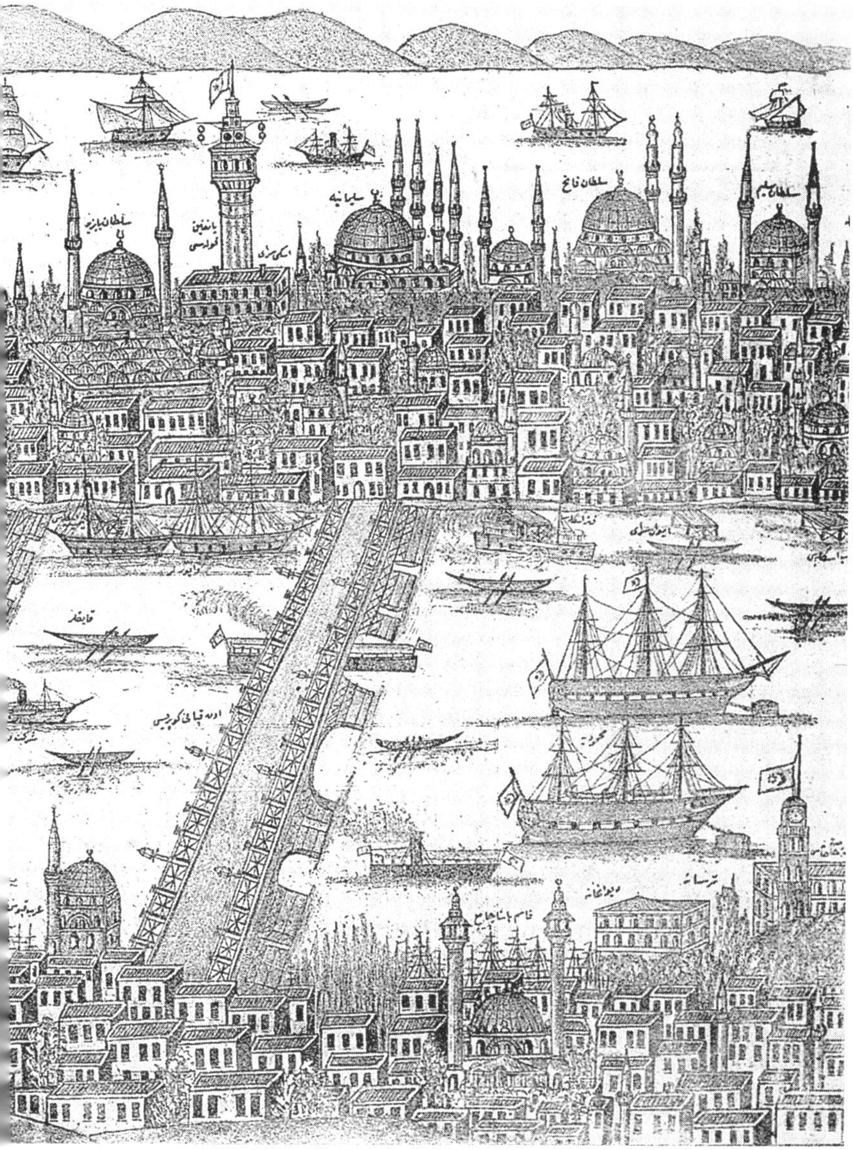
سلطان بايزيد
سليمانيه
سلطان فاتح
سلطان سليم

interessante) Nachfolgerin der Moschee aus dem 16. Jahrhundert befindet sich hinter dem großen Krankenhaus (Bahriye Merkez Hastanesi) zwischen der Arka Sokağı und dem Babadağı Yokuşu.

Ihr Erbauer ist der Imam des Großherrn Abdülkerîm Efendi. Da er eine Moschee für ein muslimisches Wohnviertel, das (zu) nahe an dem jüdischen Friedhof lag, errichten wollte, ließ er alles notwendige (Baumaterial) bereitstellen, die Grabsteine entfernen und war innerhalb einer Nacht des Jahres 1000 (1591/2) mit der Aktion fertig.

Dieses «kalte» Verfahren wandten Stifter auch sonst an, um Christen und Juden zu verdrängen. Möglicherweise hat das Jahr 1000 der Hidschra den Glaubenseifer Abdülkerîms zusätzlich angestachelt. Ebenso wie die räumliche Nähe christlicher und jüdischer Kultstätten zu Moscheen unstatthaft war, konnte auch gegen einen Moscheebau als *fait accompli* von keiner Seite her Einspruch erhoben worden. Die Frage nach der zeitlichen Reihenfolge war nicht mehr erlaubt bzw. wurde nach dem Recht des Stärkeren entschieden.

Unter den griechischen Friedhöfen der Stadt ist der *extra muros*, vor dem Silivri Kapısı gelegene von Balıklı besonders interessant. Hier finden sich bei der Kirche mit einem weithin bekannten Quellheiligtum (*Ayazma*) seltene Beispiele von Grabsteinen der orthodoxen Karamanli-Gemeinde, die für ihr türkisches Idiom griechische Buchstaben verwendete. Ein Text eines 1865 der Cholera zum Opfer gefallenen Jünglings, der wie viele Karamanli aus Mittelanatolien stammte, lautet:

> Wie eine Nachtigall flog der Junge aus seinem Bauer,
> War doch sein Schicksal erfüllt
> Und hatte seine Wangenlocken zerzaust,
> Diese aufbrechende Knospe wurde zum Sitz des Todes.
> Mein Geburtsort ist Zincidere bei Kayseri,
> Die Cholera hat mich von meinen Eltern getrennt.
> Meine Familie sind die Hacı Nûrluoglu, mein Name ist Michail.
> Michail Charalambos lebte 19 Jahre,
> Er trat die Reise (in die Ewigkeit) am 28. Juli 1865 an.

Abgesehen von den Namen des Verstorbenen und seiner Familie, die auf einen Jerusalempilger, der wie die muslimischen Mekka-Fahrer den Titel «Hacı» trug, zurückgehen, könnte der Text mit seinen der Diwanpoesie entlehnten Metaphern vom Seelenvogel und zerzausten Wangenlocken auch für einen türkischen Grabstein verwendet werden.

Kleidervorschriften für Nichtmuslime

Im Anschluß an die oben erwähnte Moscheegründung berichtet der Ayvânsarâyî über andere Attacken des Imams auf Nichtmuslime.

Der genannte Stifter Abdülkerîm Efendi lebte in der Epoche Murâds III. und war eine recht einflußreiche Persönlichkeit, die, um die Christen und Juden zu demütigen, dafür sorgte, daß sie ihre blauen und gelben kalottenförmigen Häubchen mit solchen aus schwarzem und rotem Tuch vertauschen mußten.

Sadistische Züge waren dem Imam nicht ganz fremd, wenn wir lesen müssen, wie er die Christen verhöhnte: «Wo immer er arme Affen vorfand, ließ er sie zu seiner Belustigung kreuzigen, was ihm den Namen ‹Affentöter-Imam› einbrachte.»

Es ist richtig, daß im späten 16. Jahrhundert bei Christen Blau die «Erkennungsfarbe» war, während Juden gelbe Kopfbedeckungen trugen. Die abendländischen Besucher haben selbstverständlich solche diskriminierenden Attribute sorgfältig registriert, nicht nur darüber geschrieben, sondern auch farbige Abbildungen hinterlassen. Kleidervorschriften für Nichtmuslime beschränkten sich aber nicht auf die Farbwahl. Es gibt ein großherrliches Befehlsschreiben an den Kadi von Istanbul aus dem Jahr 1580, das zwei Jahre *vor* dem nächtlichen Moscheebau Abdülkerîms erlassen wurde. Hier werden bestimmte Verbote und Gebote ausgesprochen:

Zur Zeit des seligen Sultan Mehmed Hân (gemeint ist Mehmed II. Fâtih, 1451–1481) hatten die Juden rote Hüte auf dem Kopf, sie trugen schwarze Schuhe und Stiefeletten, ihre Oberkleider waren aus dünnem Kattun. Die Christen trugen schwarze Hüte, die genannte Gruppe wand kein Turbantuch um das Haupt.

Murâd III. (1574–1585) ordnete an, wieder zur angeblichen Kleiderordnung Mehmed II. zurückzukehren. Der Erlaß sagt zwar nichts über die inzwischen bevorzugten Modefarben, erlaubt aber ein sicheres Urteil darüber, daß sich Christen bis dahin auch mit Turbanbändern zeigten. Das Befehlsschreiben vom 8. März 1580 wurde im *Bedesten* und «überall dort, wo sich die Leute versammeln», laut verkündet. Für die Ausführung war der Aga der Janitscharen verantwortlich. Über die Höhe der Strafe bei Verstößen ist nichts Genaues bekannt. Der Erlaß war aber so einschneidend, daß man auch in Europa darüber berichtete.

XII.
Der islamische Kalender und die Zeitrechnung

Das islamische Jahr richtet sich nach den Mondphasen und ist 354 Tage lang, d. h. 11 Tage kürzer als ein Sonnenjahr. Damit haben die zwölf Monate und religiösen Festtage keine jahreszeitliche Bedeutung. Unter den Monaten spielen der Trauermonat *Muharrem*, mit dem das islamische Jahr beginnt, und der Fastenmonat *Ramazân* eine besondere Rolle. Die Jahreszählung beginnt mit dem Auszug (arabisch «Hidschra») des Propheten Muhammad von Mekka nach Medina im Jahr 622 A. D. Wegen des kürzeren Mondjahres kann diese Zahl nicht einfach von den Werten der christlichen Zeitrechnung abgezogen werden, d. h., man ist zur genauen Umrechnung auf Tabellen angewiesen. In der Landwirtschaft hat man selbstverständlich den Kreis der Jahreszeiten weiter beachtet, und auch für die Städter war der Frühjahrsbeginn am 21. März (*Nevrûz*) ein herausragender Tag. Die Osmanen verwendeten neben der Hidschra-Jahreszählung noch ein Finanzjahr, das zunächst für steuerliche Zwecke, sehr spät auch in der allgemeinen Staatsverwaltung galt.

Anders als in der herkömmlichen arabischen Zeitrechnung fiel bei den Osmanen 12 Uhr mit dem Sonnenuntergang zusammen. Damit erhielten die 2 × 12 Stunden eine ungleiche Länge. Das geschah in Analogie zur Monatsrechnung, die jeden neuen Monat mit dem Erscheinen des aufgehenden Monds nach Sonnenuntergang anfangen läßt. Der Freitag beginnt also nach dem Dunkelwerden am Donnerstag. Mit den Problemen der eigentlich *Ezânî* (nach *ezân* «Gebetsruf») genannten Stundeneinteilung mußten sich also auch Nichtmuslime, Ausländer (die von der *Alla* Turca-Zeit sprachen) und diejenigen Türken auseinandersetzen, denen die Gebetszeiten gleichgültig waren. Die «westliche» Zeit hieß *Zevâli* (Rechnung nach dem Erreichen der «Mittagshöhe» – *zevâl* – durch die Sonne). An manchen *Muvakkithânes* (zu diesen am Ende des Abschnittes) und Uhrtürmen waren Zifferblätter für beide «Zeitsorten» angebracht. Das Häuschen an der Yeni Cami verlor sein schlichtes Paar von Uhren erst 1956. Seine *Zevâlî*-Uhr galt über Jahre als verläßlichster Zeitmesser von Istanbul. Die Leute, die zu den Schiffen eilten, richteten sich nach ihr bzw. der in der Republik auf dem Eminönü-Platz aufgestellten «Normaluhr».

Die vier Kandil

Vier Ereignisse im Leben des Propheten Muhammad – Empfängnis (*Regâib* am 1. *Receb*), Geburt (*Mevlid* 11/12. *Rebiyülevvel*), Nächtliche Reise (*Mirâc* 26./27 *Receb*) und Berufung (*Berâat* 15. *Şabân*) – wurden und werden durch abendliche, *Kandil* genannte Feiernächte in den Moscheen begangen. *Kandil* bedeutet «Kerze» und bezieht sich auf die Illuminationen in den heiligen Nächten, zu denen noch die «Nacht des göttlichen Ratschlusses» (*Kâdir Gecesi*, 27. Ramazân), in welcher der Koran herabgesandt wurde, gezählt werden muß.

In der Geburtsnacht wird gern das im frühen 15. Jahrhundert entstandene, in seiner volkstümlichen Sprache weithin noch heute verständliche Gedicht des Süleymân Çelebî rezitiert. Die Schwangerschaft von Muhammads Mutter, Amîna (in türkischer Aussprache Emîne Hatun) steht im Mittelpunkt der folgenden Verse:

> Emîne Hatun, Muhammads Mutter rein –
> Diese Muschel, sie gebar die Perle fein
> Als von Abdullâh sie da ein Kind empfing,
> Kam die Zeit herbei, und Tag und Stunde ging,
> Als das Kommen Muhammads nun nahe war,
> Zeigten sich zuvor gar viele Zeichen klar
> Jene Nacht des Monats *Rebiyülevvel*,
> Jene zwölfte Nacht, die zwölfte Nacht so hell –
> Da der Menschen Bester ward geborn allhie
> Was sah seine Mutter alles, was sah sie.

Amîna hat die Vision dreier Engel, einer im Osten, einer im Westen, der dritte auf dem Dach der Ka'ba. Sie bereiteten Amîna ein Lager aus feinster Brokat und verkündeten:

> Ein Sohn wie deiner, solcher Art
> Kam zur Welt nicht, seit die Welt erschaffen ward
> Einen Sohn wie deinen, herrlich – so wie ihn
> Hat der Mächt'ge keiner Mutter noch verliehn
> Höchstes Gluck ward dir, o Liebliche, erkor'n,
> Daß von dir der Schöngeschaff'ne wird gebor'n
> Der da kommt, wird Fürst des Gotteswissens sein,
> Der da kommt, wird Einheits-, Kenntnisquelle sein
> Seinetwillen drehet sich der Sphären Kreis.

Der Trauertag der iranischen Kolonie

Die zahlreichen Schiiten Istanbuls, heute wie früher in der Mehrheit turkophone Iraner aus Aserbaidschan, begingen den 10. *Muharrem*, den Todestag des Imam Hüseyin in der Schlacht von Kerbela (680), mit einer eindrucksvollen Prozession zu ihrer Hauptmoschee in Üsküdar. Die Moschee am Rand des Friedhofs von Karacaahmet ist ein sorgfältig restauriertes Bauwerk, eingezwängt zwischen einem Containerlager und einem modernen Wohnviertel. Der Journalist Sadri Sema hat Anfang des 20. Jahrhunderts die iranischen Pilger erlebt.

Am zehnten Tag des *Muharrem* veranstalten die Iraner in Istanbul in ihrem Istanbuler Hân (Vâlide Hanı) und ihrer *Tekye* von Karacaahmed im Seyyidahmed-Tal von Üsküdar Tag und Nacht ihr Trauerritual. Am zehnten Tag kamen sie in diesem *Tekye* aus allen Himmelsrichtungen Istanbuls zusammen, einige trafen in Gruppen ein, andere in größeren Mengen, andere eher verstreut. Sie gingen ins Tal von Seyyidahmed, gegen Abend kehrten sie als eine mit schreiend bunten Wimpeln geschmückte Prozession zu ihrem Hân in Istanbul zurück. Dort veranstalteten sie eine Trauernacht, die der Verabschiedung, dem Trennungsschmerz gewidmet war. Ein trauriges Ritual, mehr ein blutiger Abschied, ein tiefer seelischer Schmerz.

An diesem zehnten *Muharrem* war in Üsküdar nicht nur ganz Üsküdar, sondern ganz Istanbul auf den Beinen. Männlein und Weiblein, Kind und Kegel ergossen sich von den Bosporusorten, den Inseln, aus Kadıköy und Istanbul in die Straßen von Üsküdar. Sämtliche Ladenräume, Fenster und Balkone waren vermietet. Auf freien Grundstücken wurden Bänke und Polster bereitgestellt und die Plätze zu fünf oder zehn *Kuruş* verkauft... Die Iraner kamen mit dem ersten Dampfer nach Üsküdar und eilten mit Samowaren für ihren Tee, mit Wasserpfeifen, Teppichen, Wimpeln, Ketten in Händen und auf Schultern Richtung Seyyidahmed-Tal. Dort wurden bis zum Abend Gebete und Traueroden rezitiert. Die Geistlichen predigten, es wurden Rituale veranstaltet, die Tränen flossen.

Gegen Abend sammelten sie sich, sie ordneten sich diszipliniert in Gruppen an. Eine Trauerprozession, eine von tiefem Schmerz erfüllte Schar, ein von Reue erfüllter Zug entstand. Diese Riesenansammlung, welche sich voller Trauer gegen die Ereignisse von Kerbela auflehnte, war in der Tat voller Schmerz, Verbitterung und Melancholie. Polizei und Gendarmerie stand auf beiden Seiten der Straße bereit, um zu verhindern, daß die Dinge außer Kontrolle gerieten. An der Spitze marschierten, Kreise bildend, die iranischen Gelehrten und *Ahunds* mit weißen oder grünen Turbanen und schwarz-grünen Umhängen. Ihre Bärte waren mit Henna gefärbt, ihre Augenlider (schwarz) geschminkt. Ihnen folgten die Sänger der Trauerlieder. Sie trugen mit tiefen, schönen Stimmen zu Herzen gehende Elegien vor. Auf jeden Vers dieser Elegien folgten ein durchdringendes, ohrenbetäubendes Wimmern, ein starkes Heulen und tiefe Klageschreie.

Auf eine Reihe von Pferden hatte man Tauben mit weißen Tüchern gebunden, deren Flügel als Symbol der Katastrophe (von Kerbela) mit Blut eingefärbt waren. Ihnen folgten Wimpel und Fahnen in verschiedenen Farben, mit Aufschriften, Bildern, Verzierungen. Dann kamen auf beiden Seiten der Prozession in zwei oder drei Reihen die «Opferbereiten», die ihren entblößten Oberkörper mit den Fäusten bearbeiteten, als wollten sie ihn aufbrechen. Nach ihnen kamen zu Gevierten oder Kreisen verbundene Vagabunden, über deren Kleider und Köpfe Blut floß, arme Burschen, mit unbedeckter Brust und Rücken. Sie zogen vorbei, indem sie ihren nackten Rücken und ihren Oberkörper mit Ketten bearbeiteten, welche die Form von Quasten mit einem Griff hatten. Dabei entstand durch die blutigen Ketten ein herzzerreißendes Geräusch, das mir noch heute in den Ohren klingt.

Im Fastenmonat

Der Beginn des Ramazân veränderte das nächtliche Leben Istanbuls schlagartig. Zwischen den Minaretten der großen Moscheen wurden Seile gespannt, die kleine Lichter trugen, welche ihrerseits Ornamente und Schriftzeichen bildeten. Diese sogenannten *Mahyas* sind spätestens im 16. Jahrhundert aufgekommen. Sie begrüßten wie ihre heutigen elektrischen Nachfolger den Beginn des *Ramazân* («*Hoşgeldin Ey Şehr-i Ramazân*»), priesen Gott («*Yâ Allâh*») oder mahnten die Gläubigen. Da *Mahyas* nur bei Moscheen mit mindesten zwei Minaretten möglich waren, wurde der Mihrimâh Camii in Üsküdar angeblich auf Wunsch der Bevölkerung ein weiteres Minarett hinzugefügt. Unter Abdülhamîd II. gab es auch *Mahyas*, die seine Majestät den Sultan hochleben ließen.

Die Dichter haben mit ihren *Ramazânîye* genannten panegyrischen Werken eine eigene Gattung zum Lob des Ramazân hervorgebracht. Eines der bekannteren Beispiel des Genres stammt von dem im bosnischen Užice geborenen Sâbit und wurde im Herbst 1710 abgeschlossen. Der Dichter, der zu den großen Namen zwischen osmanischer «Klassik» und «Moderne» rechnet, unterbreitete sein Werk dem Großwesir Baltacı Mehmed Pascha, den er im 23. der 69 Verse (die alle auf dieselbe Silbe *-ân* wie Ramazân enden!) mit der *Kâdir*-Nacht, der mächtigsten des Heiligen Monats vergleicht und den er auch sonst ohne falsche Scham umschmeichelt.

Keine Übersetzung kann das wiedergeben, was nach dem großen tschechischen Orientalisten Jan Rypka die panegyrische Poesie Sâbits kennzeichnet: Einerseits lebendige Darstellungskunst voll Realität, Plastik und Humor, andererseits eine entwickelte Wortkunst. «Frische Lebensbilder aus dem damaligen Ramazântreiben schießen kaleidoskopartig an unseren Augen vorüber, durch unaufhörliche Pointen und rhetorische Kunststücke fein gewürzt, vom ersten bis zum letzten Verse, durchaus nicht ohne Humor.» Die Freude des Dichters und Gelehrten an der Geißelung heuchlerischer Frömmigkeit ist offensichtlich. Jedenfalls hat die *Ramazânîye* auf die Nachfolger Sâbits eine tiefe Wirkung ausgeübt, sie scheint sogar populär geworden zu sein. Daß selbst notorische Trinker und Raucher im Ramazân ihrer Sucht vorübergehend entsagen, ist eine Beobachtung, die man noch heute häufig machen kann, auch wenn der zeitweise Entzug hart ankommt: «Angenehmer als ein Rauchgefäß mit Ambra, das man zur Zeit der Enthaltung von Essen frühmorgens anzündet, erscheint dem leidenschaftlichen Raucher eine Pfeife Tabak am Abend zur Zeit der Fastenunterbrechung.» Rypka, von dem die folgende, nur leicht veränderte Übersetzung stammt, berücksichtigt die Hintersinnigkeit fast des gesamten Sprachmaterials, indem er die meisten metaphorisch verwendeten Stellen zweimal und mehrfach wiedergibt. Wir müssen uns an die vordergründige Seite des Gedichts halten.

1. Während die Freunde für die Unterhaltung, die noch am Zweifelstage (an dem noch unklar ist, ob der Fastenmonat bereits eingetroffen ist) hätte stattfinden sollen, Weinmost auspreßten, brach unverhofft herein der Ramazânmonat, einem Polizeibeamten vergleichbar und packte sie fest an der Kehle.
2. Frei von Versuchungen des Teufels betrat der Fromme die Klause und verschloß sich darin: (denn) bis zum Ende des Ramazân wird der Teufel in Gewahrsam gehalten.
3. Der Gewohnheitstrinker reinigte seinen Mund und seine Hände von Wein und machte zugleich den Weinkrug zum Waschkrug.
4. Ähnlich wie ihr Glück, änderte sich auch die Gesichtsfarbe der Trinker; die Zeit gehört den sich in das Bekenntnis der Einheit Gottes vertiefenden Scheichs.
5. Man gibt dem Weinsäufer das Feuer des Senfs der Schmähung und macht so den ausgetrunkenen Wein ihm zur Nase herausrinnen.

(...)

8. Die Kerzenanzünder gingen mit gestreiften Ärmeln ans Goldverstreuen heran und die *Mahya*-Illumination verzierte mit Gold die im (Jenseits liegende) Urkunde der guten Taten.
9. Die unterhalb der Kuppel aufgehängten Lämpchen bilden einen goldgeschmückten Kreis, dessen Licht einen mit Gold überzogenen Plafond zum Lusthaus frommer Gebete darstellt.
10. Jede schmucke Moschee wurde zu je einer Scheune von Licht und die funkelnden Glaslämpchen zu voll gestrichenen Getreidemaßen.

Eine kühne Metapher sieht die von der Pracht der Moscheen beeindruckten Kirchen zum Islam übertreten:

21. Die Kerzen der christlichen Kirchen werden, indem sie die Herrlichkeit des Islams sehen, so weit nachgiebig, daß sie den Moscheen Glauben entgegenbringen und (zu dessen Bezeugung) den Finger heben.
(...)

Die übersehenen Chronometer

Muvakkithâne als «Häuser der Zeitbestimmer» sind entweder selbständige Bauten im Moscheehof oder bilden in die Außenmauer integrierte Räume. In aller Regel handelt es sich um viereckige oder runde Bauten mit auffallend hohen, mit weitmaschigen Gittern gesicherten Fensteröffnungen, welche die Beobachtung der Sonnenhöhe durch den *Muvakkit* ermöglichten. Ein *Muvakkit* (von arabisch *vakt* «Zeit») war oft in Personalunion *Müneccim* (von arab. *nacm* «Stern»), d. h. auch ein Sterndeuter. Der osmanische Chefastrologe (*müneccimbaşı*) war für die Prüfung und Auswahl der *Muvakkits* zuständig. Das unter Mehmed II. oder Bâyezîd II. eingerichtete Hofamt ist offensichtlich eine osmanische Innovation. Erst mit dem Tode des letzten Inhabers, Hüseyin Hilmî Efendi, erlosch es im Jahr 1924. Der *Müneccimbaşı* überreichte an jedem Neujahrstag (21. März) dem Padischah in feierlicher Weise den Kalender für das folgende astronomische Jahr. Zuvor verteilte der Leibarzt des Sultans (*hekimbaşı*) eine «Neujahrsspeise» (*nevrûzîye*) genannte wohlriechende, rötliche Paste an den Herrscher und seine Familie, den Großwesir und die wichtigsten Hofchargen.

Während die astronomischen Tabellen, auf denen diese Kalender beruhten, lange den Arbeiten des 1449 verstorbenen mittelasiatischen Gelehrten Uluğ Beg folgten, übernahmen die Osmanen ab dem 17. Jahrhundert zaghaft auch die Tafeln europäischer Gelehrter, im 19. Jahrhundert waren auch für sie die in Paris veröffentlichten Kalender maßgeblich. Zu den Aufgaben der Zeitbestimmer fiel neben der besonders wichtigen Verkündigung von Anfang und Ende des Fastenmonats die Kontrolle der täglich wechselnden Gebetszeiten, die Festlegung der Gebetsrichtung (*kıbla*), insbesondere bei Moscheeneubauten, und allerlei spekulative Sterndeuterei. Auch wurden sie konsultiert, um Zeiten für die Vornahme bestimmter Handlungen (Bauvorhaben, Eheschließungen, Kriegszüge) zu ermitteln. Eine anspruchsvolle Aufgabe war die Schaffung von Kalendern, in denen in tabellarischer Form verschiedene Ären (alexandrinische, christliche, arabische) miteinander verglichen werden. Gelegentlich enthalten sie auch Prophezeiungen:

Als der *Müneccim* Mehmed Çelebi im Jahre 1631 verstarb, verfaßte der Chronist Naʿîmâ eine Art Nachruf. Die Bewunderung des Historikers (der bekanntlich nur in die Vergangenheit blicken kann) für die prophetische Gabe des Astrologen kommt klar zum Ausdruck:

Mehmed Çelebî stammte aus Istanbul und war aus einfachen Verhältnissen. In seiner Jugend streunte er viel herum. Nachdem er auf einer seiner Reisen die Sternenkunde regelrecht studiert und sich auch in der Mathematik alle notwendigen Kenntnisse bis zur Vollkommenheit angeeignet hatte, wurde er Zeitbestimmer an der Moschee des Şehzâde. Später galt er als Oberhaupt aller Astrologen und Kenner der Geheimnisse des Himmels, allein und unvergleichlich in seinem Zeitalter. Er starb im Monat Zilhicce des Jahres 1041. Der Meister war in seiner Wissenschaft außerordentlich befähigt, weithin bekannt und einzig in seiner Kunst. Die Kalender, die er zusammenstellte, waren für jedermann wegweisend. Unter seinen Werken gibt es auch ein türkisches Buch über die Prophezeiungen (*ahkâm*), in dem er über Tierkreiszeichen und Sterne und alles, was damit zusammenhängt, schrieb sowie über die guten und bösen Omen. Es ist ein Werk, das sehr gut aufgenommen wurde. Im Jahr von Sultan Ahmeds (I.) Tod (1617) trug er folgende Worte in seinen Kalender ein: «Über die MÄCHTIGKEIT des Padischahs des Islam ... (*İslâm pâdişahının kuvvetine...*)». Dabei hob er einen der (beiden) Punkte über dem Buchstaben **k** (von *kuvvet*) mir roter Tinte hervor. Als Sultan Ahmed dann starb, sagten die Leute, in den *Ahkâm* komme nichts darauf hin Bezügliches vor. Er aber belehrte sie.

Der Astrologe blieb im Recht, denn wenn man den rot geschrieben Punkt nicht berücksichtigt, muß das Zeichen als **f** gelesen werden, aus *kuvvet* wird *fevt* und das bedeutet «Tod».

Wahrscheinlich waren im 17. Jahrhundert die meisten *Muvakkits* mit ihren Instrumenten wie Astrolabien, Quadranten und Tabellenwerken noch in Nebenräumen von Moscheen und Medresen untergebracht. Über das hohe Ansehen des *Muvakkit* an der Bâyezîd-Stiftung läßt sich Evliyâ aus:

(Die Stiftung) hat insgesamt 2040 Diener. Über das höchste Einkommen verfügt, entsprechend den Bedingungen der Stiftungsurkunde, ihr *Muvakkit*. Ausnahmslos alle Seefahrer der Istanbul untergebenen Länder sind auf den *Muvakkit* der Moschee von Bâyezîd Hân angewiesen. Das liegt daran, daß ihre Gebetsrichtung durch eine wundersame (göttliche) Fügung besonders genau ist. Deshalb richten die Schiffskapitäne ihre Kompasse und Uhren am Mihrâb dieser Moschee aus und sind (so) auf den *Muvakkit* angewiesen. Ja selbst die Meister der Ungläubigen aus dem Land der Franken, die etwas von Sternenkunde verstehen, überprüfen ihre Sonnenuhren und Kompasse in der Moschee des Bâyezîd Hân.

Sonnenuhren waren die üblichsten Instrumente zur Zeitbestimmung. Die Stiftungsurkunden enthalten manchmal Stellenbeschreibungen, die darauf Bezug nehmen. So heißt es in der Urkunde der Ahmed-Stif-

Abb. 17: Das Dienstgebäude des Astronomen (Muvakkithane) bei der Aya Sofya

tung von 1612: «Ein *Muvakkit*, der die Zeiten des Gebetsrufs beherrscht und den Gebrauch der Sonnenuhr versteht.» Ein verdienter Lokalforscher hat eine Liste von 69 *Muvakkithâne* aufgestellt, von denen schon 1970 die Hälfte verschwunden war. Heute kann man noch rund 30 dieser bemerkenswerten Gebäude besichtigen, von denen der weitaus größte Teil aus dem frühen 19. Jahrhundert stammt. Erhalten hat sich zum Beispiel, wenn auch nicht an seinem ursprünglichen Standort, das Muvakkithâne der Dolmabahçe-Moschee (1854). Es wurde bei der Verbreiterung des Boulevards an das Bosporusufer gerückt.

Das Muvakkithâne der Aya Sofya (neben den beiden Sultanstürben) ist ein weiteres Beispiel dieses Bautyps. Es wurde ca. 1850 von Gaspare Fossati (1809–1883) entworfen. Die Planzeichnungen des Tessiner Architekten sind mit dem sonst kaum belegten Namen *Vakıt Odası* («*Camera del Tempo*/Zeitzimmer») überschrieben. Respektlos könnte man sagen, er hat ein neuosmanisches Mausoleum mit einer Art Bahnhofsuhr an der Kuppel und drei großen Standuhren im Inneren geplant. Zwei der in London bestellten Uhren verrichteten noch lange in der in ein Museum umgewandelten Hagia Sophia ihren Dienst. Die noch in vielen anderen Moscheen zu sehenden Standuhren wurden zum größten Teil in England und Frankreich gefertigt und sind mit türkischen Zifferblättern versehen.

Die Dichter haben ihre Bauinschriften für Muvakkithâne gerne mit philosophischen oder mystischen Betrachtungen über den Lauf der Zeit verbunden. Die Inschrift beim Muvakkithâne der Sultan Ahmed-Moschee (1875/6), neben der Türbe des namengebenden Sultans lautet:

> Blick auf die Uhr, deren Minuten nicht vergehen,
> Zieh auch du den Pendel (*rakkâs*) im Inneren des Werks
> stets auf Neue,
> Nimm den Schlüssel (*miftâh*) der aufrichtigen Reue,
> Zur Uhr deines Herzens und rufe nach «Gott, Gott»!

Der Text stammt einem Kalligraphen namens Zekî aus der Mevlevîye-Bruderschaft und wurde im sogenannten «hängenden» (*Talîk*) Duktus geschrieben. Der Hintersinn der Verse ist leicht zu erschließen: Die unvergängliche Uhr ist die Ewigkeit. Das Wort für «Pendel» bedeutet eigentlich «Tänzer». Die Mevlevî-Bruderschaft pflegt den Rundtanz als Ritual. «Schlüssel» ist zugleich der Eingang. Das laute oder stille Gedenken an Gott ist Bestandteil jeden *Zikrs*.

Eine eigene Fertigung mechanischer Uhren, das soll hier noch eingerückt werden, hat es in Istanbul spätestens seit dem 17. Jahrhundert gegeben. Schon früher hielten sich junge europäische Uhrmacher in Galata auf. In der Uhrenkollektion des Topkapı Sarayı steht eine von einem Şeyhî Dede signierte Kalenderuhr aus dem Jahr 1702/3, die beweist, daß auch Muslime an der Uhrenherstellung beteiligt waren. Auch im sogenannten «Museum für Diwan-Literatur» (Divan Edebiyatı Müzesi bzw. Galata Mevlevihânesi) gibt es einige «gerettete» Zeitmesser. Auf die Dauer konnten die einheimischen Uhren aber den englischen und Genfer Konkurrenzprodukten, wo man *Horloges à la turque* fabrizierte, nicht standhalten. Von einem Widerstand der Ulema gegen die «stille Revolution» der mechanischen Zeitmessung ist nichts bekannt, schließlich fielen die Sonnenuhren oft genug wegen schlechten Wetters aus.

Die Mitglieder der Mevlevî-Brüderschaft haben sich besonders intensiv mit mechanischen Uhren befaßt. Die großen Derwischerien von Galata und Yenikapi enthielten ausgebaute *Muvakkithânes*. Der erste Chronolog an der Türbe Mahmûds II. (für den einer der Räume neben dem großen *Sebîl* reserviert war) stammte ebenfalls aus der Bruderschaft. Ein melancholischer Zweizeiler, der das Geschäft der Spezialisten für Zeitmessung ein wenig in den Hintergrund rückt, lautet etwa:

> Nicht Astrolog' noch Chronolog' kennen die Dauer der längsten
> Nacht,
> Frag den von Kummer geplagten nach den Stunden, die er durchwacht!

Ein anderer:

> Die schlagende Uhr ist ein treuer Gefährte, der mich versteht,
> Ruft sie doch Weh und Ach, wenn wieder eine Stunde vergeht.

Uhrtürme

Nach der Mitte des 19. Jahrhunderts wurde die Blüte der *Muvakkithâne* abgelöst durch die Manie, Uhrtürme zu errichten, nicht nur in Istanbul, sondern in allen größeren und kleineren Städten der osmanischen Welt. In Notfällen behalf man sich damit, kleinere Konstruktionen mit öffentlichen Uhren auf ältere Festungstürme zu setzen (wie in Ankara oder Edirne). Anderswo entstanden hohe, oft überreich dekorierte Bauten. Beim Thronjubiläum Sultan Abdülhamîds II. (1901) wetteiferten die Provinzgouverneure um den auffälligsten Turm. Mit den brunnenartig gestalteten «Denkmälern» der Epoche tragen sie zur modernen Möblierung der osmanischen Städte bei und leisten zugleich durch die Angabe der Gebetszeiten eine elementar islamische Aufgabe.

Im Istanbuler Häusermeer gibt es drei auffällige Uhrtürme. Der älteste stand vor der einstigen Kaserne von Tophane neben der erhaltenen Nusretiye Camii und ist das Werk Abdülmecîds (1848/9). Ursprünglich hatte er vier Zifferblätter, von denen wahrscheinlich die beiden mit der *Alla-Turca*-Zeit in der Republik abgenommen wurden. Zur Yıldız-Moschee gehört der etwa 20 m hohe Uhrturm aus der Zeit von Abdülhamîd II. (1892/3). Er war ein gut sichtbares Motiv für die Fotografen, die (selten genug) dem *Selamlık* nach dem Freitagsgebet beiwohnen durften. Eine bekannte Sehenswürdigkeit ist der Saat Kulesi vor der Dolmabahçe-Moschee (vollendet 1894). Mit 30 m übertrifft er die eben genannten.

Der jüngste, heute am wenigsten auffällige Uhrturm befindet sich bei der Moschee des Kinderkrankenhauses von Şişli (Etfal Hastanesi, 1907). Hier wird er erwähnt, weil er ein mehrfach interessanter *Art-Nouveau*-Bau ist. Während der Bauzeit stand der 20 m hohe Uhrturm mit doppeltem Zifferblatt, Blitzableiter und Windrichtungsanzeiger frei und war weithin sichtbar, zudem hatte er einen ungewöhnlichen Umgang für den Müezzin der benachbarten Moschee des Krankenhauskomplexes (heute Cafeteria des Personals). Insofern stehen wir zu Füßen eines modernen islamischen Campanile. Es überrascht nicht, daß seine Erbauer, Raimondo d'Aronco, der Hofarchitekt Abdülhamîds II., bzw. sein Mitarbeiter Felice Pellini, Italiener sind, auch wenn die Inschrift nur den osmanischen Bauleiter Mahmûd Şükrü heraushstellt.

Abschließend sei auf die in spätosmanischer Zeit so beliebten Doppeltürme (als bewußter Anklang an die seldschukischen Moscheeportale?) aufmerksam gemacht. Auch sie boten die Gelegenheit, beide «Sorten» von Zeit anzuzeigen. Beispiele sind die alte Medizinschule in Haydarpaşa, der heutigen Marmara Universität, und der europäische Bahnhof in Sirkeci.

XIII.
Wallfahrtsorte, Nekropolen, Gräberfelder

Eyüp

Für die Osmanen war die Auffindung von Eyüps Grab, wie immer er auch zu Tode gekommen sein mochte, *das* herausragende Ereignis während der Belagerung. Dadurch wurde ihre militärische Operation in den Zusammenhang mit der frühislamischen Geschichte gestellt und legitimiert. Evliyâ folgt in seinem Bericht einer Überlieferung, die das Grab außerhalb der Mauern annahm. Der Gelehrte und Mystiker Akşemseddîn, dem die Schlüsselrolle bei der Auffindung zukam, war der Lehrer Mehmeds II. Noch heute gilt er als der «spirituelle Eroberer» Istanbuls. Er leitete das erste Freitagsgebet in der Hagia Sophia, anderen Ehrungen gegenüber blieb er unempfindlich und zog sich nach Anatolien zurück, wo er 1459 gestorben ist.

Als Sultan Muhammad Hân Gâzî (d. i. Mehmed II.) İslâmbol eroberte, suchte er mit 77 verehrungswürdigen Gottesmännern sieben Tage nach dem Grab von Ebû Eyüp. Am Ende verkündete der heilige Akşemseddîn: «Frohe Botschaft, mein Herr, der Standartenträger des Gesandten Ebû Eyüp ist an dieser Stelle begraben!» Indem er so sprach, wandte er sich zu einer stark mit Bäumen und Büschen bewachsenen, parkähnlichen Gegend und verrichtete auf einem Teppich zwei Gebetsübungen. Nach der Grußformel warf er sich noch einmal nieder und verharrte so, als sei er in Schlaf versunken. Nicht wenige schmähten ihn mit Reden wie: «Der Efendi hat aus Scham, weil er Eyüps Grab nicht gefunden hat, den Schlaf gesucht!» Nach einer Stunde hob Akşemseddîn das Haupt von seinem Gebetsteppich. Seine gesegneten Hände hatten sich in blutige Schalen verwandelt, seine Haut war mit Schweiß übergossen. Er wandte sich alsogleich an Ebulfeth (d. i. Mehmed II.): «Mein Herr, durch Gottes Vorsehung habe ich meinen Gebetsteppich genau über dem Grab von Ebû Eyüp ausgebreitet. Man mache sich sofort daran, es freizulegen!» Drei Derwischbrüder des Şemseddîn machten sich ans Werk, und auch Ebulfeth begann, unter Akşemseddîns Gebetsteppich zu graben. Als sie drei Ellen tiefer waren, kam ein viereckiger Stein aus grünem Porphyr zum Vorschein. Auf dem Stein stand in kufischem Duktus (und arabischer Sprache) «Dies ist das Grab von Ebû Eyüp». Unverzüglich hoben sie den überaus harten Grabstein hoch. Eyüps Körper der seit <...> (hier ist für die Jahreszahl ein Zwischenraum gelassen) in einem safrangelben Leichentuch lag, wurde frisch und lebendig aufgefunden. An seiner rechten Hand steckte ein Siegelring aus Bronze. Sie bedeckten ihn, ohne etwas zu verändern, erneut mit dem grünen Stein... Die heute existierende, licht-

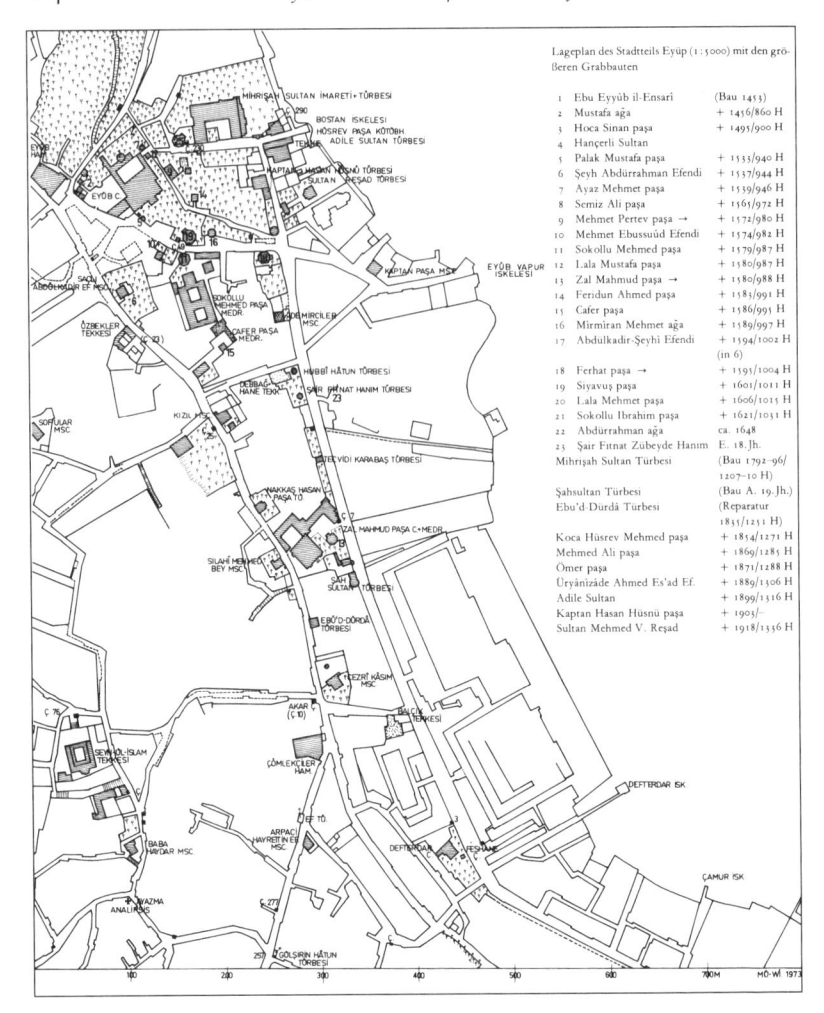

Plan 11: Der Wallfahrtsvorort Eyüp mit den größeren Grabbauten

erfüllte Kuppel über dem Bau, die Moschee, die Medrese, der Hân und das Hammam sowie das Speisehaus und der Markt sind alles Bauten von Ebülfeth Gazi.

Obwohl der Besuch der Türbe Eyüps beim Thronantrittszeremoniell der Sultane obligatorisch war und obwohl die Moschee von zahlreichen Mausoleen und Friedhöfen umgeben ist, hat sich nur Mehmed V. Reşâd, der 1918 verstorbene, vorletzte Vertreter der Dynastie, in diesem Stadtteil beisetzen lassen. Mimâr Kemâleddîn erhielt den Auftrag

Abb. 18: Eyüp Moschee und Pilger

für die Baugruppe schon zu Lebzeiten. Der Kammerherr Lütfü Simâvî Bey notierte unter dem 28. Juni 1910:

Seine Majestät empfing den Architekten Kemâleddîn Bey... Sie hatte seit den Tagen ihrer Thronbesteigung beschlossen, für sich in Eyüp ein Mausoleum mit einer danebenliegenden Schule errichten zu lassen und Kemâleddîn Bey mit dieser Aufgabe zu betrauen. Sultan (Mehmed) Reşâd (V.) liebte das Wasser und die Stimmen der Kinder...

Die Schule neben dem Grab Mehmeds V. firmiert heute als «Eyüp Lisesi». Der fromme Sultan und seine neben ihm liegende Frau haben keinen Grund, sich über fehlenden Kinderlärm zu beklagen.

Die Mausoleen der Herrscher

Das Totenzeremoniell für den osmanischen Sultan unterscheidet sich in den Grundzügen nicht von den für jeden Muslim vorgesehenen Handlungen. Auch der Bau eines Mausoleums (*türbe*) war kein sultanisches Vorrecht. Viele, z.T. wenig bedeutende Amtsinhaber vom 15. Jahrhundert bis zum Ende des Osmanenstaats liegen in freistehenden Grabbauten.

Wenn das Hinscheiden eines Herrschers bis zum Eintreffen seines Sohns und Nachfolgers geheimgehalten werden mußte, um anderen

Thronbewerbern keinen Vorteil zu verschaffen, hatte sich die Umgebung des verstorbenen Sultans mit Trauerbekundungen zurückhalten. Wurde der Tod dann amtlich verkündet, ließen die Würdenträger ihren Tränen freien Lauf. Die Bevölkerung nahm starken Anteil, vor allem wenn der Trauerzug die Serailmauern verließ und sich durch die Stadt zum Begräbnisort begab. Celâl-Zâde fand für die Beisetzung Selîms I. im Jahr 1520 die folgenden Worte, die auch eine Anspielung auf die Eroberung Ägyptens durch den Sultan enthalten:

Die Zugänge der Stadt hatte sich mit der Menge der Muslime und dem Heer der Einheitsbekenner gefüllt. Ihre Antlitze verwandelten sich in Ströme fließenden Wassers. Die Tränen auf den Gesichtern der Menschen glichen dem Nil-Strom

Die Berichte der ersten osmanischen Jahrhunderte belegen, daß die Menschen ihr Haupt mit Straßenstaub bedeckten und ihre Kleider zerrissen. Die Truppe reagierte auf ihre Weise. Die Soldaten schleuderten ihre Feldzeichen (*tuğ*) zu Boden und rissen ihre Zelte ab. Celâl-Zâde schreibt über das Verhalten der Janitscharen: «Alle *Solak* (eine Janitscharenabteilung) warfen ihre Filzhauben zu Boden und brachen in Trauergeschrei aus.» Im 17. Jahrhundert wurden die Manifestationen in der Öffentlichkeit, aber auch bei Hof zurückhaltender. Zuvor war schwarze, braune oder violette Trauerkleidung am Hof üblich. Merkwürdigerweise nahmen die Buchmaler des 16. Jahrhunderts darauf keine Rücksicht. Ihre Figuren tragen im Gegensatz zur klaren Aussage der Texte blaue und grüne Gewänder. Der Historiker Selanikî kann für das Zeremoniell beim Tod Selîms II. als Zeuge dienen:

Im folgenden Morgengrauen, am achten Tag des Heiligen *Ramazân*, einem Mittwoch (22. Dezember 1574), wanden sich alle Staatsmänner Trauerschals um den Kopf und gingen schwarz gewandet, mit Trauer bedeckt und niedergeschlagen mit den einfachen Leuten in die Aya Sofya, um dort das Frühgebet zu sprechen.

Der neue Sultan war bei seiner Thronbesteigung ebenfalls noch als Trauernder bekleidet: «Er trug eine schwarze, halbreihige Weste mit langen Ärmeln und einen Mantel aus violettem Atlas sowie einem Trauerschleier (am Turban).» Die dringendste Pflicht des neuen Herrschers war die Regelung der Bestattung des Vaters. Es sei daran erinnert, daß die ersten vierzehn Sultane, von Osmân I. bis zu Ahmed I., ihrem Vater unmittelbar nachfolgten. Erst ab 1617 galt die Regel des «ältesten männlichen Familienangehörigen» (Senoriat oder osmanisch *ekberiyet*). Keines der Herrschermausoleen der ersten drei Jahrhunderte wurde zu Lebzeiten errichtet. Das gilt übrigens auch für Süleymân I., obwohl dies gelegentlich bestritten wird. Selanikî widmet dem Bau der Türbe Murâd III. bei der Aya Sofya einen ganzen Absatz:

Die Wächter an der Türbe Sultan Murâds, sein Grab möge angenehm sein, hatten am sechsten Tag des Monats *Cumâdelâhire* (16. Februar 1595) die Lesung des heiligen Koran mit dem Vierzigsten Tag abgeschlossen. Nun wurden für seine erhabene Seele Mahlzeiten gekocht. Man speiste die Armen und Hinfälligen. Die üblichen Belohnungen wurden vergeben, die sonstigen Spenden ausgeteilt. Danach setzten sie dem Beten und Gotteslob ein Ende. Der Oberbaumeister Dâvûd Ağa hatte den Plan eines heiligen Mausoleums mit sechs Ecken entworfen und die notwendigen Materialien und Geräte bereitgestellt. Man legte das Fundament und nahm den Bau in Angriff.

Die Geographie des Todes

Nicht alle Herrscher starben auf dem Thron Osmâns, sondern erst nach ihrer Absetzung als «Alt-Padischahs». Einige wenige ereilte der Tod außerhalb der Mauern von Istanbul. Die weiteste Reise hatte der 1566 im ungarischen Feldlager von Szigetvár verstorbene Süleymân I. zurückzulegen. Drei weitere Sultane starben nur wenige Tagesetappen von Istanbul entfernt: Mehmed II. im nahen Maltepe, sein Sohn Bâyezîd II. in Dimetoka (Griechenland, im heutigen Grenzdreieck zur Türkei und Bulgarien), Selîm I. im ostthrakischen Çorlu. Für Süleymân I. wurde in Ungarn eine Türbe zur Aufnahme der Eingeweide errichtet. Bei seinen Nachfahren wurde auf dieses Maßnahme verzichtet. Im Falle Süleymân II., der seine Tage in Edirne beschloß, ist überliefert, daß man den Leichnam in Eis packte und auf einen Wagen bis Silivri schickte. Von dort aus wurde er über das Marmarameer nach Istanbul gerudert. Zwei weitere Herrscher verstarben in der Nebenresidenz Edirne (Mehmed IV., Ahmed II.). Eine Beisetzung im Schatten der großen Moschee Selîm II. in Edirne hatte nicht einmal ihr Stifter im 16. Jahrhundert erwogen. Die unten nicht aufgeführten ersten sechs Osmanenherrscher liegen in Bursa, der letzte (Mehmed VI. Vahîdeddîn) in Damaskus. Das Grab des 1944 im Pariser Exil verstorbenen Kalifen Abdülmecîd befindet sich im arabischen Medina.

Abgesehen von den beiden letzten Fällen, deren Heimkehr das republikanische Regime bis heute verhindert, liegen seit Mehmed II. alle Herrscher in Istanbul. Die Grablegen der alten Residenz Bursa wurden nur noch in Ausnahmefällen für Prinzen genutzt. In der neuen Hauptstadt entstand nur vorübergehend ein nekropoler Kern in der Umgebung der Aya Sofya. Die drei hier beigesetzten Herrscher haben keinen Moscheekomplex in Istanbul hinterlassen. Sie (oder ihre Nachfahren) zogen die ehrwürdige Hauptmoschee einer Beisetzung *ad sanctos* in Eyüp oder bei einem anderen Wallfahrtsort vor. Die beiden unglücklichen Sultane Mustafâ I. und İbrâhîm liegen im ehemaligen Baptiste-

Abb. 19: Eyüp Gräberstraße

rium der Hagia Sophia. Die Nekropole im Garten der Aya Sofya bildet den Ausgangspunkt des von Türben und Friedhöfen gesäumten Divanyolu. Der neu installierte Sultan nahm diese Zeremonialstraße, um sich nach Eyüp zu begeben, wo die feierliche Umgürtung mit dem Schwert des Propheten oder des Kalifen Omar durch den Scheichülislam oder Nakibüleschraf erfolgte. Die letzten Herrscher zogen jedoch, spätestens seit der Thronbesteigung von Sultan Abdülmecîd (1839), die Seefahrt über das Goldene Horn auf dem Hinweg vor. Auf dem Rückweg machten sie bei den Türben ihrer Vorfahren, insbesondere der Mehmeds II. Station. Eine historische Besonderheit war die Schwertumgürtung des letzten Sultans Mehmed VI. Vahîdeddîn. Wenige Wochen vor der Kapitulation des Osmanenstaats wurde sie am

Abb. 20: Türbe der Sultansmutter Mihrişâh (st. 1805) in Eyüp. Zur Türbe gehört ein Komplex aus İmâret, Mektep und Sebîl (1772–1775)

31. August 1918 von Scheich Sayyid Ahmad, dem Oberhaupt der nordafrikanischen Sanûsî-Bruderschaft, vorgenommen.

Die größte Massierung von Herrschergräbern findet sich in der Türbe der Mutter Sultan Mehmed IV. neben ihrer «Neuen Moschee» (Yeni Cami). Auch aufmerksame Reisende übersehen sie leicht im Menschengedränge, das zwischen Ägyptischem Basar (Mısır Çarşısı), der Moschee und den Anlegestellen von Eminönü herrscht. Tatsächlich liegen hier sechs Sultane begraben. Mehr als einen Herrscher nehmen auch die Türben Ahmed II. und Mahmûd II. auf. Eine Kuriosität stellt die Türbe bei der Nuruosmaniye dar. Auch auf diesen barocken Bau aus der Mitte des 18. Jahrhunderts muß hier aufmerksam gemacht werden, weil die meisten Touristen schon im Vorhof der Nuruosmaniye von den Basartoren gleichsam angesaugt werden und keinen Blick auf die Nebenbauten verschwenden. Der Auftraggeber der Nuruosmaniye, Mahmûd I., starb vor ihrer Vollendung. Der namengebende Osmân erlaubte jedoch nicht die Bestattung seines Bruders, so daß die Türbe leer blieb, bis sie Osmân III. für seine 1756 verstorbene Mutter Şehsüvâr Vâlide Sultan bestimmte. Die Frage, warum Osmân, der seine fromme Mutter nur um eineinhalb Jahre überlebte, nicht in der Moschee liegt, kann vorläufig nicht beantwortet werden.

Die Mausoleen der osmanischen Herrscher in Istanbul

Auf einige Besonderheiten, die nicht – oder nicht auf den ersten Blick – aus dieser Übersicht hervorgehen, muß hingewiesen werden. Fünf Sultane (Nr. 7–10, 26) haben ihren Begräbnisort an der nach Mekka blickenden *Kıbla*-Mauer ihrer Hauptmoschee und erfüllen so das klassische und vollständige Bauprogramm. Zwei Herrscher haben sich bei einem Stiftungskomplex ohne Freitagsmoschee beisetzen lassen (27, 35). Mehrere schlüpfen gleichsam bei ihrem Vater (16, 17, 28, 29), ihrer Mutter (19, 33), ihrem Großvater (34) oder entfernteren Vorfahren (20, 29) unter. Die durch *Kursivdruck* hervorgehobenen Herrscher hatten zu Lebzeiten oder durch ihre Nachfahren die Möglichkeit, eigene Türben zu errichten.

Sultan	Jahr	Todesursache	Begräbnisort
7. *Mehmed II.*	1481		Bei seiner Hauptmoschee
8. *Bâyezîd II.*	1512		Bei seiner Hauptmoschee
9. *Selîm I.*	1520		Bei seiner Hauptmoschee
10. *Süleymân I.*	1566		Bei seiner Hauptmoschee
11. *Selîm II.*	1574		Aya Sofya
12. *Murâd III.*	1585		Aya Sofya
13. *Mehmed III.*	1603		Aya Sofya
14. *Ahmed I.*	1617		Bei seiner Hauptmoschee
15. Mustafâ I.	(1639)		Baptisterium = Yağhane der Aya Sofya
16. Osmân II.	1622	Hinrichtung	In der Türbe seines Vaters Ahmed I.
17. Murâd IV.	1640		In der Türbe seines Vaters Ahmed I.
18. İbrâhîm	1648	Hinrichtung	Baptisterium = Yağhane der Aya Sofya
19. Mehmed IV.	(1693)		In der Türbe seiner Mutter

Sultan	Jahr	Todesursache	Begräbnisort
20. Süleymân II.	1691		Vâlide Turhan Sultan (Yeni Câmi) In der Türbe seines Ahnen Süleymân I.
21. Ahmed II.	1695		In der Türbe seines Ahnen Süleymân I.
22. Mustafâ II.	1703		Yeni Câmi
23. Ahmed III.	1730		Yeni Câmi
24. Mahmûd I.	1754		Yeni Câmi
25. Osmân III.	1757		Yeni Câmi
26. *Mustafâ III.*	1774		Bei seiner Hauptmoschee (Lâleli Cami)
27. Abdülhamîd I.	1789		Bei seiner Medrese in Bahçekapı
28. Selîm III.	1808	Hinrichtung	In der Türbe seines Vaters Mustafâ III.
29. Mustafâ IV.	1808	Hinrichtung	In der Türbe seines Vaters Abdülhamîd I.
30. *Mahmûd II.*	1839		Selbständige Türbe
31. Abdülmecîd	1861		Bei der Moschee seines Ahnen Selîm I.
32. Abdülazîz	1876	Selbstmord	In der Türbe seines Vaters Mahmûd II.
33. Murâd V.	(1904)		Bei seiner Mutter im Vorhof der Yeni Câmi (gegen ihr Vermächtnis, das eine Beisetzung in Yahya Efendi anordnete)
34. Abdülhamîd II.	(1918)		In der Türbe seines Großvaters Mahmûd II.
35. *Mehmed V. Reşâd*	1918		Bei seinem Stiftungskomplex in Eyüp

Süleymân der Gesetzgeber

Als im September 1566 die Nachricht von Süleymâns I. Tod im ungarischen Feldlager die Hauptstadt erreichte, trauerten die Osmanen im Bewußtsein, einen der größten Herrscher des zu Ende gehenden Millenniums (das Jahr 1000 der Hidschra beginnt 1591) verloren zu haben. Viele seiner Untertanen hatten keine Erinnerung an seine 46 Jahre zurückliegenden Thronbesteigung. Bâkî verfaßte damals eine der berühmtesten Traueroden (*mersiye*) der osmanischen Literatur. Im Prolog beschwört der Dichter die Allmacht des Todes, die auch vor dem «löwenmutigen Schah» nicht Halt macht, vor dessen «glänzendem Schwert» die ungläubigen Ungarn und Franken niedersanken. Das Strophengedicht besteht insgesamt aus 8 × 8 Doppelversen.

> Er legte sein Haupt huldreich zur Erde nieder frischem Rosenblatte gleich,
> (Und) der Schatzmeister des Schicksals warf ihn in den Sarg einem Juwele gleich.

Jetzt geht der Dichter zum eigentlichen Herrscherlob über:

> Es ist wahr, daß er Schmuck und Zier des Glückes und der Würde war,
> Denn ein Schah war er mit Alexanders Diadem und Darius' Krone,
> Der Himmel beugte das Haupt im Staube seines Fußes,
> Die Welt war der Staub seines Anbetungsortes.

Einige Verse stellen Süleymâns Bedeutung als Vorkämpfer des Islam heraus.

> Tausende von Götzentempeln hast du eingenommen und zu Moscheen gemacht,
> An Stelle der Schlaghölzer (der Christen) hast du den *Ezân* als Gebetsruf eingeführt.
> Schließlich wurde die Pauke der Abreise (wie beim Auszug einer Karawane) geschlagen, du zogest aus,
> Deine erste Station waren die paradiesischen Gärten.
> Gott sei Dank! ER machte dich in zwei (beiden) Welten glücklich,
> Und deinen hohen Namen machte er sowohl siegreich als zum Blutzeugen.

Die Türbe Süleymâns an der Kıbla-Wand seiner Moschee wurde verschwenderisch ausgestattet. In der Kuppel hingen Glaslampen aus Damaskus und Italien. Insgesamt 130 Rezitatoren sorgten für die kontinuierliche Lesung aus dem Koran. Besondere Vorkehrungen wurden für die Heiligen Nächte und die beiden großen Feiertage getroffen. Der Türbengarten war mit Obstbäumen bepflanzt, frische Schnittblumen (Osterglocken oder Narzissen) waren als Grabschmuck vorgesehen.

Seine Gattin Hürrem Hasekî Sultan war Süleymân 1558 im Tode vorausgegangen und erhielt ein Mausoleum neben dem des Sultans.

Selîm II.: Späte Reue

Die Nähe des Mausoleums von Selîm II. zur Aya Sofya erklärt sich nicht ohne weiteres, weil seine große Freitagsmoschee, das Meister-

Abb. 21: Mausoleum der Haseki Sultan bei der Süleymaniye

werk Sinâns, ja in der alten Residenz Edirne errichtet wurde. Es steht aber fest, daß Selîm bei der Aya Sofya, um deren Restaurierung er sich ab 1573 kümmerte, bestattet zu werden wünschte. Zu Lebzeiten wurden Privatgrundstücke enteignet, um die Umgebung der wichtigsten Moschee zu ordnen. Wahrscheinlich wurde schon damals der Platz der Türbe festgelegt. Der Bau, der mit 16 m Seitenlänge zu den größten Sultanstürben zählt, wurde 1576 oder 1577 fertiggestellt. Bis dahin war Selîms Grab mit einem Prunkzelt bedeckt, wie eine europäische Zeichnung beweist. Neben dem Sultan liegt Nûrubânû Sultan, die Mutter Murâds III., die ihrem Gatten Selîm fast zehn Jahre später (1583) folgte. Außerdem blicken wir auf die Kenotaphe von fünf Söhnen Selîms, von zwei Töchtern und der Nachkommen Murâd III. (21 Prinzen, 13 Töchter). Die Türbe mit ihrer doppelten Kuppel, einem zweiten Stockwerk mit Ambulatorium, der bemerkenswerten Toranlage und der reichen

Innenausstattung mit prachtvollen Panneaus aus İznik-Fliesen machen den Bau zum Bestandteil des Istanbuler «Pflichtprogramms».

Der dem Trunk verfallene Selîm hatte vor seinem Tode noch Gelegenheit, seinen Lebenswandel zu ändern und seine Seele auf das Jenseits vorzubereiten. Ali Mınık, der Fortsetzer des berühmten Universalgelehrten und Lexikographen Taşköprü-Zâde, schrieb über die letzten Lebensjahre und den Tod des Sultans im Anschluß an seinen Bericht über die militärischen Hauptereignisse der Epoche (Niederwerfung der Revolten im Jemen, Einnahme von Zypern und erfolgreiche Belagerung von Tunis):

Bei all' dem nahm der Sultan bis zu seinem Tode an keinem Feldzug in eigener Person teil. Er starb, wie man sagt, an der Lethargie genannten Krankheit. Da aber der Oberarzt Garseddîn-Zâde dies verkannte, d. h. als Brustfellentzündung ansah und (dementsprechend) falsch behandelte, so verschlimmerte sich diese, und die ärztliche Bemühung nützte dem Sultan nichts; denn also hatte es der Hochgeehrte und Gewaltige bestimmt. Selîm frönte abends und morgens dem Spiel und Trunk, so daß ihm die Trunkenheit lieber als die Nüchternheit war... nach den Worten des Dichters

> Trink' in Gesellschaft der Blumen und Gärten im Verein mit den Blumen der Wangen (d. h. den roten Wein des Schenken) und der Blumen des goldfarbenen Weins.
> Ein Wein der die Sorgen vergessen läßt und sie zur Lust macht.

Doch Gott ließ ihm vor seinem Tode die Gnade zukommen, (aus seiner Verblendung) aufzuwachen. So wandte sich der Sultan von allen Vergnügungen ab und zog die Scheichs in seine Nähe. Er erstrebte die Aufgabe all' seiner bösen Charaktereigenschaften und legte zu Händen des Scheichs Süleymân el-Halvetî el-Âmidî ein Reuegelöbnis ab, nachdem er zuvor alle Musikinstrumente und Weingefäße hatte zerbrechen lassen, sich von der Gesellschaft seiner Zechgenossen zurückgezogen und den Vortrag von Liedern mit der Rezitation des Korans vertauscht hatte. Und in dieser Gesinnung verharrte er, bis ihn schließlich das Geschick erfaßte und er aus dieser Welt hienieden in ein besseres Jenseits schied.

Die Friedhöfe der Muslime

Die Faszination der osmanischen Friedhöfe mit ihren auffälligen Kopf- und Fußsteinen ist groß. Die Vielfalt der Turban- und Fesformen bzw. Frauenkopfbedeckungen erweckt den Eindruck menschengestaltiger Skulpturen. Pflanzliche Ornamente wie Zypressen, Palmen, Wein- und Rosenstöcke, Blumenvasen, Fruchtschalen, bevorzugt auf den Fußsteinen, erweitern die Vielfalt. Wem – wie 99% der Istanbuler – die kunstvollen Inschriften ein Rätsel bleiben, kann seit einiger Zeit im inneren Hof der Süleymaniye Namen, Ränge und Todesdaten auf kleinen Plexiglastafeln ablesen. Der Verlust an Grabsteinen durch den Wohnungs- und Straßenbau, aber auch wegen der ständigen Verdrängung durch «Nachzügler» ist immens. In den ersten Jahrzehnten der Republik wurden sogar Stelen des riesigen Karacaahmed-Gräberfelds in Üsküdar für die Befestigung von Wegen verwendet. Die erhaltenen stammen zum größten Teil aus dem 18. bis frühen 20. Jahrhundert. Stelen aus den ersten zwei bis drei Jahrhunderten nach der Eroberung gehören zu den Seltenheiten. In den letzten Jahren hat man an mehreren Orten ältere Grabsteine wieder zusammengefügt und aufgerichtet (zum Beispiel im Garten der Sokullu Mehmed Paşa Camii).

Als historische Quelle sind die Grabstelen überaus wertvoll. Die Steine enthalten ja nicht nur Segenswünsche oder kleine Gedichte, sondern neben dem Namen und Todesdatum oft umfangreiche genealogische Beziehungen. Für die historische Frauenforschung sind solche Angaben unschätzbar, weil andere Schriftquellen die Existenz von Müttern, Gattinnen und Töchtern meist ignorieren. Neben vielen immer wiederkehrenden Wendungen gibt es auch Grabinschriften von großer Originalität. Für einen 1901/2 verstorbenen Uhrmacher wurde etwa folgender Text verfaßt:

> Hasan Kazım Efendi besaß einen rühmenswerten Charakter, selbst war er Uhrmacher, seine Gespräche waren sehr angenehm, zweiundvierzig Jahre war er alt, da trank er den Wein des Todes, in die Uhr seines Lebens warf eine Feder die hartnäckige Verletzung.

XIV.
Ausflugsorte für Groß und Klein

Saadâbâd, ein osmanisches Trianon

Die beiden Flüßchen, die in das «Goldene Horn» münden, wurden von den Ausländern «Süße Wasser Europas» genannt. Die Istanbuler sprachen prosaisch von Kağıdhâne, weil sich dort eine Papierfabrik befand. Kağıdhâne war bis in die ersten Jahrzehnte des 20. Jahrhunderts *das* Naherholungsgebiet der Großstadt. Man konnte die von hohen Bäumen umgebenen Wiesen auf dem Wasserweg über das Goldene Horn erreichen oder die Landstraße von Eyüp aus benutzen. Auch der Hof und die Oberschicht haben das idyllische Tal von Anfang an geschätzt. Schon unter Süleymân I. fand hier eine Beschneidungsfeier statt, bei der Pferderennen und Bogenschießen zum Unterhaltungsprogramm gehörten. Unter Ahmed III. wurde der beim Historiker Râşid als «unvergleichlicher Lustort für Groß und Klein» bezeichnete Bereich für sein neues Sommerschloß von Grund auf umgestaltet. Man hat die Anlage wegen ihrer oberflächlichen Ähnlichkeit mit dem Großen Trianon und anderen Schlössern am Rande von Paris verglichen. Es steht zumindest fest, daß Mehmed Çelebî, ein osmanischer Gesandter in Paris, 1721 einen ausführlichen Bericht von den französischen Residenzen nach Istanbul brachte.

Der Großwesir Nevşehirli İbrâhîm Pascha leitete ab 1722 persönlich die Baumaßnahmen, denen die Reinigung des Wasserlaufs vorausging. İbrâhîm erschien bis zu zweimal pro Woche, um die Arbeiten zu beaufsichtigen, und sparte auch nicht mit Geschenken und Prämien, um das fertige Schloß in der auch für die osmanischen Schnellbaumeister erstaunlichen Zeit von 60 Tagen seinem Herrn übergeben zu können. Ein Archivdokument belegt, daß die Anpflanzung von 450 Laubbäumen, die man mit Schiffen heranschaffen mußte, angeordnet wurde. Râşids Beschreibung der Baumaßnahmen beginnt mit der Begradigung des Flußlaufes. Dieser, von den Dichtern als «Silberfaden» gepriesene Kanal ist heute noch gut vor den niedrigen Bauten der Stadtverwaltung von Kağıdhâne zu erkennen, die den Platz des Schlosses einnimmt.

Zunächst wurde der schon genannte Flußlauf aus seinem alten Becken abgelenkt. Er verläuft jetzt vom Humbarahane 800 Ellen lang, auf beiden Ufern von Marmor eingefaßt. Es wurde ein gerader Kanal ausgehoben, breiter als der alte Flußlauf. 30 symmetrische Säulen trugen ein kaiserliches

Abb. 22: Reste des Lustschlosses von Saadâbâd in Kağıdhâne mit Blick auf die Aziziye-Moschee

Schloß, vor ihm war ein ausgedehntes Becken. An der Stelle, an der sich das Flußwasser in das Becken ergoß, waren Marmortröge auf dem aus Marmor errichteten (d. h. mit Marmor ausgekleideten) Damm, so daß vor dem kaiserlichen Schloß eine Wasserkunst entstand. Von den Quellen, die nach dem Garten von Kara Ağaç flossen, wurde mittels Röhren und Marmordämmen zur hinteren Seite köstliches Wasser geführt. Außer den innerhalb des kaiserlichen Schlosses befindlichen Springbrunnen trat aus den Mäulern von Drachen (sie erscheinen auch in Nedîms Gedicht weiter unten), welche innerhalb der Becken abgesondert waren, strömendes Wasser hervor. Ebenfalls innerhalb des Beckens waren zwei aus einem einzigen Marmorblock gearbeitete, überlaufende (kleinere) Becken und gegenüber dem kaiserlichen Schloß lief zu beiden Seiten des Flusses Wasser (in kleinen Kanälen) in ein Brunnenhaus. Vom kaiserlichen Schloß bis zu der Stelle, die als Baruthane bekannt ist, entstanden am Flußufer Villen und luxuriöse Häuser mit Blick auf den Fluß in der Art der *Yalı* von Hisar.

Der letzte Satz weist auf die Attraktion für die Oberschicht hin, die sich nun in der Nähe des Hofs so teure Ufervillen leistete, wie man sie nur in Rumelihisar am Bosporus kannte. Zur Eröffnung des Saadâbâd («Haus der Glückseligkeit») genannten Sommerschlosses im August 1722 wurden für Ahmed III. zu beiden Seiten des Flusses «je ein Zelt, das der Himmelssphäre glich», aufgestellt. Weitere waren u. a. für den Großwesir, den Scheichülislam, den Großadmiral und andere hohe Staatsmänner vorgesehen.

An dieser Stelle nennt Râşid auch die Kosten des Unternehmens. Das Schloß mit seiner Inneneinrichtung belief sich auf 115 807 Holländische Reichstaler. Ausländische Edelmetallmünzen waren in diesen Jahrzehnten ganz übliche Zahlungsmittel. Die Türken nannten das holländischen Silbergeld wegen seiner Prägung «Löwen-Kurusch». Trotzdem rechnete die Verwaltung weiter mit dem inflationären *Akçe*, von dem damals 144 auf einen holländischen Reichstaler kamen, mehr als das Doppelte des Kurses von 1600! Ein Zimmermann verdiente damals etwa einen halben holländischen Taler (70–89 *Kuruş*) am Tag.

Die Verse des Dichters Nedîm (1681?–1730) auf die Freuden von Saadâbâd gehören zu den populärsten aus der osmanischen Literatur. Noch heute können viele, einigermaßen belesene Türken wenigstens den Refrain von der «wandelnden Zypresse» (*Gidelim serv-i revânım yürü Saadâbâd'a*) zitieren, mit der das lyrische Ich seinen Geliebten anspricht. Es folgen drei von insgesamt fünf Strophen in Annemarie Schimmels Verdeutschung:

> Laß uns dieses Herz vergnügen, laß es nicht so traurig flehn!
> Komm, du wandelnde Zypresse, laß nach Saadabad uns gehn!
> Sieh dort an der Landestelle drei Paar Boote wartend stehn –
> *Komm, du wandelnde Zypresse, laß nach Saadabad uns gehn!*

Laß uns lachen, laß uns spielen, laß uns recht die Welt genießen,
Aus der neuerschloss'nen Quelle Wasser trinken, von dem süßen,
Laß uns sehn, wie Lebenswasser aus den Drachenmäulern fließen –
Komm, du wandelnde Zypresse, laß nach Saadabad uns gehn!

Manchmal wollen wir lustwandeln an des Wasserbeckens Rand,
Bald das Gartenschloß bestaunen, welch ein Wunder dort entstand,
Und dann wolln wir Lieder (*şarkı*) singen, Verse (*gazel*) lesen, liebentbrannt –
Komm, du wandelnde Zypresse, laß nach Saadabad uns gehn!

Die Freuden von Saadâbâd endeten in der Revolte des Janitscharen Patrona-Halîl und seiner Anhänger (1730), die sich gegen den ungeheuren Luxus auflehnten, dem sich die Oberschicht in der Zeit Ahmeds III. hingab, während gleichzeitig die Ostgrenze des Reiches durch den Afghanen Nâdir Schah bedroht war. Der Sultan mußte seinen langjährigen Wesir opfern und anschließend auf den Thron verzichten. Unter seinem Nachfolger Mahmûd I. wurde anstelle der zunächst angeordneten Verbrennung der geordnete Abbruch der Schloßanlagen befohlen. Das Interesse des Hofs an Saadâbâd erwachte jedoch schon wenige Jahrzehnte später. Unter Abdülazîz entstand sogar eine 1999 renovierte Moschee.

Im großen und ganzen aber war das Tal ein Ausflugsort für alle Istanbuler. Mehmed Tevfîk beschreibt in seinen Erinnerungen an das alte Istanbul den Weg nach Kağıdhâne und die Vergnügungen von Alt und Jung. Dieser Text ist natürlich auch eine Illustration für die traditionelle Freizeitgestaltung an anderen Ausflugsorten der Stadt, wie den entsprechenden «Süßen Wassern Asiens» am Bosporus.

Mag man nun zu Wagen oder mag man zu Boot hinausfahren: der erste Ort, nach dem man sich wenden und den man besuchen muß, ist Eyüp. Die Männer verrichten dort das Freitagsgebet, die Frauen unterhalten und ergötzen sich in der Zwischenzeit ein wenig auf dem «Grabmal-Garten» genannten Platze. Da das *Kebab* von Eyüp so berühmt ist wie die Hammelbeinsülze (*paça*) von Beykoz und der Schafs- und Lammskopf von Samatya, so essen die meisten Leute nach dem Gebet ein wenig Braten und darauf eine Portion süßen Rahm. Auf dem Markte von Eyüp ergänzt man seinen Proviant, wenn bei den für den Ausflug mitgenommenen Lebensmitteln etwas fehlen sollte. Wer einen Wagen hat, steigt nunmehr in seinen Wagen, wer ein *Kayık* hat, in sein Boot, und so setzt man den Weg weiter fort, ebenso wie die zu Fuß Wandernden, die stolz sind auf ihr Fußwerk. Kindern macht es keinen geringeren Spaß, aus dem im Tal wachsenden Schilfgras Mützen zu fertigen, als sich gegenseitig die kleinen Leinwandkäppchen zu rauben.

Mehmed Tevfik schildert nun, wie sich die Ausflügler unter den Bäumen lagern, ihre Decken ausbreiten und nach Herzenslust essen und trinken. Für die kleinen Kinder werden Hängematten ausgespannt. Die Männer lassen sich getrennt nieder und unternehmen kleine Spaziergänge. Dann kommt er auf Lustbarkeiten zu sprechen, die in der Vergangenheit «nicht so zahlreich wie jetzt, sondern sehr beschränkt waren».

In Wirklichkeit aber war damals der schamlose Knabentanz (köçek), dessen Unterdrückung die Regierung dann späterhin für gut befand, noch erlaubt. Er gehörte zu den größten Unzuträglichkeiten, da er die Genußsucht bis zu den äußersten Graden der Zügellosigkeit anstachelte. Er war zudem auch gar kein spezielles Frühlingsvergnügen. So konnte man im Sommer jede Nacht bis an den frühen Morgen in Kara Ağaç und Silihdar Ağa die Unterhaltung des Köçek-Tanzes genießen. Ja, auch die Tänze der Zigeunerweiber zum Begleitungsgeschrei von Liedern und Weisen gehörten sicherlich zu den Auswüchsen, deren Abschaffung man nur wird billigen können. Zu jener Zeit aber existierten sie noch. Der Taschenspieler galt als das unterhaltendste unter den gewöhnlichen Unterhaltungsmitteln, der bulgarische Dudelsack als das verbreitetste. Es gehörte in der Tat zum unterhaltendsten Zeitvertreib, wenn man inmitten der Frühlingslust sich einen der schönsten Punkte von Kağıdhâne auswählte, nämlich sich an eine abseits von der Menge liegende Stelle zurückzog, und wenn man dazu noch das Glück hatte, irgendeine prächtige Musik dabei anzutreffen. Für die Frauen gab es noch ein weiteres Vergnügen, nämlich in dem Gebäude in der Nähe des Schlosses von Baharîye sich zu schaukeln und sich möglichst stark in Schwung zu bringen. Jetzt ist weder jenes Gebäude noch jene Schaukel mehr vorhanden.

Die Frauen hatten sich mit Decken und Stricken, um eine Schaukel aufmachen zu können, und Picknickkörben ausgestattet. Mehmed Tevfik unterstreicht die Sonderbehandlung, die Frauen in Kağıdhâne genossen: Ältere und sittenstrenge Gärtner (bostancı) des Serail führten die Aufsicht über die jüngeren Burschen, die den Frauen den Kaffee brachten. «Aber wenn sie die Platte vor die Decken, auf denen die Frauen saßen, hinstellen, pflegten sie den Kopf nach rückwärts zu wenden.» Einer ähnlichen Zurückhaltung befleißigten sich die Süßwarenhändler und Eisverkäufer: «Um an die Frauen herankommen und um Gefrorenes und Gelee verkaufen zu können, durften sie ihrer Persönlichkeit nach nicht von angenehmem Äußeren und jugendlich sein. Es kamen wohl an solche Orte die ältesten Mitglieder der betreffenden Händlerzunft.» Am Goldenen Horn waren die Mondscheinnächte nicht weniger beliebt als am Bosporus:

Die wonnigste Unterhaltung von Kağıdhâne ist die Mondscheinillumination (mehtâb) der Kaskaden. Das Herabfluten des Mondlichtes auf jenen künstlichen, reichlich strömenden Bach, dessen Wellen wie wahnsinnig Verliebte, ihrer selbst sich nicht bewußt, von Stein zu Stein fallen und dahinfließen, schafft solche Lichtreflexe, daß der Blick des Beschauers in dem einen Augenblick schimmerndes Quecksilber und im nächsten schon einen dunklen Strudel zu sehen glaubt und der Betrachter vor Staunen sich nicht leicht fassen kann. Es ist eine wahre Herzensfreude, wie diese leuchtenden Wellen einander folgen, um sich zu zerschellen. Eine Welle folgt der andern und keine kann hinter den freudigen Ereignissen zurückbleiben.

Nach einem langen Tag im Freien trat man die die Rückfahrt zu Wasser oder zu Lande an:

Die Heimkehr im Ruderboot ist sehr angenehm. Kaum ist ein jeder in sein *Kayık* eingestiegen, so beginnt das Tal vom Boot aus zu verschwinden. Manchmal drängen sich die Boote so dicht zusammen, daß die Ruder gar nicht in Bewegung treten können. In manchen Booten befinden sich Sänger mit anmutiger Stimme, in manchen anderen nimmst du ein ganzes Orchester wahr, in manchen anderen wiederum bemerkst du Kokettieren und leises Geflüster, so verstohlen, daß nicht jedermann es verstehen kann.

Nach jahrzehntelanger Vernachlässigung wird das Tal von Kağıdhâne wieder in ein Erholungsgebiet verwandelt. Auf Satellitenbildern kann man den Fortschritt der Begrünung bereits erkennen. Größere grüne Flecken gibt es sonst nur am Bosporus, vor der Landmauer und an der Serailspitze.

Eine Neuerung: Öffentliche Gärten

Zu den ersten Nachrichten über öffentliche Gärten, die zunehmend die traditionellen Ausflugsorte ersetzen, gehört eine Notiz von Ahmed Râsim über eine Aktivität im Vorort Makriköy. Das heutige Bakırköy lag seit den 1870er Jahren an der Vorortbahn nach Halkalı und wurde überwiegend, aber nicht ausschließlich von Nichtmuslimen bewohnt. Für einen wohl kurz vor der Wende zum 20. Jahrhundert entstandenen Park wurde ein Pächter gesucht. Ahmed Râsim beschreibt das Problem in einem Zeitungsartikel:

Da ich in Makriköy wohne, kenne ich mich in den kommunalen Angelegenheiten dieses Dorfs ziemlich gut aus. Der ehemalige Gemeindevorsteher hatte hier unter riesigen Anstrengungen und Schwierigkeiten einen Garten angelegt, Bäume und Blumen gepflanzt. Gräser und Rasen begannen zu sprießen. Ein von ihm als *Lac* (franz. See) bezeichnetes großes Becken wurde geschaffen. Eine Maschine, die es mit Wasser speist, wurde am vorgesehenen Ort installiert. Der Garten wurde in Frauen- und

Männergebiete aufgeteilt. Am Ende stellte sich die Frage nach einem Pächter, den man endlich (durch eine Art Ausschreibung) fand... Ein einziges Problem blieb offen: Sollte man die Erlaubnis zum Ausschank von Bier erteilen oder nicht? Zwei Anlieger erhoben Einspruch. Die Polizeibehörde teilte mit: Von uns aus gibt es keinen Widerstand (gegen den Bierausschank). Ein Gartenbetrieb rentiert sich nicht mit Kaffee allein. Erneut wird man bei der Kommune vorstellig und erhält zur Antwort «Wir werden die Dinge schon in Ordnung bringen!»

Aus dem Artikel wird deutlich, daß ein öffentlicher Garten ohne separate Bereiche für Männer und Frauen, jedenfalls außerhalb von Pera/Beyoğlu schwer vorstellbar war, und daß der Ausschank von Alkohol unter freiem Himmel nicht für alle Istanbuler eine wünschenswerte Innovation war. Im Herbst 1913, ein Jahr vor dem Eintritt des Osmanischen Reichs in den Weltkrieg, legte Dr. Cemîl Pascha (später Topuzlu), der um Istanbul hochverdiente Bürgermeister, vor der Stadtverordnetenversammlung einen Rechenschaftsbericht über seine bisherige Tätigkeit als Stadtoberhaupt ab. Er mußte eine riesige Haushaltslücke kommentieren. Die Ausgaben überstiegen die Einnahmen um das Doppelte. Wenn man einen Blick auf die Hauptstädte der benachbarten Balkanstaaten werfe, sehe man, daß pro Kopf mindestens zwei *Lira* an Steuern anfielen. Istanbul, mit einer Million Einwohner, könne hingegen kaum mit insgesamt 113 000 *Lira* rechnen.

Um die Wende zum 20. Jahrhundert habe sich die Innenstadt stark gewandelt. Die Preise von Grund und Boden seien gestiegen, zahlreiche Gärten wurden mit Wohnhäusern überbaut. Als Mediziner waren für Dr. Cemîl hygienische Maßnahmen vorrangig. Einen längeren Teil seiner Ansprache widmete er dem Gülhâne Park und den öffentlichen Gärten im allgemeinen. Er erinnerte daran, daß es in Istanbul einst große Palais (*konak*) und große Gärten gab. Durch das Bevölkerungswachstum wurden die alten, von Gärten umgebenen Häuser durch enge und finstere Häuser ersetzt.

Hier arbeiteten Beamte, Händler und Handwerker und der Rest der Bevölkerung von morgens bis abends bis zur Erschöpfung. Aber sie mußten anders als die Europäer auf Gärten verzichten, in denen man reine Luft atmen konnte, um sich zu erholen. Ich habe von Ihrer Majestät alleruntertänigst erbeten, anzuordnen, daß der Garten des Kaiserlichen Serails von Topkapı als öffentlicher Park angelegt wird.

Als der Bürgermeister Teile der Palastgärten des Topkapı Sarayı für das Publikum öffnete, konnte man nicht auf eine Parkordnung verzichten. Der Text galt nicht nur für den Gülhane-Park, sondern auch für den benachbarten Park von Sultan Ahmed (Hippodrom). Besucher, die nicht nur Zeit, sondern auch gute Kenntnisse der osmanischen

Schriftsprache mitbringen mußten, konnten die «Verordnung für öffentliche Gärten» auf einer «an geeigneter Stelle angebrachten Tafel» studieren. Der Text beginnt mit einer regelrechten Begriffsklärung: Der Garten diene der Allgemeinheit zur Zerstreuung und Spaziergängen, um dann den Erholungsbetrieb in «geordnete Bahnen» zu lenken. Der Text enthält keinen Hinweis auf für Frauen oder Familien reservierte Teile des Parks. Zeitgenossen, denen das Auftreten von Frauen im öffentlichen Raum nicht paßte, denunzierten die «allgemeinen» (*umûmî*) Gärten als «Bordelle des Cemîl Pascha» (von *umûmhâne*, d. s. «allgemeine Häuser»). Allein die Verbotsliste umfaßt 15 Artikel.

Art. 5: Es ist verboten, an die Innen- und Außenseite der Mauern, Nebengebäude, Bäume und (an allen) anderen Orten gedruckte und ungedruckte Schrifttafeln, Anzeigen und Fotografien anzubringen oder aufzukleben.

Art. 6: Es ist verboten, innerhalb des Parks jede Art von gedruckten und handschriftlichen Dokumenten und Zeitungen zu verbreiten und zu verkaufen...

Art. 7: Das Mitnehmen von alkoholischen Getränken in den Park ist verboten.

...

Art. 9: Straßenmusikanten, Sänger, Akrobaten, Tierführer und Schuhputzer dürfen den Park nicht betreten, um ihrem Gewerbe nachzugehen.

Art. 10: Im Park ist Betteln verboten.

...

Art. 13: Verboten sind innerhalb des Parks Lärmen, Radaumachen, Zank und Streit, lautes Schreien, Pfeifen und Absingen von Liedern, kurz alles, was die Bevölkerung belästigen könnte.

Art. 14: Im Garten ist es mit Ausnahme speziell ausgewiesener Orte verboten, die Schalen von Äpfeln, Birnen und Orangen bzw. Obstkerne wegzuwerfen.

...

Art. 18: Es ist untersagt, im Garten sein Wasser an anderen Orten abzuschlagen (wörtlich: die Gültigkeit des rituellen Waschungszustands zu brechen) als an den Toiletten und Urinoirs. Es ist verboten, an die Wände von Toiletten und Urinoirs zu schreiben und zu malen.

Das Fehlen von Spielplätzen in den von Cemîl Pascha geschaffenen Gärten und Parks wurde in der Jugendzeitschrift «Welt der Kinder» (*Çocuk Dünyası*, 1913–1918) Gegenstand eines offenen Briefs, unterzeichnet von den «Istanbuler Kindern».

An unseren väterlichen Pascha! Exzellenz!
Es wurden Parks angelegt, Gärten eröffnet, es ist viel geschehen. Bei all dem sollte auch einiges für uns abfallen, aber, wir müssen es leider sagen, in dieser Hinsicht ist nichts geschehen. Wenn man hört, was die Leute sagen, die sich in Europa aufgehalten haben, dann gibt es dort in jedem Garten und in jedem Park Sandkästen für Kinder, die auf allen Seiten eingezäunt sind, mit sauberem Sand versehen und ausschließlich dem Vergnügen der Kinder dienend.

XV.
Derwischerien

Die männerbündisch organisierten Derwische lebten grundsätzlich besitzlos und waren in einer Klostergemeinschaft ihrem Scheich zu Gehorsam verpflichtet. Derwische gehörten bis zum gesetzlichen Verbot ihrer Konvente (1925) zum Istanbuler Straßenbild wie Mönche zum römischen Leben. Noch um die Wende zum 20. Jahrhundert zählte man an die 300 Derwischerien oder *Tekyes*, von denen die meisten zumindest mit dem Scheich und seiner Familie sowie einer Handvoll ständiger Insassen besetzt waren. Anders als die Medresen gehörten die Derwischkonvente nur in den ersten 150 oder 200 Jahren des osmanischen Istanbul und auch dann nur in Ausnahmefällen zu einem größeren Stiftungsverband. Die Vorstände der einzelnen Derwischerien waren auf Spenden des Hofs und mit ihnen sympathisierender Würdenträger angewiesen.

Im Gegensatz zu der häufigen Behauptung, «der» Islam verurteile den Zölibat, lassen sich in der Geschichte Istanbuls auch mehrere ehelose Gemeinschaften belegen. Als Mehmed II. dem im 15. Jahrhundert blühenden Männerbund der Kalderîye eine griechische Kirche (das «Kalenderhane» am Ostende des Aquädukts) zuwies, beschrieb er sie in der Stiftungsurkunde als «mit dem Schwert der Enthaltsamkeit von dem Pomp der vergnüglichen Welt getrennt und nun gleich Spinnen selbstgenügsam, jeder in seiner Ecke mit frommen Übungen beschäftigt». Noch 1743 gründete ein hochrangiger Ulemâ eine Derwischerie, deren Leitung unverheirateten Scheichen vorbehalten sein sollte. Es handelt sich um das sogenannte Kalenderhâne in Eyüp. Als sein Leiter, der aus dem mittelasiatischen Kaschgar stammende Abdullâh, den Wunsch verspürte zu heiraten, ließ er sich durch einen hochgestellten Amtsträger eine neue *Tekye* bauen, diesmal ohne die einengenden Stiftungsbedingungen. Man stößt auf Abdullâh Kaşgarîs Türbe auf dem Weg von Eyüp durch die Friedhöfe hinauf zum Café des Pierre Loti.

Aus den gewöhnlichen *Tekyes* ragten die «Mutterhäuser» einiger großer Bruderschaften hervor. Berühmte Beispiele solcher *Âsitânes* (eigentlich «Schwelle, Pforte») sind das noch erhaltene Kâdirîhâne im Stadtteil Tophâne und das Nûreddîn-i Cerrâhî Tekyesi in Karagümrük. Letzteres dient heute einer «Stiftung für das Studium der mystischen Musik und Folklore».

Zehntausende von Muslimen standen einer oder auch mehreren Bruderschaften als «Liebhaber» nahe. Die wichtigsten Bruderschaften

Abb. 23: Kaşgarî Tekyesi oberhalb von Eyüp

waren in den letzten zwei oder drei Jahrhunderten, wenn man die Zahl ihrer Mitglieder zugrunde legt, die Nakşbendîs, denen die Mevlevîs, Sünbülüs und Kadirîs folgten. Aussagen über die heterodoxen Bektaşîs zu machen, ist problematisch, denn sie wurden nach 1826 wegen ihrer engen Verbindung zu den Janitscharen vorübergehend in die Illegalität gedrängt. Einer ihrer Sitze war das aus dem späten 19. Jahrhundert stammende, auch baulich sehr interessante Şahkulu Sultan Dergâhı Tekyesi von Merdivenköy (zwischen dem Berg Çamlıca und Göztepe).

Heute dient es der alewitischen Glaubensgemeinschaft als Versammlungsgebäude. Einige, in der osmanischen Welt sonst kaum vertretene Bruderschaften wie die nordafrikanische Şazilîye wurden unter Sultan Abdülhamîd II. gefördert. Daraus erklärt sich das sehr bemerkenswerte von d'Aronco gebaute *Art Nouveau*-Mausoleum für Şeyh Zâfir aus Tripoli am unteren Ende des Barbaros Bulvarı in Beşiktaş.

Für ausländische Reisende gehörte in den vergangenen Jahrhunderten ein Besuch bei den «Tanzenden Derwischen» von Galata zum Pflichtprogramm. Zum Glück ist dieser Mevlevî-Konvent mit der Türbe des Dichters Şeyh Gâlib (1757–1799) und einem Friedhof als «Museum für klassische Literatur» (Divan Edebiyatı Müzesi) erhalten geblieben. Vom größten und wichtigsten Mevlevîhâne sind hingegen

Abb. 24: Bektaşî-Konvent in Merdivenköy (Üsküdar)

nur wenige Spuren übrig. Das vor den Landmauern liegende Yeni Kapı Mevlevîhânesi war, nach der Zentrale der Bruderschaft in Konya, die Niederlassung mit den meisten Insassen.

Die Kostüme der Derwische

Die meisten Osmanen waren in der Lage, Derwische auf Grund ihrer Kostüme einzelnen Bruderschaften zuzuordnen. Allen Angriffen zum Trotz wurden die Bestandteile des Derwischkostüms über die Jahrhunderte immer reicher, vielfarbiger und vielfältiger. Das war einerseits die natürliche Folge der immer feineren Verästelungen der Bruderschaften in Zweige und Unterzweige. Selbstverständlich waren die Kopfbedeckung (*tâc*) und die Kutte (*hırka*) die wichtigsten Attribute eines Derwisch. Sie waren jedoch nicht nur äußerliche Zeichen für die Zugehörigkeit zu einer Bruderschaft. In den Quellen wird immer wieder darauf hingewiesen, daß das Tragen des vom Scheich verliehenen *tâc* so wichtig war wie das regelmäßige Verrichten der Litaneigebete. *Tâc*-Träger nahmen im Laufe der osmanischen Epoche so stark zu, daß der Dichter Lâmi'î, ein Zeitgenosse Süleymâns I., klagte.

> So viele *tâc*-Träger sind auf die Erde gefallen, daß aus dem Boden *Sikke* und *Külâh* wie Tulpen und Rosen wachsen.

In Istanbul kann man heute die Kopfbedeckungen der Derwische auf den meisten alten Friedhöfen studieren. Es gibt zahlreiche Grabsteine, die nach Einführung des Fes in den 1820er Jahren Derwischattribute im Relief zeigen, während diese neue «blumentopfförmige» Kopfbedeckung auf dem Grabstein sitzt. An einigen Stellen sind aber auch die hochseltenen Originale zu betrachten (wie im eben genannten Museum für Divan Literatur). Bei den Osmanen entstand sogar eine eigenständige Literaturgattung, die *tâc-nâme*, welche sich ausschließlich mit den Kostümen der «organisierten Mystiker» beschäftigte. Ein Abdülkâdir Sırrî, der Patron der Kâdirîya, erklärte beispielsweise die drei Buchstaben, aus denen das Wort *Tâc* zusammengesetzt ist, mit folgenden Worten:

Das T steht für Vollständigkeit (*tamâm*), das ELİF (=A, ein senkrechtes Zeichen) für Geradheit, das C für die göttliche Schönheit und Güte (*cemâl*). Das bedeutet, der *Tâc*-Träger soll den (mystischen) Pfad gerade gehen, sich darauf vervollkommnen und sich der Schönheit und Güte Gottes erfreuen, d. h., er soll sanftmütig und nicht aufbrausend sein.

Die bei der Herstellung der Mütze entstehenden Nähte erzeugen Zwickel (*terk*) in unterschiedlicher Zahl. Im zitierten Text deutet der Meister die 12 *Terk* der Kâdiriye:

Daß der *Tâc* aus 12 Zwickeln besteht, ist ein Hinweis darauf, daß der *Tâc*-Träger die zwölf tadelnswerten menschlichen Eigenschaften ablegen und statt ihrer je eine entsprechende engelhafte Eigenschaft anlegen soll.

Durch Größe und Form besonders ins Auge fallend ist die *Sikke* der Mevlevî. Die «tanzenden Derwische» tragen bis zu 50 cm große fingerhutförmige Hauben, die man im Gegensatz zu allen anderen Bruderschaften nicht *Tâc*, sondern *Sikke* nennt. Friedhöfe der Mevlevî wie in Galata und Yenikapı kann man auf Grund dieser Besonderheit an den Grabstelen leicht erkennen.

Kocamustafapaşa

Zu den hier «Mutterklöster» genannten «großen» Konventen zählt der Komplex von Koca Mustafâ Pascha im gleichnamigen Altstadtquartier zwischen Samatya, Yedikule, Fındıkzade und Cerrahpaşa. Es ist ein prominenter innerstädtischer Wallfahrtsort, besuchenswert, gerade weil er abseits der touristischen Attraktionen liegt. Mustafâ Pascha, der Stifter der gleichnamigen Moschee, brachte es über Provinzstatthalterschaften und das «Generalgouvernat» von Rumelien bis zum Großwesirat unter Selîm I. (1511). Ayvânsarâyî gibt am Ende seiner Be-

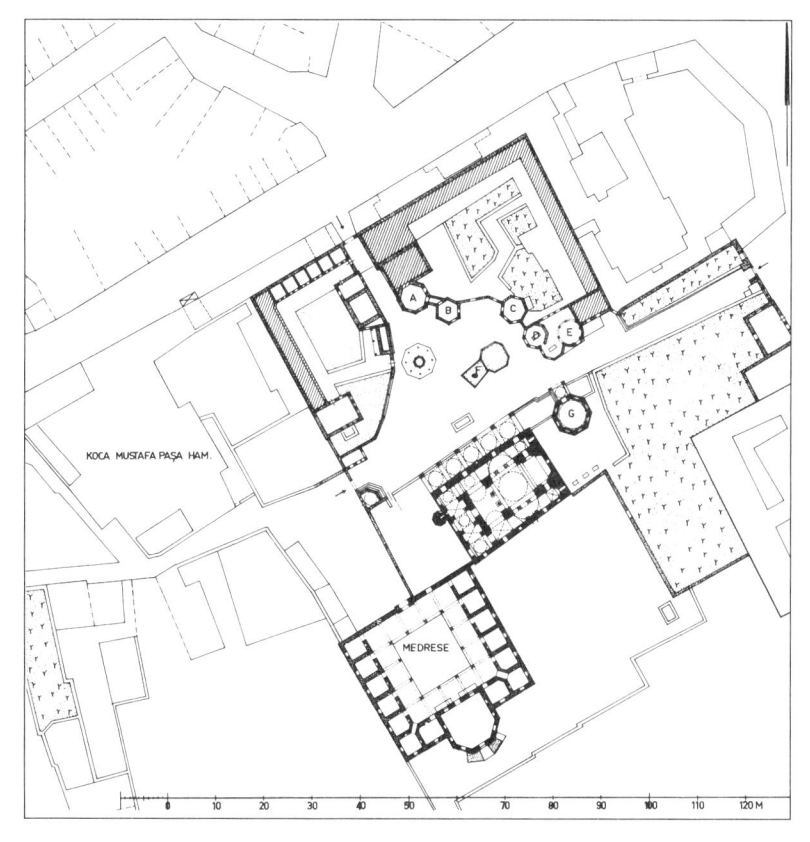

Plan 12: Lageplan von Kocamustafapaşa.
A = Şeyh Seyyid Mehmed Nûreddin; B = Şeyh Hasan Adlî; C = Yakûb Efendi; D = Sünbül Sinân Efendi; E = Rıza Pascha; F = Verdorrte Zypresse mit Çifte Sultanlar; G = angebliche Türbe der Safiye Sultan

schreibung der Baugruppe eine Kurzbiographie des Stifters, die den rasanten Aufstieg und das tragische Ende des Paschas erklären soll. Für die Entwicklung des Stiftungskomplexes als Zentrum einer Bruderschaft war die Tatsache entscheidend, daß der Scheich Sünbül Efendi hier seinen Konvent einrichtete.

Koca Mustafâ Pascha war fränkischer Abstammung. Während der Herrschaft von Bâyezîd Hân (1481–1512) diente er als Page im kaiserlichen Serail. Er zeigte große Begabung als Barbier und wurde deshalb... mit der «Hinrichtung» des Bruders des eben genannten Sultans beauftragt. Dieser Cem Sultan wollte das Sultanat usurpieren. (Mustafâ) schloß sich einer europäischen Gesandtschaft in der (mazedonischen) Stadt Drama an. Da er die fränkische Sprache beherrschte, wurde er binnen kurzem mit dem Amt eines Chefbarbiers betraut. Er rasierte den unglücklichen Prinzen mit einem vergifteten Messer und flüchtete in die Hauptstadt und erstattete dem Padischah Bericht. Kurz danach erreichten die Pforte die Nachrichten vom Tode des erwähnten (Cem) Sultan. Der Leichnam des genannten Prinzen wurde im Jahre 1482–83 zum Grabmal Sultan Murâds II. in Bursa gebracht. Der genannte (Mustafâ Pascha) wurde dafür mit der Großprovinz (*eyâlet*) von Rumelien belehnt.

Der Zusammenhang des Paschas mit dem in päpstlicher Geiselhaft 1495, nicht etwa durch ein Rasiermesser in Mazedonien gestorbenen Bruder Bâyezîd II., Cem Sultan, läßt sich, ganz abgesehen von dem falschen Todesdatum, nicht belegen.

Als im Jahre 1512 eine Janitscharenrebellion zur Absetzung von Hersekzâde Ahmed Pascha führte, wurde er an seiner Stelle Großwesir. Ein Jahr später, beim Auftreten Selîm Hans, des Älteren (Selîm I.) begünstigte er den Şehzâde Ahmed, den älteren Bruder des genannten Padischahs. Er wurde deshalb hingerichtet und sein Leichnam... auf einen Abfallhaufen in Bursa geworfen.

Die Moschee steht an Stelle eines byzantinischen Frauenkonvents (Hagios Andreas), von dem sich wichtige Bauteile erhalten haben. Als er 1486 dem islamischen Kultus gewidmet wurde, hatte Mustafâ Pascha den Rang eines Chefs der Schatzkammer inne. Ayvânsarâyî, der die Anlage sehr ausführlich gewürdigt hat, soll an dieser Stelle noch kurz zu Wort kommen:

Die gesegnete Moschee ist mit einer Sultansloge ausgestattet. Ursprünglich hatte sie nur ein Tor. Über ihm steht (in arabischer Sprache) das vom Scheichülislam Efzal-Zâde Seyyid Hamîdeddîn Efendi verfaßte Chronogramm

    Zur Zeit der Herrschaft von Sultan
    Bâyezîd, dem Siegreichen und Erhabenen,
    Hat sein frommer und wohltätiger Diener
    Mustafâ, voller Heldentugenden,

> Diese Moschee Gott zu Lieben gebaut,
> Frei von Ruhmsucht und Doppelsinn.
> Er wählte als Chronogramm
> «Auf strenger Frömmigkeit gegründete Moschee» 895

Yûsuf Sinân Efendi schildert eindrucksvoll, wie über dem «Leben und Treiben» der Derwische von Koca Mustafâ Pascha die großherrliche Gnadensonne von Sultan Bâyezîd II. leuchtete (in der Nacherzählung von H. J. Kißling):

Sultan Bâyezîd II., dessen Derwischfreundlichkeit ihm den Beinamen «der Heilige» eingetragen hatte, erschien sehr häufig im Kloster, von Wesiren, besonders Koca Mustafâ Pascha, und auch orthodoxen Geistlichen begleitet, und beteiligte sich mit solcher Inbrunst an den religiösen Riten, daß es sogar den daran gewöhnten Derwischen zuviel wurde, die (…) nach dem Besuch des Sultans stets wie tot in den Zellen lagen, weil der Herrscher so eifrig den Übungen huldigte und sie selbst sich doch nicht von ihm übertreffen lassen wollten. (…) Der Ruf des Klosters war so bedeutend, daß man im Volke sagte, wenn Hızır, der Generalheilige der Sufis, einmal nach Istanbul kommen sollte, so gäbe es für ihn als standesgemäße Aufenthalte nur die Aya Sofya oder das Halvetîye-Kloster des Koca Mustâfâ Pascha.

Später erweiterte der Defterdâr Etmekçi-Zâde Ahmed Pascha (st. 1618) die Moschee an ihrer rechten Seite um das Doppelte und baute ein Tor und die Tribüne. Aus diesem Grund steht das Minarett der Moschee in der Mitte. Zur Moschee gehören eine Medrese, eine Derwischerie mit 40 Zellen, ein freistehender Brunnen, eine Schule und ein Speisehaus (*imâret*). Ursprünglich gab es eine kleine Tribüne in der Halle, die der Moschee vorgelagert ist.

Die heutigen Besucher streben zur Türbe des Sünbül Efendi, zweifellos einem der wichtigsten Heiligen im heiligen Istanbul. Sünbül Efendi («Monsieur Hyazinthe») ist der Beiname des aus Nordanatolien stammenden Yûsuf Sinân (ca. 1475/80–1529). Er wurde in Istanbul Schüler des Scheichülislâm Efzal-Zâde (von dem die schon genannte Inschrift der Moschee stammt). Ausschlaggebend war seine Verbindung mit dem als Çelebi Halîfe bekannten Scheich Mehmed Cemâleddîn, der in Istanbul das erste Halvetî Tekyesi, eben in Koca Mustafa Pascha, gegründet hatte. Sünbül Sinân war ein hochangesehener Prediger an der Moschee des Fâtih und in der Aya Sofya. Als die Moschee Sultan Selîms I. eingeweiht wurde, leitete er den ersten Freitagsgottesdienst. In der Türbe kann man den schwarzen Turban mit dem langen *Taylasân* genannten «Turbanschwänzchen» betrachten.

In der goldenen Zeit der Sünbülîye-Bruderschaft wurden allein in Istanbul 11 *Tekyes* gegründet. Die Sünbülîye konnte sich darüber hinaus weit nach Rumelien und Anatolien ausdehnen. Was unterschied die Sünbülîye, die einen Zweig am Ast der Halvetîye bildet, die sich in zahllose Untergliederungen auflöste, von anderen Bruderschaften? Wie der Halvetîye insgesamt war ihr die *Halve*, d. h. die mystische Klausur, und die Einführung in die sogenannten «Sieben Namen» zentrales Anliegen. Ihre rituellen Übungen bestanden aus Körperdrehungen. In Koca Mustafâ Paşa wurde Musik bevorzugt gepflegt.

Ein baugeschichtliches Detail verrät, daß es eine Zeit gab, in der die Beziehungen zwischen dem Scheich von Koca Mustafa Pascha und dem Sultan nicht immer reibungslos waren. Sultan Selîm I. begann Teile des Konvents für Neubauten im Topkapı-Serail abzureißen, wogegen sich Sünbül Efendi heftig und erfolgreich wehrte. Wahrscheinlich handelt es sich um Bauteile für den Marmorkiosk am Rande der Palastgärten.

Eine zweifellos aus dem 16. Jahrhundert stammende Türbe im Hof der Anlage trägt keine Inschrift. Man glaubt, sie sei für Safiye Hatun, die Tochter des Paschas, errichtet worden. Das Rıza Pascha-Mausoleum neben der des Sünbül Sinân heißt nach einem Generalstabschef der hamidischen Zeit. Er wurde nach der Lektüre einer Abhandlung über Sünbül Efendi zu seinem Verehrer und bemühte sich um die Renovierung der Türbe des Heiligen. Der Pascha fiel nach 1908 in Ungnade, 1920 starb er im Schweizer Exil, wurde aber nach Istanbul überführt und in einer der letzten großen Trauerprozessionen der osmanischen Epoche von der Bâyezîd-Moschee nach Kocamustafapaşa geleitet. Danach wurde die Türbe Sünbül Efendis aufwendig restauriert und zum Mausoleum des Generals geöffnet.

Sehr populär sind zwei Objekte im inneren Hof: Die offene Türbe der «Beiden Prinzessinnen» (Çifte Sultanlar) und die danebenstehende «Zypresse mit der Kette» (Zincirli Servi). Erst im 20. Jahrhundert aufgezeichnete Überlieferungen wissen u. a. von zwei Mädchen, die als Enkelinnen des Propheten an den Kampagnen gegen Byzanz teilnahmen. Angebote des byzantinischen Kaisers, sie mit seinen Söhnen zu verheiraten, wiesen sie standhaft zurück. Ihre Gräber blieben bis zur Einnahme Istanbuls verborgen. Erst in den Tagen Cemâl Halvetîs und Sünbül Sinâns wurden sie entdeckt. Ihre auffällige, einem großen Vogelbauer ähnelnde offene Türbe ist mit einem Schriftband eines der bekanntesten Kalligraphen des 19. Jahrhunderts, Yesârî-Zâde Mustafâ İzzet, geschmückt. Auftraggeber dieser Restaurierung von 1813 war Mahmûd II., der hier und an anderen Stellen Gräber von sagenhaften Prophetengenossen wieder herrichtete, um seine Legitimation als islamischer Herrscher zu unterstreichen.

Das Liebesmahl Nûr Babas

Vom bekanntesten Bektaschikloster der Spätzeit an den Hängen des Çamlıca haben sich keine Spuren erhalten, wenn man davon absieht, daß moderne Stadtpläne eine Nûr Baba Sokağı im Stadtteil Kısıklı von Üsküdar kennen. Nûr Babas Tekye verdankt seine posthume Berühmtheit dem gleichnamigen Roman von Yakûb Kadrî («Karaosmanoğlu», 1889–1974), der bei seinem Erscheinen im Jahr 1922 großes Aufsehen erregte. Yakûb Kadrî hat sich die ursprünglich nach einem Tâhir Baba genannte Derwischerie und ihren Scheich Alî Nutkî Baba, Sohn eines Nûrî Baba, zum Vorbild genommen. Sein Roman schildert das Liebesmahl (cem) der Insassen der Derwischerie, wobei das spannungsreiche Verhältnis zwischen dem Scheich und seiner Geliebten im Mittelpunkt steht.

Die einst festgefügten Bestandteile dieses Rituals, das die Bektaschis mit den Aleviten teilen, sind zerfallen. Der rituelle Umtrunk ist zum Trinkgelage degeneriert, das Zitieren von Hymnen erfolgt ohne innere Beteiligung. Das folgende Kapitel in der Übersetzung von Annemarie Schimmel trägt die Überschrift «So verlöschen die Kerzen in einem Bektaschi-Kloster». Damit spielt der Autor auf die Verleumdung des Liebesmahls der Bektaschi-Aleviten durch sunnitische Kreise an. Wegen der fehlenden Trennung der Geschlechter denunzierte man sie mit dem Begriff «Kerzenauslöscher», um auf sexuelle Ausschreitungen im Schutz der Dunkelheit anzuspielen.

«Ist kein Rakı mehr da?... Ich hab noch Durst!...kein Rakı mehr da?»
  «Für den Ordensmeister – gib uns Rakı, gib uns Rakı!»
  «Denen zuliebe, die in Kerbela ohne Wasser blieben...»
  «Unser Tisch ist trocken wie eine Wüste – ein Tropfen wird das Herz beleben...»
  «Falsch; wird das Herzlieb an das Herz fesseln!»
  «Das ist doch gleich..., ‹Herz› zu sagen, heißt doch ohnehin ‹Herzlieb› sagen...»
  «Du Schlingel du!»
  «Ach, ach, ach...!»
  «Schenke, wir nehmen unsere Zuflucht zu dir – tu, was du willst, aber komm uns zu Hilfe...»
  «Er selber ist ein Greis, der sich nicht zu helfen weiß...»
  «Schön... nun denn, so sage ich dir; Rakı her!»
  «Da ist er ja...»
  «An die Flasche...»
  «Nein! Das kann ich nicht. Ich will anderswohin»
  «An meinen Mund...»
  «Das möchte ich nicht! Meister...»
  «An mein Herz...» «O welche Huld! Gott will mir wohl!»

So redeten in einem alten Derwischkloster auf einem der sieben Hügel Istanbuls gegen Morgen Männer und Frauen, eine trunkene Gruppe Liebender, durcheinander. Die einzige unter ihnen, die ihre Stimme nicht vernehmen ließ, war die Frau des Vorstehers, Bacı Câlile. Sie schien diese Worte sogar mit einem gewissen Zorn zu hören, denn sie war dafür, in allem Maß zu halten. Es waren – mehr noch als die weißen Fäden in ihrem Haar – eine Menge bitterer Lebenserfahrungen, die sie die Richtigkeit dieses Grundsatzes gelehrt hatten. Aber an solchen Tafeln einzusehen, was für üble Folgen derartig lang währende Liebesmahle hatten – dazu braucht man nicht unbedingt schon ergraut zu sein. Diese Folgen wurden in Nûr Babas Kloster sofort spürbar; denn der junge und sinnliche Ordensmeister war nicht mehr dazu fähig, so wie andere Klostervorsteher die durch Hymnen, Flötenspiel, Lieder und Reden angespannten Nerven zu zügeln; und die Tische, an denen er präsidierte, waren meist dazu verurteilt, am Ende entweder mit einem Fußtritt umgestoßen zu werden oder durch einen überaus geräuschvollen Kuß in Verwirrung zu geraten. Deswegen nun verspürte Câlile Bacı, die in einem durch die Zügellosigkeit der Versammlung hervorgerufenen grollenden Zorn bisher stumm geblieben war, die Notwendigkeit, alle barsch zum Schweigen aufzufordern. «Kinder!» sagte sie, «bei Gott, ihr wißt nicht mehr, was ihr redet und was ihr tut! So viel Rakı-Rausch reicht! Jetzt haben wir acht Stunden lang getrunken. Jeden Augenblick kann die Morgendämmerung durchkommen. Seht, die Scheiben beginnen schon heller zu werden!» Und zum Scheich gewandt, der mit seiner Geliebten Zîbâ in eine hitzige Diskussion vertieft war, sagte sie:

«Meister, befehlt Ihr, daß noch ein Bissen zurechtgemacht werden soll?»

Nûr Baba antwortete mit einem halb zornigen, halb trunkenen Lächeln: «Nein, Câlile! Du siehst doch, wir haben mit Zîbâ unser Hühnchen noch nicht ganz rupfen können. Wenn jemand will...»

Die letzten Worte des Scheichs gingen in einem neuen Strudel von Verlangen und Widerspruch unter. Jeder wollte, das Liebesmahl solle weitergehen...

XVI.
Der Bosporus

Die osmanischen Türken hatten die Meerengen zwischen Asien und Europa schon lange vor der Einnahme Konstantinopels überschritten. Mit der Errichtung von Anadolu Hisarı bzw. der «Weißen Festung» (Akçe Hisar) durch Bâyezîd I. um das Jahr 1394 begann die Einschließung der Stadt. Dieser immer noch eindrucksvolle spätmittelalterliche Donjon mit seinen vier Halbrundtürmen wurde unter Mehmed II. mit Bastionen bis zum Ufer erweitert. Gegenüber entstand 1452 Rumeli Hisarı. Die Geschütze beider Festungen waren in der Lage, jeden feindlichen Schiffsverkehr zu unterbinden.

«Ich brauche eine Burg»

Von dem Bau von Rumeli Hisarı unter Mehmed II. gibt der Chronist Aşıkpaşa-Zâde, ein Zeitgenosse, einen lapidaren Bericht:

Er wollte bei Gelibolu nach Rumelien übersetzen, aber man sagte ihm: «Mein glorreicher Sultan, es sind Schiffe der Gottesleugner gekommen und haben die Meerenge bei Gelibolu (die Dardanellen) gesperrt. Sie nahmen also den Herrscher und führten ihn nach Kocaeli (ins Hinterland von İzmit). Oberhalb von Istanbul lagerten sie an der Meerenge bei Akçe Hisar und dort, wo auch sein Vater übergesetzt war, ging er nach Rumelien hinüber und lagerte sich gegenüber von Akçe Hisar. Er sprach zu Halîl Pascha (seinem Großwesir): «Lala (d. i. Fürstenerzieher), hier brauche ich eine Burg!» Kurz, er gab an Ort und Stelle den entsprechenden Befehl, ließ die Burg erbauen, und sie wurde vollendet. Dann sandte er den Akçaylı Mehmed Beg ab mit dem Auftrag: «Los, ziehe hin und schließe Istanbul ein!»

Rumeli Hisarı liegt dort, wo der Bosporus sein engste Stelle (698 m) hat und die Geschwindigkeit des Wassers beim «Teufelsstrom» (Şeytan Akıntısı) entsprechend stark ist. In osmanischen Quellen heißt die Festung auch Boğazkesen (doppelsinnig «Halsabschneider», weil *Boğaz* «Kehle» der türkische Name für den Bosporus ist). Hier standen zwei byzantinische Türme, die Sultan Mehmed II. schon 1452 besetzt hatte. Innerhalb von drei Monaten entstand Rumeli Hisarı. Die Ausführung wurde durch die Aufteilung der Bauleitung auf die drei Kommandanten Saruca, Halîl und Zağanos beschleunigt. Die Hauptfestung wurde durch einen Außenhof ergänzt. Er reichte bis zum Wasser und war mit Kanonen bestückt, die 600 Pfund schwere Kugeln durch ihre Scharten

Abb. 25: Festung Anadolu Hısarı am asiatischen Ufer des Bosporus

verschießen konnten. In Rumeli Hisarı befindet sich die älteste osmanische Inschrift der Stadt. Das Dorf bei der Festung war schon zu Evliyâs Zeiten ein beliebter Sommerkurort für die Istanbuler Oberschicht. Anders als in den meisten Bosporusdörfern überwog hier die muslimische Bevölkerung.

An beiden Ufern des rund 30 km langen Meeresarms entstanden bald nach der Einnahme der Stadt zwischen den bescheidenen griechischen Fischerdörfern Uferpaläste. Im Türkischen bezeichnet man die «Lusthäuser am Meeresstrande» (so formuliert ein älteres Lexikon)

«Ich brauche eine Burg» 217

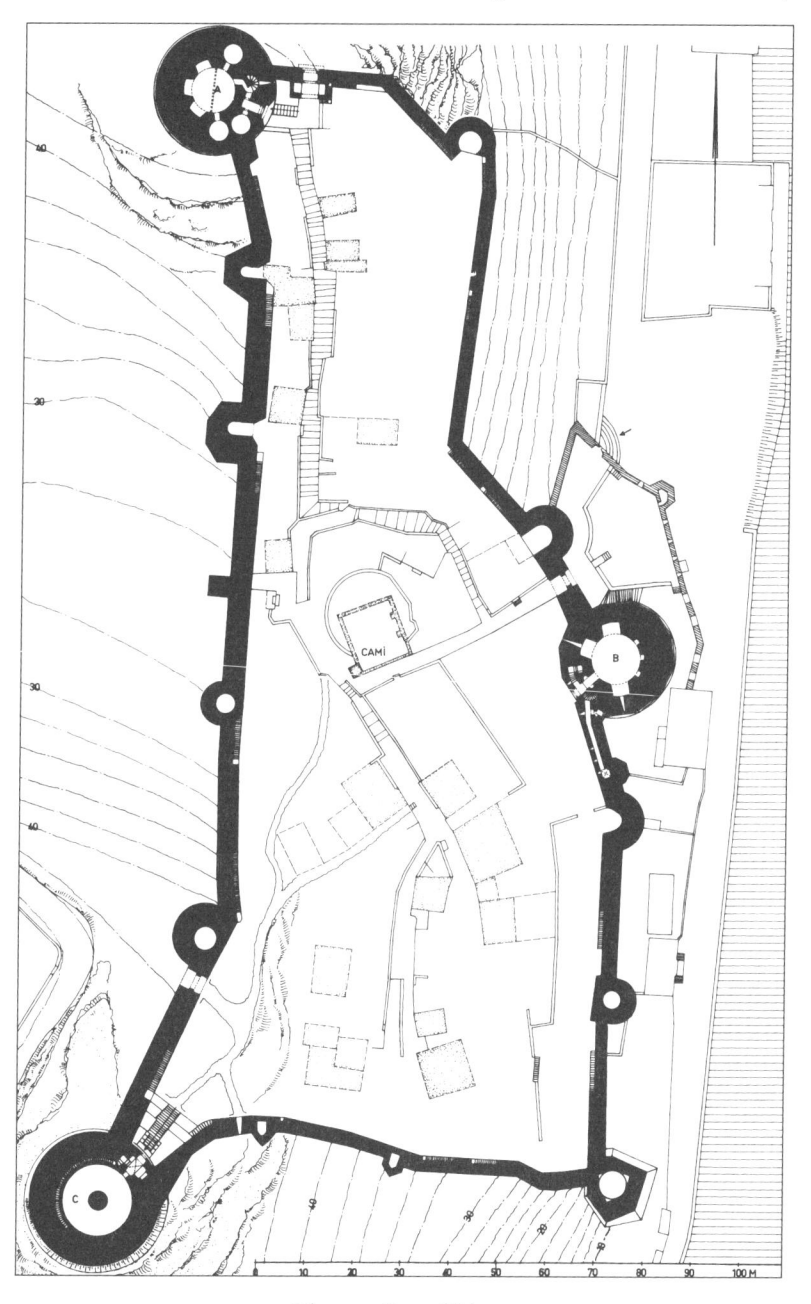

Plan 13: Rumelihisar

mit dem aus dem Griechischen kommenden Wort *yalı* (von *gialós* «Ufer, Küste»).

Die osmanischen Buchmaler (von den europäischen «Peintres du Bosphore» des 18. Jahrhunderts ganz zu schweigen) haben die Ufervillen am Goldenen Horn und Bosporus gerne bei der Schilderung von Festlichkeiten wiedergegeben. Die Bilder lassen meist nur ahnen, daß die Wasserfronten ausgedehnte Gärten mit weiteren Pavillons (*köşk*), Zypressenalleen, Blumenparterres und Teichen verdecken. Heute sind sie fast ausnahmslos verschwunden, so daß in den folgenden Abschnitten auf Zusätze wie «ehemals» und «einst» verzichtet werden kann.

Das Wohnen am Wasser hatte der osmanische Hof allerdings schon ein knappes Jahrhundert vor der Einnahme Istanbuls in der Drei-Flüsse-Stadt Edirne eingeübt. In dieser Nebenresidenz existierten noch bis zur russischen Besetzung im Jahr 1828 zahlreiche pittoreske Häuser vom Typus *Yalı*. Freilich konnte Edirne nur in einer Hinsicht mit der Bosporuslandschaft in den Wettbewerb treten. Die thrakische Stadt hatte ein riesiges, für großherrliche Jagden geeignetes Hinterland. Die Palais der osmanischen Herrscher am Bosporus und Goldenen Horn waren hingegen weder Nebenresidenzen noch Jagdschlösser. Bis zum Bau der großen Paläste von Çırağan, Dolmabahçe und Beylerbeyi wurden die kaiserlichen Uferschlösser mit zwei bemerkenswerten Ausnahmen nur wenige Tage oder Wochen im Jahr genutzt. Den Anfang der Uferbebauung machten die Pavillons am Rande des Topkapı Sarayı, von denen einer der bekanntesten den Namen Yalı Köşkü führte. Ein zweites *Köşk*, das unter diesem Namen bekannt war, befand sich etwa an der Stelle des Çırağan-Palastes.

Das Kavaksarayı Süleymâns I. war in bezug auf die Dimensionen und Raumorganisation eine Residenz «mit allem, was dazugehört». Sie wurde bis in die Epoche Ahmeds III. instand gehalten, wie ein Kostenvoranschlag aus dem Jahr 1704 beweist. In diesen Jahren waren bereits alle Hügel Istanbuls mit Moscheen geschmückt, ohne daß die Silhouette von häßlichen Zweckbauten beeinträchtigt war. Ein Spaziergang in Üsküdar zwischen dem Karakol von Şemsipaşa und dem großen Sebîl an der İskele vermittelt, vor allem an einem sonnigen Spätnachmittag, einen Begriff von der Aussicht, die sich von den Terrassen des Kavaksarayı bot. Mit dem Topkapı Sarayı als Gegenüber bildete das Serail eine den Bosporus einrahmende Baugruppe wie die Festungen von Rumeli und Anadolu Hisarı oder die beiden Kavaklar am Schwarzen Meer. Funktionell hatte es eine wichtige Gemeinsamkeit mit dem Schloß von Dâvûd Pascha im thrakischen Vorland der Stadt. Das Kavaksarayı war die erste Station des Heeres bei Feldzügen gegen Iran, Dâvûd Pascha der Ausgangspunkt für die Feldzüge nach Ungarn.

Abb. 26: Divânhâne des Uferpalais des Amucazade Hüseyin Pascha (1699) nördlich von Anadolu Hisarı

Die zweite wichtige Ausnahme war das Beşiktaş Sarayı, wenig nördlich von Dolmabahçe. Es war längere Zeit, spätestens vom Bau des Çinili Köşk im Jahr 1679 an (das nicht mit dem gleichnamigen Köşk Mehmed II. im Topkapı Sarayı zu verwechseln ist!) bis Mitte des 19. Jahrhunderts ein vom Hof regelmäßig genutzter Palast. Dafür spricht auch, daß der Sultan einige Sommer die wichtigsten «Reichsreliquien», nämlich die Heilige Standarte und den Prophetenmantel, nach Beşiktaş in feierlicher Schiffsprozession überführte und dort in einer eigenen Kammer aufbewahrte. Darüber hinaus standen den Herrschern und ihrer Familie schon um die Wende des 15. zum 16. Jahrhundert mehrere Sommerresidenzen am Goldenen Horn und Bosporus zur Verfügung. Zu den frühesten gehörte ein kleines Schloß in Bebek und gegenüber auf der asiatischen Seite der Kule Bahçesi.

Die anatolische Küste des Bosporus ist klimatisch durch die lang einstrahlende Nachmittagssonne begünstigt und reizt zur Anlage großer Gärten. Für den heutigen Besucher bildet der nach Fethi Ahmed Pascha, einem Staatsmann des 19. Jahrhunderts, genannte Park mit Gärten (Fethi Paşa Korusu) eine Möglichkeit, dem Häusermeer zu entfliehen. Das *Yalı* des Paschas ist ein von der Wasserseite durch seine rosafarbige Bemalung sehr auffälliger Bau. Er stammt aus dem frühen 19. Jahrhundert und verdankt seinen noblen Eigentümern das Fortbestehen.

Um sich ein vollständiges Bild von der Bebauung des Bosporus und der anderen Küsten an der Wende vom 18. zum 19. Jahrhundert zu verschaffen, kann man auf die Register des Bostancıbaşı («Oberster der Gärtner») zurückgreifen. Der Bostancıbaşı war eine der wichtigsten Persönlichkeiten der Serailverwaltung. Sein Rang drückte sich durch einen Vollbart aus, der ihn von allen Hofchargen unterschied. Er kommandierte die «Gärtner», eine Palasttruppe, die wie die Janitscharen auf dem Weg der «Knabenlese» rekrutiert wurden. Ihre Aufgabe, die Bewahrung von Recht und Ordnung entlang der Küsten und auf den Inseln des Marmarameers, konnte nicht ohne eine Flotte von größeren und kleineren Ruderbooten erfüllt werden. Wenn der Padischah auf dem Bosporus unterwegs war, stand der Bostancıbaşı am Steuerruder seiner Staatsgaleere. Zum Marinemuseum (Denizcilik Müzesi) in Beşiktaş gehört übrigens eine äußerst sehenswerte Abteilung «Sultansgaleeren», von denen die prächtigste mit lebensgroßen Puppen von Bostancı-Ruderern mit ihren roten, *Barata* genannten Kopfbedeckungen bemannt ist. Weil die Bostancıs ihrem Herrn immer besonders ergeben waren, ersparte ihnen Selîm III. das Schicksal der Janitscharen und gliederte sie nach 1826 in die reguläre Armee ein.

Seit Abdülhamîd I. (1774–1789) wurden vollständige Verzeichnisse der Baulichkeiten an den Ufern angelegt. Nur einer dieser Bände aus dem Jahr 1815 wurde bisher veröffentlicht und statistisch ausgewertet. Das Jahr 1815 gehörte zu den vergleichsweise friedlichen der osmanischen Geschichte. 1812 hatte man mit Rußland in Bukarest Frieden geschlossen, der Wiener Kongreß beschäftigte seit 1814 die «Mächte», die Türkei saß nicht einmal am Katzentisch. Im Zeitenschoße ruhten noch die nationalen Bewegungen auf dem Balkan. Daß sich 1814 in Odessa unter dem Namen «Gesellschaft der Freunde» eine revolutionäre Zelle gebildet hatte, war im muslimischen Istanbul kaum bekannt. Mahmûd II. hielt den aufständischen Pascha von Janina im Epiros noch einige Zeit für einen gefährlicheren Gegner als alle Griechen zusammen. Genauso wenig ernst nahm man die Aufrüstung, die ein anderer sehr selbstbewußter Gouverneur, Mehmed Ali, am Nil betrieb. Diese Vorbemerkungen stehen hier, um die Küstenlandschaft von Groß-Istanbul im milden Abendlicht der alten Zeit besser zu würdigen.

Da sich die Angehörigen des Hauses Osman am Goldenen Horn, am Marmarameer und links und rechts vom Bosporus auf mehr oder weniger opulente Uferschlösser und Ufervillen verteilten, dehnte sich die Verantwortung des Bostancıbaşı und seiner Leute auf viele Meilen aus. Sie unterhielten in gleichmäßiger Verteilung 22 *Ocak* genannte Stützpunkte. Im Jahr 1815 registrierte der damalige Bostancıbaşı Abdullah

Ağa 623 «Häuser» (*hâne*), 510 *yalıs* und 26 größere Palais (*sarây*). Es wurden 55 Moscheen, 103 Kaffeehäuser (auf etwa 10 Uferhäuser kam eines!), 135 Anleger (*iskele*) und 117 Bootshäuser gezählt. Da bei jedem Uferhaus die Besitzer registriert wurden, kann die Frage teilweise beantwortet werden, wie sich diese 1143 Immobilien auf die ethnischen und sozialen Schichten der Stadt verteilten. Die 510 *Yalıs* gehörten mit acht Ausnahmen muslimischen Besitzern, während bei den *Hânes* Nichtmuslime die große Mehrheit darstellten (499 : 121). Man hat vorgebracht, daß die Bezeichnung *Yalı* vom Bostancıbaşı Abdullah Ağa einfach für die Uferwillen der Muslime reserviert wurde und daß *Hânes* im Besitz von Christen oder Juden durchaus auch staatliche Baulichkeiten darstellen konnten, die Wörter *Yalı* und *Hâne* wären also nur zwei verschiedene Etiketten für denselben Bautypus. Dagegen spricht aber, wie noch Helmuth von Moltke 1835 in seinen türkischen Briefen betont, daß die «Rechtgläubigen» Häuser mit einer «breiten Front nach dem Bosporus» bauen und diese rot, blau oder gelb streichen, während «die Griechen und Armenier die schmale Seite ihrer Häuser nach dem Bosporus kehren und sie grau übertünchen». Wir haben es also mit einer Art diskriminierender «Kleiderordnung» für Häuser zu tun.

Wie verteilten sich die Besitzer der 1143 Uferwillen im einzelnen? Die osmanische «Elite», d.h. Angehörige des Hauses Osman, hohe zivile und militärische Chargen sowie Ulema, nannte 360 *Yalıs* und *Sarâys* ihr Eigentum. Unter den Christen waren vor allem Geldwechsler bzw. Bankiers und Juweliere (49 bzw. 29 *Hâne*). Mit einigem Abstand folgten Pelzhändler (23), Großkaufleute (20) und Ärzte (15). Bei den 85 jüdischen Hausbesitzern bildeten Bankiers und Kommissionäre die größte Gruppe (12). Charakteristisch für die besseren muslimischen Uferwillen waren die durch Mauern mit großen Gitterfenstern vom Meer abgeschlossenen Gärten.

Der folgende Auszug aus dem Register des Bostancıbaşı, der einen der bekanntesten Uferstreifen erfaßt, nämlich den Abschnitt zwischen Arnavutköy und Bebek, bedarf einiger Erläuterungen. Das im Original für Christen verwendete Wort *Zimmî* bedeutet eigentlich «Schutzbefohlener» und müßte nach dem islamischen Religionsgesetz auch für Juden gelten. Die osmanischen Amtsträger haben aber darauf keine Rücksicht genommen. Wenn sie von *Zimmîs* schreiben, meinen sie ausschließlich Armenier und Griechen, Juden bildeten hingegen eine eigene Kategorie. Alle Häuser an der Küste von Arnavutköy waren in griechischem Besitz. Heute verfügt Arnavutköy noch über eine Uferfront aus Holzbauten, die ausnahmslos im 19. Jahrhundert entstanden. Die Stadtverwaltung hat leider in den 1980er Jahren durch eine auf Betonstützen ruhende Umgehungsstraße alles getan, um auch dieses Bild zu zerstören.

Anleger von Arnavut karyesi	Haus der Waisen des Christen Kostaki	Haus des Christen Lagofet İskerletoğlu
Haus des Christen Behar Nikos Dimitraki	Haus des christlichen Schreiners Sotiraki	Haus des christlichen Bankiers Kostandi
Haus der Waisen des Christen Miço	Haus des christlichen Bankiers Diyamanidi	Haus des Christen Kömürcüoğlu Dimitraki
Haus des Christen Serdar Yamandaki	*Zwischenanleger (Aralık iskele)*	Haus und Werkstatt des Bootsbauers Yorgaki
Grundstück der Synagoge der Juden	Zwei Fischläden	Haus des Christen Nikola, Enkel von Deli Bey
Haus des Christen Çoka	Der Voli Yeri genannte Ort	Grundstücke des Christen Bişe Yorgi
Haus des Christen Hetman Yorgaki	*Anleger von Dedeağızı*	Haus der Söhne des Christen İstayaki
Grundstück der Frau des Christen Dimitraki	Grundstück Eures Dieners Aleks Bey	Haus des Bojaren Yorkaki
Haus des Kamburoğlu Yani	Haus des Arztes Desile	Haus des Christen Bişe Yorgi
Haus der Frau des Christen Hançerli	Der Akıntıburnu genannte Ort	Brunnen der Beyhân Sultan mit köstlichem Wasser
Café der ehemaligen Gärtner (pensionierte *bostancıs*) und fünf Läden	Laden eines Barbiers und eines Krämers	Yalı von Halîlpaşa-Zâde und des Mîrmirân Nûrî Kerâmeddîn Pascha
Der Bruder der genannten, Arif Efendi, Kadı von Istanbul	*Stelle, an der seine Majestät aufs Pferd zu steigen geruht; Palais (kasr) des Mehmed Pascha*	Schloß *(saray)* der Allerzüchtigsten Beyhan Sultan
Yalı des Bedestânî Ahmed Ağa	Yalı des Obersten Schatzkämmerers Şakirağa	Yalı der Witwe des verstorbenen İbrâhîm Efendi, Adjutant des Großwesirs
Staatlicher Zwiebackofen	Yalı des Hekîmbaşı	Yalı des Himmet-Zâde
Yalı des Scheichülislam Dürriefendi-Zâde	Yalı des Müderris Elmas Ebe-Zâde Efendi, ihres Dieners	Yalı des Yesârî-Zâde Efendi
Yalı der Gattin des Dividigüzel	Stützpunkt der Bostanî von Bebek	*Kaiserliches Schloß von Bebek*
Moschee von Sultan Ahmed III., Schule und Anleger	Yalı des Kadı Mehmed Efendi	Yalı des Oberhaupts des Soğancıbaşı-Zâde Kadrî Bey
Yalı des ehemaligen Müftis der beiden Heiligen Stätten (Mekka und Medina)	Yalı der Gattin von Paşa Mehmed (oder Mahmûd?) Ağa	Yalı der Cüce Hanım
Yalı des Schatzmeisters Osmân Ağa	Yalı der Gattin Ömer Efendis	Die Küçük Bebek genannte Örtlichkeit

Die Tabelle ist auch im Original dreispaltig angelegt, für den Sultan wichtige Örtlichkeiten, seine eigenen Schlösser und Anlegestellen, sind mit roter Tinte (hier in Kursivdruck) hervorgehoben. Besonders auffällig ist der plötzliche Übergang beim Kap von Akıntıburnu zwischen Arnavutköy und Bebek. Schlagartig erhält die bisher rein griechische Uferfront den Charakter der osmanischen Hautevolee. Das im Jahr 1800 in Angriff genommene Serail von Beyhân Sultan (1765–1824), der unermeßlich reichen und gleichzeitig sehr kultivierten Tochter Mustafâs III., war bis in die Mitte des 19. Jahrhunderts einer der spektakulärsten Neubauten am Bosporus. Beyhân war eine enge Vertraute ihre Bruders Selîm III., der sie hier und in ihren anderen Uferpalästen (Çırağan und zwei weiteren am Goldenen Horn) häufig besuchte.

Ab der Mitte des 18. Jahrhundert entdeckten auch die Gesandtschaften der ausländischen Staaten das Sommerleben zwischen Tarabya und Büyükdere. Der französische Botschafter, Marquis de Bonac, hatte noch 1720 ein Sommerhaus in San Stefano (dem heutigen Yeşilköy) genommen. 1807 übergab Selim III. den Uferpalast von Alexander Ipsilantis, des Woiwoden der Walachei, den Franzosen, weil sich dessen Sohn Konstantin nach Rußland abgesetzt hatte. Die Sommerbotschaften der europäischen Staaten sind heute durch die Uferstraße vom Wasser getrennt.

Kahnpartien im Mondschein

Auch die gewöhnlichen Untertanen des Großherrn nutzen die Ausflugsorte an beiden Ufern des Bosporus. Kahnpartien in den Vollmondnächten bildeten den Höhepunkt des kurzen Istanbuler Sommers. Der Gelehrte Ahmed Cevdet (1823–1895), ein Autor, der besonders sensibel gesellschaftliche Veränderungen der Zeit erfaßte, war in den letzten Tagen Mahmûds II. (st. 1839) nach Istanbul gekommen. Er erinnerte sich an seine Zeit als junger Staatsdiener:

Obwohl Euer ergebener Diener ununterbrochen an der hohen Pforte mit dem Abfassen von Denkschriften und Protokollen und ähnlichem beschäftigt war, verbrachte ich die übrige Zeit mit dem Schreiben von Büchern und Abhandlungen. Dessen ungeachtet: als in Istanbul eine derartig vergnügungssüchtige Stimmung aufkam, blieb ich, als Euer ergebener Diener, davon nicht gänzlich unberührt. Obwohl ich mich von der Poesie losgemacht hatte, konnte ich mich nicht zurückhalten und verfaßte das Gedicht «Silberzypresse» und trat erneut in den Umgang von Poeten und manchmal auch von den Bewunderern des Mondscheins am Bosporus.

Der damalige Leser verstand, daß das Wort «Silberzypresse» eine Bezeichnung für Kahnpartien während des Mondscheins war. Ein Text von Mehmed Tevfik, der das Naturerlebnis mit geschichtlichen Betrachtungen im Anblick der Festung Rumeli Hisar verbindet, preist den Frühling am Bosporus:

O du Frühling von Istanbul! Ihr zahllosen Auen am Bosporus! Du melancholisch, wehmütig stimmendes Ufer! Ihr leise, leise fächelnden Winde! Sind sie nicht als Süßigkeiten des Lebens und als Beruhigung des Gewissens, als Paradies der Menschen der Beschreibung am würdigsten? Im April ist die Gegend von Küçük Su (am anatolischen Ufer) ein wahrer Lustort der Freude, dessen Beschreibung, um von mir ganz zu schweigen, die Kräfte schönheitstrunkener Dichter, ja dessen Vorstellung schon die kühnste Phantasie übersteigt...

Wenn man einen Frühlingsspaziergang über Rumeli Hisarı hinaus machen will, so wählt man die Balta Limanı genannte Wiese. Denn ein Spaziergang dort ist jedem anderen auf allen sonstigen Wiesengeländen der europäischen Seite vorzuziehen. Aber da es dort keinen Ufersaum gibt, so ist der Besuch dort nicht so lebhaft, wie der des Lustortes Küçük Su. Çubuklu und Sultaniye sind sehr stark besucht. Die Wiese von Hünkâr İskelesi ist wirklich ein Platz, der Sorge und Kummer vom Herzen zu scheuchen vermag.

Froh erinnert Mehmed Tevfik, daß die entfernteren Orte am Bosporus erst durch die Dampfschiffahrt für jedermann erreichbar wurden.

Jetzt ist zwar dank den Hayrîye-Gesellschaftsdampfern der ganze Bosporus zu einem Vorort von Istanbul geworden. Vor Alters aber konnten die Lustorte am Bosporus nur für die Vornehmen als Erholungsstätte dienen. Es war infolgedessen für die gewöhnlichen Leute nicht allzu wohlfeil, dorthin zu kommen. So war Kağıdhâne... der Frühlingstreffpunkt... Dort konnte man Hoch und Nieder versammelt finden.

Die von Mehmed Tevfik gelobten «Gesellschaftsdampfer» wurden von der 1851 gegründeten «Glückbringenden Gesellschaft» (Şirket-i Hayrîye) betrieben. Sie hatte 1854 in England ihr erstes Schiff, einen englischen Raddampfer mit einem Zylinder erworben, der unter dem Namen *Rumeli* zehn Jahre Dienst tat. Damit war der Niedergang der *Kayıks* einschließlich der großen geruderten «Marktschiffe» (*pazar kayığı*) eingeleitet, von denen 1845 noch 19000 registriert waren. Eine Anzeige im osmanische Staatsanzeiger vom 1. Mai 1851 kündigte ein regelmäßig verkehrendes Bosporusschiff mit folgenden Worten an:

Dank Seiner Majestät des Padischahs wurde ein Dampfschiff für Reisende auf dem Bosporus bestimmt. Der Dampfer verläßt Istanbul gegen 11 Uhr *alla Turca* (d.h. eine Stunde vor Sonnenuntergang) und wird nach dem Anlegen an den vorgesehenen Orten die Nacht in İstiniye (am europäischen Ufer) verbringen. Am nächsten Morgen wird er gegen 4 Uhr (ca. 9 Uhr) abfahren und nach dem Anlaufen der genannten Orte nach Istanbul zurückkehren.

Die erste Verbindung der «Glückbringenden Gesellschaft» wurde zwischen Eminönü und Üsküdar hergestellt. Zu diesem Zeitpunkt gab es noch keine geeigneten Anleger, so daß ein manchmal abenteuerliches Umsteigen in Ruderboote unvermeidlich war. Am Bosporus wurden soweit wie möglich die Stege der größeren *Yalıs* genutzt. Frauen durften zunächst die Schiffe der osmanischen Gesellschaft nicht betreten, später wurden die Kabinen durch Vorhänge abgeteilt. Die Dampfschiffe hatten erhebliche Auswirkungen auf das soziale Leben der Istanbuler. Breite Volksschichten konnten sich nun auch an den Ufern des Göksu erholen, wie Mehmed Tevfik hervorhebt. Die Wohlhabenden bezogen jetzt regelmäßig ihre Sommerwohnungen und Häuser am Bosporus oder auf den Inseln.

Das Drei-Sultane-Jahr 1876 und die Absetzung von Abdülazîz

Die Eröffnung des Palastes von Dolmabahçe im Jahr 1856 unter Abdülmecîd war ein glanzvolles Ereignis, schon weil es mit dem siegreichen Ausgang des Krieges gegen Rußland zusammenfiel, in dem England und Frankreich mit den Osmanen verbündet waren. Der im erhöhten Mitteltrakt des Palastes liegende «Thronsaal» diente ab 1876 mit Ausnahme weniger Jahre dem traditionellen Huldigungszeremo-

Abb. 27: Medaille von Abdülaziz (ca. 1867)

niell an den beiden Hauptfesttagen des islamischen Jahres. Dieses Zeremoniell ist als Erneuerung der bei der Thronbesteigung eines Sultans üblichen Feierlichkeit zu verstehen.

Dolmabahçe war aber auch der Schauplatz der Inhaftierung und Absetzung von Sultan Abdülazîz durch einen Militärputsch unter der Führung von Süleymân Pascha (1838–1892), der den Sultan als einen unwissenden Despoten bloßstellte, für den das göttliche wie das weltliche Recht nichts mehr war als ein Spielzeug. Er warf Abdülazîz vor, die Augen davor zu verschließen, daß sich die ausländischen Konsuln auf osmanischem Territorium wie unabhängige Herrscher aufführten und daß an den Muslimen in Bulgarien entsetzliche Greueltaten verübt würden. Süleymân Pascha hat die Ereignisse, die zur Absetzung von Abdülazîz und zur Inthronisierung von Murâd V. führten, aufgezeichnet, ohne die Ich-Form zu gebrauchen.

Sultan Azîz war ohne Kenntnis von den Vorgängen (der Verschwörung)... bis die erste Kanone abgeschossen wurde. Als er durch das Geschützfeuer erwachte, blickte er (von Dolmabahçe aus) zu den Schiffen hinüber und erkannte, daß es Marinefahrzeuge waren, und sprach zu sich selbst: «Sie haben Murâd auf den Thron gebracht.» Er verließ das Bett und kleidete sich an. In Begleitung des Kriegsministers bestieg Sultan Murâd die Kutsche, die an der Landungsstelle in Sirkeci auf ihn wartete, und begab sich direkt zum Kriegsministerium. Dort erwarteten ihn der Großwesir Mehmed Rüşdü Pascha, der Scheichülislam Hayrullâh Efendi, Midhat Pascha und Nâmık Pascha, die zum Ministerium geeilt waren, sobald man sie von der Ankunft des (neuen) Sultans benachrichtigt hatte. Sie geleiteten Seine Majestät zu den kaiserlichen Appartements (im Ministerium), worauf die Huldigungszeremonie unmittelbar folgte. Şerif Abdalmuttalib (der Emir von Mekka) und die Minister, hohe Würdenträger und andere, die erfahren hatten, was vorgefallen war, eilten einer nach dem anderen herbei und schworen den Treueid mit außerordentlicher Freude und unter großem Jubel.

Wie vorher vereinbart, wurde auf dem Feuerturm (dem Serasker-Turm im heutigen Park der Universität) ein Signal gehißt, sobald die Eidesleistung begann. Obwohl die Kriegsschiffe unmittelbar danach illuminiert wurden, verzögerte sich das Abschießen der Kanonen (um etwa eine Viertelstunde wegen Schiffsverkehrs auf dem Bosporus, worüber der Mitverschwörer Kayserili Ahmed Pascha in Rage geriet).

Gegen Ende der Huldigung im Kriegsministerium sandte Hüseyin Avnî Pascha (der Kriegsminister) durch Oberst Mustafâ Bey, seinem ersten *Aide-de-Camp*, folgende Nachricht an Süleymân Pascha (den Chef der Kriegsschule und Verfasser dieser Aufzeichnungen): «Seine Majestät, Sultan Murâd wird den Palast von Dolmabahçe nicht betreten, bevor Sultan Abdülazîz ihn verlassen und sich in den Topkapı-Serail begeben haben wird.»

Als Süleymân Pascha den Obersten Eunuchen Cevher Ağa rufen ließ, versteckte sich dieser zunächst und ließ ausrichten, er sei nicht da.

Süleymân Pascha erfuhr dennoch von den Leuten Sultan Murâds, wo er sich aufhielt, und ließ bestellen: «Ich habe erfahren, wo er steckt. Ich komme jetzt und werde ihn mit Gewalt herausholen. Am Ende wird er beschämt sein. Er hat nichts zu befürchten. Ich werde ihm lediglich einige Ankündigungen machen und Aufträge erteilen.» Auf diese Worte hin öffnete sich die Tür der Apartments der Sultansmutter und Cevher Ağa trat mit fünf oder sechs anderen Eunuchen heraus. Sie näherten sich Süleymân Pascha, ... als beabsichtigten sie, ihn zu küssen.

Süleymân Pascha sagte ihnen: «Diese Nation konnte nicht akzeptieren, daß dies der Wille des Schicksals war. Sie war unzufrieden mit dem Tun und Treiben von Sultan Azîz und hat ihn nun abgesetzt. Sultan Murâd hat mit Zustimmung der Ulema, der Minister und der Nation den Thron bestiegen. Er hat verordnet, daß seine Hoheit, Abdülazîz Efendi, sofort in das Topkapı Sarayı umzieht. Er möge so viele seiner Kinder und so viele Leute seines Haushalts mitnehmen, wie er will. Er habe nichts zu befürchten und nicht um sein Leben zu bangen. Er sei frei von Gefahr. Wenn er es aber hinauszögere oder Widerstand leiste, werde das Ergebnis gefährlich sein und die Verantwortung für die Gefahr bei ihm liegen ...

Der Oberste Kammerherr und der Erste Sekretär gingen nun mit diesen Neuigkeiten zu Sultan Abdülazîz. Âtıf Bey sprach als erster: «Murâd Efendi hat den Thron bestiegen und verordnet, daß Ihr im Topkapı Sarayı leben sollt.» «Oh möget ihr erblinden!», rief der Zweite Schatzsekretär: «Ihr habt alles gewußt, aber habt nicht gewarnt. Ihr seid alle eingeweiht!» «Ruhe», befahl Sultan Azîz. «Fur Worte ist es jetzt zu spät. Bringt die Kinder. Ruft nach Yûsuf und Mahmûd, wo immer sie sind.» Er nahm elf seiner Frauen, fünf Eunuchen, seine Söhne Yûsuf, İzzeddîn und Mahmûd Celâleddîn, bestieg ein *Kayık* und nahm, von Kanonenbooten umgeben, Kurs Richtung Topkapı Sarayı ...

Nachdem Abdülazîz den Dolmabahçe-Palast verlassen hatte, betrat Seine Majestät, Sultan Murâd, den Palast. Am Ende des kaiserlichen Besuchs begannen die Kanonen erneut zu feuern. Aus einem Mund begannen die Soldaten des Wachregiments abwechselnd zu rufen: «Hoch lebe unser Padischah!» und «Hoch lebe unsere Nation!» Zwei Stunden lang entfalteten sie den fröhlichen Lärm. Schüler der Grundschule mit ihren Lehrern eilten herbei, und die Bevölkerung von Beşiktaş sammelte sich vor dem Küchentor, an dem Kadetten der Militärakademie Wache standen. Sie schlossen sich den Soldaten an und riefen: «Hoch lebe unser Padischah» und «Hoch lebe die Nation!». Ein Lehrer namens Kadrî Efendi stimmte ein Gebet für die Sicherheit der Nation an, und alle Zivilisten und Soldaten fielen tränenüberströmt mit einem «Amen» ein ... Die Einwohner von Istanbul gratulierten einander, erfüllt von Heiterkeit und Freude über den Fall der Despotie.

Süleymân Pascha endet seinen Augenzeugenbericht, der übrigens erst 1910 veröffentlicht werden konnte, mit einigen Seiten aus der Diskussion führender Staatsmänner, ob die Zeit reif für eine Verfassung sei. Der geistesschwache Murâd blieb nur wenige Monate auf dem Thron.

Noch im selben Jahr 1876 wurde er durch seinen Bruder Abdülhamîd ersetzt. Der im nächsten Abschnitt geschilderte «Vorfall» von Çırağan zeigt, daß auch der Übergang auf Abdülhamîd nicht fugenlos verlief. Abdülazîz nahm sich am 4. Juni 1876 im Çırağan-Palast das Leben.

Der «Vorfall» von Çırağan

Der Çırağan-Palast war das Werk von Sultan Abdülazîz und entstand an der Stelle mehrerer Vorgänger zwischen 1863 und 1871. Abdülazîz hat seinen Palast jedoch nur kurz bewohnt. Mit der Begründung, er sei ihm zu «feucht», kehrte er nach Dolmabahçe zurück. Als Abdülhamîd II. 1876 an Stelle seines älteren Bruders Murâd inthronisiert wurde, wies man dem abgesetzten Sultan den Çırağan-Palast zu. Er wurde zum Schauplatz eines, seinerzeit auch von der europäischen Presse, viel besprochenen Ereignisses, des «Vorfalls von Çırağan» am 20. Mai 1878.

Die Mutter des wegen geistiger Defizite abgesetzten Sultans, Şevkefzâ Kadın, unternahm alles in ihren Kräften Stehende, um die Legitimität Abdülhamîds zu erschüttern und ihren Sohn Murâd wieder auf den Thron zu bringen. Sie bemühte sich erfolglos, den damals Fünfunddreißigjährigen aus seinem Palast zu entführen. Ihr Ziel rückte al-

Abb. 28: Çırağan-Palast (1863–1871)

lem Anschein näher, als ein radikaler Patriot namens Alî Suâvî Efendi, dessen demagogische Artikel das frühere Regime erheblich beunruhigt hatten, nach Istanbul zurückgekehrt war. Alî Suâvî war im Gegensatz zu anderen «jungosmanischen» Oppositionellen kein Produkt der modernen Hochschulen. Er hatte die Medrese besucht und sich als Lehrer an staatlichen Schulen in Filibe (Plovdiv) und Sofia betätigt. Nach seinem Exil wurde er von Abdülhamîd II. mit der Leitung der Eliteschule Galatasarayı betraut (1877). Mit dem Ausbruch des russisch-türkischen Krieges entfremdete er sich dem Sultan. Nach der Kapitulation (Vorfrieden von San Stefano am 2. März 1878) und dem Waffenstillstand mit Rußland schien das osmanische Europa verloren. Alî Suâvî erhoffte sich von Murâd V. eine Revision der Abkommen. Am 19. Mai kündigte er in einem an die Zeitung *Basîret* gerichteten Brief bedeutende Ereignisse an:

Die gegenwärtigen Schwierigkeiten sind groß, doch ist ein Ausweg aus ihnen sehr leicht. In unserer morgigen Ausgabe werde ich diesen Ausweg, mit allgemeiner Billigung, kurz und knapp erläutern und bekanntgeben. Mein heutiges Schreiben wurde verfaßt, um die allgemeine Aufmerksamkeit auf die morgige Ausgabe zu lenken.

Mit diesen Zeilen wurde nichts weniger als ein Putsch angekündigt. Alî Suâvî besaß eine große Anhängerschaft unter den Flüchtlingen, die sich vor der russischen Armee und bulgarischen Freischärlern nach Istanbul gerettet hatten. Hunderte von ihnen versammelten sich am nächsten Tag zunächst bei der Mecîdîye-Moschee (am unteren Eingang zum Yıldız-Park) vor oder besser hinter dem Çırağan-Palast, weil es sich um einen Uferpalast handelt. Als der Verschwörer von Üsküdar aus mit weiteren Anhängern auf Schiffen eintraf, konnten die Palastwachen von der Land- und Seeseite überwältigt werden. Alî Suâvî eilte mit einigen Männern in den zweiten Stock, wo Murâd im angekleideten Zustand auf sie wartete. Inzwischen hatte der Kommandant des Wachlokals von Beşiktaş, ein in die Geschichte eingegangener Offizier namens Hasan Ağa, mit einigen Soldaten den Palast umzingelt und war selbst ins Innere geeilt, wo ihm Alî und Murâd V. entgegenkamen. Ohne zu überlegen, schlug er Alî Suâvî mit einer Keule zu Boden. Der Führer der Revolte starb an Ort und Stelle, weitere 23 Personen ließen in den anschließenden Kämpfen ihr Leben.

Nach dem «Vorfall von Çırağan» wurde Murâd und seine Familie im sogenannten Malta Köşkü im Garten des Yıldız Sarayı inhaftiert (heute dient der Kiosk, dessen Namengebung nie zufriedenstellend gedeutet wurde, als elegantes Teehaus). Parallel zu dem gescheiterten Putsch organisierte ein Istanbuler Großmeister einer Freimaurerloge, der Grieche Cleanti Scaglieri, mit einem Beamten der Stiftungsverwaltung namens Azîz Bey ein Komitee, das ebenfalls die Wiedereinsetzung Murâds zum Ziel hatte. Ob die Scaglieri-Azîz-Leute mit Alî Suâvî in Verbindung standen, konnte bis heute nicht geklärt werden. Am Ende durfte Murâd V. den Çırağan-Palast wieder beziehen und ist dort auch 1904 gestorben.

Die immer wieder geplanten Versuche, Abdülhamîd II. zu stürzen, waren erst 1908 erfolgreich. Schon zuvor wurde die von ihm 1877 suspendierte Abgeordnetenkammer wieder gewählt. Für das neue osmanischen Parlament bot sich der seit 1904 leerstehende Çırağan-Palast an. Die zweite Sitzungsperiode wurde am 14. November 1909 eröffnet. Wenig später, am 19. Januar 1910, brannte das Gebäude, vermutlich wegen eines elektrischen Kontakts, bis auf die Grundmauern aus. Die Verwendung durch eine Hotelgruppe hat wenigstens die Fassaden und die Torbauten des letzten großen Uferserails gesichert.

XVII.
Stätten der Bildung

Ein ganzes Buch ließe sich über die Istanbuler Stadtviertelschulen, ihre Stifter und Stifterinnen und prominenten Schüler schreiben. Hier kann nur dafür geworben werden, wenigstens die besser erhaltenen wahrzunehmen. Weder bei Muslimen noch Nichtmuslimen darf man in den Irrtum verfallen, das Ziel des traditionellen Unterrichts sei der Erwerb einer «Kulturtechnik» gewesen. Lesen und Auswendiglernen der Offenbarungsschriften von Muslimen, Christen und Juden waren das Ziel jedes elementaren Unterrichts. Ob die häufig genannte Zahl von 80–90 % Analphabeten für die Jahrzehnte vor Einführung der Lateinschrift (1928) realistisch ist, kann hier nicht beantwortet werden. Die herkömmliche *Mekteb* der Muslime, bei der die Alphabetisierung über die Koranlektüre erfolgte, wurde erst im 19. Jahrhundert durch modernisierte staatliche Schulen ergänzt bzw. ersetzt. Im letzten Jahrhundert des Reichs nutzten immer mehr Muslime auch die Angebote christlicher Schulen auf osmanischem Territorium. Oft wurden traditionelle und reformierte, christliche und muslimische Institutionen nebeneinander genutzt und nicht als sich ausschließende Angebote betrachtet.

Schulen für Mädchen und Knaben

Die osmanischen Archive enthalten Tausende von Urkunden und Registereinträgen, die sich auf Stiftungen von und für «Knabenschulen» (*sıbyân mektebleri*) beziehen. Der Begriff *Sıbyân Mektebleri* galt für alle Schulen, die Knaben *und* Mädchen die Grundbegriffe des Lesens und der islamischen Religion vermittelten. Manchmal sprechen die Texte einfach von *Mekteb* («Schule», arab. *maktab* «Ort des Schreibens») oder *Dâr al-talîm* («Haus des Unterrichts»). Auch «Haus des Lehrers» (*muallimhâne*) ist eine häufige und passende Bezeichnung für diese traditionellen Ein-Mann-Betriebe. In die Istanbuler Umgangssprache gingen sie als «Stadtviertelschulen» (*mahalle mektebi*) oder «Steinschulen» (*taş mekteb*) ein.

Der Schulbetrieb wurde von vielen türkischen Autoren, die um die Wende zum 20. Jahrhundert oder früher geboren wurden, lebendig beschrieben. In der autobiographischen Literatur fehlt selten ein Kapitel über das Zeremoniell der Einschulung. Der Knabe wurde, meist auf einem Reittier sitzend, morgens feierlich an seiner Wohnung abgeholt und unter Absingen volkstümlicher Hymnen zur Schule des Stadtviertels gebracht. Die folgenden Verse von Yûnus Emre, des bis heute populären anatolischen Barden aus dem 13. Jahrhundert, haben selten gefehlt:

> Im Paradies die Flüsse all,
> Sie fließen mit dem Ruf: «Allah»,
> Und dort auch jede Nachtigall,
> Sie singt und singt «Allah, Allah».
>
> Des Tubabaumes Zweige dicht,
> Die Zunge, die Koranwort spricht,
> Des Paradieses Rosen licht,
> Sie duften nur «Allah, Allah».
>
> Die Stämme sind aus Licht so klar,
> Aus Silber ist der Blätter Schar,
> Die Zweige, die entsprossen gar,
> Sie sprossen mit dem Ruf: «Allah».
>
> Die Huris an dem hohen Ort,
> Sie strahlen mehr als Mondlicht dort,
> Und Moschus, Ambra ist ihr Wort –
> Sie wandeln mit den Ruf: «Allah».

Kaum einer der modernen Autoren von Schulerinnerungen versäumt es, die bekannte Formel zu erwähnen, mit welcher der Vater oder die Mutter ihr Kind dem Lehrer überantwortete: «Sein Fleisch gehört dir, seine Knochen mir!» Damit war natürlich keine «Lizenz zum Schlagen» verbunden (es wird in der alten Türkei nicht mehr Lehrer mit sadistischen Neigungen gegeben haben als im Westen), die Eltern legten vielmehr einen Teil der Erziehungsverantwortung in die Hände des Schulmeisters.

Die Alphabetisierung der Kinder erfolgte, das muß noch einmal betont werden, durch Korantexte. Man muß auch hervorheben, daß bis zur Tanzîmât-Zeit (1839–1876) in den Stiftungsschulen das osmanische Türkisch nicht unterrichtet wurde. Schreib- und Lesekenntnisse in der Staatssprache erwarb man durch Privatlehrer oder – *learning-by-doing* – in den Kanzleien der Hohen Pforte bzw. Provinzverwaltungen. In der *Mekteb* wurde jeden Tag ein bestimmter Abschnitt des Korans durchgenommen und am Ende durch ein Stückchen Wachs auf der Tafel oder im Buch markiert. Das Ideal war selbstverständlich die vollständige Lektüre des Korans.

Ein in den osmanischen Schulen gepflegtes Ritual hing mit dem Erreichen des siebten und achten Verses der 94. Sure zusammen: «Wenn du nun mit etwas fertig bist, dann (bleib nicht untätig, sondern wende dich einer neuen Aufgabe zu) und mühe dich ab (auch wenn du dabei in Schwierigkeiten gerätst). Sie werden nicht unüberwindlich sein, und du wirst es nachher wieder leichter bekommen. Und stell dein Verlangen (ganz) auf deinen Herrn ein.» War der Knabe an dieser Stelle angelangt, ergriff der Schuldiener den Fes des Kindes und hängte ihm eine gestickte Korantasche um. Der Schuldiener brachte das Kind dann nach Hause. Die Passanten erkannten an der Tasche, daß es sich um einen frischgebackenen Koranleser handelte und gratulierten mit bewunderndem «Was Gott gewollt hat!» (Maşallah). Dem Hodscha wurde von der Familie ein Geschenk gesandt.

Nur wenige Lehrer der Stadtviertelschulen konnten freilich mit den Anforderungen der neuen Zeit Schritt halten. Eine Reform der Stiftungswesens blieb in bescheidenen Ansätzen stecken. Der Staat wagte nur den Aufbau eines modernen Sekundarsystems. So blieb die Elementarschule bis zu den kemalistischen Reformen ein Symbol zivilisatorischer Rückständigkeit und religiöser Beschränktheit.

Ömers Kindheit

Muallim Nâcî (1849/50–1893) hat als erster Schriftsteller die Stadtviertelschule zum Thema gemacht. Obwohl sein Buch «Ömers Kindheit» heißt, handelt es sich um eine autobiographische Erzählung aus den Jahren gegen Ende des Krimkriegs (ca. 1855). Der Autor schildert, wie er allmorgendlich vom Schuldiener abgeholt wurde, von seiner Angst vor den Straßenhunden und den Streichen des ungeratenen Onkels Tâhir. Der Schulalltag war unerfreulich. Um die Abc-Schützen kümmerten sich nur die älteren Schüler. Der Hodscha hatte seine traditionellen Verfahren, um die fortgeschrittneren unter ihnen zu examinieren:

Die Zöglinge wurden ihm in folgender Weise vorgeführt: Der Schüler setzte sich, nachdem er nach vorne gegangen war. Er legte dann den (durchgenommenen) Koranabschnitt bzw. sein Blatt auf das Pult vor dem Hodscha Efendi. Der Gehilfe kniete sich dicht neben ihn mit allen Anzeichen höchster Aufmerksamkeit, denn wenn der Schüler einen Fehler machte, sauste der Stock ohne Wenn und Aber auf seine Schultern nieder.

Das Wichtigste lernte Ömer allerdings nicht von dem starrsinnigen Lehrer, sondern von seinem Bruder, nicht zuletzt die Haltung beim Schreiben und das Lesen türkischer Texte:

Er brachte mir bei, wie man die Finger anordnet und das Schreibrohr richtig hält. In unserer Schule wurde Kindern wie uns durchaus kein Unterricht im Türkischen erteilt. Obwohl ich den gesamten heiligen Koran bis zum Ende durchgenommen habe, las ich auf der Schule kein einziges türkisches Wort.

Im Haus fand sich ein gedruckter türkischer «Katechismus» (*ilm-i hâl*) und die berühmte Abhandlung des Birgivî, eines bekannten Theologen aus dem 16. Jahrhundert. Der tiefgläubige Vater, ein einfacher Sattlermeister (der auf dem Totenbett bekennen wird: «Eigentlich wollte ich als Märtyrer sterben!»), las mit Ömer die ersten Verse der 86. Sure: «Beim Himmel und bei dem, der sich bei Nacht einstellt! Aber wie kannst du wissen, wer das ist, der sich bei Nacht einstellt? Es ist der hell aufleuchtende Stern. Es gibt niemand, über den nicht ein Hüterengel eingesetzt wäre (um seine Taten zu verzeichnen)...» Die erste Koranlektüre löst bei Ömer eine tiefe Wirkung aus:

Mein Herz wurde von einem merkwürdigen Gefühl erfaßt. Es war aber weder Freude noch Trauer. Nachdem ich dem Heiligen Buch durch Küssen und An-die-Stirn-Führen förmlich Respekt erwiesen hatte, steckte ich es in seine Hülle zurück und brachte es an seinen Platz.

Die Erzählung von Ömers Kindheit zeigt uns, daß die Stadtviertelschule selbst für die religiöse Sozialisation der Kinder kein «Monopol» beanspruchen konnte. Die Bildung des jungen Ömer wird später durch die Lektüre von Celâleddîn Rûmîs *Mesnevî* ergänzt, ohne daß uns der Autor verrät, wo und von wem er Persisch gelernt hat.

Falaka

Das Bastonade-Instrument *falaka* war gleichsam das Leitfossil der traditionellen Schule. Ahmed Râsim hat seinen autobiographischen Schulroman von 1927 sogar unter den Titel *Falaka* gestellt. Eine *Falaka* ist ein Holzknebel, der die Beine des Delinquenten miteinander verband. Gehalten von zwei kräftigen Schülern erlaubte sie dem Lehrer, mit dem Stock gezielt und nachhaltig auf die Fußsohlen zu schlagen. Auch in Muallim Nâcîs melancholischer Autobiographie kommt sie zum Einsatz:

Du kennst die *Falaka* mit Riemen, die bei dem Haupte des Hoca Efendi hängt, unser Onkel hat sie eines Tages zerbrochen und ist davongelaufen. Aber paß auf, wie er es gemacht hat. Wenn die Zeit kam, daß der Hoca Efendi die Gebetswaschung vornahm, so breitete er zuerst auf der vor ihm stehenden Bank ein Tuch aus, dann nahm er seinen Turban vom Kopfe und legte ihn darauf und bedeckte sich mit einem reinen Leinenkäppchen. Eines Tages hatte er seinen Turban wieder so abgesetzt, dort hingelegt und war hinausgegangen, um seine Waschungen vorzunehmen. Unser Onkel lief sogleich und steckte einen Vogel, den er zuvor bereitgehalten hatte, flink unter den Turban, dann kehrte er zurück und setzte sich an seinen Platz, so daß es schien, als ob er angefangen hätte, seine Lektion zu lernen.
Der Hoca Efendi kam, und als er eben seinen Turban von seinem Platz

nahm, um ihn auf den Kopf zu setzen, da fliegt – burr burr – der Vogel davon. Der Hoca Efendi war erzürnt und fragte die Kinder, wer das getan hätte. Sie zeigten auf unseren Onkel, der lacht. Wieder der Tâhir? Bringt ihn und legt ihn auf den Boden, und dabei wuchs sein Eifer immer. Endlich legten sie ihn auf den Boden und spannten die Riemenfalaka, und nun beachte die Verschmitztheit unseres Onkels, aber er wußte ja, wie es vom Anfang bis zum Ende gehen würde. Er hatte den Riemen durchschnitten und mit irgend etwas wie Wachs oder Mastix zusammengeklebt. Sobald er nun seine Füße bewegte, riß der Riemen, stelle dir das vor! Wie nahe ist nun die Schultür bei dem Platz der *Falaka* und des Stockes! Dorthin entwischt er, die beiden Enden der *Falaka* blieben in den Händen derer, die sie hielten, sie sahen, wie er wie ein Blitz hinauslief. Finde nun den Tâhir, wenn du kannst.

Die Stifter und ihre Schulbauten im Istanbuler Stadtbild

Die Stifter, nicht nur Sultane und Wesire sondern auch Mittelständler, recht häufig Damen, reservierten Immobilien und Kapital für den Schulbau, den Unterhalt des Lehrers und seines Gehilfen und die Bekleidung der ärmeren Schüler. Das Grab der Wohltäter lag häufig in der Nähe der Schulräume. So konnte das lärmende Schwätzen, aber auch das dankbare Gebet der Schulkinder unmittelbar zu ihnen dringen. Viele Schulen nehmen wie die Brunnen der Stadtviertel den Winkel zwischen zwei Wohnstraßen ein und bedienen so mehrere Quartiere.

Die Verbindung von großen öffentlichen Brunnen mit einer Schule im Obergeschoß kann man zwar im osmanischen Kairo häufiger beobachten als in Istanbul, doch gibt es auch hier schöne, leider oft vernachlässigte Vertreter des in Ägypten erfundenen Typus. Als Beispiel muß die Schule des Recâ'î Mehmed Efendi im Stadtteil Vefa mit ihrem hübschen Rokokobrunnen genügen. Das Straßenniveau des Viertels hat sich, wie man hier gut beobachten kann, in einem Viertel Jahrtausend um einen ganzen Meter gehoben. Der fromme Stifter hatte es zweimal zum *Re'isülküttâb* gebracht, war also Chef der Staatskanzlei und *de facto* Außenminister (bevor dessen Ressort 1836 förmlich geschaffen wurde). Ein bekannter Scheichülislam, Esad Efendi, schrieb in seine Stiftungsurkunde von 1754/5 noch folgenden Satz (der in ähnlicher Form auch sonst vorkam):

Alljährlich sollen der Lehrer und sein Gehilfe 1200 *Akçe* verwenden, um mit den Knäblein einen Ausflug ins Grüne zu veranstalten und sie dort für Kochen und Essen ausgeben.

Die Zahl von 300 *Mektebs* für das spätosmanische Istanbul steht einigermaßen fest. Der Lokalforscher Muallim Cevdet hat im Jahr 1919 zusammengestellt, auf welche Personengruppen sich die Stifter von 184 gezählten Schulen verteilten.

Herrscher	7
Sultansmütter und Prinzessinnen sowie andere Damen des Hofes	39
Paschas	35
Gewerbetreibende und «Ağas»	60
Beys, Çelebis und Efendis (also Angehörige der privilegierten Kasten)	43

Die älteste von einem Sultân gestiftete Istanbuler *Mekteb* war Bestandteil des Fâtih-Stiftung. Sie lehnte sich an die Westmauer an oder saß auf ihr, jedenfalls war es eine typische Lage für die meist an der Peripherie der Moscheekomplexe liegenden Grundschulen. Ebenso leicht erreichbar wie zu übersehen ist die Knabenschule der Bâyezîd-Stiftung am Rande des Türbengartens der Moschee, nicht weit von einem der Haupteingänge des Überdachten Basars (Kapalı Çarşı). Es ist ein verhältnismäßig großer Bau, unter dessen zwei Kuppeln sich ein offener Unterrichtsraum für den Sommer und eine beheizbare Klasse befinden. Die Stiftungsurkunde sah die «Unterrichtung von 30 Knäblein» vor. Heute wird der Bau für die (meist aber unzugängliche) Bibliothek des Hakkı Tarık Us (1889–1956) genutzt, eine wertvolle Sammlung mit hochseltenen osmanischen Periodika.

In den von Mimâr Sinân gebauten Moscheekomplexen in Istanbul sind öfters *Mektebs* einbezogen. Sie haben sich alle erhalten und sollen hier wenigstens aufgezählt werden; Hasekî Hürrem (1539/40), Sultân Süleymân I. (1552-3), Şehzâde Mehmed (1543–1548), Sokullu Mehmed Pascha (1568) und Vâlide Sultan in Toptaşı/Üsküdar (vor 1579). Auch spätere Sultane haben Grundschulen gestiftet. Wenn man den Hof der Aya Sofya betritt und sich sofort nach links wendet, stößt man auf die Schule Mahmûds I. (1742). Bei der Sultan Ahmed-Moschee ist eine der jüngsten «klassischen» *Mektebs*.

Ein kennzeichnendes Beispiel für die von Paschas gestifteten *Mektebs* ist die des 1702 verstorbenen Staatsmanns Amucazâde Hüseyin Pascha (seine Ufervilla am Bosporus ist übrigens das älteste erhaltene Beispiel dieser Wohnform). Sie ist in seiner «Külliye» in Sarraçhâne in zwei Kuppelräumen (6,40 × 6,40 m) des Obergeschosses untergebracht. Sie hatten einen separaten Eingang neben dem Tor zum Innenhof, der von den L-förmig angelegten Zellen der Medrese und der Türbe des Paschas gebildet wird. Die Anlage hatte in den Brandkatastrophen und Erdbeben des 18. und 19. Jahrhunderts erheblich gelitten. Nach ihrer Restaurierung dient sie als Museum für Inschriften und als Depot der Stiftungsverwaltung.

Im 18. Jahrhundert entstanden verhältnismäßig viele neue *Mektebs*, nicht zuletzt wegen der häufigen Flächenbrände, ausnahmslos in

Stein. Gegenüber der Provinzverwaltung (*Valilik*), d.h. der einstigen Hohen Pforte, und unterhalb des iranischen Generalkonsulats befindet sich die Schule eines Yûsuf Agâh Efendi (also nicht Ağa! wie eine Tafel am Gebäude schreibt). Er hatte in der Finanzverwaltung Karriere gemacht und ist in die osmanische Geschichte als Gesandter in London eingegangen. Als er die Schule stiftete, war er Aufseher des Marinearsenals. Der Bau datiert angeblich 1771–1773. Wegen seines vorspringenden Obergeschosses und dem typischen «Igelfries» bildet er zwischen den schauderhaften Neubauten der Ankara Caddesi eine wehmütige Reminiszenz. Im Untergeschoß, das heute vom Erziehungsministerium als Bücherlager genutzt wird, soll sich ein *Muvakkithâne* befunden haben.

Am Atatürk Bulvarı liegt die sogenannte Şebsafa Kadın Camii in der Umgebung eines aus mehreren Betonterrassen angelegten Geschäftszentrums aus den siebziger Jahren. Die Moschee und ihre Nebenbauten wurden teilweise bei der Anlage des Boulevards nach Osten versetzt. Die Stifterin der Moschee, Şebisafâ Sultân (st. 1805), war die sechste Frau Abdülhamîds I. Das Schulgebäude mit einem einfachen Wölbdach ist leicht zu erkennen, wenn man den Atatürk Bulvarı nach Unkapanı zur Brücke hinunterfährt. Auch diese Schule hat ihre Unterrichtsräume im Obergeschoß, was durch die heutige Lage nicht mehr unmittelbar einleuchtet. In der Stiftungsurkunde wird unter anderem festgelegt:

Ein Kalligraph mit schöner Schrift (!) soll täglich 25 *Akçe* erhalten, ein (weiterer) Schreibmeister (*meşk hocası*, d.i. eine Art Repetitor), der zweimal in der Woche verpflichtet ist, fünfzehn *Akçe*... Die in dieser illustren Schule eingeschriebenen Knaben und Mädchen erhalten (jährlich) einen Fes bzw. einen zugeschnittenen Rock, einen Leibgürtel, eine bis zum Knie reichende Unterhose sowie Schuhe... Als «Sandalengeld» bekommen sie 200 *Para*, der Lehrer erhält zwanzig *Kuruş* «Sitzkissengeld».

Die Anfänge des staatlichen Schulwesens

Rüşdiyes waren weiterführende Anstalten der ersten Sekundarstufe, die wie die neuen Grundschulen vom Typ *İbtidâî* seit 1839 unter staatlicher Aufsicht standen. Ihre Schüler erhielten Stipendien, wobei man erwartete, daß sie ihren Bildungsgang an höheren staatlichen Anstalten wie der Medizinschule oder der Kriegsakademie fortsetzten.

Der Verfasser einer der frühesten modernen Autobiographien in türkischer Sprache, İbrâhîm Halîl (der später in die Mevlevî-Bruderschaft eintrat und als Aşçıdede bekannt wurde), erinnerte sich an die Abschlußprüfung des ersten Jahrgangs (1842). İbrâhîms *Rüşdîye* führte den hochtrabenden Namen «Schule für literarische Wissenschaften» und war in der schon Mitte des 16. Jahrhunderts erbauten Taş Mekteb des Süleymaniye-Komplexes untergebracht. Ihre Absolventen wurden gemeinsam mit denen der Sultan Ahmed-Schule in der «Blauen Moschee» examiniert. Insofern konnte man von einem «Heimspiel» der letztgenannten sprechen. İbrâhîm Halîl versäumt aber auch nicht, das soziale Gefälle zwischen den beiden Schulen herauszustellen.

In diesem Jahr wurden die Datierungsformeln der sultanischen Erlasse als Prüfungsthema ausgegeben... Am nächsten Tag war es soweit: Wir gingen in unseren feinsten und besten Feiertagskleidern... zur Sultan Ahmed-Moschee. Die Rüşdîye-Schule war von der Moschee mit den unteren Teilen von Zelttüchern abgetrennt, hier versammelten wir uns. Das heißt, es entstanden zwei Lager, wir waren auf der einen, die (Knaben) von Sultan Ahmed auf der anderen. Wir starrten uns an wie grimmige Ochsen. So ist halt das Schülerleben. Endlich nahmen vor der Gebetsnische der Moschee der Scheichülislam, der Großwesir und andere hohe Staatsmänner auf sorgfältig angeordneten Sitzkissen Platz. In diesem Jahr erwies uns allerdings die Majestät (der Sultan) nicht die Ehre.

Abb. 29: Die vom Großwesir Hüsrev Pascha (st. 1855) zu Studien nach Paris entsandten Ziehsöhne

Abb. 30: Das 1867 als Eliteschule des Osmanischen Staats eröffnete Galataserail-Lyzeum

Zunächst waren die Knaben von Sultan Ahmed an der Reihe, denn ihre Eltern waren gegenwärtig, während die Väter der Süleymaniye(-kandidaten) in ihren Läden und Werkstätten zu tun hatten. Die Prüfung dauerte eine Stunde. (Die Knaben von Sultan Ahmed) konnten nur zehn der zwanzig gestellten Fragen beantworten. Danach gingen sie heraus und die Mannschaft der Süleymânîye marschierte ein. An uns wurden an diesem Tag vierzig Fragen gerichtet. Wir beantworteten sie alle aus einer Kehle. Unser gleichzeitiges Schreien löste bei den anwesenden Staatsmännern Heiterkeit aus. Ihr Lachen machte uns noch munterer, unsere Liebe zur Sache und unser Eifer wuchs und wir wurden völlig gelöst. Die ursprüngliche Schüchternheit war vergangen. Die Frage, auf die wir (zunächst) nicht antworten konnten, wurde erst ganz am Ende gestellt. İmâm-Zâde Efendi (der Prüfer) sagte, als auch darauf eine Antwort kam: «Schön, schön, wir haben es begriffen, jetzt raus mit euch!» Und jagte uns förmlich hinaus.

Zur Heranbildung von *Rüşdiye*-Lehrern wurde 1846 das *Dârülmuallimîn* gegründet. 1852 bestanden zehn Schulen des neuen dreiklassigen Typus. Ein herausragendes Ereignis war die Umwandlung der Grundschule der Cevrî Kalfa am Hippodrom in eine Mädchenschule (Ende 1858). Aus dieser «Sultan Ahmed Frauen-Oberschule» (Sultan Ahmed İnâs Rüşdiyesi) genannten Anstalt gingen allerdings erst 1870 Absolventinnen hervor. Man muß sich vergegenwärtigen, daß bis dahin in der gesamten islamischen Welt die Mädchenausbildung, wenn nicht von der höfischen Elite die Rede sein soll, mit der Alphabetisierung durch den Koran in den «Knabenschulen» endete, jedenfalls nie über die Pubertät hinaus fortgeführt wurde. Noch unter Abdülhamîd II. gab es starke Bestrebungen hoher Ulema, das Rad zurückzudrehen und die Sekundarbildung für Mädchen abzuschaffen. Im selben Jahr 1870 wurde ein Pädagogikum für Frauen gegründet. An dieser *Dârülmuallimât* genannten Schule studierten sicher auch Mädchen, die nicht das Berufsziel Lehrerin hatten. Trotz vieler gelungener Reformmaßnahmen hüteten die Ulemâ ihr Monopol über die Elementarerziehung bis in die letzten Jahres des Osmanenstaats. Erst 1916 wurden dem Scheichülislam das Grundschulwesen der muslimischen Bevölkerung entzogen. Die Entsendung muslimischer Knaben zum Studium in Europa hatte allerdings schon im frühen 19. Jahrhundert eingesetzt.

Die Medrese als Ort höherer islamischer Bildung

Das arabische Wort *Madrasa* bedeutet «Ort der Lehre». Nach der Eroberung Istanbuls schossen die Medresen wie Pilze aus dem Boden. Sie bildeten eine komplizierte, vertikal (nach Einkommen der Professoren) und horizontal (nach Standort) gegliederte Hierarchie. Eine Medrese hatte stets nur eine Persönlichkeit als Lehrer. Insofern lassen sie sich eher mit unabhängigen Lehrstühlen als mit Fakultäten vergleichen. Fortgeschrittene Studenten scharten sich auch um bekannte Lehrer anderer Medresen, die häufig ihre «Kreise» (*halka*) in den Hauptmoscheen der Stadt bildeten. Beim Tod Mehmeds II. (1481) existierten 34 oder 35 Medresen innerhalb der Stadtmauern, die 16 Schulen des riesigen Fâtih-Komplexes schon eingerechnet. Ihre Zahl wuchs bis Ende des 16. Jahrhunderts einschließlich der Spezialmedresen für den Unterricht in Hadîs-Studien, der Koranlesung und Medizin auf ca. 140. In den letzten hundert Jahren des Osmanischen Staats vermehrte sich ihre Zahl um einige weitere Dutzend. Allerdings gab es, wie eine sorgfältige Inspektion des Jahres 1914 offenbarte, schon viele unbenutzte und verfallene Bauten.

Zahlreiche Medresen fielen der modernen Stadtplanung zum Opfer. Beispielsweise wurde 1953/4 beim Bau des neuen Rathauses (Belediye Sarayı) die Medrese des Heeresrichters Mahmûd Efendi (st. 1653) «abgeräumt», obwohl sie noch bei der Anlage des Atatürk Bulvarı in den 1930er Jahren verschont worden war. Nur den Grabstein des Stifters hat man im Hof der gegenüberliegenden Şehzâde-Moschee deponiert.

Die Hauptmerkmale einer Istanbuler Medrese sind die um einen Hof gereihten Zellen, von denen jede einzeln beheizt werden konnte,

Plan 14: Medrese des Rüstem Pascha von 1550/1

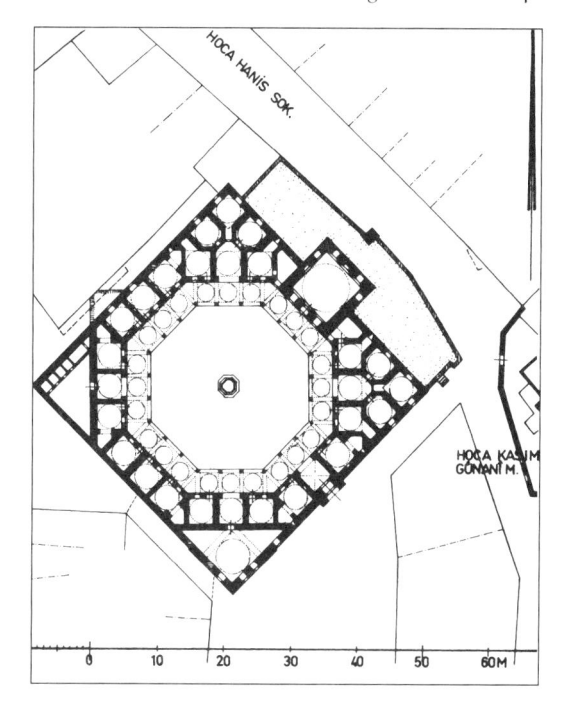

wie ein Rauchfang neben den Kuppeln verrät. Der Professor verfügte über eine Dienstwohnung, die neben dem Klassenraum lag, der in der Regel die Schmalseite des Hofs einnahm. Es gibt interessante Abweichungen von diesem rechteckigen Typus wie die achteckige Medrese des Rüstem Pascha (heute ein Heim für ausländische Stipendiaten), die – obwohl im Herzen der Altstadt gelegen – meist übersehen wird.

Bekannter sind die originellen, von der Natur des Baugeländes diktierten Lösungen, die Sinân für seine Medresen bei den Moscheen Süleymâns und Sokullu Mehmed Paschas in Kadırga gefunden hat.

Eine berechtigte Frage ist die nach der Zahl der Studenten. Für die Stifter der Glanzzeit scheint die Formel «eine Zelle pro Student» gegolten zu haben. In den Stiftungsurkunden sind meistens so viele Stipendien vorgesehen, wie die Medrese Räume hat. In einem Dokument verfügte der Stifter, «daß keine Studenten von außen aufzunehmen sind, solange keine leere Zelle zur Verfügung steht». Im 18. Jahrhundert reflektieren die Quellen bereits das osmanische Bildungsdilemma. Es gab zu viele junge Ulema und zu wenige ordentliche Planstellen als Kadi oder Professor.

Eine späte Medrese

Die von Sultan Abdülhamîd I. gestiftete Medrese in Bahçekapı war Mittelpunkt eines Komplexes, der aus Küche (*imâret*), Knabenschule (*sıbyan mektebi*), Bibliothek, Moschee (*mescid*) und Ladenreihen (*arasta*) bestand. 14 Jahre nach der Grundsteinlegung für den Küchentrakt (1775) wurde mit dem Bau der Sultanstürbe die Hamidîye-Stiftung vollendet. Während die Bauten in der Altstadt vorangetrieben wurden, ließ der Sultan am Bosporus zwei Freitagsmoscheen errichten: 1777 die Beylerbeyi Camii, 1780 die von Emirgân.

Die Medrese hatte 20 Räume, die sich je zwei Studenten teilen sollten. In der frühen Republik war sie schon zum Abriß verurteilt, als man ein Grundstück für die Istanbuler Börse suchte. Glücklicherweise hat die Istanbuler Geschäftswelt die Medrese erhalten, indem sie für ihre Zwecke im Innenhof einen Neubau errichtete. Der Verwaltungsrat der Börse versammelt sich heute in der kleinen Bibliothek. Auf der Straßenseite erkennt man das Obergeschoß der Bibliothek über dem Traditionsladen für Naschwerk des Ali Muhieddin Hacı Bekir. Die Bücher befinden sich jedoch auf der Zentralbibliothek Süleymaniye.

Schon 1911 wurden Knabenschule und *imâret* durch den sehr bemerkenswerten Hân (Dördüncü Vakıf Hânı) des Architekten Kemâleddîn ersetzt. Sebîl und Çeşme wurden zerlegt und an der Nordecke der Zeynep Sultan Moschee, unweit des Eingangs zum Gülhane-Park, wieder zusammengefügt. Die Mehrzahl der Medresen der Spätzeit hatte viel weniger Insassen als die von Sultan Abdülhamîd I. Um 1820 waren es durchschnittlich zehn oder weniger Studierende. Das *Dârülhadîs* der Kleinen Aya Sofya brachte es damals auf 40 Studenten, ebensoviel studierten in der Medrese von Sultan Ahmed, während es die «Große» Aya Sofya auf 56 Studenten brachte. Wenn man die Insassen der fünf Medresen der Süleymaniye oder der acht bzw. sechzehn des Fâtih-Komplexes zusammenzählt, stehen diese an der Spitze. Allein in Fatih studierten 161 Knaben und junge Männer. Das Problem der zunehmenden Überbelegung hatte sich erledigt, weil nun viele Familien ihre Söhne zum Studium an den großen staatlichen Schulen für Recht und Verwaltung ermutigten.

Ein osmanischer Tycho Brahe

Das vor der Mitte des 17. Jahrhunderts abgeschlossene Geschichtswerk des Karaçelebî-Zâde hat unter dem Jahr 988 H./1580/1 D. einen kurzen, aber doch sehr auffallenden Eintrag:

Im Jahr [9]88 errichtete der Takîeddîn genannte Astronom unter Zustimmung des Sultanslehrers Saʿdeddîn oberhalb von Tophane einen astronomischen Brunnen. Als er seine Arbeiten aufnahm, protestierte der (neue) Hoca Efendi, die Staaten, welche Himmelsbeobachtungen betrieben hätten, seien in kurzer Zeit zu Grund gegangen.

Das erste moderne Observatorium Istanbuls, das der Chronist als «astronomischen Brunnen» bezeichnet, hat tatsächlich nur wenige Monate bestanden. Schon kurz nach seiner Einrichtung im Jahr 1579 wurde es 1580 auf Betreiben von Saʿdeddîns Nachfolger geschlossen und zerstört. Erst im 19. Jahrhundert erhielt die moderne Astronomie wieder Heimatrecht in der Türkei. Trotz oder gerade wegen dieser kurzen Wirksamkeit lohnt eine nähere Betrachtung.

Das Observatorium wurde an einem nicht mehr genau zu ermittelnden Ort unweit des späteren Taksîm, d. h. vor den Mauern von Galata errichtet. Der Anstoß ging von Takîeddîn b. Muhammad b. Maʿrûf aus, der aus Damaskus stammte, aber in Kairo die Medrese besucht hatte. In Nablus (Palästina) hatte er eine Richterstelle, bevor er 1571 zum Chefastrologen von Istanbul ernannt wurde. Zu diesem Zeitpunkt hatte er sich schon durch wichtige astronomische Handbücher hervorgetan. Takîeddîn war auch ein guter Kenner der zeitgenössischen Optik und Mechanik. Er überzeugte Murâd III., daß man mit den bisherigen Tafelwerken nicht mehr gut arbeiten könne, und erhielt die Erlaubnis zum Bau eines Observatoriums.

Murâds Förderung des sternenkundigen Mannes erinnert an seinen Urgroßvater Mehmed II., der seinerzeit Ali Kuşçu, den hochangesehenen Hofastronomen aus Samarkand, mit viel Geld und (wofür Gelehrte noch empfindlicher sind) süßen Worten nach Istanbul lockte. Ali Kuşçu kam seinerzeit mit den berühmten «Neuen Tafeln», welche die bisher genauesten Angaben zu Fixsternen enthielten. Diese «Neuen Tafeln» sahen im späten 16. Jahrhundert allerdings entschieden älter aus.

Takîeddîn fand in Murâd III. einen fürstlichen Förderer und die Unterstützung des «Hoca» genannten «Sultanslehrer» Saʿdeddîn. Dem gelehrten Kollegen widmete er eine Anzahl seiner Werke. Nach der Erlaubnis, ein Observatorium mit einem tiefen Beobachtungsschacht zu bauen, konnte er auf eine institutionalisierte astronomische Beobachtungstätigkeit hoffen. Man hat Gründe, anzunehmen, daß Takîeddîn von Tycho Brahe wußte, dem der dänische König Frederick II. einige Jahre zuvor (1576) auf der Insel Uraniborg das erste große Observatorium des Abendlands eingerichtet hatte. Tycho erhielt nicht anders als Takîeddîn ein großzügiges Lehen zugesprochen! Es gibt eine bekannte Miniatur in einem «Buch des Königs der Könige» (Şâhinşâhnâme), die Takîeddîn in seinem Arbeitsraum zeigen. In ihm befanden sich ein

Erdglobus, eine leicht zu übersehende Augsburger Uhr neben Quadranten, Armillarsphären und andere Instrumente. Eine leider undatierte Abschrift des Befehlsschreibens, mit dem Takîeddîns finanzielle Verhältnisse geregelt wurden, hat sich erhalten. Abgesehen von den hier zum Teil weggelassenen Kaskaden von Eulogien auf den Astronomen ist das wichtige Wort von der «neuen Methode astronomischer Beobachtung» enthalten:

Abschrift des Einsetzungsdiplom des seligen ... Sultan Murâd (III.) ... für den Begründer der astronomischen Beobachtung Takîeddîn.
Dieses ist der Befehl des Allerhöchsten...: indem der Glanz meiner ruhmvollen Gnade und der Wetterstrahl meiner Hochherzigkeit aus dem Wolkenschleier dunklen Zweifels gleich der taghellen Sonne und dem Meteorfeuer des funkelnden Sternes über alle Geschöpfe der Welt und die gesamte Menschheit leuchtet
und nachdem zur Förderung des heiligen Gesetzes und Brauches und der Einigkeit der Gemeinde sowie im Interesse der Befolgung der göttlichen Gebote die Feststellung der Zeiten und Stunden von der größten Wichtigkeit ist,
andererseits jedoch in den vergangenen Zeiten selbst die hervorragendsten Gelehrten und die gründlichsten Weisen bis auf den heutigen Tag nur mit Hilfe astronomischer Tafeln die Kalenderdaten berechneten,
während die neue Methode astronomischer Beobachtung dem Verständnis entrückt blieb,
nun aber was bis auf die Zeit meiner Regierung keinem Herrscher unter meinen glorreichen Ahnen beschieden war,
der Schöpfer der Zeiten und Stunden und Ordner der Minuten und Grade ... die welterwärmende Sonne meiner langwährenden Herrschaft strahlender als die Morgenröte gemacht
und die Pracht der ewigen Sterne meines Kalifats über dem Horizonte des Glückes hat aufgehen lassen,
so daß der Glanz Meiner Huld über die ganze Welt sich verbreitet
und die Strahlen von meinem der Sonne gleich leuchtenden Sinn über alle Menschen scheinen,
so habe Ich denn auf die Bitte des Vorbildes der Edlen, des Musters der Astronomen und Sternkundigen,
des Ausbundes der Weltweisen und Chronologen,
des Ergründers der Gesetze der Stationen von Sonne und Mond,
des Erforschers der Standorte der zwölf Bilder des Tierkreises,
des Deuters der Vorzeichen von Glück und Unglück,
des Beobachters der Zeitwarten von Morgen und Abend,
der da ausgezeichnet ist durch die Gnade des Herrn, des Allgütigen,
dem Sohn des Ma'rûf – möge sein Erfolg sich mehren – welcher vorher, da er Kadi von Raşîd (Rosetta in Ägypten) mit 150 *Akçe* Gehalt (täglich) war, *auf kaiserlichen Befehl ein Lehen von 70 000 Akçe in Rumelien angewiesen, das er aber bisher nicht erhalten hat,*
(worauf ich anordnete) ihm das vorliegende, in der Provinz Konya, Bezirk

Ereğli gelegene Lehen von 46 000 *Akçe, das, wie er angibt, nach dem Ableben des Inhabers, namens Mehemmed, vakant geworden ist, zu verleihen,*
   damit er auf Grund seiner Erfahrung in der Sternkunde, zu astronomischen Beobachtungen angestellt werde,
   durch Erlaß an den Beylerbeyi von Karaman angeordnet, ihn (den Takîeddîn), wie schon vorher verfügt… in das vakante Lehen einzuweisen… Dementsprechend ist ihm das vakante Lehen des verstorbenen Mehemmed zuzüglich des noch zu ergänzenden Fehlbetrages von 24 000 *Akçe*, im ganzen 70 000 *Akçe* angewiesen.

Erst ganz am Ende kommt der Text zur Sache, den «Bezügen» des ausdrücklich als «innovativ» gepriesenen Wissenschaftlers. Takîeddîn hatte zuletzt auf der Planstelle eines Richter von Rosetta in Unterägypten ein Jahreseinkommen von über 50 000 *Akçe*. Die von Sultan Murâd zugesagte Verbesserung um 20 000 *Akçe* sollte durch Einweisung in ein größeres «Lehen» in den europäischen Landesteilen garantiert werden. Da das vorgesehene «Lehen» (ursprünglich eine militärische Dienstpfründe) nicht frei geworden war, wurde in Zentralanatolien ein tatsächlich verfügbares Lehen übertragen, das nur den Nachteil hatte, mit 46 000 *Akçe* unter seinen bisherigen Einkünften zu liegen. Offensichtlich mußte der Generalgouverneur von Karaman die übrigen 24 000 *Akçe* selbst beisteuern.

Die Frage nach den Gründen der Zerstörung des Observatoriums ist für die türkische Wissenschaftsgeschichte ebenso drängend wie bedrückend. Was hat den Scheichülislam Ahmed Şemsedddîn Kadi-Zâde bewogen, die Einebnung des Bauwerks anzuordnen? Reichte dafür die bekannte Rivalität mit Saʿdeddîn aus? War er von dem Schaden der Sternenbeobachtung für die osmanische Weltstellung überzeugt? Sah er das Monopol der an zahllosen Medresen ausgebildeten *Muvakkit* und *Müneccim* gefährdet, die an der Verläßlichkeit ihrer Tabellenwerke zweifeln mußten?

Es ist nicht ohne Tragik, wenn man lesen muß, wie gründlich das Observatorium zerstört wurde. Sultan Murâd hatte seine schützende Hand aber offensichtlich nicht ganz von der Astronomie abgezogen. Ein *Fermân* von 1588 erlaubte die Einfuhr von in Europa gedruckten Büchern in den islamischen Literatursprachen. Selbst auf osmanischem Boden war schon 1568 ein Hauptwerk der Astronomie im Druck veröffentlicht worden, freilich nicht in Istanbul, sondern in Saloniki, und auch nicht in türkischer, sondern in hebräischer Sprache. Eine Vermutung geht sogar so weit, daß der Herausgeber des *Scheʾerith Jozef* mit Takîeddîn in Verbindung stand. Es vergingen fast drei Jahrhunderte, bis unter Abdülazîz in Beyoğlu ein kleines Observatorium gegründet wurde, das sich offensichtlich auch mit der Wetterkunde befaßte. Das heutige Observatorium von Kandilli über dem asiatischen Bosporusufer nahm 1911 seine Tätigkeit auf.

Das Antikenmuseum

Eine Bildungseinrichtung völlig neuen Typs waren Museen. Die Vorgeschichte des weltberühmten Antikenmuseums beginnt 1846 mit der Anlage eines Depots in der Irenenkirche im Ersten Serail-Hof durch Ahmed Fethî Pascha. Sein Name ist noch heute lebendig, weil der schöne städtische Park zwischen Üsküdar und Kuzguncuk (Fethi Paşa Korusu) sein Eigentum war. Die Irenenkirche nahm gleichzeitig eine Waffensammlung auf, aus der das Militärmuseum (heute im Stadtteil Harbiye) hervorging. Zwanzig Jahre später schrieb der Reichshistoriograph Ahmed Lütfî über eine Initiative, am Divanyolu gegenüber der Türbe Mahmûds II., ein Museumsgebäude (*müze-hâne*) zu errichten. Auch wenn es beim Versuch geblieben ist, bildet der Bericht doch ein Zeugnis für die zunehmende Erbitterung über die Plünderung der Ruinenstätten durch Ausländer und die erste zaghafte Auseinandersetzung der osmanischen Intellektuellen mit dem antiken Erbe.

Ausländer reisen zu den Altertümern, die in Istanbul und den wohlbehüteten Ländern des Großherrn teilweise an der Oberfläche liegen, von denen aber die meisten seit Jahren von der Erde bedeckt und versteckt sind. Sie holen sie vor allen Augen heraus und schmuggeln sie (heimlich) in ihre Länder. Dabei liegt es auf der Hand, daß diese Antiken einen außerordentlichen historischen und künstlerischen Wert darstellen und sie ihre Museen damit füllen und schmücken. Weil (hierzulande) die Kenntnisse fehlen, gibt es bei uns keinerlei Bewegung und Initiative, um der Antiken habhaft zu werden. Es ist offensichtlich, daß diejenigen (Antiken), die uns verbleiben, bereits zerstört und zerbrochen sind. Bis vor kurzem waren noch in einigen Gegenden Anatoliens die Ruinen von Theatern aus dem Altertum zu sehen sowie die zerbrochenen Bilder verschiedener Tiere wie von Löwen oder Panthern, die aus einem einzigen Marmor- oder Porphyrblock gemeißelt und bearbeitet waren und die jetzt als Brunnenmünder verwendet werden oder in Mauerecken (eingebaut sind) oder (einfach) herum (liegen). Dinge, welche Bildhauer zum Staunen bringen, wurden wie ganz gewöhnliche Steinbrocken benutzt.

Die ersten Verordnungen, die sich gegen die Selbstbedienung ausländischer Archäologen und einheimischer Raubgräber richteten, wurden 1869 erlassen. Der damalige Direktor des Kaiserlichen (archäologischen) Museums, Philipp Anton Dethier (1803–1881), überarbeitete diesen Text. Die Fassung von 1874 ist als «Dethiers Schutzgesetz» bekannt und sah eine Fundteilung von ausgegrabenen Objekten vor – falls die Regierung eine Grabungserlaubnis erteilt hatte. Der Staat, der

Finder und der Grundeigentümer sollten jeweils ein Drittel der Gegenstände erhalten. Im selben Jahr 1874 hatte sich Dethier – wie man weiß, vergeblich – bemüht, die von Schliemann nach Athen verbrachten Schätze für den Osmanischen Staat zurückzugewinnen. Heinrich Schliemann hatte 1868 in Troia erste Sondagen vorgenommen und ab 1870 mit Genehmigung des Sultans zu graben begonnen. Die Leser Istanbuler Tageszeitungen konnten seit den 1870er Jahren auf die Namen Troia und Schliemann stoßen. So verband der *Tercemân-ı Şark* («Dolmetsch des Orients») am 6. August 1878 eine Meldung über die Wiederaufnahme der Grabungen mit der Erwartung «Hoffentlich schmuggelt der Baron Schliemann nicht auch diesmal die wertvollsten Antiken nach Athen, so daß auch unser Museum einen Nutzen davon hat.»

Der dritte und endgültige Museumsstandort ist das 1891 zunächst unter dem Namen «Sarkophag-Museum» eröffnete Gebäude. Sein Architekt war Alexandre Vallaury, der es nicht weit zur Baustelle hatte. Er unterrichte an der «Hochschule für Schöne Künste» (Mekteb-i Sanâyi-i Nefîse), in der heute die altorientalischen Sammlungen untergebracht sind (Eski Şark Eserleri Müzesi). Osman Hamdî Bey (1842–1910), der in die türkische Kunstgeschichte als der bedeutendste orientalistische Maler eingegangen ist, wurde sowohl Direktor des Antikenmuseums als auch der Hochschule.

XVIII.
Istanbul als Stadt der Bücher

Der marokkanische Gesandte Abû'l-Hasan al-Tamgrûtî, der Istanbul 1589/90 besuchte, lobte in seinen Reisebericht die Stadt der Bücher:

> In Konstantinopel gibt es Bücher in riesigen Mengen. Die Bibliotheken und Basar quellen über davon. Hierher gelangen Bücher aus allen Teilen der Welt. Wir haben eine ziemlich große Zahl höchst interessanter mitgenommen, deren Kauf uns Gott – er sei gepriesen – erleichterte.

Wer früher eine Handschrift erwerben wollte, fand im Basar, in der heutigen, von Teppichhändlern belegten Yorgancılar-Straße Dutzende von Läden. Evliyâ macht die interessante Bemerkung, daß es schon im 17. Jahrhundert zahlreiche ambulante Buchhändler gab, die ihre Ware am Boden ausbreiteten. Im *Bedesten* wurden Bücher auch zur Lektüre oder Abschrift gegen einige Silbermünzen verliehen. Nach dem Erdbeben von 1894 wurden den Buchhändlern der heute so genannte «Markt der Antiquare» (Sahhaflar Çarşısı) bei der Bâyezîd-Moschee angewiesen. Inzwischen haben sich auch die meisten Antiquare aus der Altstadt zurückgezogen und einzelne Ladengeschäfte in Beyoğlu bezogen. Im Sahhaflar Çarşısı findet man heute überwiegend neuere Bücher und Unterrichtsmaterialien.

Vor dem Bau selbständiger Bibliotheksgebäude im 17., und dann verstärkt im 18. Jahrhundert waren alle größeren Büchersammlungen

Abb. 31: Bibliotheksstempel des Mevlevî-hâne vor dem Yenikapı

Abb. 32: Bibliothek des Âtıf Efendi (1741/2) im Stadtteil Vefa

in Nebenräumen von Moscheen oder Medresen konzentriert. Taşköprü-Zâde, der Verfasser einer Art *Who's Who* der Ulema und Derwischscheiche, schreibt über einen 1516 verstorbenen Gelehrten, der wohl eine der größten privaten Büchersammlungen der Zeit zusammengetragen hatte:

> Außerdem hatte er allerlei seltene Bücher gesammelt, von denen seine Zeitgenossen z. T. nicht einmal gehört hatten, geschweige denn, daß sie jemals darin studiert hätten. Außer den Dubletten soll diese Bibliothek sich auf 7000 Bände belaufen haben.

Diese Zahl ist deshalb außergewöhnlich, weil man weiß, daß manche Bibliotheken von Großwesiren kaum 100 Bücher umfaßten. Der Großadmiral Hayreddîn Barbarossa hinterließ nur bescheidene 20 Titel. Als der Scheichülislam Hâmid Efendi 1584 seine Bücher der Süleymaniye übergab, hielt er in einer arabischen Stiftungsurkunde fest:

> Es soll nicht gestattet sein, daß jemand die Bücher bei sich behält. Jeder soll sie nutzen können. Niemand darf die Bücher länger als ein Jahr ausleihen. Es ist nicht gestattet, sie aus der Stadt zu bringen oder ohne Hinterlegung eines Pfandes auszuleihen.

Nach diesen recht «liberalen» Klauseln für alle Benutzer kommt das erwartete Professorenprivileg: «Allerdings unterliegt der *Müderris* (Professor) Abdullâh Çelebi nicht den genannten Bedingungen. Er ist ermächtigt, beliebig viele Bücher ohne Hinterlegung eines Pfandes auszuleihen.» Eine letzte Klausel dient dem Schutz der Bestände: «Bei der Anfertigung von Abschriften dürfen die Bücher nicht in Faszikel zerlegt werden.»

Bibliotheksinventuren

Ein Befehlsschreiben aus demselben Jahr 1584 verschafft uns einen Einblick in den Alltag einer großen Bibliothek. Der Inspekteur der Fâtih-Stiftung wandte sich an den Sultan, um auf einen Mißstand hinzuweisen:

> An den Professor an einer der Acht Medresen (des Fatih-Komplexes) Osmân Efendi und den Inspekteur der Sultan Mehmed(-Stiftung): Du, der du Inspekteur bist, hast einen Brief geschickt (und berichtet, daß) nach dem Stiftungsregister 1800 gestiftete Bücher existieren, diese aber seit mehr als zehn Jahren nicht mehr gezählt wurden. Weil du gebeten hast, entsprechend dem Register an Ort und Stelle eine Inventur vorzunehmen, habe ich angeordnet, daß Mehmed Çavuş von meiner Hohen Pforte hingeht, die in Frage kommenden Bücher mit dem Register vergleicht, und die Bücher vor dem Verlust und Verschwinden bewahrt...

Abb. 33: Benutzerordnung der Âtıf Efendi-Bibliothek (Inschrift von 1741/2)

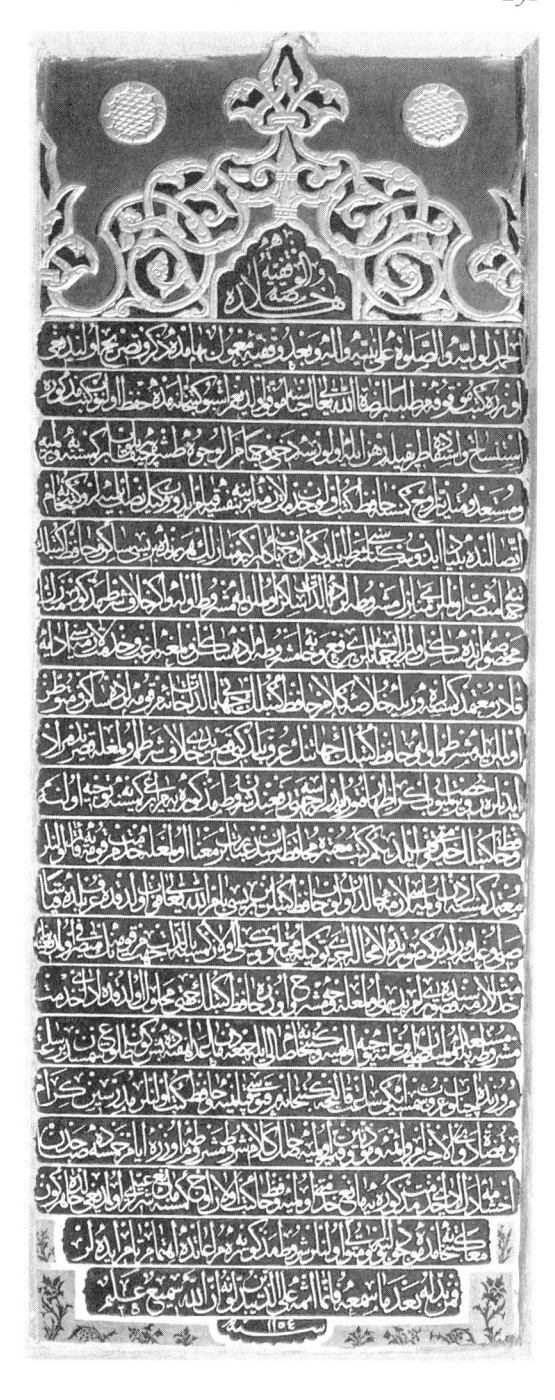

Offensichtlich war der Stiftungsverwalter auf die Unterstützung eines hohen Amtsträgers angewiesen, um den Professor zu dieser Inventur zu zwingen. Allzu einschneidend waren die Verluste zumindest an der Fâtih-Bibliothek nicht. Als 1742 der gesamte Bestand aus der Moschee in das neue Bibliotheksgebäude, einer Stiftung Mahmûd I., verlagert wurde, stellte man eine Abweichung von 110 Büchern in drei Jahrhunderten fest. Es gibt eine Anzahl von Urkunden, die beweisen, daß auch in späteren Jahrhunderten Bücherzählungen angemahnt wurden. Bei den Inventuren kamen einige bedauerliche Betrügereien auf. Wertvolle Handschriften wurden gegen billigere gleichen Inhalts vertauscht. Die Richtlinien sahen deshalb schon früh die Erfassung von Blatt- oder Seitenzahlen vor!

Die Bibliotheken des Serails

Seit Mehmed II. dienten verschiedene Räume des Serails als Bücherdepots. Von Anfang an wurden wertvolle Manuskripte in einem Raum der Inneren Schatzkammer aufbewahrt. Buchmaler haben Abbildungen von den Bibliotheken Süleymâns I. und Murâds III. im Bereich ihrer Privatkabinette hinterlassen. Eine Anekdote enthält einen Hinweis darauf, daß auch die christlichen Reliquien, die Mehmed II. verehrt haben soll (sein Nachfolger Bâyezîd II. betrieb später einen schwunghaften Handel mit ihnen), hier gelagert wurden:

Eines Tages nutzte der (Gelehrte und erste Bibliothekar des Serails) Molla Lüftfî einen Steinblock, um ein Buch zu erreichen, das auf einem hohen Bord lag. Der Sultan wurde darüber äußerst ungehalten, handelte es sich doch um die wahre Krippe Christi.

In einem etwas späteren Inventar der Serailreliquien taucht tatsächlich die «Krippe» auf, als «der Stein, auf dem unser Herr Christus geboren wurde und für den die Venezianer dem Alttürken (d.i. Mehmed II.) 30000 Dukaten boten, woraufhin der Großherr antwortete, er würde ihn auch nicht für 100000 weggeben». Ein Verzeichnis, das unter Selîm I. (1512–1520) angelegt wurde, spricht summarisch von 149 «Büchern der Ungläubigen» in der Serailbibliothek. Wir wissen mit Sicherheit, daß sich darunter eine Anzahl griechischer und lateinischer Klassiker befanden. Die Eroberungen des iranischen Täbris und des mamlukischen Kairo durch Selîm I. bereicherten die Bibliothek um berühmte Manuskripte, die oft ihrerseits Beutestücke aus Feldzügen waren.

Die Bibliothek Ahmed III. im dritten Hof des Topkapı Sarayı (Grundsteinlegung 1719) ist vermutlich der einzige unter zahlreichen Bibliotheksbauten des 18. Jahrhunderts, auf den auch der unvorbereitete Besucher Istanbuls aufmerksam wird. Ihre Entstehung wird von dem Zeitgenossen Silihdâr Fındıklılı Mehmed Ağa unter den Ereignissen des Jahres 1719 behandelt:

Der Padischah hatte den Wunsch, innerhalb des kaiserlichen Serails einen kunstvollen Bibliotheksbau aus Stein aufzuführen, um den wissenschaftlichen Neigungen der Bewohner des Inneren Palastes entgegenzukommen und die in der Schatzkammer der Privatgemächer und im Harem befindlichen kostbaren Bücher aufzubewahren.

Dazu mußte ein aus der Zeit Selîms II. stammender Marmorkiosk mit Wasserbecken abgerissen werden. Bei der Grundsteinlegung bediente sich Ahmed III. übrigens desselben goldenen Spatens, den schon sein Urgroßvater Ahmed I. verwendet hatte, als er den Bau seiner Moschee am Hippodrom begann. Für die Marmorverkleidung des Baus verwertete man wahrscheinlich Reste des abgebrochenen Kiosks, während die schönen İznik-Fliesen aus dem 16. Jahrhundert im Inneren von dem *Yalı* Kara Mustafâ Paschas am Bosporus stammen. Heute werden die in Jahrhunderten zusammengetragenen Bücherschätze in der ehemaligen Moschee der Eunuchen (Ağalar Camii) im dritten Serail-Hof aufbewahrt.

Druckereien

Bis zur Einführung der lateinischen Lettern durch die kemalistische Republik (1928) war der genau 200 Jahre zuvor durch İbrâhîm Müteferrika eingeführte Typendruck mit arabischen Lettern ein mühsames Geschäft. Die Setzkästen hatten mindestens 400 Abteilungen, weil die arabische Schrift nicht nur viele feste Buchstabenverbindungen zuläßt, sondern auch einen großen Teil davon vorschreibt. Das oberste rechte Fach war für das «Allerhöchste Wort», den Namen Gottes (Allâh), reserviert. Ältere Setzer konnten ihren Beruf nur mit Hilfe eines Lehrlings ausüben, dem sie ununterbrochen die Namen der Buchstaben bzw. Buchstabenverbindungen mit lauter Stimme zuriefen.

Im Gegensatz zur Lithographie, welche die Vorlage des Kalligraphen getreulich wiedergab, konnte der Typendruck am Anfang nur wenige arabische Schriftdukten einigermaßen andeuten. Wenn man nicht auf importierte Bleisätze angewiesen bleiben wollte, mußte man sich als Verleger in Istanbul nach Schriftgießern umsehen. Dafür kamen vor allem armenischer Meister in Frage. Schließlich waren Armenier seit dem 16. Jahrhundert mit dem Buchdruck befaßt und auch in anderen Zweigen der Metallurgie erfahren. Die Typen der ersten 24 Bücher, die aus der Druckerei des osmanischen «Gutenberg» Müte ferrika hervorgingen, sollen allerdings von einem Juden namens Jonah ben Jakon Aşekenazi stammen, wenn es sich nicht doch um einen Armenier namens Araboğlu Astvadzadur Tıbir gehandelt hat. Gesichert ist, daß ein Araboğlu die Buchstaben für die erste nichtamtliche türkische Zeitung, den *Tercümân-i Ahvâl*, geschaffen hat. Im Laufe des 19. Jahrhunderts entwickelten die armenischen Meister für ihre muslimischen Auftraggeber Schriftsätze vom 6-Punkte großen *Nesîh* bis zum fast monumentalen *Kûfî*, der wieder in Mode gekommenen eckigen Schrift aus der Frühzeit des arabischen Kalifats.

Die Standorte der frühen osmanischen Druckereien wanderten zwischen 1727 und 1852 durch ganz Groß-Istanbul. İbrâhîm Müteferrika betrieb zum Beispiel seine Druckerei in seinem Wohnhaus bei der Moschee Sultan Selîm I. Die genaue Lage dieser ersten Druckerei, die arabische Buchstaben in Istanbul verwenden durfte, ist allerdings nicht bekannt. Nach dem Tode İbrâhîms (1745) entstanden unklare Verhältnisse. Obwohl auch die Sultane Mahmûd I. (1747) und Osmân III. (1755) Privilegien zur Weiterführung der Druckerei erteilten, wurden sie nicht genutzt. Zwischen 1783 und 1795 wurde noch einmal ein halbes Dutzend Bücher mit Hilfe der wieder in Schwung gebrachten Druckmaschinen İbrâhîms veröffentlicht. Der Reichsannalist Vâsıf und der Kanzleichef Râşid gehörten zu den Betreibern dieser Druckerei, von der wir nicht wissen, wo sie eingerichtet war.

Als 1795 in Hasköy am Goldenen Horn die Kaiserliche Ingenieurschule, das sogenannten Mühendishâne-i Berrî Hümâyûn (auf die sich die heutige technische Universität zurückführt) gegründet wurde, kaufte man für 7500 *Kuruş* die Ausrüstung des Râşid Efendi und ergänzte sie durch weitere Maschinen und Drucktypen aus Paris, um auch Lehrbücher in lateinischen Buchstaben veröffentlichen zu können. Die Ägypten-Expedition Napoleons im Jahre 1798 zerstörte freilich das traditionell gute Verhältnis zu Frankreich. Nach einem Sturm auf das Botschaftsgebäude der Franzosen wurde der Geschäftsträger Ruffin ins Staatsgefängnis Yedikule eingeliefert. Die vom Choiseul-Gouffier noch unter dem Ancien régime (1785) installierte Botschaftsdruckerei wurde zunächst nach Hasköy überführt, mußte aber 1802 wieder an die Franzosen zurückgegeben wurden. Mit Hilfe der französischen Ausrüstung entstand im Erdgeschoß der Ingenieurschule von Hasköy eine Reihe von Büchern. Danach finden wir die Druckerei des Mühendishâne in Üsküdar. In einem zeitgenössischen Text werden die Lagequalitäten hervorgehoben.

Der Platz liegt in der wohlbehüteten Stadt Üsküdar, gegenüber dem Topkapı Sarayı, und ist als Kavaksarayı bekannt und ganz in der Nähe der Überreste der antiken Stadt Chalcedon (Kalçedonya). Der Ort sucht in bezug auf Klima und Lage seinesgleichen. Hier war ein berühmtes Serail früherer Padischahs auf der anatolischen Seite. (Sultan Selîm III.) errichtete hier für die Ingenieurwissenschaften eine perfekte Kaserne, der ein ausgedehnter Exerzierplatz vorgelagert ist, eine Freitagsmoschee, ein Bad, Häuser und Läden und alles, was zu einer Stadtneugründung gehört. Außerdem baute er für acht- bis zehntausend Beutel (*kîse*) eine große Druckerei, um alle Arten von Büchern und Landkarten zu drucken und um die Zahl der Gelehrten aller Wissenszweige und der förmlich ausgebildeten Soldaten zu vergrößern.

Leider ist der Name der heutigen Anlagestelle «Harem» (İskelesi) die einzige Erinnerung an das Kavaksarayı, das einst ein traumhaftes *Vis-à-Vis* der Hauptresidenz der Sultane bildete. Heute ist hier ein lärmender Zwischenstopp für Busse und Lastkraftwagen aus und von Anatolien. Die 1803 in Üsküdar gedruckte *Risâle* (eine Art «Katechismus») des Birgivî Mehmed Efendi, eines unbeugsamen Gottesmanns aus dem 16. Jahrhundert, ist wohl das älteste Beispiel eines religiösen Buchs, das in der islamischen Welt in den Druck gegeben wurde. Ein Autor aus der Zeit Selîms III. hält fest, daß Birgivîs *Risâle* (weitere Werke desselben folgten rasch!) in tausend Exemplaren auf Wunsch der Selîm sehr nahestehenden jüngeren Schwester Hadîce Sultan nach einer Handschrift des Serails publiziert wurde.

Die Wanderung der «Staatsdruckerei» war aber damit nicht abgeschlossen. 1823 wurde sie in dem außer Betrieb befindlichen Bad des Kaptan İbrâhîm Pascha untergebracht. Das Arrangement erwies sich als praktisch, so daß man 1831 auch die Geschäftsräume der ersten osmanischen Staatszeitung, des *Takvîm-i Vekâyi*, in einem alten Konak neben dem Hammâm einrichtete (dieses Bad wurde nach dem Erdbeben von 1894 nicht mehr aufgebaut, an seiner Stelle hat der Architekt Kemâleddîn die Schule für die reformierte Richterausbildung gegründet, die heute zur Universitätsbibliothek gehört). Nur der letzte Standort dieser staatlichen Druckerei besteht noch. Er befindet sich seit 1852 innerhalb der Serailmauern, rechts unterhalb des Bâb-ı Hümâyûn, und dient dem Erziehungsministerium als Druckerei. Hier wurden übrigens 1840 die ersten osmanischen «Banknoten» gedruckt, die in Wirklichkeit eine Art «Inhaberschatzscheine» waren.

Die langen Unterbrechungen, die letztlich geringe Produktion in Verbindung mit dem häufigen Wechsel der Standorte waren keine günstigen Voraussetzungen für die Weiterentwicklung des osmanischen Buchwesens im 18. Jahrhundert. Hingegen hat sich Alois Senefelders Erfindung des Steindrucks in Istanbul und vielen anderen Orten der islamischen Welt (insbesondere in Iran, Zentralasien und Indien) sofort als ein «Medium» erwiesen, das kostengünstig war und die ästhetischen Ansprüche weniger beleidigte als die Produkte aus europäischen Schriftgießereien. Die aus Marseille stammenden Cayols waren die ersten Betreiber einer lithographischen Werkstatt, von der wir, wie im Falle Müteferrikas, zwar die Produkte, aber nicht den Standort kennen. Das erste daraus hervorgegangene Werk erschien 1831 oder 1832. Es behandelte das Exerzierreglement und trug den Namen des Serasker («Generalissimus») Mehmed Hüsrev Pascha. Erst ab den 1860er Jahren nahm die Zahl der Druckereien in Istanbul und den Provinzorten stark zu.

Darf man den Koran drucken?

Endlich wurde 1874 auch der Koran gedruckt. Ahmed Cevdet Pascha erklärt die vorausgehenden Schwierigkeiten:

Seitens der Hohen Pforte wurde schon seit vielen Jahren der Druck der (einzelnen) Faszikel des Korans gewünscht. Da aber vom Scheichülislamat (eigentlich «Tor des Fetvâs») keine zustimmende Auskunft eingeholt werden konnte, blieb die Hohe Pforte unentschlossen. Allerdings druckten die (Istanbuler) Iraner im Vâlide Hânı (im zentralen Basarviertel) und anderswo insgeheim Korane und verkauften sie in aller Öffentlichkeit. Manchmal sah man (sogar) Teile der in ihren Druckereien hergestellten Exemplare in den Kramläden. Der Scheichülislam beschwerte sich regelmäßig über diese mangelnde Ehrfurcht gegenüber dem Koran. Die Hohe Pforte verbot dann den Verkauf der gedruckten Korane und beschlagnahmte sie von Zeit zu Zeit.

Währenddessen wurde in Frankreich ein von (dem produktiven berühmten Kalligraphen des 17. Jahrhunderts) Hâfız Osmân (1642–1698) geschriebenes Heiliges Buch mittels Photolithographie, d. h. «Reflexion des Lichts» gedruckt, von dem zahlreiche Exemplare nach Istanbul gelangten. Die Hohe Pforte erlaubte ihren Vertrieb, und sie wurden öffentlich verkauft. Allerdings waren einige Teile nicht so lesbar, wie es sich gehört. Daraufhin wurde das Thema im engeren Ministerrat diskutiert. Unter der Voraussetzung, die notwendige Sorgfalt walten zu lassen, wurde mir der Druck des Heiligen Buchs übertragen. Unverzüglich wurden in der Druckerei neue Maschinen aufgestellt. Durch die Kunstfertigkeit des geschickten Ali Efendi wurde der berühmte Koran des Şeker-Zâde gedruckt.

Hier wird deutlich, daß seitens der Ulema keine grundsätzlichen Vorbehalte mehr gegenüber der europäischen Drucktechnik bestanden. Dagegen wehrten sie sich gegen die Verbreitung unvollständiger, ungenauer und ästhetisch unbefriedigender Exemplare.

XIX.
Militärisches

Bis heute ist Istanbul durch zum Teil riesige Kasernen aus den vergangenen Jahrhunderten geprägt. Die Selîmîye-Kaserne mit ihren vier Ecktürmen bestimmt das Panorama von Üsküdar. Die nach Selîm III. benannte Anlage wurde unter Mahmûd II. 1827–1829 als Steingebäude renoviert. Ihre auf das Marmarameer blickende Front mißt nicht weniger als 267 m. Von der etwa gleich alten, ähnlich großen Kaserne in Rami (bei Eyüp) haben sich nur Reste von Außenmauern erhalten. Unter den bestehenden Militärarchitekturen des 19. Jahrhunderts muß auch das Hauptgebäude der Militärakademie (neben dem Neubau des Militärmuseums) genannt werden. Ihr berühmtester Absolvent war Mustafâ Kemâl (Atatürk), der die Schule 1904 als Stabsoffizier verlassen hatte. Unter den noch älteren militärischen Einrichtungen darf man den auffälligen Fünf-Kuppelbau der Kanonengießerei, der das Stadtteil Tophane seinen Namen verdankt, nicht übergehen. Für die Krankenanstalten des Miltärs entstanden schon im frühen 19. Jahrhundert Bauwerke von großem Ausmaß.

Pulvermühlen

In den ersten osmanischen Jahrhunderten gab es in zahlreichen Stellen der Innenstadt Pulverfabriken. Unmittelbar nach der Eroberung wurde ein solches *Baruthâne* in einer ehemaligen griechischen Kirche im Bereich des Byzantinischen Großen Palastes eingerichtet, also etwas unterhalb der Sultan Ahmed-Moschee. Die sogenannte Güngörmez («Kein Sonnenstrahl fiel hinein») genannte Kirche wurde 1489 vom Blitz getroffen. Bei der Explosion wurden Hunderte von Häusern zerstört. Das Ereignis wurde wenig später sogar in Bild und Schrift in die berühmte Schedelsche Weltchronik (gedruckt 1493) aufgenommen.

Die Geschichte läßt sich auch Evliyâ Çelebî nicht entgehen, der die Steinbrocken mit den Abâbil genannten Vögeln des Koran vergleicht. Später, jedoch wesentlich detaillierter, kommt der Fortsetzer des «Gartens der Moscheen» bei der Beschreibung der zwischen Fındıklı und Dolmabahçe liegenden Kabataş-Moschee (gestiftet 1651) auf diese Katastrophe zurück:

Abb. 34: Inschrift des Militärkrankenhauses von Maltepe (1827)

Das Stück Mauerwerk, das am Meeresufer vor der Freitagsmoschee liegt, stammt von der Güngörmez Kirche. Im Monat Muharrem 895 wurde durch einen Befehl Gottes, er sei gelobt, die genannte Kirche durch einen Blitz getroffen und in die Luft gejagt. Während sechzehn Trümmer in Richtung (Kızıl Adalar=Prinzen-)Inseln flogen und ein Teil beim Mädchenturm (Kız Kulesi=Leanderturm) niederfiel, kam das größte Stück hier herunter. Die Kuppel fiel (übrigens) auch auf die Inseln. Sämtliche Häuser, Wohnquartiere und Läden in der Umgebung wurden eingeebnet. Fünf- oder sechstausend Menschen sollen den Tod gefunden haben. Die Kirche lag an der Stelle, an der sich heute die Sultan Ahmed-Moschee befindet. Das Mauerstück befand sich bis in die Mitte der Regierungszeit von Sultan Selîm III. (1789–1808) an dieser Stelle. Danach, als man daran ging, seine Ufervilla in der Nähe des Steines zu renovieren, hat der als Köse Kethüdâ bekannte Mustafâ Necîb den Stein so zurechtgeschnitten, daß er als Landungssteg dienen konnte.

Die osmanische Armeeführung hatte die militärtechnischen Errungenschaften des Westens in vieler Hinsicht verschlafen. Das galt insbesondere für die Artillerie und die Pulverfabrikation. Im 18. Jahrhundert wurden Gewehre und Kanonen weithin noch mit Mischungen geladen, deren Rezepturen einige Jahrhunderte alt waren. Der Reformersultan Selîm III. kümmerte sich persönlich um die Verbesserung der Pulverqualität. Ein moderner Historiker ging soweit, diese Maßnahmen als seine erfolgreichste militärtechnische Leistung zu bezeichnen. Die wichtigste moderne Pulvermühle in Hauptstadtnähe war die von Makriköy (Bakırköy). Offensichtlich hatte man aus der Explosion der Vorgängereinrichtung in Şehiremini im September 1698 eine Lehre gezogen und war vor die Tore der Stadt gegangen. Von der 1699 gegründeten Fabrik stehen noch beachtliche Reste zwischen Küstenstraße (Sahilyolu) und Marmarameer auf der Höhe von Ataköy. Sie werden touristisch bzw. als Kulturzentrum (Yunus Emre Kültür Merkezi) genutzt. Die jüngste und modernste Pulvermühle lag in Azadlı, südlich der Bucht von Küçükçekmece, neben den Höhlen von Yarımburgaz. Der Dichter Enderunlu Fâzıl (st. 1810) verfaßte eine aus 10 Doppelzeilen bestehende Inschrift, die nach dem ausgiebigen Sultanslob mit der Aufforderung endet: «Die Pulvermühle rezitiert (gleichsam) den Ungläubigen die Sure ‹Der Rauch›.»

Die Leser der Inschrift wußten, daß die vierundvierzigste Sure des Korans die Überschrift *al-Duhhân* («Der Rauch») trägt und die Ungläubigen mahnt: «Paß nun auf, wie es sein wird, wenn der Tag eintrifft, an dem vom Himmel deutlich zu sehender Rauch herabkommt und die Menschen vollständig eindeckt! Das ist eine schmerzhafte Strafe.» Es ist gar nicht gesichert, ob Fâzıl, den sein bekanntes Schandmaul bald danach eine Verbannung nach Rhodos eintrug, die Umsetzung seiner Verse in eine steinerne Inschrift erlebte. Die Anlage von Azadlı wurde beim Vorrücken der russischen Armee im Jahr 1877 zerstört, womit ein bedeutendes frühes Industriedenkmal verlorenging.

Kuleli, eine Militärschule am Bosporus

Beim Eintritt des Osmanischen Staats in den Weltkrieg gab es zwischen Edirne und Bagdad sieben Vorbereitungsschulen für das Militär. Die Knaben wurden mit dreizehn Jahren aufgenommen und trugen während der dreijährigen Ausbildung Uniform. Die Schule von Kuleli wurde 1911 zur eigentlichen Kadettenanstalt umgewandelt, in der die besten 500 Absolventen aus allen Provinzen ausgebildet wurden. Die als Militärlyzeum (Askeri Lise) fortbestehende Institution ist in einem riesiges Gebäude untergebracht, dessen zwei Türme schon in dem berühmten Tafelwerk von R. Walsh und Thomas Allom (1838) wiedergegeben wurden. Mahmûd II. hatte es 1828 nach der Vernichtung der Janitscharen für die Kavallerie seiner Reformtruppen errichten lassen. Der Sultan mußte dafür Grundstücke, die zwei Griechen gehörten, erwerben und den sogenannten Kuleli Bahçesi («Turmgarten») zweckentfremden. Der Name des Gartens haftet auch an der sehr hübschen Holzmoschee zwischen Çengelköy und Vaniköy. Zwischen 1837 und 1842 diente die Kaserne als Quarantänestation. Im Krimkrieg erlitt sie Brandschäden. Die heutige dem Meer zugewandte Front geht zum größten Teil auf Sultan Abdülazîz zurück.

Evliyâ überliefert im Zusammenhang mit seiner blumenreichen Schilderung der Gärten am Bosporusufer eine Geschichte, die man sich damals über den Kuleli Bahçesi erzählt hat:

Südlich davon (d. h. nach dem kaiserlichen Garten von Kandilli) kommt ein Garten, den man das Pfaffenwäldchen (Papas Korusu) nennt. Mehmed IV. hatte es (einem sonst nicht sehr bekannten) Revânî Efendi geschenkt, eine ungewöhnliche, gut gewählte Liebenswürdigkeit des mächtigen Herrschers. Und dieser Papas Korusu geht in den Turmgarten über. Es ist ein Garten, der Selîm Hân I. gehörte. Selîm Hân wurde (eines Tages) sehr zornig auf den Prinzen Süleymân und lieferte ihn dem Bostancıbaşı aus, um ihn zu töten. Der Bostancıbaşı seinerseits sprach «gehört und befolgt» und tötete an Stelle des Prinzen Süleymân einen anderen Jüngling. Danach kleidete der Bostancıbaşı den Prinzen Süleymân neu ein (d. h., er verkleidete ihn als Gärtner). Um das Wohl des Staates bemüht, versteckte er ihn im Turmgarten.

Als drei Jahre später Selîm I. aus Ägypten zurückkehrte (1517) und er eine Vorahnung des Jenseits verspürte, sagte er: «O weh, Bostancıbaşı, wir haben wegen des armen geopferten Süleymân einen großen Fehler begangen. Wenn wir nun kinderlos sterben, auf wen geht dann der osmanische Staat über?» Worauf der Bostancıbaşı den Boden küßte und Süleymân aus dem Turmgarten brachte. Dieser berührte mit der Stirn den Fuß des Throns von Selîm Hân. Selîm drückte (daraufhin) Süleymân an seine Brust. Als später die Nachfolge auf Süleymân überging, beschenkte er den Bostancıbaşı mit (der Provinz) Ägypten. Im Turmgarten, in dem er aufgewachsen war und den er umgegraben hatte, errichtete Süleymân Hân einen neunstöckigen Turm als Palast. Er gleicht einem Festungsturm, der bis zum Himmel reicht, und erlaubt einen Blick auf die ganze Welt. Auf jedem seiner Stockwerke gibt es eine Fontäne, Wasserbecken mit Springbrunnen und eine Anzahl von Räumen. Deshalb nennt man ihn den Turm-Garten. Es gibt eine Zypresse, die Süleymân Hân selbst mit seinen gesegneten Händen gepflanzt hat. Wer sie sieht, begreift, was die Kunstfertigkeit Gottes zustande bringt. Es ist eine grünliche Zypresse, bei der kein einziger Sproß nach außen ragt. Gelobt sei der Schöpfer. Von den verschiedenen saftigen Früchten dieses Gartens werden die Feigen auf der ganzen Welt gepriesen.

Die Kaserne von Kuleli war im September 1859 Schauplatz eines Tribunals. Eine Gruppe von Ulemâ und Offizieren hatte sich gegen den Sultan Abdülmecîd verschworen. Die Stimmung war nach dem Krimkrieg und am Ende der zwanzigjährigen Herrschaft des Erbauers von Dolmabahçe schlecht. In den Moscheen der Hauptstadt kritisierten die Hocas offen die Zustände: den Luxus der Oberschicht und die Verarmung der Massen, die Staatsverschuldung und die Eingriffe der ausländischen Mächte. Auf den Straßen der Stadt begegnete man nicht wenigen Tscherkessen, welche die russische Armee über den Kaukasus getrieben hatte. Der Chronist Ahmed Lütfî schrieb: «Ihren elenden Zustand konnte man nicht ohne tiefe Herzensbewegung ertragen.»

Die Verschwörer von 1859 waren ein Scheich Ahmed, der in der Medrese der Bâyezîd-Stiftung (heute ein Museum für Kalligraphie) wohnte, der Generalleutnant Hüseyin Pascha, Cafer Pascha, Arif Bey, ein Sekretär des Artilleriedepots, und ein Oberst Râsim Bey. Hüseyin Pascha war Tscherkesse, Cafer Pascha Albaner. Die Gründer der Geheimgesellschaft bemühten sich um weitere Unterstützung unter den Ulema und Militärs. Als sie auf den Generaloberst Hasan Pascha zugingen, denunzierte er die Verschwörer. 41 Personen wurden in Kuleli festgesetzt und von einer aus dem Großwesir, Scheichülislam und den Spitzen der obersten Ratsversammlungen zusammengesetzten Kommission verhört. Die Anklage lautete auf «Aufhetzung der Bevölkerung und des Militärs gegen das Sultanat, Zersetzung des Staates und Brechung der Gesetze». Der Ministerrat sprach dann nach dem Strafgesetzbuch die Todesstrafe für die Drahtzieher aus. Der Sultan wandelte sie in Kerker um, mit der bemerkenswerten Begründung, «weil kein Henker zur Verfügung steht». Bis heute sind die Ziele der Verschwörer nicht ganz klar. Wollten sie den Sultan stürzen oder nur Änderungen in seinem Regime erzwingen?

Neue Polizeiposten

Unter den Sultanen Selîm I., Mahmûd II. und Abdülmecîd entstanden zahlreiche, neuzeitliche Polizeiwachen (*karakol*), die teilweise ältere Holzbauten ersetzten. Das Wort *Karakol*, das nichts anderes als «Schwarzer Arm bzw. Ärmel» im Türkischen zu bedeuten scheint, ist übrigens ein alter mongolischer Terminus für «Spähtrupp» bzw. «berittene Patrouille». Noch im 19. Jahrhundert schrieb man die ursprüngliche Form *karavul*. Von Abdülmecîd stammt unter anderem der kasernenartige, zweistöckige *Karakol* in Arnavutköy (Richtung Bebek, auf der Höhe von Akıntıburnu) aus dem Jahr 1843. Abdülhamîd II. ließ nach dem versuchten Attentat von 1904 verstärkt Wachlokale in der Umgebung des Yıldız-Palastes erbauen.

Unter den erhaltenen halben Dutzend *Karakols* von Üsküdar bildet das klassizistische Wachlokal von Şemsîpaşa (gegenüber der reizvollen Moschee Sinâns für den Admiral) die Fassade eines Klubhauses für Luftwaffenoffiziere (Hava Kuvvetleri Lokalı). Den Eingang schmückt eine Inschrift aus acht Kartuschen, welche die Tughra Abdülmecîds einrahmen. Der Verfasser Mehmed Lebîb Efendi (1785–1867), ein kultivierter hoher Beamter, stellt Abdülmecîd, der ja durchaus ein Freund westlicher Lebensformen war, als gottbegnadeten islamischen Universalherrscher vor.

> Abdülmecîd, Beschützer der Welt und Fürst der Gläubigen,
> Padischah von Orient und Okzident, Zuflucht der Muslime

> Hat in Şemsîpaşa das Wachlokal errichtet,
> Inspiriert hat den Herrscher der Herr beider Welten.
>
> Ich, Lebîb habe für den Bau in neuem Stil
> Einen gekonnten und mit Perlen geschmückten Zeitzeiler gedichtet:
>
> Der Wohltaten spendende, gnadenreiche und glückliche Padischah
> Hat dieses Wachlokal sehr hoch und fest gebaut.

Die das Chronogramm enthaltenden letzten beiden Zeilen sind, wie der Dichter vorausschickt, «mit Perlen geschmückt». Das bedeutet, daß nur die Zahlenwerte der arabischen Schriftzeichen, die sich durch Punkte («Perlen») auszeichnen, addiert werden müssen, um zum Hidschra-Jahr 1258 H. (1842/43 D.) zu gelangen. Freilich hat man damals fast immer die Jahresangabe in Zahlen hinzugefügt (am Ende der linken unteren Kartusche).

Haft, Folter und Verbannung

Der Journalist Refî Cevâd («Ulunay», 1890–1968) wurde als Gegner des herrschenden «Komitees für Einheit und Fortschritt» nach dessen endgültiger Machtergreifung im sogenannten «Sturm auf die Hohe Pforte» (23. 1. 1913) verhaftet und nach Sinop bzw. Konya verbannt. Seine Erinnerungen an Gefängnis und Folter erschienen nach dem Zusammenbruch des Regimes in der Zeitung *Alemdâr*:

In dem von der Polizeidirektion benutzten *Konak* gab es eine Badeabteilung. Außerdem eine Waschküche, welche wir Gefangene später besuchen sollten. Wenn diese beiden Räume voller Folteropfer waren, brachte man das vorhandene Automobil in seine Garage und ließ den Motor der Automobile der Polizeidirektion anlaufen, so daß die Schreie der Geschlagenen unter deren entsetzlichem Lärm untergingen. Im übrigen gab es weitere Folterinstrumente. Zum Beispiel einen Satz von Instrumenten und Zangen, um den Körper an den Gelenken festzuklemmen. Wir sahen die Spuren auf den Körpern unserer Kameraden. Wir haben es mit eigenen Augen gesehen und selbst erlebt. Ich sage es frei heraus, wenn jemand mit einem Dementi kommen möchte, bitte schön...

Der Mitgefangene Hakkı Bey wurde unter Folter gezwungen, seine Teilnahme am Attentat auf den Oberbefehlshaber General Mahmûd Şevket zu gestehen. Der Pascha war am 11. Juni 1913 auf dem Weg zur Hohen Pforte einen Bombenanschlag erlegen.

Beispielsweise näherte sich mir eines Abends der später hingerichtete Hakkı Bey. Sein Gesicht war purpurfarben, seine Augen wie Schalen voller

Blut. Seine sympathischen Gesichtszüge waren zerstört und hatten unter den Schlägen eine fürchterliche Gestalt angenommen. Wir scharten uns um ihn und fragten aufgeregt: «Um Himmels willen, Hakkı Bey, was ist geschehen?» «Was sollte geschehen sein, ich habe alles, was ich weiß, gestanden.» «Und warum, was war?» «Was immer, das hält niemand aus, schaut mich doch an!» «Was machen sie?» «Sie haben ein eigenes Instrument hergestellt, um zu verhindern, daß man den Kopf bewegt, aus Eisen, so wie es die Fotografen benutzen. Man wird hingesetzt und gefesselt. Wer so auf dem Stuhl sitzt, kann sich kein bißchen bewegen. Dann fangen sie an, die Armgelenke ganz langsam zu pressen. Die Knochen beginnen zu knacken und zu krachen, Ober- und Unterarm werden immer dicker, wie ein frischer Brotlaib schwellen sie an. Ich kann euch diese Qualen nicht beschreiben. Weder Rufen noch Schreien, weder Jammern noch Winseln bringt irgend etwas. Dann sah ich ein, daß es doch nichts nützt, öffnete meinen Mund und sagte alles.»

XX.
Istanbul amüsiert sich

Genußgifte

Die osmanischen Autoritäten haben sich mit den alten und neuen Genußgiften Wein bzw. Kaffee und Tabak nicht immer abgefunden. Gegen die Tolerierung des Weins sprach das eindeutige religiöse Verbot, Kaffee und Tabak wurden nach anhaltendem Widerstand am Ende geduldet. Vielleicht sollte man hinzufügen, daß es nicht nur Verbote «von oben» gab, sondern manche Trinker und Raucher auch zu gewissen Zeiten eine Art «freiwillige Selbstkontrolle» ausübten. Ahmed Râsim schreibt in seinen Erinnerungen davon:

In unserer Jugend wurde in den *Kandil*-Nächten, an den Vorabenden des Freitags und im Fastenmonat *Ramazân* nicht getrunken, wenn man beabsichtigte, am folgenden Tag die Friedhöfe und Mausoleen der Heiligen zu besuchen. Die große Mehrheit pflegte im Trauermonat *Muharrem* bis zum Zehnten bzw. zum Ende, also bis zum Geburtstag des Propheten, nicht zu trinken. Es gab auch welche, die dem *Receb* und *Şabân* entsprechend ihre Achtung erwiesen, die Zahl der Nichttrinker nahm ab Mitte *Şabân* ständig zu.

Die in Galata konzentrierten Weinschenken der Griechen bedeuteten auch für muslimische Zecher eine ständige Versuchung. Ein von Sultan Süleymân um 1560 erlassener Befehl, die mit Wein beladenen Schiffe im Goldenen Horn zu verbrennen, inspirierte den großen Bâkî zu einer der bekanntesten Gaselen der osmanischen Klassik.

Des Sultans Schwert der Macht schnitt den Weg zur Weinschenke ab;
Es zerschnitt den Raum zwischen Istanbul und Galata wie nichts.
Des Weinschiffs Ort kam zwischen Wasser und Feuer,
Das Verhängnis vernichtete die Trinkgelage der freidenkenden Geister.

Meint nicht, es wäre Feuer, was die Weinschiffe verbrannt hat:
Vielmehr entzündeten sie sich vom Strahl des Schwertes der Macht.
Auf dem bläulichen Meer erglänzte wie der Neumond
Das derart mit rotem Wein durchsetzte Seewasser.

Mit der Herrlichkeit der Harfen- und Flötenmusik sowie mit jener des Zeitalters des Pokalkreisens ist es vorbei:

Nun koste, heuchlerischer Sufi, die Lauterkeit der Zeit.

Die Becher sind des reinen Weins entleert, die Schenken ausgestorben.
Die Scheinheiligen treffen voll Erstaunen auf diese Leere.

Oh Bâkî! Wie ist es um die Zeit des Feierns bestellt
In dieser Welt, wo sich ohne Unterlaß neun Kelche drehen?

Ein von Sultan Ahmed I. im Sommer 1613 verfügtes Weinverbot wurde von dem Chronisten Na'îmâ mit weniger Pathos als Skepsis kommentiert:

Der fromme Padischah, der das Religionsgesetz wieder zum Leben erweckte und die Mißstände bekämpfte, verbot in diesem Jahr in allen osmanischen Ländern den Wein, der Streit und Schlechtigkeit bewirkt und die Mutter allen Übels ist. Es wurden die Humpen zerschlagen, die Säufer vertrieben und die Weinschenken geschlossen. Er erließ einen *Fermân*, um die Steuerpacht für Wein, die (dem Staat jährlich) viele Tausend *Akçe* einbrachte, aufzuheben. Man kümmerte sich nicht um den Verlust, sondern behielt den (moralischen) Vorteil im Auge.

Na'îmâ fügt nach Erfüllung seiner Chronistenpflicht resigniert hinzu: «Freilich haben im menschlichen Wesen die Schlechtigkeit und das Übel die Oberhand. Es verging nicht viel Zeit, und man trank wieder wie eh und je.»

Das korrekte Quantum Rakı

Ahmed Râsim hat sich in fast wissenschaftlicher Weise mit dem maximalen Quantum auseinandergesetzt, das ein Trinker konsumieren darf, ohne Gefahr zu laufen, vom abendlichen Genießer (*akşamcı*) zum Gewohnheitstrinker (*gündüzcü*) zu werden. Im Jargon der Rakı-Freunde heißt diese Tagesmenge «Nahrung» (*gıda*).

Das Quantum *gıda* entspricht einer kleinen Fünfundzwanzig-Dirhem Karaffe (*karafaki*) bzw. dem anderthalbfachen davon ($3{,}1 \times 25 = 77{,}50 - 116{,}25$ g). Als *gıda* darf man keinesfalls zwei, drei kleine Karaffen, eine Hundert-Dirhem-Flasche oder acht bis zehn Gläser der in letzter Zeit den Kneipiers und Gazino-Betreibern sehr zupaß kommenden *Doublée*-Gläser durchgehen lassen. Das Maß für die Erzeugung der «Gutgelauntheit» (*neşe*) genannten ersten, leichten Trunkenheit ist, je nach Glasgröße, anderthalb *Doublée*, für das «Beschwipstsein» (*çakırkeyfi*) sind zwei, für den «eigentlichen Rausch» (*keyf*) drei, fünf oder sechs erforderlich... Bei all dem ist die Qualität des Rakıs zu berücksichtigen. Schlechter Rakı, d. h. ein aus dem Kessel destillierter Sprit oder die verschiedenen *calkama* genannten, aus rohem Sprit gewonnenen Sorten, lohnt nicht gekostet zu werden und verdient es auch nicht, als Ration durchzugehen. Guter Rakı wird, wie jeder weiß, aus gegärten Trauben regelrecht mittels gewöhnlicher Kessel destilliert.

Die Rakı-Kunde Ahmed Râsims behandelt den damals in *grado* gemessenen Alkoholgehalt und die Wassermenge, die den entsprechenden Sorten zuzugeben ist. Bei mittelstarken Sorten gibt man so viel Wasser hinzu, wie Rakı im Glas ist. «Ich trinke meinen 19 *grado*-Rakı mit der zweieinhalbfachen Wassermenge und nehme mir dafür fünfundvierzig bis sechzig Minuten Zeit.» Der Kenner strebt nur den leichten Rausch an. Der Tag-und-Nacht-Trinker erreicht diesen Zustand nicht mehr. Betrunkenheit endet in Zank und Streit, im Zerschlagen von Gläsern und mit dem Umstürzen von Tischen. Der gepflegte Trinker hingegen führt eine feinsinnige, kultivierte Konversation und hört dazu Musik.

Ahmed Râsim beschäftigt sich auch mit den unumgänglichen *Meze*, der festen Nahrung, die sich von Individuum zu Individuum unterschied. Offensichtlich gab es bei konservativen Rakı-Trinkern eine Vorliebe für Obst, Salate und Gemüse, während «fette» Nahrungsmittel einschließlich Fisch viel seltener als heute vorkamen.

Der Inspekteur des Fischmarkts, der ehrwürdige Ali Beyefendi, pflegte zu sagen: Ich habe viele Jahre die Aufsicht über den Fischmarkt geführt. Jetzt habe ich die Achtzig überschritten. Zu keiner Zeit habe ich Fisch als *Meze* zu mir genommen. Die grünen Früchte der Saison machen einen munter und schlagen nicht auf den Magen.

Wie immer, der berühmte, inzwischen verstorbene Baba Yaver, der ein alter Feinschmecker war, ließ sich für *Keten Helva* (auf Fäden gezogene Helva-Art) totschlagen. Er betrat die Kneipe wie der Gaul eines Grünzeughändlers. In beiden Hände trug er schwer an Salatbüscheln. Wenn man ihn fragte, pflegte er zu sagen: «Das liebste *Meze* dieses Schweins ist die Melone.»

Ahmed Râsims idealer Rakı-Trinker ist ein Genießer, der seine Grenzen kennt.

Und ganze Stadtteile stanken ...

Seit der Tabak Ende des 16./Anfang des 17. Jahrhunderts, wahrscheinlich über englische und portugiesische Seeleute aus Persien und Indien eingeführt, die osmanischen Hafenstädte erreichte, hat er den Alltag und das Wirtschaftsleben der Türkei wie kaum ein anderes Genußmittel geprägt. Der aus dem ungarischen Pécs stammende Historiker İbrâhîm «Peçevî» (1574–ca. 1649/50) war als junger Mann Zeuge des ersten Auftretens von Tabak:

Den Tabak brachten wahrscheinlich die Engländer im Jahre 1600/1 und verkauften ihn unter dem Vorwand einer Arznei gegen einige Krankheiten. Einige Freunde ergaben sich dem Tabak, indem sie sagten, «der Tabak erhöht die Stimmung». Später begannen auch andere ihn zu benutzen, und auch einige Ulema sowie Staatsmänner waren dieser Leidenschaft verfallen. Durch den übergroßen Gebrauch des Tabaks von seiten einiger Vagabunden und Parasiten waren die Kaffeehäuser derartig verqualmt, daß die Leute drinnen einander nicht sehen konnten. Auf öffentlichen Plätzen ließen sie die Pfeifen nicht aus den Händen. Sie bliesen einander den Rauch in die Augen. Plätze und ganze Stadtteile stanken. Über den Tabak erschienen außerdem geistlose Verse und Loblieder.

Tabak wurde, wie in Europa, in langen Pfeifenrohren (*çibuk*) geraucht. Der Tschibuk war bis zum späten Aufkommen der Zigaretten ein Attribut von Männern und Frauen. Sein Rohr war aus Holz, der Pfeifenkopf meist aus Ton, das Mundstück (*lüle*) manchmal aus Bernstein. Die Stadt Lüleburgaz auf dem Weg von Istanbul nach Edirne verdankt ihren Namen der Pfeifenkopfproduktion. Im 19. Jahrhundert wurde Meerschaum (*lületaşı*), den man in der Gegend von Eskişehir förderte, ein wichtiges Rohmaterial für Pfeifenköpfe. Zeitgenössische Bilder beweisen, daß man nicht nur im Kaffeehaus rauchte, sondern auch bei Spaziergängen und Ausritten.

Schnupftabak ist schon 1642 belegt. Er konnte zu Zeiten und an Orten genossen werden, in denen das Rauchen verboten war. Wasserpfeifen waren bei den Osmanen beliebt, wenn auch nicht ganz so verbreitet wie im benachbarten Persien. Vermutlich tauchen sie erst im 18. Jahrhundert in größerer Zahl auf. Ihr Name *Nargîle* hat mit dem persischen Wort für Kokosnuß zu tun und weist auf die Armeleuteversion der Wasserpfeife hin. Die besseren Wasserpfeifen waren aus Keramik, im 19. Jahrhundert wurden Glasbehälter aus Böhmen importiert.

Die Religionsgelehrten taten sich schwer mit dem neuen Genußgift. Im Koran fehlten verwertbare Hinweise, wenn man den Tabak nicht einfach zu den «schlechten Dingen» zählt, die das Heilige Buch für verboten erklärt (Sure VII, 157). Jedenfalls schritten die Sultane des frühen 17. Jahrhunderts mit Erlassen (Osmân II.) und wahrhaft drakonischen Strafen (Murâd IV.) gegen das «Trinken von Tabak» (wie es noch im heutigen Türkischen heißt) ein. Die wesentlichen Sätze eines Fermans aus dem Jahr 1622 lauten:

Es wird berichtet, daß gegenwärtig noch immer einige Leute nicht aufgehört haben, auf ihren Feldern und in ihren Gärten Tabak zu lesen und ihn in den Häusern, Kaffeehäusern und bei der Arbeit zu rauchen. Diejenigen, die Tabak rauchen bzw. kaufen und verkaufen oder ihn anpflanzen und die Tabakblätter pflücken, verdienen die verschiedensten Arten des Tadels… Aus diesem Grund wird befohlen, daß Leute auszuschicken sind, die öffentlich und im geheimen in den Zimmern spionieren, um zu sehen, ob jeder seiner Arbeit nachgeht oder sich mit etwas anderem befaßt... Diejenigen, die nicht davon ablassen, sind zu ergreifen und in strenge Haft zu nehmen. Sodann ist bekanntzugeben, daß es für diese Art von Menschen keine Gnade gibt.

Die modernen Autoren sind sich über die Motive des Tabakverbots nicht einig. Manche Historiker wollen mehr «politische», d. h. gegen verschwörerische Zirkel gerichtete, als «moralische» Gründe in der Politik Murâds IV. erkennen. Auch werden die Verbote in Zusammenhang mit den Stadtbränden gebracht. Der Kampf gegen Anbau und Genuß wurde über mehrere Jahrzehnte ausgetragen. Ende des 17. Jahrhunderts hatte man resigniert und den Tabak mit einer Art Luxussteuer belegt. Der Chronist Râşid sprach von einer Verdoppelung der Einnahmen des Istanbuler Zolls! Mitte des 18. Jahrhunderts war dann die völlige Liberalisierung des Tabakanbaus vollzogen. Anders als beim Kaffee und Zucker, die ursprünglich einheimische Produkte waren, aber bald ausschließlich aus Übersee importiert werden mußten, wurde der Tabak früh einheimisch. Tabak konnte in Mazedonien gedeihen, an der Schwarzmeerküste, im Hinterland von Izmir, aber auch im kurdischen Südosten und in Teilen Syriens. Mitte des 19. Jahrhunderts wuchs die Nachfrage nach türkischen Tabaken in der Folge des Amerikanischen Bürgerkriegs. Griechische und jüdische Auswanderer machten die Europäer und Amerikaner mit dem Geschmack türkischer Sorten vertraut. 1860 wurde Tabak Staatsmonopol. Die *Régie* mußte nach Einrichtung der Staatsschuldenverwaltung die Einnahmen mit dieser «Dette Publique» genannten Organisation und dem Staat teilen.

Obwohl im Hinterland von Istanbul wenig Tabak angebaut wurde, entstand 1884 eine große Verarbeitungsstätte in Cibali am Goldenen Horn. Ab 1900 wurden hier Zigaretten hergestellt. Seit 2002 beherbergt die einst unter französischer Leitung stehende «Fabrique de Tabac» neben einem (kaum zugänglichen) Museum der Istanbuler Monopolverwaltung (İstanbul Tehel Müzesi) die private Kadır Has-Universität. Die Cibali Tütün Fabrikası bleibt jedoch ein eindrucksvolles Industriedenkmal aus der hamidischen Epoche. Der Istanbuler Schriftsteller Mahmûd Yesârî (1895–1945) hat die Tabakfabrik sogar zum Schauplatz eines frühen, 1927 gedruckten sozialkritischen Romans *Çulluk* («Schnepfe») gemacht. Hier geht es um die Liebe zwischen Murâd und Münevver, eine ungerechtfertigte Entlassung und arrangierte Ehen im ländlichen Herkunftsgebiet.

Kaffeehäuser

Die Eroberung des Jemen (ab 1538) und der gegenüberliegenden Küste Afrikas mag die Verbreitung des Kaffees in der osmanischen Hauptstadt gefördert haben. Ursächlich war sie nicht, denn schon früher wurde der Kaffeegenuß aus Orten wie Kairo (1532/3), das seit 1517 von Istanbul aus regiert wurde, gemeldet – und untersagt. Araber aus Aleppo und Damaskus waren in der Mitte des 16. Jahrhunderts die ersten Betreiber von Kaffeehäusern in ihrer neuen Hauptstadt Istanbul. Zu vorübergehenden Schließungen kam es bis zur Ausrufung der Tanzîmât 1839 in allen Jahrhunderten. Um die Wende vom 18. zum 19. Jahrhundert tarnten sich Kaffeeschenken gerne als Barbierläden. Jedenfalls war der Barbier nicht selten in Personalunion Kaffeewirt. Wenn es keine Restriktionen gab, und das galt für den größten Zeitraum der osmanischen Geschichte, wurde Kaffee auch von ambulanten Kahvecis angeboten. Bis zum Ende des Reichs war die Einfuhr des jemenitischen Mokkas immer weiter zurückgegangen. Zum Schluß betrug sein Anteil nur noch 2 oder 3 Prozent, der Rest kam wie der Zucker aus den Kolonien der europäischen Mächte. «Nur das heiße Wasser war einheimisch», lautete der zynische Kommentar eines Historikers.

Der treffliche Mehmed Tevfîk, selbst Sohn eines praktizierenden Kaffeewirts, hat ein Genre-Bild des unverfälschten, volkstümlichen Kaffeehauses, wie man es um 1900 noch in jedem Stadtviertel antraf, hinterlassen:

Das von dem Wundarzt Meister Ârif betriebene Stadtviertel-Kaffeehaus am Et Meydanı (bei den ehemaligen Janitscharen-Kasernen) war zu jener Zeit fast weniger ein Stadtviertel-Café als ein Treffpunkt von Schöngeistern. Meister Ârif war wegen seiner chirurgischen Geschicklichkeit weit und breit berühmt. Seinem Ruf hatte er es zu verdanken, daß er zu den meisten Beschneidungsfesten zugezogen wurde und mit den bedeutendsten und angesehensten Männern verkehrte. In seinem Kaffeehaus liefen nach gutem altem Brauch rings an den vier Wandseiten mit Matten belegte Holzbänke herum. Der Boden war innen mit großen runden Ziegeln gepflastert. In der Mitte stand ein Dreifuß und darauf ein großes Kohlenbecken. Es war ganz blank auf allen Seiten gescheuert und drinnen brannte hell glühend und funkelnd das Feuer. In kleinen Schränkchen an den Wänden des Kaffeehauses befanden sich in schönster Ordnung alle möglichen chirurgischen Instrumente, Rasiermesser, Handtücher und Servietten aufbewahrt. In Reih und Glied standen da Tschibuks, mit Bernsteinmundstück versehen, aus Zitronen-, Jasmin –, Rosen- und Kirschenholz, und solche, die ein entrindetes und glänzend poliertes Pfeifenrohr hatten und Kristallglas-Wasserpfeifen. Einige gelbe und weiße Becken von verschiedener Form waren an der Wand aufgehängt; ferner eine mit köstlicher Schrift geschriebene Tafel. Auf ihr stand dieser Vers geschrieben:

Das Herz verlangt weder nach Kaffee, noch nach dem Kaffeehaus;
Nach Gefährten sehnt es sich, Kaffee macht nur den Vorwand d'raus!

Der Herd des Kaffeehauses war mit kostbaren Porzellankacheln geschmückt. Er zierte das Kaffeehaus in einer Weise, daß man ihn unbedenklich für die Blumennische eines prächtigen Salons hätte erklären können. Eine große Lampe, wie man sie zu jener Zeit gebrauchte, war an drei Armen aus gelbem Draht an der Decke des Kaffeehauses aufgehängt und wurde allabendlich angezündet. Es war ein Gehilfe und ein Bursche da, die von Meister Ârif ihre Unterweisung zu empfangen hatten.

Kaffeehäuser europäischen Typs kamen erst um 1870 in Pera/Beyoğlu auf. Sie hießen dann nach Pariser Vorbild «Café du Luxembourg», «Café de la Couronne» oder «Café de la Concorde». Man saß nun nicht mehr an niedrigen Tischen auf Hockern, sondern um einen aus Frankreich importierten *Guéridon*. Der Schriftsteller Ahmed Midhat (1844–1912) läßt in einer seiner bekanntesten Erzählungen einen Sürûrî Efendi, die Karikatur des oberflächlich verwestlichten Osmanen, eines dieser modernen Etablissements betreten und Betrachtungen über die Kaffeehäuser alttürkischen Typs anstellen:

Das ist es, was ich Leben nenne. Man stelle sich vor, man möchte nach dem Abendessen noch einen Kaffee zu sich nehmen. Was für ein Vergnügen hat man eigentlich, wenn man eine Tasse Kaffee aus der Hand eines nach Schnupftabak riechenden Bauernlümmels bekommt, wie sie in unseren altmodischen Kaffeehäusern bedienen? In einem Raum, der so mit Tabakrauch ausgefüllt ist, daß man glaubt, in einem Kamin zu sein. Die ganze Beleuchtung besteht aus einer blinden Ölfunzel neben dem Kocher zum Aufbrühen des Kaffees sowie einer vor Dreck starrenden Deckenlampe. Seinen Kaffee trinkt man unter dem hustenden Geräusch der Opiumtrinker.

Schauen wir woanders hin. Auch das ist ein Kaffeehaus. An der einen Seite spielt eine Kapelle, die aus zehn entzückenden deutschen Mädchen besteht. Auf der anderen Seite eine Handvoll Französinnen, die singen. Wir sind in einem riesigen Salon, von 40 oder 50 Gaslampen erhellt. Das Fräulein, das dich bedient, ist eine süße Kleine, die jedermann für sich einnimmt. Stets zu deinen Diensten. Wenn man Kaffee verlangt, bekommt man Zucker und Kaffee getrennt. Tasse und Untersetzer sind makellos. Alles wird auf einem Tablett gereicht, eine Karaffe mit Wasser, ein Glas, kurz: alles ist appetitlich und kostet nicht mehr als 60 *Para*.

Eine speziell osmanische Weiterentwicklung des Kaffeehauses war das *Kıraathâne* (eigentlich «Lesehalle») genannte Zeitungscafé. Der älteste, oder wenigstens berühmteste Vertreter war das sogenannte *Kıraathânei Osmânî*, das ein Serafim Efendi 1857 am Divanyolu eröffnete. Daß diese «Lesehallen» sehr bald zu Spielhöllen degenerierten, war ein vielfach beklagtes Phänomen. Ahmed Cevâd, ein Autor, der ein kleines Buch über die Zurückstellung der türkischen Frauen am Anfang des 20. Jahrhunderts geschrieben hat, charakterisiert die hausflüchtigen Männer: «Tag für Tag, Abend für Abend, stürzen sich die Männer unter einem geringfügigen Vorwand ins Café, ins Kıraathane, ins Cabaret, wie die Ratten, die in ihre Löcher zurückkehren». Freilich hatte schon im frühen 17. Jahrhundert der gelehrte und produktive Nevi-Zâde Atâ'î (1583–1635?) den grämlichen Reim verfaßt:

> Schulen und Medresen sind verfallen,
> Kaffeehäuser gelten als des Wissens Hallen ...

Karagöz

Der türkische Schattenspieler verfügte um die Wende zum 20. Jahrhundert über ein Repertoire von bis zu 30 Stücken, was der Anzahl der 30 Nächte des Ramazân wohl nicht ganz zufällig entspricht. Teilweise bestehen enge äußerliche und inhaltliche Gemeinsamkeiten mit dem Orta Oyunu (ein Volkstheater ohne Kulissen) und den Darbietungen des öffentlichen Erzählers (*meddâh*). Der Aufführungsort der Schattenspiele waren Kaffeehäuser, Wohnungen von reicheren Untertanen und

Abb. 35: Karagöz, der Protagonist des türkischen Schattenspiels, als Voyeur auf der Kuppel eines Frauenbads

der Sultanshof selbst. Beschneidungsfeiern boten einen weiteren Anlaß für die Aufführung.

Der Spieler (*karagözcü*, *hayyâlbâz*) wird zwar von ein bis zwei Assistenten, einem Sänger und ein bis zwei Musikanten unterstützt, doch handelt es sich letzen Endes um eine «Ein-Mann-Schau», deren Hauptreiz in der Nachahmung verschiedener sozialer und ethnischer Typen liegt. Bis ins 19. Jahrhundert wurde ohne schriftliche Textvorlage gespielt.

Die «Bühne» ist ein durchsichtiges Gewebe, das auf der Seite des Spielers von zwei Öllampen oder Kerzen erleuchtet wird. Die aus gefärbtem, durchscheinendem Leder bestehenden Figuren haben eine Höhe von 20–40 cm. Unbelebte Versatzstücke sind teils kleiner, teils größer. Die Figuren werden mit jeweils einem, im Fall des namengebenden Karagöz («Schwarzauge») mit zwei Stöcken bewegt. Die Häuser der Protagonisten Karagöz und Hacivad begrenzen die Bühne rechts und links. Von rechts erfolgt stets der Auftritt von Karagöz. Er ist als ungeschliffene, grob-sinnliche Figur seinem höflich-gebildeten Freund Hacivad gegenübergestellt. Meist zwingt ihn Geldmangel zur Übernahme von Aufgaben, denen er durchaus nicht gewachsen ist (wie im folgenden Beispiel als Briefschreiber). Neben Frauengestalten, die oft Ziel seiner sexuellen Gier sind, erscheinen Vertreter des osmanischen Völkermosaiks (Lasen, Araber, Juden, Albaner, Franken), aber auch allerlei Geisterwesen. Karagöz hat mit Ausnahme der zur Besinnung einladenden mystischen Prologe keine ernsten Dimensionen. Es lebt von drastischen Wortwitzen und grotesken Situationen.

Wenn man die Frage nach der Herkunft des Karagöz stellt, muß man zwischen den Ursprüngen der Technik und dem Inhalt der Stücke trennen. Die Hypothese, daß die ersten Schattenspieler nach der Eroberung Ägyptens (1517) in der osmanischen Hauptstadt auftauchten, scheint am plausibelsten zu sein. Der bedeutende österreichische Osmanist Andreas Tietze sieht das Schattenspiel als eine Antwort auf den im 17. Jahrhundert zunehmenden Druck der Ulema auf andere theatralische Formen, insbesondere die mit dreidimensionalen Puppen. Die «Wiedergabe einer Wiedergabe des menschlichen Wesens» entsprach eher den orthodoxen Vorstellungen, die dem Menschen keine Schöpferrolle zugestehen konnte.

Das Stück «Der Schreiber» eignet sich, um in den Geist und die Sprache des Karagöz einzuführen, auch wenn nur ein Bruchteil der Anspielungen ohne gute Lokal- und Sprachkenntnisse verständlich sind. Nach einem Vorspiel, in dem die beiden Hauptfiguren als Musikanten auftreten, aber nur Hacivad etwas einnimmt, weil sich Karagöz unpassend benimmt, rät ihm Hacivad, sich als Straßenschreiber zu versuchen. Die Zusammenfassung des Inhalts stammt von Hellmut Ritter:

Karagöz macht nun Schreibversuche mit seinem Namen, schreibt aber natürlich alles verkehrt. Dann kommen die Kunden. Zuerst meldet sich eine Dame mit ihrer tscherkessischen Dienerin und will einen Liebesbrief an ihre lesbische Freundin geschrieben haben. Mit der Tscherkessin kommt Karagöz sogleich in Streit, den überaus blumenreichen gereimten Liebesbrief der Dame aber verdreht er so entsetzlich, daß die beiden Frauenzimmer schwer verärgert fortgehen.

Der nächste Kunde ist ein Franke (Grieche), der einen Geschäftsbrief an seinen Kompagnon auf der Insel Chios schreiben lassen will. Er verlangt Unmögliches von Karagöz: er soll die Melodie seiner Rede, das Knarren eines Wasserrades, das Gebell eines Hundes in den Brief hineinschreiben und schließlich dreißig zu viel geschriebene Abtritte wieder weglecken und ähnliches.

Der nächste Kunde ist der grobe «Türk» Himmet aus Kastamonu, aus dessen bäuerischem Brief wir die typischen Berufe erfahren, die die nach Stambul kommenden Kastamonier dort ausübten. Die Fremdwortentstellungen, die der Holzhauer sich leistet, sind furchtbar.

Der nächste Kunde ist ein lasischer Schiffer aus Trabzon, der zunächst die Vorteile des Haselnußhandels gegenüber dem Kupferhandel (beide sind typische Exportartikel Trabzons) durch die Erzählung von einem Schiffbruch, bei dem das Kupfer untergegangen, die Haselnüsse aber obenan geschwommen seien, erläutert, um dann einen ziemlich sinnlosen Brief von Karagöz schreiben zu lassen.

Auf ihn folgt der Opiumraucher. Er läßt sich von Karagöz eine Liste von Drogen aufschreiben, die er einkaufen will und deren gelehrte Namen von Karagöz, wie zu erwarten, arg entstellt werden.

Der nächste, der einen Brief schreiben läßt, ist ein Zigeuner. Sein Brief wimmelt von Zigeunerwörtern und ist inhaltlich bis zur Unübersetzbarkeit obszön.

Der letzte Kunde ist Çelebi, der in einer seiner zahlreichen Herzensaffären sich einen Brief von Karagöz schreiben lassen will, welcher aber von Karagöz ebenso entstellt wird wie alle übrigen Briefe. Çelebi macht übrigens Karagöz darauf aufmerksam, daß es in dem Laden, in dem er sitzt, nicht geheuer sei. Karagöz wird ängstlich und ruft Hacivad herbei. Dieser lehrt ihn ein kräftiges Sprüchlein, das die Furcht vor Geistern vertreiben soll. Wie es aber Karagöz herzubeten beginnt, erscheint ein Geist und schlägt gerade bei dem angeblich wirksamsten Wort Karagöz mit einem Blechgefäß laut donnernd auf den Kopf. Das wiederholt sich mehrmals, aber trotzdem will Hacivad nichts davon wissen, daß der Laden nicht zu brauchen sei, und besteht auf der Zahlung der Ladenmiete. Schließlich wird er sogar handgreiflich, so daß Karagöz sich seiner mit einer Schlußohrfeige erledigen muß, womit das Stück zu Ende geht.

Kanto

Während Karagöz-Aufführungen vollständig an das islamisch-türkische Milieu gebunden waren, hatten die Sänger und Sängerinnen der Minderheiten ein Publikum aus allen Volksschichten. In den Ramazân-Nächten stiegen auch die Einnahmen der *Kantocu* genannten Künstler. In den populären Theatern von Direklerarası (bei Şehzade) und Pera/Beyoğlu bildeten ihre operettenhaften Auftritte oft den Höhepunkt. Sie wurden von einem kleinen Orchester aus Trompete, Violine, Klarinette, Posaune, Trommel und Baßgeige begleitet. Oft traten sie in der Form des Sprechgesangs in unmittelbaren Austausch mit dem Publikum. Eine berühmte Vertreterin des *Kantos* war die aus Sivas stammende Armenierin Şamran (1870–1955), die 1895 zum ersten Mal auf der Bühne stand und ab 1906 Schallplatten produzierte. Şamran trat öfters mit ihrer Kusine Peruz auf. In einem Duett übernahm sie die Männerrolle, Peruz die der Frau. Text und Musik stammten häufig von den Kantocus wie vielleicht auch im folgenden Beispiel aus dem Repertoire von Şamran und Peruz.

Mann: Mademoiselle, sind sie nicht stur,
             Ich bin ein Jüngling weich wie Seide.
             Für viele Mädchen und auch Damen
             Bin ich die reine Augenweide

Frau: Sieh an, sieh an, sieh an,
             Diese unreife Birne, hab ich nicht
             gesagt, geh nicht aus
             und komm zu nahe an mich ran.

Nicht alle Rillen der alten Schellackplatte haben die Zeiten unbeschädigt überstanden, aber man versteht wenigstens, daß der schmachtende Herr zum Gegenangriff übergeht: Sie nennt ihn ungerührt Affe, aufdringlicher Schwätzer, Rabe, was bei ihm jeweils nicht mehr als ein blasiertes «ha» auslöst. Auch sein Versprechen, ihr einen Diamantring an den Finger zu stecken und ein Smaragdcollier um den Hals zu legen, fruchtet nichts:

Frau: Los verschwinde, alter Schwindler, Jammerlappen, der du bist,
             Keine fünf *Para* sind in deinen Taschen, armer Teufel du!

Trotz ihrer heftigen Abwehr ergibt sich die Frau am Ende des Duetts dem Werben des Jünglings:
    Hâlid Ziyâ (Uşaklıgil, 1868–1945), der wichtigste türkische Roman-

cier der Jahrhundertwende, war schon als kleiner Junge im Istanbul der 1870er Jahre dem *Kanto* völlig ausgeliefert. Über seine *Kantomania* schrieb er viel später:

Gäbe es eine Abteilung der Stadtverwaltung, die ähnlich wie die Behörde für den allgemeinen Gesundheitsschutz Maßnahmen für die Bewahrung des guten Geschmacks ergreifen müßte, würde es ganz zweifellos eine ihrer ersten Aufgaben sein, diesen lächerlichen, als Kunst bezeichneten, ja grauenhaften Abfall auf Mistkarren und Mistkähne zu laden und ins Marmarameer zu kippen. Der *Kanto*!... Ich bin ihm seit sechzig Jahren nicht nur verfallen, ich bin krank nach ihm. Ich war ja noch ein winziges Kind, als man uns an den Bayramtagen einem Mann anvertraute, der in der Familie die Rolle des «Prinzenerziehers» einnahm. Er scharte uns winzige Knaben um sich und brachte uns, als gäbe es keine anderen Gegenden, um sich zu amüsieren, nach Galata, nach Doğruyol zum *Alcazar d'Amérique*, an einen Ort, der so miserabel ist wie sein Name pompös klingt, oder an einen anderen Ort namens Afrika, vielleicht weil er selbst Amerikaner war. *Kantos* habe ich zum ersten Mal dort gehört. Ich muß gestehen, daß ich zu den vom *Kanto* Besessenen gehörte, die damals diese schmuddeligen Hallen füllten. Darüber hinaus muß ich gestehen, daß ich unter den polnischen Mädchen, die eine Instrumentengruppe bildeten, eine kleine Violinistin, nicht größer als ich, erblickte, bei der ich mir überlegte, ob ich mich ihr an einem abgelegenen Ort nähern und mein Seidentüchlein für Feiertage überreichen sollte...

Theater als moralische Anstalt

Am Anfang der neuosmanischen Theatergeschichte steht eine anspruchslose kleine Komödie von İbrâhîm Şinâsî (1824?–1871). Der im Tophane-Viertel aufgewachsene Dichter Şinâsî zählt mit Nâmık Kemâl und Ziyâ Pascha zum Dreigestirn der Tanzîmât-Literatur. Als sehr junger Mann ging er 1849 zum Studium nach Paris, um sich den Finanzwissenschaften zu widmen. Nach seiner Rückkehr nach Istanbul (vermutlich 1854) betätigte er sich vor allem als Journalist. Nicht lange nach einem zweiten ausgedehnten Parisaufenthalt starb er in Istanbul. Er wurde auf dem Friedhof von Ayaspaşa (unterhalb des heutigen Taksim-Platzes bzw. des İnönü-Boulevards) beigesetzt. Als man den Friedhof überbaute (u. a. durch das Gebäude der deutschen Botschaft), ging der Grabstein verloren. Şinâsîs bleibende Bedeutung liegt in seiner Kunst, die osmanische Prosa behutsam reformiert zu haben. Sein 1860 geschriebenes Stückchen «Die Dichterheirat» war zur Aufführung im Theater des Dolmabahçe-Serails bestimmt, konnte aber erst 1908 (in Saloniki) uraufgeführt werden.

Die «Heirat des Dichters» von Şinâsî ist ein «Lustspiel in einem Aufzuge» und so kurz, daß es in Hermann Vámbérys Übersetzung weniger als zehn Seiten einnimmt. Der ungarische Turkologe hat den Text, den er als «schwaches Erstlingswerk» einstuft, dennoch ins Deutsche übersetzt, veranschaulicht er doch «heimatliche Sitten viel besser, als die umständlichste Schilderung». Şinâsî behandelt das Thema «arrangierte Ehe». Der Held ist ein armer Poet namens Müştâk Bey. Er hat einen Ehevertrag unterzeichnet, um die junge, gute und schöne Kumru Hanım («Fräulein Turteltäubchen») nach Hause zu führen. Da sie eine ältere «krähenförmige» Schwester namens Sâkine («Die Sitzengebliebene») hat, die außer einem entstellenden Buckel nichts vorweisen kann, ahnt man schon im ersten Auftritt, daß nicht alles nach Plan verlaufen wird. Vorläufig freut sich Müştâk allerdings noch:

Endlich kommt mein Täubchen in den Käfig. O, wenn ich nur schon unter ihrem Fittiche hausen könnte. – Das Menschengeschlecht hat ein Futter, das man «Geld» heißt. Wenn sie das von mir verlangen sollte, was geschieht dann? Was in meiner Macht steht, soll sie Alles haben. Was ich ihr aber am meisten bieten kann, ist Trost. Wie aber wird es mit den Brautgeschenken aussehen? Ich will sie mit Hochzeitsversen beschenken, und damit sei's genug.

Es kommt nun die einzige Gesangseinlage des Stückchens, wenn Müştâk sein Lied erprobt:

Mein Täubchen, Ideal du meiner Seele,
und wert, daß in meinem Herzen Dein Nest ich baue;
Ich liebe Dich vom Herzen und von ganzer Seele.
Und wert bist Du, daß in meinem Herzen Dein Nest ich baue...

Tatsächlich aber hat man den Ehevertrag auf die unansehnliche Sâkine ausgestellt. Nur mit Mühen kann er sich der Zwangsehe entziehen («Tausendmal lieber bin ich im Gefängnis, als mit diesem Weibe in einem Hause»), weil sich Ebu Laklakiyât («Vater des Geschwätzes»), der die Geschichte arrangiert hat, als bestechlich erweist. Er habe nicht die ältere Schwester, sondern die größer gewachsene vermitteln wollen (für beide Eigenschaften steht dasselbe türkische Wort *büyük*).

Musik- und Theateraufführungen im Serail Abdülhamîds II.

Zu den großen Palästen von Dolmabahçe und Yıldız gehörten Theatersäle. Der von Dolmabahçe lag etwa an Stelle des heutigen Inönü-Stadions, der von Yıldız ist in gutem Zustand und dient gelegentlich noch heute zu Aufführungen. Die im Harem Sultan Abdülhamîds II. aufgewachsenen Prinzessin Ayşe behandelt das Theater- und Musikleben bei Hof sehr gründlich. Ayşe hatte wie die meisten ihrer Brüder

Abb. 36: Yıldız-Sarayı: Adjutantenflügel

und Schwestern eine brauchbare musikalische Ausbildung genossen. Es gibt von ihr einige kleine Kompositionen, und sie soll sich auch als Malerin hervorgetan haben. Ayşe wurde im Jahr des Thronantritts ihres Vaters (1876) geboren, ein Jahr nach seiner Absetzung mit dem Syrer Ahmed Nâmî (einem späteren Ministerpräsidenten) verheiratet (1910). Nachdem sich Ayşe von Nâmî getrennt hatte, ging sie, wie alle Mitglieder des Hauses Osman, 1924 ins Exil. Bis zum Tod ihres zweiten Mannes lebte sie in Frankreich (1937). Ayşe nahm nach ihrer Rückkehr in die Türkei (1938) den Familiennamen Osmanoğlu an. Bis zu ihrem Tod 1960 lebte sie in Serencebey, einer kleinen Straße oberhalb von Beşiktaş. In ihren Erinnerungen nimmt das Hoftheater im Yıldız-Palast einen wichtigen Platz ein:

Das osmanische Volksschauspiel erfreute sich seinerzeit im Serail äußerster Beliebtheit. Es gab einige Mitglieder der kaiserlichen Musiktruppe, die das traditionelle türkische Volkstheater (*Orta Oyunu*) aufführten, sowie einige aus der Zeit von Sultan Azîz übriggebliebene Personen. Ich erinnere mich an die Namen Neşet, Alî und Hilmî Bey. Zekî Bey spielte die Violine, sein Vater Hilmî Bey war gleichzeitig für die türkische Musik und die Spielleitung zuständig. Meine Schwester Na'îme Sultan schloß sich zweimal in der Woche an eine aus Mädchen bestehende Instrumenten- und Spielgruppe an und übte mit ihnen das traditionelle türkische Theater und die klassische türkische Musik. Damals geboten auch meine Tanten Senîha und Medîha Sultan sowie meine Schwester Zekîye Sultan über eine Schau-

spielertruppe. Die herausragenden Spielerinnen waren «Kalfas» (Serail-
dienerinnen) aus der Zeit von Sultan Azîz...

Die Schwestern nahmen ab und zu ihre Truppe ins Serail mit und ließen
sie in Gegenwart des Herrschers in seinen großherrlichen Appartement
spielen. Wir saßen alle in einer Reihe und schauten zu. Es gab eigene Kostüme für jedes Stück. Später gingen die Kleider verloren, es blieb nichts
von ihnen übrig. Als Abdürrezzâk Efendi (1835–1914) ins Serail aufgenommen wurde, hat das traditionelle türkische Schauspiel einiges Prestige
gewonnen, blieb aber auf die religiösen Festtage beschränkt. Weil mein Vater im Grunde das *Alla Turca*-Wesen nicht mochte, begann er westliche
Stücke aufführen zu lassen...

Nach dieser Einleitung wird die westliche Musik, die der Sultan, wie
wir gehört haben, dem traditionellen Geschmack vorzog, gewürdigt.
Einige wichtige Orchestermitglieder waren Ausländer, wie der Ungar
Vondra, als erster Geiger im Rang eines Oberst. Unter ihren Schülern
sind einige wichtige Vertreter des republikanischen Musiklebens. Aus
Ayşes Bericht geht auch hervor, daß sie noch Callisto kannte, der als
Guatelli Pascha (1820?–1890) jahrzehntelang die Kaiserliche Kapelle
geleitet hatte. Guatelli war Nachfolger des bekannten Donizetti («Don
Izzet Pascha»). Er hat eine Anzahl von Märschen im Auftrag mehrerer
Sultane komponiert.

Mein Vater verwandte große Anstrengungen darauf, die Orchesterabtei-
lung der kaiserlichen Musik zu verbessern. Hier wurden in der Tat wertvolle Musiker ausgebildet. Die bekanntesten waren Flötisten wie Saffet
Bey und Zâtî Bey, Violinisten wie Vondra Bey und Cellisten wie Cemîl Bey.
Es gab noch weitere, an deren Namen ich mich aber heute nicht erinnern
kann... Es wurde ein perfektes Orchester aus sechzig Personen gegründet.
Anfangs war der aus Sultan Aziz' Tagen verbliebene Guatelli Pascha sein
Leiter. Später kam eine ganze Reihe von Orchesterchefs. Zu ihnen zählte
mein Lehrer, der Franzose Lombardi. Auf ihn folgte der Spanier Aranda
Efendi (d'Arenda), der den Pascha-Titel erhielt, weil er meinen Bruder
Burhâneddîn Efendi zu einem tadellosen Pianisten ausgebildet hatte.

Der Hof hatte, wie schon unter Abdülmecîd, gerne zugegriffen, wenn
ausländische Truppen in Istanbul waren. Im Zeitalter der Dampfschiff-
fahrt war Istanbul vor allem für italienische Kompanien gut erreichbar.
Jedenfalls konnte man einige Verdi-Opern am Bosporus hören und beliebte Arien nachträllern, bevor sie auf die großen europäischen Büh-
nen außerhalb Italiens kamen.

Immer wenn eine Schauspieler- oder Musikantentruppe in Istanbul ga-
stierte, erhielt man durch die Botschafter (der Herkunftsländer) Bescheid
und ließ sie sich empfehlen. Auf die Weise kamen die Truppen auch in das
Palais... Sie führten Opern und Operetten auf... Im Serail wurden diesen
Opern eigene Namen verliehen: La Traviata nannte man «Madam Kame-

lya», den Troubadour «Die Schmiedeoper», den Barbier von Sevilla «Die Barbiersoper», den Maskenball «Die Maskenoper», Fra Diavolo «Die Räuberoper», Die Regimentstochter «Die Soldatinnenoper», Die Schöne Helena «Die Schäferoper», Rigoletto «Die Königstochteroper», während Mascotte «Maskot» genannt wurde. Mein Vater schwärmte für Rigoletto und ließ diese Oper oft aufführen.

Es überrascht dann nicht, wenn nach der Schilderung eines Varieté-Programms von ersten Stummfilmaufführungen die Rede ist:

Neben den Italienern gab es noch zwei Franzosen namens Bertrand und Jean. Bertrand verstand sich auf Pantomime und Taschenspielerei. Einmal im Jahr nahm er von meinem Vater Urlaub, um nach Frankreich zu reisen. Von dort brachte er regelmäßig neue Kunststücke mit. Er hat auch das Kino ins Serail eingeführt. Unter dem damaligen Kino muß man sich etwas ganz anderes vorstellen als heute. Die Leinwand wurde mit großen Bürsten kräftig angefeuchtet. Man zeigte sehr kurze Stücke. Diese Stücke waren nur schwach zu erkennen und innerhalb von Minuten zu Ende. Trotzdem hatten wir, weil es ja etwas ganz Neues war, unseren großen Spaß daran.

In der Weltklasse der zeitgenössischen Schauspielkunst war Sarah Bernard vertreten, die auf ihren Tourneen auch Istanbul nicht ausließ.

Der französische Gesandte Constant führte die berühmte Sarah Bernard und Coquelin Cadet in das Serail ein. Nach ihrem Vortrag wurden ihnen Orden verliehen. Der russische Zar sandte eine Musikergruppe aus seinem Privattheater. Der Chefdolmetscher der russischen Gesandtschaft Maksimov brachte sie ins Serail. Sie trugen schöne russische Lieder vor. Unter ihnen befand sich der berühmte Schaljapin, der damals allerdings noch sehr jung war. Er sollte später in Europa große Berühmtheit erlangen.

Nach der Behandlung der künstlerischen Seite des Theaterlebens im Yıldız berichtet Ayşe noch von der protokollarischen Behandlung der Besucher und der Angehörigen des Hauses Osmân.

Bei solchen außerordentlichen Anlässen pflegte mein Vater auch die Minister einzuladen. Er saß neben dem Großwesir, die übrigen Minister waren auf die Fenster verteilt. Wir saßen mit dem Harem zusammen. Die Trenngitter zwischen meinem Vater, den Ministern und dem Harem wurden weggenommen. Auch seine Söhne waren anwesend. Das Orchester war links im Untergeschoß. Im oberen Teil saßen gegenüber der Bühne die Hofchargen, die Paschas und Beys. Wenn ab und zu Gesandte dazukamen, blieben Spiel und Musik den Männern vorbehalten, der Harem hatte keinen Zugang. Bei solchen (offiziellen) Gelegenheiten wurden alle Trenngitter geöffnet. Auch die Gattinnen der Botschafter kamen und saßen in ihren speziellen Logen. Es gab bestimmte Paschas unter den Gästen, manchmal lud er auch seine Brüder und die Prinzen von Sultan Aziz ein...

Bei inoffiziellen Gelegenheiten trugen alle Prinzen, darunter selbstverständlich auch die Söhne meines Vaters, den *Istanbulin* genannten schwarzen Gehrock. In Gegenwart seiner Majestät hielt man es immer so. Wenn die Mutter, Gattin und Töchter des Chediven, d. h. des Vizekönigs von Ägypten, anwesend waren, nahmen sie in ihrer eigenen Loge zusammen mit unserer Großmutter, der *Baş Kadın*, Platz. Die Gattinen der Minister pflegten, wenn sie sich im Serail aufhielten, mit den Gattinnen des Sultans zusammenzusitzen und das Spiel zu verfolgen. An sehr heißen Tagen baute man im Harems-Garten mit Blick auf den Sultanstrakt eine mobile Bühne auf und spielte leichte Sachen wie das türkische *Orta Oyunu* oder eine Komödie. Man konnte ihnen aus den Fenstern des Serails leicht folgen. An manchen Abenden ließ mein Vater ein Kammerorchester rufen und es gegenüber von seinem Appartement auf dem Rasen auftreten. Ab und zu ließ er auch im Salon Klavier, Violine, Cello oder Flöte spielen. Auch rief er den von ihm sehr geschätzten Tambur-Spieler Cemîl Bey.

Sittengeschichtliche Nachträge: Lotterbuben und Bordelle

Die Prostitution von Frauen ist in der Literatur vor dem 19. Jahrhundert selten ein Thema. Unverhüllt pornographische Texte, welche die physischen Eigenschaften der «Lotterbuben» (wie sie Hammer-Purgstall nannte) herausstreichen, sind hingegen keine Mangelware. Der um 1809/10, vielleicht an einer Geschlechtskrankheit, gestorbene Fâzıl Enderûnî wurde nicht müde, die Vorzüge seiner Lieblinge namens Yorgaki, Yorgis, Pandeli oder Antun herauszustreichen: ihre schwarzen Haare, Augenbrauen und schlanken Hüften. Erstaunlicher als die weithin tolerierte Knabenliebe ist die Feststellung Ahmed Cevdets über die plötzliche Verdrängung und Vertuschung der Päderastie durch führende Staatsmänner der Tanzîmât-Zeit.

Die Zahl der Schürzenjäger nahm (in diesen Tagen) zu, die Lustknaben wurden weniger. Die Sodomiten verschwanden vollständig. Die liebevolle Zuneigung und das Interesse, das in Istanbul seit jeher den jungen Knaben galt, verlagerte sich jetzt, wie es ja auch natürlich ist, auf die Mädchen. Der seit Sultan Ahmed III. bekannte Ausflugsort von Kağıdhâne belebte sich außerordentlich. Sowohl dort wie auch am Bâyezîd-Platz wurde es üblich, von Wagen zu Wagen mit Handzeichen zu flirten. Unter der Prominenz verschwanden mit den notorischen Päderasten Kâmil Pascha und Âlî Pascha auch ihre Gefolgschaft. Denn Âlî Pascha bemühte sich, seine Päderastie unter dem Eindruck von Protesten der Ausländer zu verbergen.

Damals beklagte sich ein fanatischer Religionsmann bei einem geistreichen Gesprächspartner: «Die Sodomie ist zurückgegangen, wenn nur die Schürzenjägerei auch aufhörte, damit die Welt wieder in Ordnung kommt», und erhielt zur Antwort: «Hoca Efendi, wir können uns heutzutage nicht in die Zeiten des Kalifen Omar zurückbegeben. Wenn du die Geschichtswerke über die Staaten der Omaijjaden und Abbasiden lesen würdest, würdest du den Wert unser Zeit begreifen und deine Dankbarkeit ausdrücken. Die Welt, die du heute suchst, findest du nicht einmal mehr in Bursa.»

Etwa gleichzeitig entstand «Die Betrachtung der Welt», eine Art Bildungsroman im Kolportagestil. Der Schriftsteller Evangelinos Misailides (1820–1890) war ein Karamanli, d. h. ein türkophoner Grieche, dessen Werke in griechischen Buchstaben, aber türkischer Sprache vorliegen. Misailides führt seinen Helden, den Advokaten Aleko Favini, der sich nach langen Wanderfahrten die Hebung der Moral der orthodoxen Bevölkerung Istanbuls zur Aufgabe gemacht hat, in das «bekannteste Bordell von Galata». Die *Çaça* («Puffmutter») vermittelt ihm das intelligenteste unter den Mädchen.

Während das arme kleine Mädchen, das ich ausgewählt hatte, das Bett herrichtete, öffnete ich das Köfferchen mit den (mitgebrachten) Heiligenbildern und die Dose mit dem Heiligen Öl, entzündete eine Kerze, warf mich auf die Knie und begann zu beten. Das unglückliche Mädchen war sehr erstaunt: «Was ist los, *Sinyor*, kommst Du nicht und schläfst mit mir?», worauf ich sagte: «O meine Geliebte, aus diesen Gott nicht gefälligen Geschichten erwächst kein Heil, am Anfang von allen Dingen müssen wir Gott gegenüber, dem Erschaffer allen Seins, der uns aus dem Nichts erschuf, unsere Gebetspflicht erfüllen, und erst dann dürfen wir uns den Geschäften dieser trügerischen Welt zuwenden.» «Komm», schlug ich vor, «an meine Seite», sie kam kummervoll und kniete nieder.

Die kleine Prostituierte erklärt, ein Priester habe sie verführt und auf den Abweg gebracht. Sie ist aber bereit zur Buße und vertauscht den Hurenpelz mit der Nonnentracht. Im Büro des erfolgreichen Retters gefallener Mädchen drängen sich von Stund an reuige Mädchen. Ein Istanbuler Bordell nach dem anderen muß seine Pforten schließen. Die Bekehrungserfolge gehen so weit, daß Alekos Kumpel aus unbeschwerten Tagen über ihn lästernd herfallen: «Monsieur Aleko, wir haben mitgekriegt, daß du Bordellchef geworden bist, Zunftmeister der Nutten und Boß aller Zuhälter.» Die Dialoge zu diesem Gegenstand fallen übrigens ganz witzig aus. Sozialgeschichtlich interessant sind die protokollartig abgefaßten Lebensgeschichten der geretteten Mädchen.

Während Misailides' Roman sicher nur die wenige Tausend Mitglieder zählende kleine Karamanli-Gemeinde erreichte, war Ahmed Râsims 1922, also im letzten Jahr des Sultanats erschienenes Buch über «Prostitution in alten Zeiten» ein Erfolg auf dem Buchmarkt. Diese unterhaltsame Sittengeschichte spiegelt mehr oder weniger genau die Verhältnisse um das Jahr 1880. Eine Episode ist der guten alten Einrichtung des «Stadtviertelüberfalls» (*Mahalle baskını*) gewidmet. Darunter verstand man nicht etwa den Überfall auf ein Stadtviertel, sondern die organisierte Zusammenrottung der sittenstrengen Bewohner des Viertels, meist unter Anführung des Vorbeters (*imâm*), um das liederliche Treiben in einem Privathaus aufzudecken. In der Erzählung von Ahmed Râsim werden zwei Freunde auf der Galatabrücke von verschleierten Frauen in ein Haus im entfernten Sarıyer am Bosporus gelockt. Überzeugt davon, daß es sich um Damen der Oberschicht handelt, die ein kleines Abenteuer suchen, lassen sie sich zu Rakı und Meze nieder. Während der Erzähler nach dem dritten Glas eindämmert, kommt es zur Razzia:

Ich weiß nicht, was geschah, als die Razzia auf das Haus stattfand... Ich kam irgendwie wieder zu mir, und was sehe ich: der Raum ist voller Leute!... Mir gegenüber ein Bartmensch, ein, zwei junge Kerle mit weiten Bauernhosen, die eine Laterne halten... Sie lachten... Ich fragte: «Was geht hier vor?» Der Polizist sagte: «Wir haben Euch ausgehoben.» Ich kapierte immer noch nicht. Der Imam fuhr mir ins Wort: «Schluß mit deinem Gequatsche.» Tatsächlich hatte sich der Schlaf auf mein Gehirn ausgewirkt. Ganz plötzlich wurde ich wütend. «Der Quatsch, den du redest, ist schlimmer als meiner», rief ich und ging auf ihn los. Der Polizist hielt mich fest.

Der traurige Held und die beiden Frauen werden nun zur Wache gebracht, während sich sein Freund heimlich verdrückt hat. Sie müssen das Spalier der spöttischen Einwohner von Sarıyer passieren, alle Leute lehnen sich aus den Fenstern, die Frauen klatschen, man schlägt auf Blechkanister. Auf der Wache erfährt der Erzähler, daß die Damen polizeilich registrierte «Altware» sind, zwei Schwestern, von denen eine ihren Kahlkopf mit einer Perücke tarnt. Nachdem die Freunde die Nacht auf der lokalen Wache verbracht hatten, werden sie über mehrere Polizeistationen bis Galataserail gebracht. Der dortige Kommissar erklärt zwar, daß Razzien auf Wohnhäuser nicht mehr erlaubt seien. Aber die Dinge sind so weit fortgeschritten, daß dem Erzähler eine weitere Nacht in der Haftzelle nicht erspart bleibt.

Es gab keine andere Sitzgelegenheit als eine zerbrochene Bank... Und es stank... Abends wurde ein Betrunkener eingeliefert... Seinen ganzen Mageninhalt hat er entleert... Er hatte sich in einer Ecke ausgestreckt und geschlafen... Dunkelheit... Es gab kein Kerzenlicht noch Gas.!... Zum Glück dämmerte es und ich konnte ein wenig Helligkeit erkennen.

XXI.
Modernisierung und gesellschaftlicher Wandel

Die Verwestlichung des städtischen Lebens setzte nach dem Krimkrieg (1853–1856) mit großer Geschwindigkeit ein. In Galata/Pera wurde 1858 eine moderne Stadtteilverwaltung geschaffen. Nach Pariser Vorbild zählte man sie als «Sechste» von 14 Arrondissements (*dâire*). Der Stadtrat setzte sich aus vom Sultan ausgewählten muslimischen und christlichen Persönlichkeiten zusammen, die sich energisch an die Modernisierung machten. Die Mauern von Galata wurden zum größten Teil abgerissen, die noch sichtbaren Gräben aufgefüllt. Der Galataturm als Erinnerung an die alte genuesische Stadt wurde allerdings verschont und sogar nach 1875 in historisierender Weise wieder aufgebaut.

Die Kaufleute drängten auf eine Straßenverbindung zwischen Galata und Taksim. Vorrangig war auch der Wunsch nach einer Straßenbahn vom Goldenen Horn zu den höher gelegenen Vierteln. Mit einigem Erfolg wurden die Kaianlagen von Galata für größere Passagier- und Handelsschiffe ausgebaut. Straßenbeleuchtung mit Gaslaternen und Müllabfuhr begannen zu funktionieren. Der europäische Habitus verstärkte sich mit der Anlage privater Parks. Aus den von den Europäern «Grands» bzw. «Petits» Champs des Morts genannten Friedhöfen wurden die öffentlichen Gärten von Taksim und Tepebaşı. Die meisten ausländischen Vertretungen ließen sich im 19. Jahrhundert neue Gebäude errichten. Das galt auch für den Iran, der aber als islamischer Staat das Privileg der Lage in der Altstadt gegenüber der Hohen Pforte genoß, während sich alle anderen Gesandtschaften in Galata bzw. Beyoğlu konzentrierten.

Auch im Altstadtdreieck traten in der zweiten Hälfte des 19. Jahrhunderts wichtige Veränderungen ein. Die Neugestaltung von abgebrannten Grundstücken ermöglichte die Anlage von neuen Wohnvierteln. In den letzten Jahren des Osmanenstaats, 1919–1922, errichtete Mimâr Kemâleddîn neben der Laleli-Moschee ein sechsstöckiges Apartmenthaus für 124 Familien, die im Aksaray-Brand von 1911 ihre Häuser verloren hatten. Voluminöse öffentliche Bauten wie die berühmte Waisenhausschule (*Dârüşşafaka*), die Wohltätigkeitsanstalt (*Dârülaceze*) und die Universität (*Dârülfünûn*) ragten über die niedrigen Holzbauten empor. Das pompöse Verwaltungsgebäude der Schuldenverwaltung erinnerte die Istanbuler an das berüchtigte *Muharrem*-Dekret von 1881, als der Staat weitgehend zahlungsunfähig wurde.

Die äußere Verwestlichung war aber nicht gleichbedeutend mit der Aufgabe islamischer und türkischer Traditionen. Ahmed Cevdet Pascha skizzierte das konfliktreiche Nebeneinander beider Stile in der Tanzîmât-Zeit:

Wir beschafften uns nach dem Vorbild der Europäer Tische und Stühle für unsere Tafeln. Nur beim Fastenbrechen im Monat Ramazân verzichteten wir nicht auf die herkömmlichen (am Boden ausgebreiteten) Gedecke. Obwohl mit derartigen Dingen unsere Ausgaben anstiegen und die Monatsbezüge nicht ausreichten, wußten die Leute nicht mehr, was sie tun sollten... Die Beamten forderten am Monatsanfang das ihnen zustehende Gehalt... Der Staatsschatz war leer. Die Minister waren zahlungsunfähig. Istanbul wurde von einer großen Krise erfaßt.
  Bei wem sollte man die Schuld suchen? Niemand wollte die Verantwortung auf sich nehmen. Alle fielen übereinander her. Die Minister sagten: «Die Ausgaben der Töchter und Frauen des Sultans sind unerträglich hoch. Die Frauen sollen wie früher das Serail nicht verlassen, damit die Ausgaben des Serails auf das bisherige Maß zurückgehen.»
  Die Gegner der Minister brachten vor: «Âlî Pascha kann die Ausgaben einer alle Grenzen überschreitenden Bürokratie nicht bremsen. Die Gattin Fuâd Paschas beschafft sich nach dem Muster der *Madames* jeden Monat ein neue Garderobe und verdirbt damit die guten Sitten der ehrbaren muslimischen Frauen, und Fuâd Pascha gebietet ihr nicht Einhalt. Mit welchem Recht kritisieren sie die Palastverwaltung und die dem Souverän angetrauten Frauen?»

Eine Darstellung von Orient und Okzident als unvereinbare, ja im symmetrischen Sinn «verkehrte Welten» enthält die kurze Erzählung «Mein Neffe» von Ahmed Hikmet, die wohl um 1898/9 entstand:

Bei uns gilt es als respektvolle Geste, das Haupt bedeckt zu lassen und die Schuhe auszuziehen, bei den Franken bedeutet es eine Aufwertung, wenn man seine Schuhe anbehält und das Haupt entblößt... Bei uns ist seit jeher das untere Geschoß des Hauses den Dienern vorbehalten, das obere der Herrschaft, bei den Franken ist die Herrschaft im Untergeschoß, die Dienerschaft oben... Die Teppiche, die wir unter unseren Füße ausbreiten, werden bei ihnen ans Kopfende der Betten gehängt...Bei uns gehen die Männer stets rechts, die Frauen links, bei den Franken sind die Männer links, die Frauen rechts... Wir essen den Reis und die Nudelgerichte am Schluß, sie am Anfang... Bei uns gilt es als gute Erziehung, wenn man beim Essen wenig spricht und schnell ißt, sie haben dagegen die Gewohnheit, viel zu sprechen, Geschichten zu erzählen, bei Tisch Kaffee zu trinken, ja sogar ihre Hände an der Tafel zu waschen... Bei uns gilt es als große Ungezogenheit, wenn die Kleinen sich ins Gespräch der Erwachsenen einmischen, bei ihnen gilt das im Gegenteil als Beweis großen Scharfsinns... Bei uns ist es um zwölf Uhr entweder Abend oder Morgen, bei ihnen ist es Mittag oder Mitternacht... Bei Ihnen muß man ein Lied auf alle Fälle stehend, bei uns auf alle Fälle im Sitzen vortragen... Bei uns gelten blaue Augen als

Anzeichen der Zwietracht und des Unglücks, bei ihnen sind sie so heilig, daß sie sich selbst die Engel blauäugig vorstellen... Wir schreiben von rechts nach links, die Franken von links nach rechts... In den westlichen Sprachen werden viele Buchstaben geschrieben, die man nicht liest, bei uns werden sie nicht geschrieben, aber gelesen... Wir schreiben das Datum ans Ende, sie an den Kopf eines Briefs... Bei uns ist Sich-Bescheiden eine Tugend, bei ihnen gilt sie als Trägheit... Bei uns ist es unschicklich, den Schnurrbart zu rasieren, bei ihnen nicht.

Die osmanischen Parlamente

Die beiden Kammern des ersten osmanischen Parlaments traten 1876 in einem riesigen klassizistischen Bau zusammen, den Gaspare Fossati 1846 für die Universität neben der Aya Sofya entworfen hatte. Bereits 1877 machte aber Sultan Abdülhamîd II. von seinem Recht Gebrauch, die Abgeordneten in (unbefristete) Ferien zu schicken. Als er nach Jahrzehnten von den «Jungtürken» gezwungen wurde, ein neues Parlament einzuberufen, wurde das Gebäude bei der Aya Sofya für das erste Sitzungsjahr 1908/9 reaktiviert. Fossatis Bau wurde später vom Justizministerium genutzt, 1933 brannte er ab, wodurch die Fläche entstand, die den Blick auf das asiatische Ufer hinüber zur Selimiye-Kaserne ermöglicht.

Nach dem Umzug des Parlaments ins Çırağan Sarayı und der Brandkatastrophe von 1910 behalf man sich mit den sogenannten Çifte Saraylar, einem zweiteiligen Uferpalais im Stadtteil Fındıklı. An dieser Stelle hatte Sultan Abdülmecîd für seine beiden Töchter Münîre und Cemîle zwischen 1859 und 1862 je einen Uferpalast bauen lassen. Heute werden beide Paläste von der Akademie der schönen Künste (jetzt eine Fakultät der Mimar-Sinan-Universität) in Anspruch genommen, nachdem das Serail Münire Sultans vorübergehend als Sekundarschule für Mädchen (Atatürk Kız Lisesi) gedient hatte. Die Straßennamen Meclis-i Mebusan («Versammlung der Deputierten») und der sogar Taxifahrern geläufige Mebusan Yokuşu erinnern an das letzte Parlament, das sich 1920 auflöste, um sich in Ankara als «Große Türkische Nationalversammlung» neu zu konstituieren.

Die osmanische Kammern waren Vielvölkerparlamente, als Verhandlungssprache war jedoch Türkisch vorgeschrieben, das nicht alle Abgeordneten ausreichend, wenn überhaupt beherrschten. Hüseyin Câhid, ein führender Parlamentarier der Zeit, erinnerte sich an die Sitzungen nach der Wiedereinsetzung der Verfassung im Jahr 1908:

Die arabischen Abgeordneten, die am meisten Lärm machten und versuchten, sich aufzuspielen, waren aus der syrischen und irakischen Bevölkerung. Die Abgeordneten aus dem Hedschas vermittelten mit ihrer stillen und ruhigen Haltung ein Gefühl von Würde. Bei den Jemeniten gab es mehr Herzlichkeit, sie konnten sowieso nicht recht gut Türkisch.

Ahmed Rızas Weltanschauung

Nach der jungtürkischen Revolution hatte Ahmed Rıza das Amt des Parlamentspräsidenten inne. Der als «Vater der Freiheiten» gefeierte Ahmed Rıza überwarf sich bald mit dem «Komitee für Einheit und Fortschritt», das anfangs vom fernen Saloniki aus die Istanbuler Politik dirigierte. Der 1858 geborene, inzwischen stark ergraute «Jungtürke» hatte in Frankreich Landwirtschaft studiert. Nach wenigen Berufsjahren in der Türkei (1884–1889) kehrte er nach Paris zurück, um an den Feierlichkeiten zum 100jährigen Jubiläum der Französischen Revolution teilzunehmen. Aus diesem Besuch wurde ein fast zwanzigjähriges Exil. Im Gegensatz zu anderen Oppositionsgruppen, allen voran den Armeniern, die auf eine Intervention der Großmächte setzten, um Abdülhamîd II. zu stürzen, hoffte er auf den Widerstand der Armee und der Intellektuellen.

Nach außen hin ein Verfechter der islamischen Religion und Lebensführung war Ahmed Rıza, wie seine Korrespondenzen verraten, ein vom französischen Positivismus geprägter biologischer Materialist. Ein 1885 in Paris verfaßter Brief an seine Schwester Fâhire spiegelt seine und die von vielen Intellektuellen am Vorabend der Republik vertretene Weltanschauung:

Obwohl die Araber viele berühmte Gelehrte auf dem Gebiet der Geometrie, Algebra, Astronomie, Geographie und Medizin zur Zeit des Propheten Muhammad (!) und seiner Nachfolger hervorgebracht haben, ist die Gemeinde von Muhammad 1000 Jahre später so tief gefallen, daß sie für dreieinhalb *Kuruş* beim Gehilfen des (griechischen) Krämers Georgios anschreiben läßt. Wir verdanken dies unseren verdammten, unwissenden Vorbetern und Theologen, die das Wort Gottes verdreht haben und behaupten, daß er mit dem Wort «Wissenschaft» allein die Lektüre des Korans gemeint habe... Aus diesem Grund liest niemand die Werke westlicher Wissenschaftler... Heute haben die Muslime das Niveau der Juden erreicht. Wenn du mich nach meiner Meinung fragst: Hinsichtlich Erziehung und Bildung ist ihr Niveau unter dem der Juden. Die Gemeinde der Gläubigen hat sich aufgelöst, sie ist geschwächt und wird sich nie wieder erheben und lebendig werden. Diejenigen, die an ein Paradies mit Huris, kühlem Scherbet und Wasserläufen glauben, werden immer weniger.

Nach dieser radikalen Zurückweisung des islamischen Vermächtnisses, berührt Ahmed Rıza den empfindlichsten Punkt der traditionellen Gesellschaftsordnung:

Wäre ich eine Frau, würde ich mich dem Atheismus zuwenden und niemals Muslimin sein. Man stelle sich eine Religion vor, die nur Männern Vorteile bringt, aber nachteilig für Frauen ist, die es meinem Gatten erlaubt, drei weitere Frauen und eine unbeschränkte Zahl von Konkubinen zu nehmen, den im Himmel Huris erwarten, während ich Haupt und Gesicht verdecken muß wie der Gaul eines Müllers...

Er gesteht, daß er immer dann, wenn das Gespräch auf die Religion kommt, die Selbstbeherrschung verliere. Der Schlußsatz enthält einen Trost: «Meine liebe Fâhire, die Zeiten ändern sich. Wie immer, wir sind entweder zu früh geboren oder in dem (falschen) unglücklichen Land.» Ahmed Rıza mußte nach der Kapitulation des Osmanenstaats im Weltkrieg die Türkei verlassen. Seine letzten Lebensjahre verbrachte er in Vaniköy am Bosporus als Bürger von Atatürks Republik (1926–1930).

Turhan Bey dreht durch

Die Oberflächlichkeit der Verwestlichung einer bestimmten, sich als «Elite» verstehenden Schicht ging in den letzten Jahren des Reichs so weit, daß Cemil Meriç ein republikanischer Publizist, die «Okzidentalisierten» mit den Worten geißelte «Unser Europa bestand aus der *Librairie Hachette*, es war ein Kontinent ohne Abgründe, ohne Widersprüche und eindimensional. In unserer Geographie kam nur ein Kontinent vor, in unseren Köpfen nur die westliche Welthälfte. Jeder von uns war ein Türkisch sprechender Franzose.»

Der Schriftsteller und ehemalige Konsularbeamte Ahmed Hikmet war als Zeitgenosse ein scharfer Kritiker der westlichen Lebensweisen und des neuen Habitus der Stadt. In einem kleinen Roman «Wie Turhan Bey den Verstand verlor» schildert er die Leiden eines idealistischen jungen Tataren, der mit den größten Erwartungen aus Rußland in die Hauptstadt des Kalifats und Sultanats gekommen war. Seine Enttäuschung über die Lethargie der Patrioten, das vielsprachige Treiben in den Straßen und die Bevorzugung von «Hutträgern» (also Nichtmuslimen) nimmt von Tag zu Tag zu.

Er erkannte bei denen, die seine Gedanken teilten, keine Begeisterung. Selbst die Eifrigen unter ihnen fanden sein Feuer gefährlich und schädlich und pflegten zu sagen: «Die Zeit ist noch nicht reif dafür.» Nun schäumte er gegen alles, was ihm begegnete. Er empörte sich über die Abwicklung der Geschäfte in den Banken und Firmen auf französisch, das rasche und abgehackte Deutsch der Offiziere, das englische Gehabe der Marineoffiziere, die persischen Litaneien der Derwischerien, die arabischen Gebete in den Moscheen. Er machte folgende Beobachtung: In dieser türkischen

Hauptstadt fand ein Türke, der ausschließlich Türkisch sprach, keine Arbeit in der Welt des Handels, er blieb hungrig. Ein Ausländer aber, der nur Französisch konnte, hatte stets Erfolg und lebte behaglich.

Turhan löste am Ende seine Verlobung mit seiner Braut Zehra, weil sie ihre Hochzeitsaustattung statt in einem Traditionsladen in einem nichtmuslimischen Kaufhaus in Beyoğlu bestellt. Am Ende stürzt sich Turhan vom Minarett der Moschee Selîms I., dessen Erbauer sein großes Vorbild war. Bevor ihn die Hoffnungslosigkeit überwältigte, hatte Turhan das Projekt eines anderen Istanbul entworfen.

Istanbul werde ich zum vorbildlichsten Ort der islamischen Kultur machen. Ich werde über die Hauptstadt einen islamischen und türkischen Umhang breiten. Mit ihren Medresen, Gärten, Springbrunnen, Fontainen, Moscheen, *Tekyes*, Bibliotheken und Öffentlichen Bädern.

Der junge Tatare schwärmt von «Steinbauten mit Vordächern» (im Sinn der neo-osmanischen Architekturen eines Mimar Kemâleddîn), von Sportplätzen für Bogenschützen und Reiterspiele, von Klubs für traditionelle Ringkämpfe, aber auch von Akademien, Druckereien, Kongreßhallen, Studentenheimen, die aus der ganzen Welt des Islams Zustrom erhalten, Krankenanstalten, Theater und Museen für die Kunst der islamischen und türkischen Völker. Nur in seinem aus Steinen errichteten Haus, das er in der Innenstadt bewohnt, kann er die Vorstellungen von islamisch-türkischer Lebensweise verwirklichen, die ihm im großen Maßstab versagt bleiben.

Er hatte es mit Polsterbänken, Diwanen und Wandbrettern zur Aufnahme von Kopfbedeckungen ausgestattet. An den Wänden hatte er Bilder der islamischen und türkischen Führer und Größen aufgehängt sowie Schrifttafeln mit Koranversen, Sentenzen aus der prophetischen Überlieferung und Dichtungen türkischer Poeten. Seine Zimmer hatte er mit Fayencen aus Kütahya geschmückt.

Über dem Sturz der Tür seines Arbeitszimmers konnte man den Koranvers «Ihr Gläubigen! Übt Geduld und bemüht euch, standhaft und fest zu bleiben» lesen, während über der Polsterbank Ziyâ Gökalps (1876–1924), des Vaters des idealistischen Turkismus, berühmtes Leitwort hing:

> Das Vaterland der Türken ist weder die Türkei noch Turkestan
> Das Vaterland ist ein großes und ewiges Ideal: Turan!

Gökalp hatte als Vordenker des türkischen Nationalismus großen Einfluß auf die geistige Verfassung der türkischen Republik, der Ahmed Hikmet noch einige Jahre, wenn auch schwer erkrankt, bis zum seinem Tod als Beamter des neuen Außenministeriums in Ankara dienen sollte.

XXII.
Kapitulation und Widerstand

Nach dem Ersten Balkankrieg (1912) und mit dem Verlust der letzten drei großen europäischen Provinzen war die Grenze Bulgariens und Griechenlands nur noch wenige Eisenbahnstunden von Istanbul entfernt. Manche Zeitgenossen sahen die Notwendigkeit, in einem zukünftigen Krieg die Hauptstadt nach Anatolien zu verlegen. Der Journalist und Bürokrat Süleymân Nazîf (1869–1927) ist der Verfasser eines flammenden Artikel unter der Überschrift «Istanbul ist auf alle Zeiten unsere Hauptstadt».

Wenn Istanbul in Gefahr gerät, dann ist es unsere nationale Pflicht, nicht die Hauptstadt zu verlegen, sondern die Grenze aufzuheben und zu verschieben, auch wenn es angesichts der allgemeinen Verwirrung zu einem Sturm der Entrüstung kommen sollte. Diese «Gesegnete unter den Städten», diese Kostantinîye, dieses İslambol, dieses Istanbul, welche der Erhabene Muhammad seiner Gemeinde, welche Sultan Osman seiner Nation vor Jahrhunderten prophezeite, ist unsere Haupt- und Residenzstadt für alle Zeiten... Schaut nicht ruhig mit zu, daß dieses Stück Erde ohne Minarette und daß die Minarette ohne den Gebetsruf bleiben. Und wisset mit Entschiedenheit, daß jeder zum Waisenkind wird, wenn Istanbul ohne Minarette ist und seine Minarette ohne den Gebetsruf. Und wir würden alle zu Waisen!

Unabhängig von strategischen Überlegungen war allen klarsichtigen Osmanen nach 1912 deutlich, daß in der Zukunft aus dem anatolischen Hinterland mit seinen mineralischen und agrarischen Ressourcen das Kerngebiet einer erneuerten Türkei werden mußte.

Das Elend des Krieges

Nâzım Hikmet (1902–1963), der vielleicht bedeutendste Autor der türkischen Moderne, läßt am Anfang seines wahrscheinlich 1941 abgeschlossenen Epos über den Befreiungskrieg (*Kuvva-i Millîye*) die Stadt Istanbul in der ersten Person über das Leid der Menschen und die Schamlosigkeit der Kriegsgewinnler klagen: Wie in einem Geschichtsbuch werden die wichtigsten Fronten aufgezählt, an denen die Jugend des Osmanenstaates verblutete und erfror. Der waggonweise Schwarzhandel mit Lieferungen aus Deutschland, nicht zuletzt mit Zucker, wird wie Hunger, Kälte und Seuchen als Plage dargestellt. In den Sommerbotschaften der verbündeten Deutschen und Österreicher in Tarabya und den Restaurants von Tepebaşı (hier noch als «Petits Champs» bezeichnet) sieht der Dichter hingegen den Rheinwein in Strömen fließen.

> Ich, die Stadt Istanbul
>
> Habe die Mobilmachung erlebt:
> Kaukasus, Galizien, Dardanellen, Palästina,
> den Schwarzhandel, waggonweise, Typhus, spanische Grippe
> > und die Leute vom «Komitee»,
> > wie auch den langen Schaftstiefel der Deutschen,
> > der uns von 1914 bis 1918
> > > zermalmte und zerstörte.
> Zucker: Unerreichbar wie ein kostbares Geschmeide und unauflösbar,
> Lampenöl: aufgelöst zum Preis von Gold?
> jene biederen, arbeitsamen, elenden Istanbuler
> verbrannten ihren Urin in Lampen der Fünfergröße.
> Sie aßen Maiskolben, Gerstenkörner und die Samen der Besenheide
> Die Hälse der Kinder wurden nicht größer als ein Strohhalm.
>
> Unterdessen floß der Rheinwein in Tarabya,
> in den Petits Champs und im Klub der Prinzeninsel.

Nach der Niederlage gerät die Stadt unter die Kontrolle von Staaten, deren Vertreter mit «unseren eigenen Schweinehunden», dem Sultan Vahîdeddîn (1918–1922) und seinem Großwesir und Schwiegersohn Ferîd Pascha, zusammenarbeiten. Es gibt eine «Vereinigung der Freunde der Engländer» und Anhänger eines amerikanischen Mandats, die sich von der Annäherung an die Westmächte, das Überleben der Resttürkei versprechen.

> Im vergangenen Herbst
> lieferten sie mich vier Staaten aus,
> > vier Staaten mit blutunterlaufenen Augen,
> > > mich, nackt und bloß wie ein Neugeborenes.
> Meine Brüste sind ausgetrocknet und voller Blut.
>
> Ich, die Stadt Istanbul,
> Franzosen, Engländer, Italiener, Amerikaner,
> und auch Griechen,
> dann noch die armseligen Neger aus Afrika
> > sie machen mich kaputt auf der einen Seite
> Auf der anderen Seite unsere eigenen Schweinehunde:
> Vahdettin, der Sultan,
> > und sein Schwiegersohn Ferid,
> die «Freunde der Engländer» und die Anhänger des Mandats.

Beyoğlu im blau-weißen Fahnenschmuck

Im Weltkrieg gelang es den Osmanen nicht, den von Süleymân Nâzıf geforderten Abstand zu den feindlichen Nachbarn zu vergrößern. Im Gegenteil, der Pariser Vorortsfriede von Sèvres (10. August 1920) sah die Aufteilung Anatoliens unter den Siegern vor. Istanbul sollte nach diesem Vertrag allerdings die Hauptstadt einer Resttürkei bleiben.

Wenige Wochen nach der Kapitulationserklärung auf einem englischen Kriegsschiff in der Bucht von Mudros (31. Oktober 1918) betrat der Kommandant der französischen Besatzungstruppen, General Franchet d'Esperey, auf dem Kriegsschiff *Patrie* aus Saloniki kommend, am 23. November 1918 zum ersten Mal Istanbul. Süleymân Nâzîf schrieb nach einem zweiten, aufwendig inszenierten Einmarsch d'Espereys am 8. Februar 1919 einen weiteren einflußreichen Zeitungsartikel über den General, der auf einem Schimmel von Sirkeci über die Galatabrücke nach Beyoğlu ritt, wo sich zahlreiche griechische Häuser im blau-weißen Fahnenschmuck zeigten.

Zwischen beiden Auftritten d'Espereys hatten sich entscheidende Dinge ereignet: Die deutschen Truppen wurden auf den Prinzeninseln interniert, der Botschafter hatte im Sinne des Waffenstillstands die Stadt verlassen. Am 21. Dezember 1918 löste sich das Parlament auf. Wenige Tage später erschien ein griechisches Kriegsschiff vor İzmir. Die starken Männer des jungtürkischen Regimes Enver und Cemâl wurden aus dem Heer ausgestoßen. Nazîfs Artikel «Ein Schwarzer Tag» erschien trotz der herrschenden Zensur auf der Titelseite der Zeitung *Hadîsât* in einem Trauerrand.

Die Freudenkundgebungen beim gestrigen Einmarsch des französischen Generals in unsere Stadt durch einen Teil unserer Mitbürger hat in den Herzen und der Geschichte der Türken und Muslime eine Wunde geschlagen, aus der für alle Ewigkeit Blut fließen wird. Es mögen noch Jahrhunderte vergehen, selbst wenn sich die heutige Trauer und Ungunst des Schicksals in Freude und Glück verwandelt haben mag, diese wehe Stelle wird spürbar bleiben und wir werden diesen Kummer und Schmerz Kindern und Kindeskindern, von Geschlecht zu Geschlecht als ein zu beweinendes Vermächtnis übertragen.

Der Artikel fährt mit heftigen Angriffen auf «einen Teil der Bevölkerung» fort, mit dem natürlich die Griechen gemeint waren. Sie verdankten den Osmanen die Fortdauer ihrer Existenz und ihrer Sprache und sie antworteten ihnen mit jenem «schadenfreudigen Spektakel»!

Die Türkei schien im Ausland keine Freunde mehr zu haben. Um so größer war der Eindruck, den ein offener Brief des französischen Schriftstellers Pierre Loti in der Pariser Zeitung *L'Œuvre* auslöste. Der damals weltbekannte Autor, der u. a. einen sentimentalen Türkeiroman *Aziyadé* geschrieben hatte, setzte sich für die Korrektur des «Fehlers» von 1914 ein und plädierte für eine starke Türkei im Bündnis mit Frankreich. In Istanbul kam es im Großen Saal der Universität zu einer Kundgebung der Pierre-Loti-Gesellschaft unter Vorsitz des Thronfolgers Abdülmecîd. Als Redner hatte man Süleymân Nazîf eingeladen. Es ist heute befremdlich, daß Nâzıf den französischen Schriftstellerkollegen, der nachweislich des Türkischen nicht mächtig war, als feinen und verständnisvollen Kenner des altosmanischen Lebensart feierte.

Hâlide Edîb und das Sultan Ahmed Meeting

Die junge Schriftstellerin Hâlide Edîb (Adıvar, 1884–1964) gehörte zu den Teilnehmerinnen der Demonstration am Sultan Ahmed-Platz vom 23. Mai 1919, wo eine riesigen Menschenmenge für die Selbstbestimmung der Türkei eintrat. Hauptredner war der volkstümliche Dichter Mehmed Emîn. Das «Sultan Ahmed Miting» wird in ihrem Roman «Das Flammenhemd» aus der Sicht eines jungen Patrioten geschildert:

Eine Zeitlang wurden wir an das Gitter gedrängt, das den Garten (der Moschee) abschloß. Ich blickte mich um. Die Sultan Ahmed *Rüşdiye* (eine staatliche Schule) gegenüber, sowie alle sich anschließenden Häuser in ihrer Front waren ganz schwarz vor Menschen. Durch die Tramvay-Straße schob sich ununterbrochen ein Menschenzug vorbei. Stumm und still, so daß das Geräusch der Schritte noch lauter klang.

An jenem Tage sah ich zum ersten Male die eigentliche Türkei. Sah die dunklen, abgewandten, geheimnisvollen Teile Istanbuls. Diese Stadtviertel hatten die Mäuler geöffnet und ihre Bewohner ausgespien. Ich sah eine Menge alter Männer und Frauen... Welche Unmenge von Frauen gab es da. Alle mit roten, verweinten Augen. Gesichter, wie sie auf dem Gemälde aus der Französischen Revolution: «Sturm der Weiber auf Versailles» zu sehen sind. Niemand beachtete seinen Vorder- oder seinen Hintermann. Lastträger, junge Intelligenzler, Arbeiter aus Karagümrük, Stambuler Damen, moderne, geschminkte Mädchen mit hochgestöckelten Schuhen standen an diesem Tag Schulter an Schulter gepreßt. Wange an Wange...

Wir bemühten uns, mit aller Kraft durch das Gedränge zu kommen. Wir wollten auf die Stufen des Brunnens des Deutschen Kaisers und von dort aus die Reden anhören. Ein Zug Offiziere und Soldaten arbeitete sich vorwärts. Die dichtgedrängte Menschenmenge gab den Weg frei. Ich sah, daß es lauter Invaliden waren. Der eine humpelte auf Krücken. Der andere hatte nur einen Arm. Ein dritter hatte die Augen geschlossen und hielt sich an einem hinkenden Kameraden fest.

An Hâlide Edîbs Rolle während des *Mitings* erinnert ein kleines Denkmal mit ihrer Büste gegenüber vom Eingang zur Zisterne Yerebatan.

Abb. 37: Das von Mustafâ Kemâl Pascha (Atatürk) 1918/19
bewohnte Haus in Şişli

XXII. Kapitulation und Widerstand

Die Besatzungszeit

Nachdem die Entente ab März 1920 Istanbul auch militärisch kontrollierte, wuchs der Widerstand gegen die Sieger. Der Großteil der Istanbuler Bevölkerung sympathisierte mit dem anatolischen Widerstand, den Mustafâ Kemâl mit wachsendem Erfolg organisierte. In die Stadt strömten jetzt auch russische Flüchtlinge. Insgesamt sollen sich bis zu 150 000 Russen vorübergehend in Istanbul aufgehalten haben. Viele unter ihnen mußten ihren Lebensunterhalt zunächst durch den Verkauf von mitgebrachten Luxusgütern sichern. Ahmed Râsim hat seine Eindrücke 1924 festgehalten:

Nach dem Waffenstillstand füllte sich Istanbul nicht nur mit russischen Flüchtlingen, sondern auch die Schaufenster waren voller eleganter Waren: Objekte aus Elfenbein, silbernes Tischgerät, goldene Platten, französische Spitzen, Hermelinpelze – den Schätzen des zaristischen Rußland. Später erschienen am Strand von Florya (am Marmarameer) Russen, die in Badeanzügen, Männlein und Weiblein, im Meer schwammen. In diesen Jahren gingen die türkischen Frauen noch voll verschleiert. In den Zügen, die wir von Sirkeci nach Makriköy (heute Bakırköy) nahmen, im *Tünel*, mit dem wir von Galata nach Beyoğlu hinauffuhren und in den Straßenbahnen gab es eigene Frauenabteilungen. Als ich eines Tages in der Straßenbahn eine Russin sah, die in aller Seelenruhe ihr Rouge und ihre Puderdose herausnahm und sich schminkte, kannte meine Überraschung kein Ende. Istanbul, die Herrscherin aller Städte, war nicht mehr eine geschlossene Dose. Es wehte ein neuer Wind. Die Kultur des Westens und des Ostens hatte sich miteinander vermischt.

Der Sieg der anatolischen Truppen über die griechische Armee bei Dumlupınar im August 1922 beendete einen fast ununterbrochenen 10jährigen Krieg der Türkei. Noch vor Ausrufung der Republik wurde Ankara zur Hauptstadt erklärt.

Stammtafel des Hauses Osmân

	Ertoğrul
1.	Osmân I. Gâzî (st. 1324)
2.	Orhan (1324–1362)
3.	Murâd I. Hüdavendigâr (1362–1389)
4.	Bâyezîd I. Yıldırım («Der Wetterstrahl») (1389–1402)
	Interregnum: İsâ (st. 1404), Emir Süleymân (st. 1411), Mûsâ (st. 1413), Mustafâ (st. 1422)
5.	Mehmed I. (1413–1421)
6.	Murâd II. (1421–1444, 1446–1451)
7.	Mehmed II. Fâtih («Der Eroberer») (1451–1481)
8.	Bâyezîd II. Velî («Der Heilige») (1481–1512)
9.	Selîm I. Yavuz («Der Grimme») (1512–1520)
10.	Süleymân I. Kânûnî («Der Gesetzgeber», im Abendland: «Der Prächtige») (1520–1566)
11.	Selîm II. (1566–1574)
12.	Murâd III. (1574–1595)
13.	Mehmed III. (1595–1603)
14.	Ahmed I. (1603–1617)
15.	Mustafâ I. (1617–1618, 1622–1623)
16.	«Genç» Osmân II. («Der Junge») (1618–1622)
17.	Murâd IV. (1623–1640)

	Ertoğrul
18.	İbrâhîm «Deli» («Der Verrrückte») (1640–1648)
19.	Mehmed IV. Avcı (1648–1687)
20.	Süleymân II. (1687–1691)
21.	Ahmed II. (1691–1695)
22.	Mustafâ II. (1695–1703)
23.	Ahmed III. (1703–1730)
24.	Mahmûd I. (1730–1754)
25.	Osmân III. (1754–1757)
26.	Mustafâ III. (1757–1774)
27.	Abdülhamîd I. (1774–1789)
28.	Selîm III. (1789–1807)
29.	Mustafâ IV. (1807–1808)
30.	Mahmûd II. (1808–1839)
31.	Abdülmecîd (1839–1861)
32.	Abdülazîz (1861–1876)
33.	Murâd V. (1876)
34.	Abdülhamîd II. (1876–1909)
35.	Mehmed V. Reşâd (1909–1918)
36.	Mehmed VI. Vahîdeddîn (1918–1922)
37.	(Abdülmecîd, Kalif ohne Sultanswürde 1922) (–1924)

Zeittafel zum osmanischen Istanbul

1453 29. 5. Einnahme von Konstantinopel durch Mehmed II.
1459 Baubeginn des Topkapı-Serails (bis 1478).
1484 Privilegien für die orthodoxe Kirche.
1494 Jüdische Exilanten eröffnen eine Buchdruckerei in Istanbul.
1509 Starkes Erdbeben zerstört Istanbul und viele Orte des östlichen Mittelmeerraums.
1514 Schlacht von Çaldıran: Selîm I. besiegt Schah Ismâîl. Überführung zahlreicher Handwerker und Künstler von Täbris nach Istanbul.
1520 Tod des großen Kalligraphen Şeyh Hamdullâh.
1554 Lütfü Paschas Denkschrift über das Kalifat; erstes Kaffeehaus in Istanbul.
1555 Süleymân stiftet eine Medrese zur Ausbildung von Ärzten.
1557 Stärkstes Erdbeben seit 1509.
1567 Druck des ersten armenischen Buchs in Istanbul.
1582 Zerstörung des Observatoriums von Galata auf Grund einer *Fetvâ* des Scheichülislam.
1585 Währungskrise, Abwertung bis 1610.
1586 Murâd III. fordert die Umwandlung der Pammakaristos-Patriarchatskirche in eine Siegesmoschee (Fethîye). Umzug des Patriarchats in den Stadtteil Phanar.
1588 Tod des «Reichsbaumeisters» Sinân.
1589 Janitscharenaufstand in Istanbul (weitere folgen 1591–2).
1599 Aufstellung der von Königin Elizabeth I. an Mehmed III. gesandten Orgel im Serail.
1600 Tod des Dichters Bâkî.
1611 Geburt des bedeutenden Reiseerzählers Evliyâ Çelebi in Istanbul.
1627 Beginn des griechischen Buchdrucks in Istanbul.
1628 Tod des einflußreichen Celvetîye-Scheichs Mahmûd Hüdâ'î.
1631 Dem Cibali-Brand fällt ein Fünftel des Hausbestandes von Istanbul zum Opfer.
1638 Hinrichtung von Kyrillos Lukaris. Der Patriach hatte eng mit den Vertretern Englands und Hollands gegen den Einfluß der katholischen Kirche im Osmanischen Staat kooperiert.
1650 Notenhandschrift des Ali Ufkî.
1698 Der bedeutende Kalligraph Hâfız Osmân stirbt.
1700 Ökonomische Prosperität hält bis ca. 1760 an.
1716 Die Regierung der Donaufürstentümer wird den Mavrokordatos und anderen reichen griechischen Familien aus dem Phanar-Viertel übertragen.
1723 Errichtung des Lustschlosses von Saadâbâd am Goldenen Horn.

1728 Beginn des osmanisch-türkischen Buchdrucks (İbrâhîm Müteferrika), 1746 vorläufig eingestellt.
1730 Die später so genannte «Tulpenzeit» endet mit der Revolte des Patrona Halîl.
1732 Tod des letzten bedeutenden osmanischen Malers Levnî.
1755 Vollendung des Baus der Nûruosmânîye-Moschee.
1812 Pestepidemie in Istanbul.
1831 Erste Nummer des osmanischen Staatsanzeigers; Cholera in Istanbul.
1834 Einführung von Ressortministerien.
1835 Eintreffen der Moltke-Mission.
1838 Sultan Mahmûd II. schafft einen Obersten Rat für Rechtsangelegenheiten; Beginn eines staatlichen Schulwesens (*mekteb-i rüşdîye*); Handelsabkommen mit England.
1839 Reformedikt von Gülhâne. Die Verlesung des «Kaiserlichen Handschreibens» leitet die Reformperiode der Tanzîmât («Verordnungen») ein.
1845 Eröffnung des ersten Fotoateliers in der osmanischen Hauptstadt.
1846 Gründung der Lehrerbildungsanstalt.
1847 Franz Liszt spielt vor Abdülmecîd Variationen über Donizettis Mecîdîye-Marsch.
1851 Hovsep Vartans Roman «Agabi» erscheint in armenischen Lettern.
1855 Kreditgewährung durch britische und französische Financiers; Fertigstellung des Dolmabahçe-Serails; Reformedikt (*Hatt-i Hümâyûn*) mit weitreichenden Garantien für nichtmuslimische Untertanen.
1857 Abschaffung der Kopfsteuer für Nichtmuslime; Eröffnung der «Osmanischen Schule» in Paris.
1859 Gründung der Zivilbeamtenschule (*Mekteb-i Mülkiye*); Şinâsî schreibt seine Komödie «Die Heirat des Dichters».
1865 Ausgedehnte Stadtbrände in Istanbul (Hocapaşa, Gedikpaşa).
1867 Sultan Abdülazîz besucht die Pariser Weltausstellung und London; Aufnahme von Nichtmuslimen in die staatlichen Rüşdîye-Schulen.
1868 Das Galata-Serail-Lyzeum entsteht als Eliteanstalt des reformierten staatlichen Schulwesens; modernes Observatorium in Kandilli am Bosporus.
1873 Aufführung von Nâmık Kemâls Schauspiel «Das Vaterland oder Silistra»; erste osmanische Kunstausstellung; Druck eines modernen medizinischen Wörterbuchs.
1875 Staatsbankrott; Eröffnung der unterirdischen Seilbahn «Tünel» in Galata.
1876 Thronantritt von Abdülhamîd II.; Verkündigung des Grundgesetzes.
1877 Russische Kriegserklärung; die Feldzüge Rußlands auf dem Balkan und in Anatolien lösen eine riesige Flüchtlingsbewegung aus.
1881 Die europäischen Gläubiger erzwingen die Einrichtung einer Staatsschuldenverwaltung.
1882 Gründung der Kunsthochschule in Istanbul.

1888 Deutschland erwirbt die Konzession zum Bau der Anatolischen Bahn.
1889 Flucht Ahmed Rızas nach Paris. Im Exil wird er zum wichtigsten Kopf der «jungtürkischen» Opposition.
1894 Erdbeben in Istanbul.
1896 Besetzung der osmanischen Bank in Istanbul durch armenische Revolutionäre.
1900 25. Thronjubiläum von Abdülhamîd II.
1908 Das von Teilen der Armee gestützte Komitee für Einheit und Fortschritt erzwingt die Wiederinkraftsetzung der Verfassung von 1876; Eröffnung des Parlaments.
1909 Gegenrevolutionäre Bewegung: Meuterei des 1. Armeekorps in Istanbul, Niederschlagung durch die mazedonische Armee; Verbannung des Sultans nach Saloniki.
1913 Direkte Machtübernahme durch das Komitee; der neue Großwesir Mahmûd Şevket Pascha erliegt kurz danach einem Attentat.
1914 Gründung des Istanbuler Konservatoriums und einer sogenannten «Frauenuniversität».
1918 Waffenstillstand von Mudros (30. 10.); Einzug des französischen Generals Franchet d'Esperey in Istanbul (23. 11.).
1920 Eröffnung der Türkischen Großen Nationalversammlung in Ankara durch Mustafâ Kemâl (23. 4.). – Verträge von Sèvres durch die Sultansregierung unterzeichnet (10. 8.).
1922 Der Griechisch-türkische Krieg endet mit der Niederlage der griechischen Invasionsarmee (Dumlupınar 30. 8.); Waffenstillstand von Mudanya (11. 10.); Gesetz über Abschaffung des Sultanats (1. 11.); Flucht Mehmeds VI. nach Malta, der Thronfolger Abdülmecîd wird zum «Kalifen der Muslime» gewählt (18. 11.).
1923 Friede von Lausanne (24. 7.); Ankara wird Haupstadt (13. 10.); Mustafâ Kemâl Präsident der Republik Türkei (29. 10.)
1924 Abschaffung des Kalifats (letzter Selâmlık Abdülmecîds 29. 2., Ausweisung nach Frankreich 4. 3.).

Literaturhinweise

Reisende, die Istanbul zum ersten Mal besuchen, können unter einer wachsenden Zahl von allgemeinen Führern wählen. Ein gelungenes Beispiel bildet das gut ausgestattete «Reise-Taschenbuch» des DuMont Verlags von Andrea Gorys (Istanbul, 4., aktualisierte Auflage, Köln 2008). Auch bei anderen deutschen Verlagen (u. a. Baedeker Allianz, Merian, Michael Müller) sind in den letzten Jahren brauchbare Istanbul-Führer erschienen. Der beste und umfangreichste Kunstführer wurde von dem Byzantinisten Marcell Restle verfaßt, der auch ein feiner Kenner der osmanischen Architektur ist (*Istanbul, Bursa, Edirne, Iznik. Baudenkmäler und Museen*, Stuttgart 1976). Leider ist die erste und einzige Auflage des über 600 Seiten starken Buchs in der Reihe der «Reclams Kunstführer» seit langem vergriffen.

Das Grundwerk für Istanbul von den Anfängen bis in die hochosmanische Epoche stammt von dem langjährigen Direktor der Abteilung Istanbul des Deutschen Archäologischen Instituts, Wolfgang Müller-Wiener (1923–1991). Sein *Bildlexikon zur Topographie Istanbuls. Byzantion, Konstantinupolis, Istanbul bis zum Beginn des 17. Jahrhunderts* (Tübingen: Wasmuth 1977) enthält eine sehr große Zahl von Abbildungen, Plänen und Karten, von denen einige für dieses Buch übernommen werden durften. Türkische Autoren haben sich zweimal an eine enzyklopädische Erfassung ihrer Stadt gemacht. Die erste *İstanbul Ansiklopedisi* von Reşad Ekrem Koçu (1905–1975) wurde beim Tod des Herausgebers mit dem Buchstaben F abgebrochen. Ein von İlhan Tekeli in Verbindung mit der Stiftung für Geschichte (*Tarih Vakfı*) und dem Kulturministerium veranstaltetes achtbändiges Stadtlexikon (*Dünden bugüne İstanbul Ansiklopedisi*, Istanbul 1993–1995) ist opulent illustriert und kann damit auch bei fehlenden oder unzureichenden Türkischkenntnissen einigen Nutzen bringen. Anlässlich der «Second United Nations Human Settlements Conference» (HABITAT II) veranstaltete die Stiftung für Geschichte eine Istanbul-Ausstellung, zu der ein gut gemachter, zweisprachiger Katalog erschienen ist (*Dünya Kenti Istanbul/Istanbul – World City*, herausgegeben von Afife Batur, Istanbul 1996). Türkischkenntnisse sind Voraussetzung, um die Vierteljahresschrift *İstanbul* (seit 1992) bzw. die *İstanbul Araştırmaları* (seit 1997) zu benutzen. Eine allgemeine Einführung in die türkische Geschichte haben Klaus Kreiser und Christoph K. Neumann verfasst (Kleine Geschichte der Türkei, 2. Aufl., Stuttgart 2008). Aus der unüberschaubaren osmanistischen Forschungsliteratur seien zwei herausragende Gemeinschaftsunternehmen hervorgehoben: *Cambridge History of Turkey*, von deren vier Bänden 2009 schon drei erschienen sind, und: H. İnalcık u. D. Quataert (Hrsg.), *Economic and Social History of the Ottoman Empire 1300–1914*, Cambridge 1994.

Anmerkungen

Die in diesem Buch verwendeten Quellen reichen vom 15. bis zum 20. Jahrhundert. Dabei läßt sich nicht immer eine genaue Trennungslinie zwischen literarischen und historischen Texten ziehen: Bauinschriften in gebundener Rede gehören zur osmanischen Literatur, bilden aber zugleich eine wertvolle Geschichtsquelle. Manche Verfasser von Chroniken wie Kemâlpaşa-Zâde im 16. Jahrhundert haben sich eher als Poeten denn als nüchterne Annalisten verstanden.

Von den älteren, in der «Volkssprache» dichtenden Autoren kommen hier Yûnus Emre und Süleymân Çelebî zu Wort. Mesîhî, Bâkî und Murâdî als Vertreter der klassischen «Diwanliteratur» werden an mehreren Stellen, letzterer ausführlicher zitiert. Nâbîs *Hayrîye* wurde zwar in Aleppo verfaßt, enthält aber einige sehnsuchtsvolle Zeilen auf Istanbul. Nedîm, ein Neutöner des frühen 18. Jahrhunderts, wird nicht vergessen (zum größten Teil nach Annemarie Schimmel, Türkische Gedichte vom dreizehnten Jahrhundert bis in unsere Zeit, I. 1973). Unter den wichtigen Namen der Reformzeit (*Tanzîmât*) wurden İbrâhîm Şinâsî und Muallim Nâcî ausgewählt. An der Schwelle zum 20. Jahrhundert steht der Lyriker Tevfîk Fikret.

Der unterhaltsame und unerschöpfliche Evliyâ Çelebî ist an vielen Stellen mit Auszügen aus dem ersten, ganz Istanbul gewidmeten Band seines monumentalen Reisewerks vertreten (R. Dankoff, An Ottoman Mentality. The World of Evliyâ Çelebî, Leiden 2004). Selbstverständlich war auch Ayvânsarâyîs «Garten der Moscheen» nicht zu umgehen (der jetzt auch in englischer Übersetzung von Howard Crane, Leiden 2000, zugänglich ist). Schwerer übersetzbar, aber ebenfalls unverzichtbar war die prunkvolle Prosa des intellektuellen Bürokraten Mustafâ Âlî. An wichtigen Stellen konnte ich mich an Andreas Tietzes Bearbeitungen anlehnen.

Es war unmöglich, eine repräsentative Auswahl aus den Geschichtsschreibern der Osmanen zu treffen. Immerhin kommen Âşıkpaşa-Zâde (in der Übersetzung von Richard F. Kreutel, Vom Hirtenzelt zur Hohen Pforte, Graz 1959), Selanikî, Peçevî, Celâl-Zâde, der Defterdâr Sarı Mehmed, Naîmâ, İzzî, Râşid und Atâ zu Wort. Von Ahmed Cevdet Paşa wurden einige Zeilen aus seinen «Marûzât» und «Tezâkir» übernommen. Autoren von Memoiren wie die Tochter Abdülhamîds, Ayşe Sultan, der Journalist Ahmed Râsim und andere Zeitzeugen der letzten Jahres des Reiches wurden für mehrere Kapitel herangezogen. Mehmed «Çaylak» Tevfîks Istanbul-Zyklus wurde vor vielen Jahren von Theodor Menzel ins Deutsche übertragen. Hier wurde selbstverständlich seine in der «Türkischen Bibliothek» erschienene Übersetzung benutzt (Ein Jahr in Konstantinopel, 1–4, Berlin 1905–1906).

Daß Beispiele aus der nationalistischen Erzählliteratur der Spätzeit, wie die von Ahmet Hikmet Müftüoğlu und Hâlide Edîb (Adıvar), nicht fehlen dürfen, wenn man die Stimmung der vorrepublikanischen Jahre erfassen will, liegt auf der Hand.

Neben den poetischen und narrativen Texten wurde eine Anzahl von Urkunden und Registern ausgewertet. Nur mit ihrer Hilfe können das Funktionieren eines Stiftungskomplexes oder die Besitzverhältnisse der Wohnhäuser am Bosporus illustriert werden.

Unter den hier zitierten nichtmuslimischen Autoren sind der Armenier Kömürciyan für das 17. und der turkophone Orthodoxe Misailidis aus dem 19. Jahrhundert sicher die bekanntesten und ergiebigsten.

Genauere Hinweise zu den Quellen und der wichtigsten Sekundärliteratur finden sich in den Anmerkungen zu den einzelnen Kapiteln. Auf Seitenangaben wurde weitgehend verzichtet, da eine Kontrolle ohnehin nur der kleinen Schar von Osmanisten und Osmanistinnen möglich ist. Diese werden keine Schwierigkeiten haben, die Zitate zu überprüfen.

Ein großer Teil der zitierten Dichter ist in Kindlers Neuem Literaturlexikon (3. Aufl.) vertreten. Joseph von Hammer-Purgstalls vierbändige «Geschichte der Osmanischen Dichtkunst» ist eine «Blüthenlese aus zweytausend, zweyhundert Dichtern» (Pesth 1836–1838). Eine maßgebliche Literaturgeschichte in sechs Bänden ist E. J. W. Gibbs, History of Ottoman Poetry (London 1900–1906). Eine neuere Einführung in die osmanistische Forschung, in der weiterführende Literatur besprochen wird, stammt vom Verfasser (Klaus Kreiser, Der Osmanische Staat, München 2. Aufl. 2008). Eine einzigartige Einführung in die osmanische städtische und ländliche Gesellschaft ermöglicht Suraiya Faroqhi mit ihrem Buch: Kultur und Alltag im Osmanischen Reich; Vom Mittelalter bis zum Anfang des 20. Jahrhunderts (München 1995). Für weitergehende bibliographische Recherchen kann noch auf den «Turkologischen Anzeiger» hingewiesen werden, der seit 1975 in Wien erscheint.

I.

Ein unbekannter Chronist des 15. Jahrhunderts hat die nach der Übersetzung von Friedrich Giese zitierten *Gründungslegenden* gesammelt (Die altosmanischen anonymen Chroniken, Breslau 1925). Eine neue Deutung des Materials stammt von Stéphane Yérasimos (La Fondation de Constantinople et de Sainte-Sophie dans les traditions turques, I. Paris 1990). – Semavi Eyice verdanken wir einen Versuch zur *Toponomastik* der Stadt (İstanbul mahalle ve semt adları hakkında bir deneme, in: Türkiyat Mecmuası 14, 1964). – Über Istanbul in der klassischen osmanischen *Dichtung* hat zuletzt Hatice Aynur referiert (Istanbul in Divan Poetry: 1453–1600, Acta Viennensia Ottomanica 1999). – Das *Herbstgedicht* Bâkîs in der Übersetzung von Annemarie Schimmel steht auch in Barbara Flemmings Einführung in die Hauptgattung der osmanischen Hochliteratur (Das türkische Gasel, in: W. Heinrichs [Hrsg.], Orientalisches Mittelalter, Wiesbaden 1990). – Die *Monatsgedichte* von Tevfik Fikret wurden in die große Anthologie «Büyük Türk Klasikleri» (Bd. 9, I. 1989) aufgenommen. – Über die

Prophezeiung des *Falls von Konstantinopel* an die islamischen Heere, Louis Massignon, Textes prémonitoires et commentaires mystiques relatifs à la prise de Constantinople par les Turcs en 1453 [858 hég.], in: Oriens 6 (1953).

II.

Halil İnalcık hat als Verfasser des Artikels İstanbul in der «Encyclopaedia of Islam» (Bd. 3, Leiden 1978) Daten aus den ältesten Steuerregistern zusammengestellt. Für die jüngeren *Bevölkerungszahlen* vergleiche man: Alan Duben und Cem Behar, Istanbul Households. Marriage, Family and Fertility 1880–1940, Cambridge 1991. – Der Registereintrag zu den *Straßentypen* stammt aus dem «İstanbul Vakıfları Tahrîr Defteri» von 953/1576 (Nr. 1858) hrsg. von Ömer Lütfü Barkan und Ekrem Hakkı Ayverdi (I. 1970). – Die *Urkunde von* 1576 findet sich in einem Artikel von Muzaffer Erdoğan, Mimar Dâvud Ağa'nın Hayatı ve Eserleri. (Türkiyat Mecmuası 12, 1955). – Eine Fallstudie zum traditionellen *Wohnungsbau* ist: Wolfgang Müller-Wiener und Johannes Cramer, Istanbul-Zeyrek, Hamburg 1982. Die Angaben zu den Arten von *Werksteinen* und ihren Preisen stammen größtenteils aus: Mübahat S. Kütükoğlu, Osmanlılarda Narh Müessesesi ve 1640 Tarihli Narh Defteri (I. 1983). Der *Steinmetz* Hasan erscheint in einer Urkunde der sogenannten Ahkâm-Register (İstanbul Esnaf Tarihi 1, I. 1987). Über die hier erwähnte Ayazma Camii schreibt İbrahim Hakkı Konyalı recht ausführlich in seiner Üsküdar Tarihi (Bd. 1, Istanbul 1976). *Mustafâ Âlîs* «Handbuch für den guten Ton» wurde von Andreas Tietze erschlossen (Mustafâ Âlî on the Luxury and the Status Symbols of Ottoman Gentlemen, in: Studia Turcologica Memoriae Alexii Bombaci Dicata, Napoli 1982). Die detaillierte Beschreibung von *Mehmed Sokullus* Serail erfolgte auf Grund einer von Sedad Hakkı Eldem, in: Türk Evi Osmanlı Dönemi II (I. 1986) veröffentlichten Urkunde. – Paul Dumont und François Georgeon werteten unter dem Titel: Un Bourgeois d'Istanbul au début du XXe siècle das *Notizbuch Sa'îd Beys* (Turcica 17, 1985) aus. – *Mıntzurıs* Erinnerungen erschienen zunächst unter Pseudonym in armenischer Sprache, hier wird die türkische Übersetzung von Silva Kuyumcuyan, Istanbul Anıları (1897–1940), I. 1993, benutzt. – Ahmed Râsims Liste der *Ausrufe von Straßenhändlern* stammt aus seiner Artikelsammlung Eşkâl-i Zamân (I. 1334/1918). – Viel Text- und Bildmaterial zu den *Straßenbahnen* enthält Çelik Gülersoy, Tramvay İstanbul'da (I. 1989). – Sadri Semâs Beschreibung der *Pferdebahnen* wurde nach seinen Eski İstanbul Hatıraları, (2. Aufl. I. 1991) wiedergegeben. Über die *Galatabrücke* und ihre Vorgängerinnen hat Burçak Evren ein anekdotengesättigtes Buch publiziert (Galata Köprüleri Tarihi, I. 1994).

III.

Das monumentale Werk von Kâzım Çeçen über die *Wasserversorgung* Istanbuls wurde an mehren Stellen für dieses Kapitel herangezogen

(İstanbul'da Osmanlı Dönemi Suyolları, I. 1999). Eine neue Monografie zum Thema von Noyan Dinçkal berücksichtigt auch die älteren Epochen im Überblick (Istanbul und das Wasser. Zur Geschichte der Wasserversorgung und Abwasserentsorgung von der Mitte des 19. Jahrhunderts bis 1966, München 2004). – Die Beauftragung *Sinâns* mit der Bewässerung der Serailgärten folgt der Lebensgeschichte des Baumeisters (Metin Sözen und Suphi Saatçi [Hrsg.], Mimar Sinan ve Tezkiret-ül Bünyan, I. 1989). Zum hier beschriebenen *Wasserrad* vgl. man: Hülya Tezcan, Topkapı Sarayında Büyük Su Haznesi «Dolab Ocağı», in Eyice Armağanı, I. 1992. – Zu den osmanischen Dampfbädern (*Hammams*) kann man jetzt einen kleinen Führer mit guten Aufnahmen heranziehen (Orhan Yılmazkaya, Turkish baths, a light on to a tradition and culture, A guide to the historic Turkish baths of Istanbul, I. 2003). – Über die *Wand- und Platzbrunnen* haben zahlreiche Autoren gearbeitet. Von allgemeiner Bedeutung mit erschöpfenden Literaturangaben ist die schöne Monographie über die Istanbuler Brunnen zur Zeit Ahmeds III. von Hatice Aynur und Hakan T. Karateke (III. Ahmed Devri İstanbul Çeşmeleri, I. 1995).

IV.

Yedikule: Die Beobachtung zur Renaissance-Architektur stammt vom Marcell Restle (s. o.). – Über die Entstehung des Amtes des *Scheichülislams* s. die detaillierte Untersuchung von: R. C. Repp, The Müftü of Istanbul. A Study in the Development of the Ottoman Learned Hierarchy, London 1986.

V.

Der alten Istanbuler *Hauptstraße* hat der Urbanist und Architekt Maurice Cerasi ein Buch mit zahlreichen Plänen gewidmet (The Istanbul Divanyolu, Würzburg 2004). – Zur Rolle der *Armee* in den klassischen Jahrhunderten, s. Rhoads Murphey, Ottoman Warfare 1500–1700, London 1999. – Melek Ahmed Pascha als Organisator der Parade auf dem *Divanyolu* steht im Mittelpunkt einer auf Evliyâ Çelebî beruhenden Darstellung von Robert Dankoff, The Intimate Life of an Ottoman Statesman (New York 1991).

VI.

Zum *Neuen Serail* in den ersten beiden Jahrhunderten nach seiner Entstehung: Gülru Necipoğlu, Architecture, Ceremonial, and Power. The Topkapı Palace in the Fifteenth and Sixteenth Centuries, Cambridge/Mass. 1991. Semih Tezcan veröffentlichte die Aufstellung der Ausgaben für das *Gastmahl von* 1539 unter dem Titel: Bir Ziyafet Defteri, in: Das Osmanische Reich in seinen Archivalien und Chroniken. Nejat Göyünç zu Ehren (I. 1997). Ahmed Refiks Aufzeichnungen zum Zeremoniell beim Ableben *Abdülhamîd II.* findet sich in der mit Abdurrahmân Şeref herausgegebenen Schrift: Sultan Abdülhamîd-i sânî'ye dâir (I. 1918).

VII.

Zum *Konstantinsgrab*, s. Franz Taeschner, Ein altosmanischer Bericht über das vorosmanische Konstantinopel, in: Annali, Scritti in Onore di Luigi Bonelli 1 (1940). – Zur *Schlangensäule*: V. L Ménage, The Serpent Column in Ottoman Sources, in: Anatolian Studies 14, 1964. – Nurhan Atasoys Monographie zum *Serail des İbrâhîm Pascha* wertet eine Fülle osmanischer und westlicher Quellen aus (İbrahim Paşa Sarayı, I. 1972). Zur Herkunft der *Statuen* vor bzw. innerhalb des Serails Lajos, siehe Vayer, Die Statuen antiker Götter im Hofe des Corvinus-Palastes in Buda, in: Orient und Okzident im Spiegel der Kunst. Festschrift Heinrich Gerhard Franz, Graz 1986. – Über die *Reiterspiele* hat Max Frh. von Oppenheim unter Heranziehung türkischer Quellen gearbeitet. Seine Übersetzung des Atâ wurde hier eingefügt (Der Djerid und das Djerid-Spiel, in: Islamica 2, 1927).

VIII.

Allgemeines zur *Wirtschaftsgeschichte* enthält der in der Bibliographie genannte Band von İnalcık und Quataert. Die Versorgung Istanbuls mit *Lebensmitteln* wurde unter anderem von Rhoades Murphey untersucht (Provisioning Istanbul, in: Food and Foodways 2, 1988). – Über *Bedestens* vgl. Klaus Kreiser, Bedesten-Bauten im Osmanischen Reich. Ein vorläufiger Überblick auf Grund der Schriftquellen, in: Istanbuler Mitteilungen 29, 1979. Handelsbauten sind auch Gegenstand von: Mustafa Cezar, Typical Commercial Buildings of the Ottoman Classsical Period and the Ottoman Construction System, I. 1983.

IX.

Alle Werke zur islamischen und osmanischen Kunst widmen dem *Moscheebau* umfangreiche Kapitel. Über die kulturgeschichtliche Rolle der Moschee berichtet ein Aufsatz des Verfassers in «Türkische Kunst und Kultur aus osmanischer Zeit» (Ausstellungskatalog Hrsg. vom Museum für Kunsthandwerk der Stadt Frankfurt in Verbindung mit dem Villa Hügel e. V., 2. Aufl. Essen, 2 Bde.). Unverzichtbar sind die folgenden drei Titel: Godfrey Goodwin, A History of Ottoman Architecture, London 1971; Ekrem Hakkı Ayverdi; Osmanlı Mi'mârisinde Fâtih Devri, 2 Bde., I. 1973–1974; Pars Tuğlacı, Osmanlı Mimarlığında Batılaşma Dönemi ve Balyan Ailesi, I. 1981. Hinzu kommt eine wachsende Zahl von Arbeiten über Sinân. Hier muß ein Verweis auf den Werkkatalog von Aptullah Kuran genügen (Mimar Sinan, I. 1986). Der *Konflikt zwischen den Vorbetern* wurde nach einem der Ahkâm defteri des 18. Jahrhunderts dargestellt. – Über die Herkunft der *Säulen der Süleymaniye*, siehe die Dokumente bei Ömer Barkan (Süleymaniye Cami ve İmareti İnşaatı, 2 Bde., Ankara 1972–1979). – Das Material zur *Stiftung des Mahmûd Pascha* stammt zum größten Teil aus dem oben bei II. genannten Register. Eine neue Monographie über

Mahmud Pascha von Theoharıs Stavrides fördert das Verständnis einer ganzen Epoche: The Sultan of Vezirs. The Life and Times of the Ottoman Grand Vezir Mahmud Pasha Angelović (1453–1474), Leiden 2001. Die einzige Arbeit über die *Küchen der Stiftungskomplexe* bleibt Süheyl A. Ünver, Fâtih Aşhânesi Tevzi'-Nâmesi (I. 1953), auf die hier zurückgegriffen wurde.

X.

Die Istanbuler *Erdbeben* zwischen 1500 und 1800 wurden in den Katalog von N. N. Ambraseys und Caroline F. Finkel aufgenommen (The Seismicity of Turkey and Adjacent Areas. A Historical Review, 1500–1800, I. 1985). Tevfik Fikrets Erdbeben-Gedicht ist in der Ausgabe von Fahri Uzun (I. 1962) abgedruckt. Zu *Brandkatastrophen* allgemein, siehe Alfons Maria Schneider, Brände in Konstantinopel, in: Byzantinische Zeitschrift 41, 1941; zum Feuer von 1782 die Harik Risâlesi des Dervîş Efendi-Zâde Mustafâ Efendi (hrsg. von Hüsamettin Aksu (I. 1994). Die sogenannte Menâkıb-ı Sultân Süleymân des Eyyûbî wurde von Mehmet Akkuş ediert (Ankara 1991). Sie enthält den Bericht über den *Einsturz des großen Aquädukts*.

XI.

Über die Lage der «*Schutzbefohlenen*» auf dem Höhepunkt der osmanischen Machtstellung, s. Karl Binswanger, Untersuchungen zum Status der Nichtmuslime im Osmanischen Reich des 16. Jahrhunderts. Mit einer Neudefinition des Begriffs Ḏimma (München 1977). – *Fetvâs*, u. a. mit Bestimmungen für Nichtmuslime, enthält die Sammlung von M. Ertuğrul Düzdağ, Şeyhülislâm Ebussuûd Efendi Fetvaları Işığında 16. Asır Türk Hayatı (I. 1972). Die Übersetzung ist angelehnt an Paul Horster, Zur Anwendung des islamischen Rechts im 16. Jahrhundert (Stuttgart 1935). – Die *Karamanli-Grabinschrift* wurde neben anderen publiziert in Erich Prokosch, Osmanische Grabinschriften, Berlin 1993. – Eine Gesamtdarstellung der *Kirchen der Armenier* ist Pars Tuğlacı, İstanbul Ermeni Kileseleri/ Armenian Churches of Istanbul, I.1991. Zur Lage der Armenier in der Zeit Mahmûd II.: Kemal Beydilli, II. Mahmud Devri'nde Katolik Ermeni Cemâati ve Kilisesi'nin Tanınması (1830), Cambridge/Mass. 1995. – Das gut lesbare Standardwerk über die *griechische Kirche in türkischer Zeit* von Steven Runciman, The Great Church in Captivity, ist auch in deutscher Sprache zugänglich (Das Patriarchat von Konstantinopel vom Vorabend der türkischen Eroberung bis zum griechischen Unabhängigkeitskrieg, München 1970). – Über die *Wohnweise der Juden* berichtet Mina Rozen, Public Space and Privat Space among the Jews of Istanbul in the Sixteenth and Seventeenth Century, in: Turcica 30, 1998. Dem Schicksal der Esther *Kira* hat sich als erster gründlich Johann Heinrich Mordtmann zugewandt (Die jüdischen Kira im Sarai der Sultane, in: Mitteilungen des Seminars für Orientalische Sprachen 1929). Material zu den christlichen und jüdischen *Friedhöfen* enthält das bei Kapitel XIII. genannte Buch von Laqueur.

XII.

Zum islamischen *Kalender* geben alle Handbücher Auskunft (z. B. Lexikon der Islamischen Welt, Neuausgabe, Stuttgart 1992). – Aus Sadri Semâs Erinnerungen wurde schon oben im II. Kapitel zitiert. – Jan Rypkas Artikel über *Sâbits Ramazanîye* bleibt bis heute eine der eindringlichsten Analysen eines osmanischen Dichters (in: Islamica 3, 1927). Über die *Muvakkithane* gibt es nur einen vorläufigen Überblicksartikel (A. S. Ünver, Osmanlı Türkleri İlim Tarihinde Muvakkithaneler, in Atatürk Konferansları 1972). Eine erste Gesamtdarstellung der osmanischen Uhrtürme ist Klaus Kreiser: Ottoman Clock towers: a preliminary survey and some general remarks on construction dates, sponsors, locations and functions, in: Essay in honour of Ekmeleddin İhsanoğlu, compiled by Mustafa Kaçar, I. 2006.

XIII.

Mehrere Autoren haben sich mit dem *Grabkult der osmanischen Herrscher* befaßt. Dazu gehören verschiedene Beiträge einer wissenschaftlichen Konferenz: Cimetières et traditions funéraires dans le monde islamique, Hrsg. von Jean-Louis Bacqué-Grammont, 2 Bde. (Ankara 1996), und als eines der lesenswertesten Bücher zur osmanischen Kulturgeschichte Nicolas Vatin und Gilles Veinstein: Le sérail ébranlé. Essai sur les morts, dépositions et avènements des sultans ottomans (XIVe–XIXe siècles), Paris 2003. – Über die Friedhöfe allgemein: Hans-Peter Laqueur, Osmanische Friedhöfe und Grabsteine in Istanbul (Tübingen 1993). – Michael Rogers ist die Bemerkung über den *Blumenschmuck am Grab Süleymâns* zu verdanken (Ottoman religious ceremonial in two late 16th century meremmât defters for Süleymaniye, in: Acta Viennensia Ottomanica, Wien 1999). Die Worte über die letzten *Tage Selîms II.* stammen aus dem biographischen Sammelwerk des Taşköprü-Zâde (Eš- Šaqâʿiq en-Noʿmânijje, Konstantinopel-Galata 1927, Reprint Osnabrück 1978) in der Verdeutschung von Oskar Rescher.

XIV.

Die umfassende, zahlreiche Schriftquellen verwertende Darstellung von *Saadâbâd* ist von Sedad Hakkı Eldem (Saʿdabad, I. 1977). Ahmed Râsims Artikel zu *Makriköy* steht in seinen Şehir Mektupları (Istanbul 1328–9/1912–3). – Die *Parkordnung für Gülhane* ist in Osmân Nûrî Ergins Buch über die Istanbuler Bürgermeister abgedruckt (Istanbul Şehireminleri, I. 1996).

XV.

Zu den *Derwischerien:* Raymond Lifchez (Hrsg.), The Dervish Lodge. Architecture, Art und Sufism in Ottoman Turkey, Berkeley 1992. *Derwischkostüme* werden detailliert behandelt von Helga Anetshofer und Hakan T. Karateke, Traktat über die Derwischmützen, Leiden: Brill 2001. – Speziell zu *Kocamustafapaşa* Nazif Velikahyaoğlu, Sünbüliye Tarikatı (I. 1999). Zu den Bektaşîkonventen, s. Burhan Kocadağ, Şahkulu Dergâhı ve İstanbul Bektaşi tekkeleri, I. 1998. Über Yakup Kadri Karaosmanoğlu, den Autor des *Nûr Baba*, geben alle Nachschlagewerke zur türkischen Literatur Auskunft.

XVI.

Âşıkpaşa-Zâdes Bericht über *Rumeli Hisarı* wird erneut in der Übersetzung von Kreutel zitiert. – Ein einfühlsamer Artikel über die Bebauung der Bosporusufer stammt von Klaus Tuchelt, Uferpaläste osmanischer Zeit am Bosporus, in: Zeitschrift für Kulturaustausch 12, 1962. Das hier ausgewertete *Verzeichnis der Ufervillen* wurde im Faksimile von Cahit Kayra und Erol Üyepazarcı herausgegeben (İkinci Mahmut'un İstanbul'u, I. 1992). – Wolfgang Müller-Wieners posthum erschienenes Werk, Die Häfen von Byzantion, Konstantinopolis, Istanbul (Tübingen 1994) wird lange Zeit die wichtigste Quelle für das *maritime Istanbul* bleiben. Die «Glückbringende Gesellschaft» wurde von E. Tutel in einem neueren Buch erschöpfend dargestellt (Şirket-i Hayriye, I. 1994). – Die *Bosporus-Schlösser* des 19. Jahrhunderts behandelt Pars Tuğlacı in seinem schon unter IX. genanntem Band über die Baumeisterfamilie Balyan. – *Süleymân Paschas* Aufzeichnungen (Hiss-i Inkılâb, I. 1910) wurden von Robert Devereux in Middle Eastern Studies 15, 1979 ins Englische übersetzt. Diese Version liegt dem deutschen Text zugrunde.

XVII.

Zum osmanischen *Schul- und Hochschulwesen* gibt es nur wenige Veröffentlichungen in nichttürkischer Sprache. Das Hauptwerk über die Istanbuler Schulen ist: Osman Ergin, İstanbul Mektebleri ve İlim, Terbiye ve San'at Müesseseleri dolayısile Türkiye Maarif Tarihi, 5 Bde, I. 1939–1943. – *Ömers Kindheit* wurde schon im 19. Jahrhundert von dem Osmanischliebhaber Adalbert Merx ins Deutsche übersetzt (Aus Muallim Nadschis Sünbüle. Die Geschichte seiner Kindheit, Berlin 1898). – Die *Statistik der Mektebs* wurde von Turgut Kut übernommen (İstanbul Sıbyan Mektebleriyle İlgili Bir Vesika, in: Journal of Turkish Studies 1, 1977). Die Schulerinnerungen des «Aşçıdede» İbrâhîm Halîl finden sich bei Ergin, a.a.O. Als Einführung in die Funktion der *Medrese* im Rahmen der İlmîye-Verwaltung kann empfohlen werden: Hans Georg Majer, Vorstudien zur Geschichte der İlmiye im Osmanischen Reich, München 1978. – *Takîeddîns Ernennungsdiplom* wurde von J. H. Mordtmann veröffentlicht (Das Observatorium des Taqī ed-dīn zu Pera, in: Der Islam 13, 1923). – Über *Osman Hamdî* als Künstler und Kunstmanager, Mustafa Cezar, Sanat'ta Batıya Açılış ve Osman Hamdi, 2 Bde., 2. Aufl. I. 1995.

XVIII.

Taşköprü-Zâde wurde schon in den Anmerkungen zu XIII. zitiert. – Zum osmanischen *Bibliothekswesen* gibt es außer Giambatista Toderinis immer noch nicht ganz gewürdigtem Werk aus dem 18. Jahrhundert (seine Letteratura Turchesca, 3 Bde., Venezia 1787 erschien 1790 in Königsberg auch auf deutsch!) nur wenig Material in westlichen Sprachen. Die wichtigsten hier verwendeten Beiträge stammen von İsmail E. Erünsal (z. B. die reichhaltige Textsammlung Kütüphanecilikle ilgili Osmanlıca Metinler ve Belgeler, I. 1990. – Über die *Druckerei* im allgemeinen Klaus Kreiser (Hrsg.), The Beginnings of Printing in the Near and Middle East: Jews, Christians and Muslims (Wiesbaden 2001). – Das Zitat über die Anfänge des *Korandrucks* findet sich in den Tezâkir betitelten Aufzeichnungen Ahmed Cevdets.

XIX.

Zu den *Militärreformen* unter Selîm III., s. Stanford J. Shaw, Between Old and New. The Ottoman Empire under Sultan Selim III, 1789–1807, Cambridge/Mass. 1971. – Während des Ersten Weltkriegs druckte der englische Intelligence Service ein «Handbook of the Turkish Army», von dem ein moderner Reprint im Handel ist. – Refi Cevad Ulunays *Gefängniserinnerungen* erschienen unter dem Titel Sürgün Hatıraları in zweiter Auflage I. 1999.

XX.

Zu Bâkîs berühmter *Weingasele*, s. Jan Rypka, Báqi als Ghazeldichter (Praha 1926). – Ahmed Râsims *Rakikunde* erschien zuerst 1927 in der Zeitschrift Resimli Ay. Eine sprachlich vereinfachte Fassung findet sich in dem Band: Anılar ve Söyleşiler, hrsg. von Nuri Erten (I. 1983). – Ein Artikel über das Aufkommen des *Tabaks* im osmanischen Reich: Sabine und Thomas Höllmann, Teuflische Gelüste. Einige Bemerkungen zum Tabakgenuß im Osmanischen Reich, in: Diplomaten und Wesire. Krieg und Frieden im Spiegel türkischen Kunsthandwerks, München: Staatliches Museum für Völkerkunde 1988. – Über die Rolle der *Kaffeehäuser*, s. François Georgeon, Les cafés à Istanbul à la fin de l'Empire ottoman», in: H. Desmet-Grégoire und F. Georgeon (Hrsg.), Cafés d'Orient revisité, Paris 1997. – Mehmed Tevfiks Plaudereien stammen aus den von Theodor Menzel übersetzten Helva Sohbetleri. Ahmed Midhats Sürûrî ist eine Figur aus der Erzählung Nasib – Bekarlık Sultanlık mı Dedin (I. 1294/1878/9). – Das Atâ'î-Zitat am Ende des Abschnitts ist aus den Sohbetü'l-Ekbâr. – Hellmut Ritter hat nahezu das gesamte Korpus des spätosmanischen *Karagöz* ins Deutsche übersetzt. «Der Schreiber» findet sich im 2. Band (1941) der dreiteiligen Serie «Karagös». Eine Einführung in die Kultur des *Kanto* von Cemil Ünlü, Direklerarası'ndan Pera'ya Kanto, I. ca 1999, enthält auch Hörproben auf Compactdisc. Die *Theateraufführungen im Yıldız-Serail* sind in den Erinnerungen von Ayşe Osmanoğlu, Babam Sultan Abdülhamid (I. 1960) aufgezeichnet. – Ahmed Cevdet hat seine Beobachtungen zu *Päderastie* in den Marûzât festgehalten. Die *Bordellszene* wurde nach der 2. Auflage von Misailidis, Seyreyle Dünyayı, hrsg. von Robert Anhegger und Vedat Günyol, I. 1988, übersetzt. – Armin Vámbérys deutsche Wiedergabe von Şinâsî erschien in: Der Islam im 19. Jahrhundert, Leipzig 1875. – Ahmed Râsims Fuhş-i Atik wurde zuerst 1922 gedruckt, später kamen modernisierte Fassungen auf den Buchmarkt.

XXI.

Zeynep Çelik, The Remaking of Istanbul. Portrait of an Ottoman City in the Nineteenth Century, Seattle 1986, befaßt sich vor allem mit den z. T. nur geplanten, z. T. aber auch verwirklichten *Veränderungen im Stadtbild*. «Mein Neffe» mit dem Monolog des Onkels über die beiden Kulturen gehört zu Ahmed Hikmets 1317/1888 erschienenem Buch Haristân ve Gülistân. Seine Erzählung vom idealistischen *Jüngling Turhan* ist Bestandteil der Sammlung Çağlayanlar (I. 1338/1922) und wurde häufig aufgelegt. Das Zitat zu den arabischen *Parlamentsabgeordneten* ist aus Sabine Prätor, Der arabische Faktor in der Jungtürkischen Politik. Eine Studie zum osmanischen Parlament der II. Konstitution (1908–1918), Berlin 1993. *Ahmed Rızas Briefe* hat Şükrü Hanioğlu in seinem Buch The Young Turks in Opposition, Oxford 1995, bekanntgegeben.

XXII.

Süleymân Nazîfs Rede wurde 1916 und 1917 gedruckt. Hier wurde eine Wiedergabe in lateinischer Schrift aus der Anthologie Büyük Türk Klasikleri verwendet. – Der Artikel über den Einmarsch der Franzosen wurde zuerst in der Tageszeitung Hadîsât veröffentlicht. *Hâlide Edîbs Roman* «Das Flammenhemd» erschien schon kurz nach dem türkischen Original in deutscher Übersetzung von Heinrich Dorn, die hier geringfügig verändert zitiert wird (Wien 1923). – *Nâzım Hikmets* «Lesedrama» über den nationalen Widerstand (Kuvâyi Milliye) wurde ca. 1939–1941 in freien Versen verfaßt und wird heute unter dem Namen «Epos des Befreiungskampfs» (Kurtuluş Savaşı Destanı) auch auf der Bühne aufgeführt.

Bildnachweis

Autor und Verlag danken den nachfolgend aufgeführten Bildgebern für die freundlich erteilte Reproduktionserlaubnis:
Abbildungen 1 (28) und 10 (109): Archiv für Kunst und Geschichte, Berlin
Abbildungen 5 (80), 20 (189), 33 (251): Deutsches Archäologisches Institut, Istanbul
Abbildung 27 (225): Dr. Wolfgang Radt, Istanbul
Die Lithographie Seite 168/169 hat Herr Prof. Robert Dankoff (Chicago) zur Verfügung gestellt.
Alle anderen Abbildungen stammen aus dem Privatarchiv des Autors.

Alle Pläne wurden folgender Publikation entnommen:
Wolfgang Müller-Wiener, Bildlexikon zur Topographie Istanbuls. Byzantion – Konstantinupolis – Istanbul bis zum Beginn des 17. Jahrhunderts (Unter Mitarbeit von Renate und Wolf Schiele mit einem Beitrag von Nezih Fıratlı), hrsg. von: Deutsches Archäologisches Institut. 1977. Verlag und Autor danken dem Verlag Ernst Wasmuth, Tübingen, für die freundlich erteilte Abdruckerlaubnis.
Plan 5 wurde entnommen: Gülru Necipoğlu, Architecture, Ceremonial, and Power. The Topkapi Palace in the Fifteenth and Sixteenth Centuries. Cambridge, Massachusetts, and London, England. 1991.

Glossar

Bei nicht-türkischen Begriffen ist jeweils die Herkunft angegeben.

ağa (mongol. «älterer Bruder»): Herr, Dorfoberhaupt, Großgrundbesitzer; Offizierstitel, z. B. Oberbefehlshaber der Janitscharen
akçe («Weißling»): Silbermünze, in späteren Jahrhunderten oft nur noch als Recheneinheit verwendet, vgl. *kuruş*
âlim (arab.): Gelehrter, vgl. *ulemâ*
ârasta (pers.): Straße mit gleichförmigen Geschäften
asker (latein.-arab.): Soldat
bâb (arab.): Tor
bedesten (arab.-pers.): Tuchmarkt, Basargebäude für Luxuswaren
beg, bey: Herr, auch Offizierstitel
bent (pers.): Staubecken
boza: Hirsebier (die Herkunft des Wortes ist umstritten)
bulvar (franz.): Boulevard
derviş (pers.): Angehöriger einer mystischen Bruderschaft
dirhem (griech.-arab.): Silbermünze («Drachme»)
divan (pers.): 1. großherrliche Ratsversammlung unter Vorsitz des Großwesirs, 2. Sammlung von Gedichten, 3. das bekannte Sitzmöbel
efendi (griech.): feiner Herr, Titel von *ulemâ* und Beamten
fermân (pers.): großherrliches Edikt, Befehl
fetvâ (arab.): gutachterliche Stellungnahme eines *müfti* zu Rechtsfragen
gâzî (arab.): Sieger, Kämpfer in einem Krieg, Beiname von Feldherrn und Sultanen
hammam (arab.): klassisches Dampfbad
han: 1. alttürk. Herrschertitel, 2. (pers.) Wirtschaftsbau, traditionelles Gästehaus; auch Karawanserei
Janitschar (türk. *yeniçeri* «Neue Truppe»): Angehöriger des stehenden, besoldeten Heeres
kadı (arab.): Richter, Kadi
kaldırım: Gepflasterte Straße, Bürgersteig
kale (arab.): Festung, Burg
kapı: Tor, Tür, auch stellvertretend für Amtsgebäude
kethüdâ (pers.): Vorstand einer Zunft, «Haushofmeister»
kıraathane (arab.-pers.): im 19. Jahrhundert entstandenes «Zeitungscafé»
konak: besseres, mehrstöckiges Stadthaus
kule (arab.): Turm
kuruş (ital. *grosso* in tschech. Aussprache): kleine Münze
mahalle (arab.): kleines, oft ethnisch-religiös homogenes Wohnviertel
meddâh (arab.): «Märchenerzähler»

medrese (arab.): Lehranstalt für die Vermittlung der Traditionswissenschaften und des Rechts
mehter (pers.): Janitscharenkapelle
mescid (arab.): Moschee, im türk. Sprachgebrauch für Gemeindemoscheen ohne Freitagskanzel (*minber*)
mesire (arab.): Ausflugsort
muvakkithane (arab.-pers.): Gebäude für Astrologen/Astronomen bei einem Moscheekomplex
müfti (arab. heute *müftü*): Gelehrter, der befugt ist, eine Rechtsauskunft (s. *fetvâ*) zu erteilen
nâhiye (arab.): Stadt- bzw. Landbezirk (unterhalb eines Gerichtssprengels)
okka (arab.): Gewichtseinheit (1283 g)
para (pers.): Geld, Münzeinheit
pazar (pers.): meist Wochenmarkt
paşa (pers.): Pascha, militär. Rang, ab dem 18. Jh. auch für hohe Zivilbeamte
pîr (pers.): Patron einer Bruderschaft
sakâ (arab.): Wasserträger
Scheichülislam (arab.): Oberhaupt der *ulemâ*, ursprünglich Titel des *müfti* von Istanbul
sipâhî (pers. «Reiter»): Lehensreiter, Nutznießer eines *timâr*
subaşı: «Stadtkommandant», «Kommandant der Stadtwache»
sultan (arab. «Gewalt», «Herrschaft»): bezeichnet seit dem 11. Jahrhundert einen Souverän. In nachgestellter Form bei den Osmanen als Titel für Mütter, Gattinnen und Töchter des Herrschers (z. B. Valide S., Hasekî Hürrem S.). Auch Sufi-Heiligen wurde der Titel beigelegt (vgl. Eyüp S.).
taksîm (arab.): Verteiler (in Istanbul für Wasserverteiler oberhalb von Beyoğlu)
tekke (arab.): Derwischkonvent, Derwischerie
tellâk (arab.): «Badediener»
timar (wohl pers.): Militärpfründe für einen Kavalleristen
türbe (arab.): Mausoleum
ulemâ (arab.): Gelehrte, im Türk. auch in der Einzahl verwendet
vakf (arab.): Stiftung, v. a. von Immobilien für den Unterhalt des Personals von Moscheen, Medresen, Derwischerien und andere gottgefällige Zwecke
yol: Weg, Straße

Register

1. Bauten und Orte

Adile Sultan Namâzgâhı 141
Aetios-Zisterne 58
Ägyptischer Basar *siehe* Mısır Çarşısı
Ağa Kapısı 81
Ağalar Camii 253
Ahmedîye 20
Ahrida-Synagoge 156
Ahur Kapı-Moschee 128
Ahur Kapısı 104
Akıntıburnu 217, 223
Akbaba 53
Akçe Hisarı 215
Aksaray 37, 54
– Brand 147
Alay Köşkü 120
Alem Dağı 127
Alemdar Paşa 42
Altımermer-Zisterne 58
«Altes Serail» 77, 88
Amucazâde Hüseyin Pascha-Mekteb 236
Anadolu Hisarı 215
– Namâzgâh 141
Anadolu Kavağı 71
Andreas-Kloster 15
Ankara Caddesi 20
Antikenmuseum 246
Antonius-Kirche 156
Apostelkirche 15, 158
Arnavutköy 20, 221
– Karakol 261
Arz Odası 95
Askeri Müze 90
Ashkenazi-Synagoge 165
At Meydanı 109
Ataköy 20, 258
Atatürk Bulvarı 37
Atatürk Kız Lisesi 285
Aya Sofya 18, 22, 62, 64, 127, 283, *siehe auch* Hagia Sophia
– Mausoleum Selîm II. 192
– Mektep Mahmûd I. 236

– Muvakkithâne 179
– Nekropole 187
– Türbe Murad III. 186
Aya Stefanos 19
Ayaspaşa 45
– Friedhof 275
Ayazma Câmii 40
Aydıncık 17
Ayvansaray 157
Azadlı 259
Azapkapı 54, 56
Baba Cafer-Turm 75
Bâb-ı Âlî 77
Bâb-i Âlî Caddesi 20
Bâb-ı Hümâyûn 89, 91, 255
Bäder:
  Çağaloğlu 63
  Çardaklı Hammamı 65
  Çemberlitaş 63
  Hasekî Hürrem Sultan-Doppelbad 61
  İshâk Paşa-Bad 61
  Süleymân I.-Moscheekomplex 63
Bağdat Caddesi 36
Bahçekapı-Medrese 242
Bahnhof Sirkeci 182
Bakırköy 19, 202, 258, 292
Balıkpazarı 75, 125
Balıklı-Friedhof 170
Balat 125, 157, 166
– Friedhof 169
Basar 117
Bayezit Devlet Kütüphanesi 144
Bâyezîd-Platz *siehe* Beyazit-Platz
Bâyezîd-Stiftung 178
– Knabenschule 236
Bayrampaşa 80
Beşiktaş 20, 49
– Bad 64
Beşiktaş Sarayı 219
Bebek 221
Bedesten 117, 171, 248
Belediye Sarayı 240

1. Bauten und Orte

Belgrad 20
Beyazıt-Platz 36, 59, 280
Beykoz 52, 53
Beylerbeyi-Palast 102
Beyoğlu 47, 56, 270, 274, 291
Bibliotheken:
  Ahmed III. 252
  Hakkı Tarik Us 236
  Topkapı Serail 252
Binbirdirek-Zisterne 58
Bitpazarı 92
«Blaue Moschee» siehe Sultan Ahmed-Moscheekomplex
Bosporus 216, 223
Bozdoğan Kemeri 15
Bulgurlu 53
Büyük Çekmece 56
– Moschee 129
Cankurtaran 62
Cebeciköy 59
Cellâd Çeşmesi 75, 90
Cevâhir Bedesteni 118
Cevri Kalfa-Grundschule 239
Chora-Kirche 158
Cibali-Brand 148
Cibali Tütün Fabrikası 268
Cumhuriyet (Tageszeitung) 41
Çağaloğlu 20
– Bad 63
Çamlıca 53, 213
Çardaklı Hammam 65
Çemberlitaş-Bad 63
Çırağan-Palast 218, 228, 285
Çifte Saraylar 285
Çifte Sultanlar-Türbe 212
Çiftehavuzlar 46
Çinili Köşk 219
Çizmecibaşı Tekyesi 92
Dârülaceze 283
Dârülfünûn 151, 283
Darülmuallimât 240
Dârülmuallimîn 239
Dârüşşafaka 283
Dârüzziyâfe 144
Dâvûdpaşa 39
Demetrios Kanavou-Kirche 160
Denizcilik Müzesi 220
Dette Publique 139
Deutsche Botschaft 275
Direklerarası 47, 274
Divan Edebiyatı Müzesi 180, 206
Divanyolu 38, 47, 77, 270

Doğruyol 275
Dolmabahçe-Moschee, Muvakkithâne 179
Dolmabahçe-Palast 88, 108, 225
– Theater 275
Dördüncü Vakıf Hânı 242
Dudullu 41
Edirne Kapı 15, 36
Eğri Kapı 28
Elçi Hân 38, 95
Emîn Sinân-Moschee 128
Eminönü 54, 56, 225
Eski Odalar 81
Eski Şark Eserleri Müzesi 247
Esmâ Sultan 141
Et Meydanı 269
Etfal Hastanesi, Uhrturm 181
Etiler 20
Eyüp 27, 53, 77,187
– İmaret 143
– Kalenderhane 205
Eyüps Grab 183
Fındıklı 20, 285
Fatih 80
Fâtih-Moscheekomplex siehe Mehmed II. Fâtih-Moscheekomplex
Fener 19, 158
Fenerbahçe 19
Feriköy 20
Fethi Paşa Korusu 219
Fethîye Camii (Pammakaristos-Klosterkirche) 159
Fetvâhâne 81
Fevziye 20
Florya 294
Frauenkonvent Hagios Andreas 210
Friedhöfe:
  Ayaspaşa 275
  Balıklı 170
  Balat 167
  Grands Champs des Morts 283
  Hasköy 167
  Karacaahmet 174
  Kasımpaşa 167
  Petits Champs des Morts 283, 290
  Ortaköy 167
  Selanikliler Mezarlığı 167
Galata 34, 164, 264, 275, 284
– Bordell 281
– Mevlevihânesi 180
Galatasarail 48, 282
Gärten von Taksim und Tepebaşı 283

Georgskirche 160
Goldenes Horn 24, 27, 56
Grabbauten:
  Çifte Sultanlar-Türbe 212
  Eyüps Grab 184
  Murâd III.-Türbe an der Aya Sofya 186
  Mutter Sultan Mehmeds IV., Türbe an der Yeni Cami 189
  Sinân-Grabmal 82
  Süleymân I.-Türbe an seinem Moscheekomplex 192
  Vâlide Sultan-Türbe 125
  Yeni Cami-Türbe 189
Grands Champs des Morts 283
Grande Rue de Péra 47
Grundschule der Cevri Kalfa 239
Gülhâne 107
Gülhane-Park 120, 202
Güngörmez-Kirche 257
Hagia Sophia 15, 26, 30, 158 *siehe auch* Aya Sofya
Hagios Andreas-Frauenkonvent 210
Halkalı 59, 90
Hamidiye 59
Hamza Paşa Mescidi 128
Harbiye 90
Harem (Stadtviertel) 255
Hasekî Hürrem Sultan-Bad 62
Hasekî Hürrem Sultan-Moscheekomplex, Mekteb 236
Hasekî Hürrem Sultan-Mausoleum 192
Hasköy 125, 164
– Druckerei 254
– Friedhof 167
Hayırsız 51
Heim der deutsch-türkischen Freundschaft 129
Hippodrom 78, 109, 166
Hippodrom-Park 202
Hochschule für Schöne Künste 247
İbrâhîm Hân-Konak 161
İbrâhîm Paşa Sarayı 42, 114
İcadiye 167
İnadiye-Moschee 67
İnönü-Stadion 27
Irenenkirche 246
İshâk Pascha-Bad 61
İslambol 290
Istanbul Lisesi 139
İstiklâl Caddesi 20
İstiniye 19, 224

Janitscharenkasernen 79
Justinians Reiterstandbild 110
Kağıdhâne 20, 196, 224
Kabak Meydanı 104
Kabataş-Moschee 257
Kadıköy 56
Kadırga 20
Kadırga Limanı 37, 140
Kalenderhane 205
Kanonentor 15, 80 *siehe auch* Topkapı
Kapalı Çarşı 117
Karacaahmet-Friedhof 174
Karagümrük 292
– Nûreddîn-i Cerrâhî Tekyesi 205
Karakols und Kasernen:
  Arnavutköy 261
  Janitscharenkasernen 79
  Kuleli 259
  Rami 257
  Selîmîye 257
  Şemsipaşa 261
  Taksim 20
Karaköy 54, 56
Kasımpaşa-Friedhof 167
Kasr-ı Adl 90
Katasteramt 110
Kavaklar 71, 218
Kavaksarayı 88, 218, 254
Kazlıçeşme 72
Kılıç Ali Paşa Camii 138
Kırkçeşme 58, 59, 90
Kısıklı 53
Kızıltaş 131
Kıztaş 131
Kinderkrankenhaus von Şişli, Uhrturm 181
Kleine Hagia Sophia-Kirche 65, 156
Knabenschule der Bâyezîd-Stiftung 236
Koca Mustafa Pascha-Moscheekomplex 15, 58, 209
Konstantinssäule 38
Kostantinîye 21, 290
Kriegsministerium 25
Kubbealtı 95
Kuleli 259
Kumkapı 161
– Brand 153
– Kirche 156
Kurtuluş 19
Küçük Aya Sofya-Moschee *siehe* Kleine Hagia-Sophia-Kirche
Kürkçü Han 136

1. Bauten und Orte

Laleli Cami 144
Maçka Tal 27
Mahmûd I., Mekteb 236
– Brunnen 66
Mahmûd Efendi-Medrese 240
Mahmud Pascha 164
– Hammam 63
– Moschee 133
Makrihorion 19
Makriköy 201, 258, 294
Malta Köşkü 229
Mecîdîye 20
– Kiosk 108
Meclis-i Mebusan 285
Medizinschule in Haydarpaşa 182
Medresen:
   Bâyezîd-Stiftung 260
   Mahmûd Efendi 240
   Rüstem Pascha 241
   Sultan Abdülhamîd I. in Bahçekapı 242
   Mehmed II. Fâtih-Moscheekomplex 15, 142, 240, 250
– Mekteb 236
Mektebs: 236
   Amucazâde Hüseyin Pascha 236
   Aya Sofya 236
   Bâyezîd-Stiftung 236
   Hasekî Hürrem Sultan-Moscheekomplex 236
   Mahmûd I. an der Aya Sofya 236
   Mehmed II. Fâtih-Moscheekomplex 236
   Mekteb-i Sanayi-Nefise 247
   Recâ'î Mehmed Efendi-Schule 235
   Sokollu Mehmed Pascha-Moschee 236
   Sultan Ahmed-Moscheekomplex («Blaue Moschee») 236
   Süleymân I.-Moscheekomplex (Süleymaniye) 236
   Şehzâde-Moschee 236
   Vâlide Sultan-Moschee 236
   Yûsuf Agâh Efendi-Mekteb 237
Merdivenköy, Sahkulu Sultan Dergâhı Tekyesi 206
Merdivenli 53
Mese 36
Mevlevî-Konvent 206
Mısır Çarşısı 125, 189
Mihrimâh Camii in Üsküdar 175
Mihrimâh-Moschee 132

Mihrişâh İmareti 144
Mimar Sinan Mescidi 129
Moda 20
Mosaikenmuseum 43
Moscheen:
   Ağalar Camii 253
   Ahur Kapı-Moschee 128
   «Blaue Moschee» *siehe* Sultan Ahmed-Moscheekomplex
   Büyük Çekmece-Moschee 129
   Dolmabahçe-Moschee, Muvakkithâne 179
   Emîn Sinân-Moschee 128
   Fâtih-Moscheekomplex *siehe* Mehmed II. Fâtih-Moscheekomplex
   Fethîye Camii (Pammakaristos-Klosterkirche) 159
   Haseki Hürrem-Moschee, Mekteb 236
   İnadiye-Moschee 68
   Kabataş-Moschee 258
   Kılıç Ali Paşa Camii 138
   Koca Mustafa Pascha-Moschee 15, 209
   Küçük Aya Sofya-Moschee 66
   Laleli Cami 143
   Mahmud Pascha-Moschee 133
   Mehmed II. Fâtih-Moscheekomplex 15, 142, 240, 251
   – Mekteb 236
   Mihrimâh-Moschee am Edirne Kapı 132
   Mihrimah-Moschee in Üsküdar 175
   Murâd Pascha-Moschee 75
   Nuruosmaniye-Moschee 15, 38, 118
   Orta Camii 73
   Rüstem Pascha-Moschee 132
   Selîmîye-Moschee 15
   Sokollu Mehmed Pascha-Moschee 132
   – Garten 195
   – Mekteb 236
   Sultan Ahmed-Moscheekomplex («Blaue Moschee») 109, 138, 258
   – Mekteb 236
   – Muvakkithâne 180
   Süleymân I.-Moscheekomplex (Süleimaniye) 41, 83, 93, 130, 142
   – Bad 63
   – Hof 195
   – Mekteb 236
   – Türbe 192

Şebsafa Kadın Camii 237
Şehzâde-Moschee 15, 81, 132, 178
– Mekteb 236
Vâlide Sultan-Moschee, Mekteb 236
Valilik 237
Yakûb Ağa-Moscheee 128
Yeldeğirmen Camii 169
Yenibahçe-Moschee 129
Yeni Cami 125, 164, 189
– Türbe 189
Zeynep Sultan-Moschee 242
Murâd Pascha-Moschee 75
Museen:
  Antikenmuseum 246
  Askeri Müze 90
  Divan Edebiyatı Müzesi 180, 206
  Eski Şark Eserleri Müzesi 247
  Museum für Kalligraphie 260
  Museum für Türkisch-Islamische
    Kunst 144
Müftü-Amt 82
Nasûh Pascha Sarayı 77
Neuer Markt 125
Nûreddîn-i Cerrâhî Tekyesi in
  Karagümrük 205
Nurnosmânîye-Moschee 15, 38, 118
Nusretiye-Uhrturm 181
Obelisk Thutmosis III. 111
Observatorium 243
– von Kandilli 246
Orta Camii 73
Orta Kapı 90
Ortaköy 164
– Friedhof 167
Osman Bey-Kasino 48
Paläste:
  Alemdar Paşa-Palast 42
  «Altes Serail» 77, 88
  Beşiktaş Sarayı 219
  Beylerbeyi-Palast 102
  Çırağan-Palast 219, 228, 285
  Çifte Saraylar 285
  Dolmabahçe-Palast 88, 108, 225
  – Theater 275
  İbrâhîm Paşa Sarayı 42, 114
  Kavaksarayı 88, 219
  Nasûh Pascha Sarayı 77
  Sokullu Mehmed Pascha-Palast 43, 59
  Topkapı Sarayı 54, 60, 88, 227
  – Küchen 92
  – Uhrenkollektion 180
  – Yıldız 276

Pammakaristos-Klosterkirche (Fethiye
  Camii) 158
Pangaltı 20, 55
Papas Korusu 260
Parlamente 283
Pera 270, 274, 284
Perlenkiosk von Murâd III. 104
Petits Champs des Morts 283, 290
Polonezköy 20
Prinzeninseln 46, 291
Rami 257
Reiterstandbild Justinians 110
Reliquienkammer 100
Rosenhaus 107, *siehe auch* Gülhane
Rumeli Hisarı 216
Rumelihisar 50
– Villen 198
Rumeli Kavağı 71
Rüstem Pascha-Medrese 241
Rüstem Pascha-Moschee 132
Saadâbâd 196
Sahhaflar Çarşısı 248
Sahil Yolu 37
Samatya 19
San Stefano 223
Sandal Bedesteni 118
Sarıyer 282
Sarraçhâne 236
Schatzkammer 97
Schlangensäule 112
Schulen *siehe auch* Medresen, Mektebs
  Dârülfünûn 151, 283
  Darülmuallimât 240
  Dârülmuallimîn 239
  Galatasareil 48, 282
  Kuleli 259
Selanikliler Mezarlığı 167
Selîm II., Mausoleum 192
Selîmîye-Kaserne 257
Selîmîye-Moschee 15
Serailküchen 92
Seraskerat 77
Sinân-Grabmal 82
Sirkeci 54, 164, 294
Soğukçeşme-Straße 41
Sokullu Mehmed Pascha-Moschee
  132
– Garten 195
– Mekteb 236
Sokullu Mehmed Pascha-Palast 43, 59
Sultan Abdülhamîd I.-Medrese in
  Bahçekapı 242

1. Bauten und Orte

Sultan Ahmed-Moscheekomplex
 («Blaue Moschee») 109, 138, 258
- Mekteb 236
- Muvakkithâne 180
- Schule 238
Sultan Ahmed Frauen-Oberschule 239
Sultan Ahmed-Gefängnis 76
Sultan Ahmed-Park 202
Sultan Ahmed-Platz 37, 292
Sultan Ahmed Rüşdiye 292
Sultan Ahmed III.-Brunnen 66
Surp Pırgıç-Krankenhaus 72
Süleymân I.-Moscheekomplex (Süley-
 maniye) 41, 83, 93, 130, 142
- Bad 63
- Hof 195
- Mekteb 236
- Türbe 192
«Süße Wasser Asiens» 199
Şahkulu Sultan Dergâhı Tekyesi in
 Merdivenköy 206
Şebsafa Kadın Camii 237
Şehzâde-Moschee 15, 80, 132, 178
- Mekteb 236
Şemşipaşa, Wachlokal 261
Şeyh Zâfir, Art Nouveau-Mausoleum
 206
Şişhane 56
Şişli 20, 41
Tahtakale 164
Taksim 20, 59
- Gärten 283
- Platz 56
Tarabya 19, 290
Tarlabaşı Bulvarı 37
Tatavla 19
Tepebaşı 54, 290
- Gärten 283
Terkos-See 58
Teşvikîye 20
Theater des Dolmabahçe-Serails 275
Tokat 53
Tokatliyan 47
Tophane 243, 257
Topkapı 15, 80
Topkapı Sarayı 54, 60, 88, 227
Tünel 294
Türbe der Mutter Sultan Mehmeds IV.
 an der Yeni Cami 189

- der Vâlide Sultan 125
- Murâds III. an der Aya Sofya 186
- Süleymans I. 192
Türk ve İslam Eseri Müzesi 114
Uhrenkollektion des Topkapı Sarayı
 180
Uhrtürme: 181
 Etfal Hastanesi 181
 Şişli, Kinderkrankenhaus 181
 Nusretiye 181
Universität 151, 283, 292
Unkapanı 37, 56, 123
Uzunkemer 59
Üsküdar 30, 53, 59, 225
- Druckerei 254
Valens-Aquädukt 15
Vâlide Bendi 58
Vâlide Hânı 174, 256
Vâlide Sultan-Moschee, Mekteb 236
Valilik 237
Vaniköy 287
Vefa 84, 235
Verwaltungsgebäude der Schuldenver-
 waltung 283
Wachlokal von Şemşipaşa 261
Waisenhausschule 283
Wohltätigkeitsanstalt 283
Yakûb Ağa-Moschee 128
Yalı Kara Mustafâ Paschas 253
Yalı Köşkü 218
Yedikule 36, 70, 71, 72, 91, 254
Yeldeğirmen Camii 167
Yeni Çarşı 125
Yeni Cami 125, 164, 189
- Türbe 189
Yeni Odalar 81
Yenibahçe-Moschee 129
Yerebatan-Zisterne 58, 292
Yeşilköy 19, 223
Yıldız-Park 229
Yuşa 53
Yûsuf Agâh Efendi-Mekteb 237
Zeynep Sultan-Moschee 242
Zeyrek 41
Zisternen:
 Aetios 58
 Altımermer 58
 Binbirdirek 58
 Yerebatan 58, 292

2. Autoren

Abû'l-Hasan al-Tamgrûtî 248
Adıvar *siehe* Hâlide Edîb
Ahmed Cevâd 271
Ahmed Cevdet Pascha 12, 223, 256, 284
Ahmed Midhat 270
Ahmed Refik (Altınay) 101
Ali ibn Abdürrahmân 110
Ali Mınık 194
Altınay *siehe* Ahmed Refik
Anonymus 25
Aşıkpaşa-Zâde 13, 27, 216
Atâ 101, 116
Atâ'î, Nevî-Zâde 74, 271
Ayvânsarâyî, Hüseyin 11, 20, 132, 159, 167, 171, 209
Bâkî 11, 13, 23, 191, 264
Celâl-Zâde 95, 186
Cevâd, Refi (Ulunay) 262
Denizciyan, Hagop (Mıntzurıı) 48, 51
Ebussuûd 139, 157
Ergin, Osmân Nûrî 11, 147
Evliyâ Çelebî 11, 37, 39, 69, 77, 84, 91, 98, 111, 113, 120, 125, 131, 138, 139, 142, 146, 178, 184, 249, 258, 259
Eyyûbî 148
Fâzıl, Enderunlu 259
Fındıklılı Mehmed Ağa Silihdâr 113, 253
Figânî 115
Fikret, Tevfîk 24, 151
Gökalp, Ziyâ 288
Gölpinarlı, Abdülbakî 11
Hâlid Ziyâ (Uşaklıgil) 274
Hâlide Edîb (Adıvar) 292
Hikmet, Ahmed 284, 287
Hikmet, Nâzim 289
İbrâhîm Hakkı 151
İbrâhîm Halîl, Aşçıdede 237
İzzî 98
Kadrî, Yakûb (Karaosmanoğlu) 213
Kâtib Çelebî 73
Kemâlpaşa-Zâde 112
Koçu Bey 81
Kömürciyan, Eremya 125, 161
Lâmi'î 208
Lebîb, Mehmed 261
Lütfî, Ahmed 246

Mehmed Emîn 292
Mesîhî 22
Misailides, Evangelinos 12, 281
Murâdî 13
Mustafa Efendi, Dervîş Efendi-Zâde 154
Mustafâ Âlî 12, 42, 99, 115, 130
Nâbî, Yûsuf 21, 119
Nâcî, Muallim 233
Nazîf, Süleymân 289
Na'îmâ 45, 73, 74, 95, 177, 265
Necâtî Bey 23
Nedîm 11, 13, 198
Ömer Fâ'îz 149
Osmanoğlu, Ayşe 276
Peçevî, İbrâhîm 106, 115, 266
Râsim, Ahmed 12, 201, 234, 264, 265, 293
Râşid 196, 268
Rıza, Ahmed 286
Sâbit 175
Sâ'î, Mustafâ 60
Sarı Mehmed Pascha 98
Selanikî 90, 104, 149, 166, 186
Sema, Sadri 54, 174
Silihdâr *siehe* Fındıklılı Mehmed Ağa
Sırrî, Abdülkadir 208
Simâvî, Lütfü 185
Sinân 131
Suâvî, Ali 229
Süleymân Çelebî 13, 173
Süleymân Pascha 226
Şinâsî, İbrâhîm 275
Tâ'ib, Osmân-Zâde 155
Talu, Ercümend Ekrem 55
Taşköprü-Zâde 194, 251
Tevfîk, Mehmed 12, 24, 199, 224, 269
Ulunay *siehe* Cevâd Refi
Uşaklıgil *siehe* Hâlid Ziyâ 274
Vâsıf 150, 151
Vehbî, Seyyid 66, 72
Yalçın, Hüseyin Câhid 285
Yazıcıoğlu 112
Yesârî, Mahmûd 268
Yûnus Emre 13, 232
Yûsuf Sinân Efendi 211
Zekî 180